böhlau

Stefan Wedrac

Die Brauerei Zipf im Nationalsozialismus

Ein österreichisches Brauunternehmen zwischen NS-Kriegswirtschaft, V2-Rüstungsbetrieb und KZ-Außenlager

unter Mitarbeit von Patrick Wedrac

BÖHLAU VERLAG WIEN KÖLN WEIMAR

Bibliografische Information der Deutschen Nationalbibliothek:
Die Deutsche Nationalbibliothek verzeichnet diese Publikation
in der Deutschen Nationalbibliografie; detaillierte bibliografische Daten
sind im Internet über http://dnb.d-nb.de abrufbar.

Umschlagabbildung: Brauerei Zipf; © Stefan Wedrac

Korrektorat: Rainer Landvogt, Hanau
Einbandgestaltung: Michael Haderer, Wien
Satz: Michael Rauscher, Wien
Druck und Bindung: Generaldruckerei, Szeged
Gedruckt auf chlor- und säurefrei gebleichtem Papier
Printed in the EU

Vandenhoeck & Ruprecht Verlage | www.vandenhoeck-ruprecht-verlage.com

ISBN 978-3-205-21107-5

Inhalt

Vorwort

Ausgehend von einem persönlichen Bezug zum Thema, der im Nachwort dargelegt wird, begann ich um die Jahreswende 2015/16, mich mit dem Thema Zipf im Nationalsozialismus auseinanderzusetzen. Dabei war auffallend, dass manche Aspekte der Geschichte des Brauereiortes, in dem ab 1943 ein KZ-Außenlager und ein Rüstungsbetrieb des Raketenprogramms des NS-Regimes untergebracht war, sehr gut beleuchtet werden. Es liegen etwa zahlreiche Publikationen zum Konzentrationslager und dem Schicksal seiner Häftlinge vor. Allen voran begann Paul Le Caër, ein ehemaliger Häftling des KZ-Außenlagers Redl-Zipf, 1984 mit seinem Buch »K.L. Mauthausen. Schlier Redl-Zipf 1943–1945«[1] in französischer Sprache das Thema einer breiteren Öffentlichkeit vorzustellen. Er legte 2002 mit »Ein junger Europäer in Mauthausen 1943–1945«[2] eine deutschsprachige Darstellung der Geschichte des Lagers vor. Zur gleichen Zeit wie dieses letztgenannte Buch verfasste Günther Engelbert Sturm seine Diplomarbeit »Geheimprojekt ›Schlier‹ 1943–1945«[3], die sich ebenfalls mit diesem Thema beschäftigt. In der zeitgeschichtlichen Auseinandersetzung mit dem KZ-Komplex Mauthausen wurde Zipf schon ab den späten 1980er Jahren aufgegriffen. So etwa in Florian Freunds und Bertrand Perz' Werk zum »KZ in der Serbenhalle«[4] und der Kriegsindustrie in Wiener Neustadt aus dem Jahr 1988. Florian Freund schloss im Jahr darauf mit »Arbeitslager Zement«[5] eine Studie über Ebensee ab, bei der Zipf auch Thema ist. Artikel zum KZ-Außenlager Redl-Zipf legten etwa Gerhard Kriechbaum mit Christian Limbeck-Lilienau 1995, Florian Freund 2006 und Ines Bernt-Koppensteiner 2015 vor.[6] Bezüglich neuerer Literatur zum Thema KZ-Außenlager Redl-Zipf ist in erster Linie die Dissertation von Hannes Koch, »Geschehen. Vergessen. Verdrängen«, zur NS-Zeit im Hausruckviertel von 2017 zu nennen. Koch präsentierte damit eine umfangreiche Betrachtung nicht nur des Zipfer Außenlagers, sondern der gesamten Region auf dem letzten Stand der Forschung. Aufbauend auf dem Werk von Paul Le Caër brachte der französische Historiker Cyril Mallet 2018 eine deutsche Übersetzung seiner zuvor in Frankreich erschienenen Studie zum KZ-Außenlager Redl-Zipf mit dem irreführenden Titel »V2-Raketen im Brauereikeller« auf den Markt. Darin referierte Mallet zwar überwiegend in der Literatur bereits dargelegte Tatsachen, konnte aber auch einzelne neue Aspekte ans Licht bringen.[7]

Zur deutschen Raketenrüstung liegen zahlreiche, teilweise sehr auf die zugrundeliegende Technik fokussierte Bücher vor. Aber auch die militärisch-politischen Hintergründe des Raketenprogramms in Peenemünde und die darauffolgende öffentlich-private Partnerschaft zur Serienfertigung unter Heranziehung vieler Tausend KZ-Zwangsarbeiterinnen und -zwangsarbeiter wurden schon ins Zentrum von vielen Studien gestellt. Stellvertretend sei in diesem Zusammenhang auf einige davon hingewiesen, nämlich Heinz Dieter Hölskens Buch über die »V-Waffen« aus dem Jahr 1984, das 1997 auf Deutsch erschienene Buch Michael J. Neufelds, »Die Rakete und das Reich«, sowie die vom Historisch-Technischen Museum Peenemünde herausgegebene Arbeit von Philipp Aumann und Thomas Köhler, »Vernichtender Fortschritt«, über Fertigung und Einsatz der in Peenemünde entwickelten Waffen (2018). Den Themenkomplex KZ-Häftlinge/Raketenprogramm bearbeiteten beispielsweise Joachim Neander in seiner 1997 publizierten Dissertation mit dem Titel »Das Konzentrationslager ›Mittelbau‹ in der Endphase der nationalsozialistischen Diktatur« und Jens-Christian Wagner in der von der Stiftung Gedenkstätten Buchenwald und Mittelbau-Dora herausgegebenen Studie »Produktion des Todes. Das KZ Mittelbau-Dora«.[8] Daneben existiert umfangreiche Literatur von ehemaligen Akteuren des Raketenprogramms.

Die Brauerei Zipf im Nationalsozialismus ist hingegen in der oben erwähnten Literatur nur nebenbei ein Thema. Wissenschaftliche Studien zur Zipfer Unternehmensgeschichte fehlen fast völlig, das Schrifttum zu Zipf – oftmals wirtschaftswissenschaftlich – streift die Geschichte nur am Rande. Jubiläumsbücher der Brauerei und der Gemeinden der Umgebung enthalten bestenfalls kurze Artikel, beispielsweise die Gemeindechronik Neukirchen.[9] Das Fehlen von Literatur über die Brauerei Zipf ist nicht nur typisch für den Stand der Unternehmensgeschichte in Österreich,[10] sondern verweist darüber hinaus auf ein historisches Desiderat von größerer Tragweite: Die Kulturgeschichte des Alkohols und des Bierbrauens hat bereits einige Aufmerksamkeit erhalten, sei es in wissenschaftlichen Veröffentlichungen oder in populärwissenschaftlichen Darstellungen. Viel weniger, ja zu wenig erforscht ist hingegen die Geschichte der Brauindustrie, sei es in ihrer Gesamtheit oder in Bezug auf einzelne Unternehmen. In der Literatur klingt dieses Problem in einführenden Bemerkungen durch. So vermerkte etwa Wanda Wessely in ihrer staatswissenschaftlichen Dissertation von 1970 über Strukturprobleme der österreichischen Brauindustrie: »Das Auffinden besonderer Literatur und die Beschaffung statistischen Materials bot manche Schwierigkeit.«[11] Auch Erich Hohensinn führte in seiner grundlegenden Dissertation zur Geschichte und Entwicklung des österreichischen Brauwesens aus dem Jahr 1978 an, dass ihm das »Auffinden historischer Literatur und historischen Zahlenmaterials erhebliche Schwierigkeiten« bereitet hatte und »Informationen über die österreichische Brauindustrie streng gehütet« würden.[12] In den 1980er Jahren rückten die Bücher von Christoph Wagner, wie »Das große Buch vom Bier. Eine Kulturgeschichte der österreichischen Bierbraukunst«[13], die Geschichte der Brauindustrie etwas mehr in das Bewusstsein. Nach 2000 sind außer Veröffentlichungen zu einzelnen Brauereien wie Ottakringer (2007)[14] und Stiegl (2017)[15] vor allem die Arbeiten zum Wiener Raum von Alfred Paleczny (2014)[16] und die »Wiener Bier-Geschichte« (2017) von Christian M. Springer, Alfred Paleczny und Wolfgang Ladenbauer zu nennen.[17] Von einer dichten Aufarbeitung der Unternehmensgeschichte österreichischer Brauereien ist jedoch keine Rede, und auch Überblicksstudien sind selten. Nur vereinzelt haben sich Historiker dieses Themas angenommen, wie etwa Wolfgang Kemmetmüller und Franz Pastler in einem längeren Artikel zur Biererzeugung vom Ende des 19. Jahrhunderts bis zum »Anschluss«.[18] Blickt man auf die Literatur zur Brauindustrie Österreichs im Nationalsozialismus, so ist der Befund noch schlechter. Hervorzuheben ist in Österreich diesbezüglich nur die Studie zur Ottakringer Brauerei von Michael Darthé. Hinsichtlich der »Arisierung« der Brauerei nach dem »Anschluss« Österreichs an das Deutsche Reich konnte sich Darthé auf ein unveröffentlichtes Privatgutachten von Oliver Rathkolb stützen und nicht zuletzt damit die Vorgänge rund um das Unternehmen in der Zeit des Nationalsozialismus darstellen.[19]

Die Suche nach Literatur zu Brauereien im Nationalsozialismus in Deutschland ist ebenso wenig ergiebig. Als sich Anfang 2013 der deutsche Internet- und Regionalradiosender »17 Grad. Radio für den Rest« im letzten Teil einer Trilogie von Sendungen zu Bier dem Nationalsozialismus widmen wollte, mussten die Verantwortlichen feststellen: »Wir sind davon ausgegangen, auf diverse Informationen und reichhaltiges Material zum Thema Bier in Deutschland von 1933 bis 45 zu stoßen. Doch mussten wir mit Erstaunen feststellen, dass jene Zeit [in] puncto Bier wissenschaftlich so gut wie gar nicht bearbeitet worden ist. Vor dem Hintergrund, dass Millionen deutscher Männer in Uniformen herumliefen und zu der Zeit Bier als das Männergetränk schlechthin galt, ist es erstaunlich, dass wir kaum Zeugnisse dafür fanden.«[20] Tatsächlich sucht man einschlägige Publikationen meist vergebens, nur wenige Schlaglichter erhellen den Zusammenhang zwischen Bier und Nationalsozialismus, wie zum Beispiel die Rolle von Alkohol – in Form von bayerischem Bier – während der 1920er Jahre: David Clay Large beschrieb in seinem Buch »Hitlers München« (1998) den »Marsch auf die Feldherrnhalle« im Rahmen des Hitlerputsches am 9. November 1923 als Zug einer Kolonne von verkaterten Trinkern, die sich die Nacht mit übermäßigem Konsum im Bierkeller um die Ohren geschlagen hatten.[21]

Was die Brauindustrie und den Nationalsozialismus betrifft, so wird dieses Thema nur vereinzelt behandelt. Johannes Ludwig, Autor eines Buches über die »Entjudung« der deutschen Wirtschaft, geht beispielsweise in einer Reihe von

Artikeln auf der Internetseite »ans Tageslicht« auf die »Arisierung« der Berliner Engelhardt-Brauerei von Ignatz Nacher ein.[22] Generelle Abhandlungen zum Thema finden sich selten. Zu erwähnen sind diesbezüglich ein Zyklus von Artikeln zur deutschen Braubranche in den Jahren 1935–1941 von Stefan Wirth im »Jahrbuch der Gesellschaft für Geschichte des Brauwesens« und die 2019 erschienene, sehr interessante, leider kurze Studie von Dorothea Schmidt über Bier im Nationalsozialismus und die Hauptvereinigung der deutschen Brauwirtschaft.[23]

Das eben skizzierte historiographische Panorama macht deutlich, wodurch der Stand der Forschung noch sinnvoll ergänzt werden kann: Was in Bezug auf Zipf fehlt, ist die Perspektive des Unternehmens während der Zeit zwischen 1938 und 1945. Die vorliegende Studie geht folgender zentraler Fragestellung nach: Wie wirkten sich Nationalsozialismus und Zweiter Weltkrieg bis hin zur Einquartierung eines V2-Rüstungsbetriebes samt KZ-Außenlager auf die Brauerei Zipf aus? Der Fokus liegt dabei auf dem Schicksal des Unternehmens, dessen Geschichte ich als Ergänzung zum Stand der Forschung darstelle. Bei meinen Recherchen wurde bald klar, dass einerseits wegen der fehlenden Literatur zur Geschichte der Brauindustrie eine Kontextualisierung mit der allgemeinen wirtschaftlichen Entwicklung der Branche notwendig war. Das Handeln der Zipfer Unternehmensleitung mit ihrer eigenen Logik musste in den »übergreifenden Zusammenhängen«[24] verortet werden. Andererseits bedurfte die NS-Zeit in Zipf einer zeitlichen Kontextualisierung, das heißt, die Unternehmensgeschichte konnte nicht 1938 beginnen und 1945 enden. Es finden sich daher im Buch Kapitel zur Zeit ab etwa 1858 und bis 1969, welche die Vor- und Nachgeschichte beleuchten, und zwar sowohl der Brauindustrie als Ganzes als auch der Brauerei Zipf. *Eine* Lücke kann das vorliegende Buch freilich nicht schließen: die ähnlich detaillierte Erzählung der Geschichten der anderen großen österreichischen Brauereien. Vergleiche sind daher nur beschränkt möglich, und dieses Buch, für das vielfach wissenschaftliches Neuland betreten werden musste, soll ein Ausgangspunkt für weitere Forschungen zur Geschichte der Brauindustrie und ihrer Unternehmen sein.

Hauptquellen für die folgende Darstellung sind einerseits Geschäftsberichte, Vorstandsberichte Wirtschaftsprüferberichte der Brauerei Zipf und andererseits Korrespondenzen von Aufsichtsräten, Vorständen, Aktionären und Anwälten des Unternehmens. Diese Quellen entstammen neben dem Archiv der Brauerei Zipf vor allem Privatarchiven von Nachkommen der involvierten Personen, und sie tragen im Wesentlichen die Erzählung. Soweit es möglich war, wurde dieser Kanon durch Quellen, meist von staatlichen Akteuren, aus öffentlichen Archiven ergänzt. Zu erwähnen sind beispielsweise die National Archives and Records

Administration in Washington, D.C. (beziehungsweise College Park, Maryland), das Bundesarchiv in Berlin-Lichterfelde und Freiburg, das Österreichische Staatarchiv, das Oberösterreichische Landesarchiv und das Dokumentationsarchiv des österreichischen Widerstandes. Vereinzelt wurden Bestände des Diözesanarchivs Linz, des Mauthausen Memorials und des Ludwig Boltzmann Instituts für Kriegsfolgenforschung herangezogen. Außerdem konsultierte Firmenarchive waren das Historische Archiv der Bank Austria, das Archiv der Brau Union Österreich AG und das Archiv der Brauerei Göss.

Das bei Wirtschaftsgeschichte, speziell Unternehmensgeschichte, immer wieder anzutreffende Problem der punktuell unzureichenden Quellenbasis ist bei der Geschichte der Brauerei Zipf ebenfalls ein Thema. Das Diktum Roman Sandgrubers im Vorwort seiner NS-Geschichte der (nicht weit von Zipf entfernten) »Lenzinger Zellwolle AG«, dass mitunter »die Lücken in den Quellen das Erkenntnisinteresse beschränken«, trifft auch für die Brauerei Zipf zu.[25] Manche Epochen konnten anhand einer dichten Quellenbasis erforscht werden, wie etwa die Zeit des Nationalsozialismus, da rechtliche Berichts- und Prüfpflichten einiges an Information hinterlassen haben, sofern nicht Geheimhaltungsgründe dagegensprachen. Andere Perioden, wie etwa die Zeit vor 1922 oder die Zeit nach 1945, waren weit schwieriger zu erforschen, da Quellen nicht in dem erhofften Ausmaß zur Verfügung stehen. Ein zweites Thema, nämlich die Einseitigkeit der Quellen, ist freilich nicht unproblematisch. Da die Überlieferung bei privatwirtschaftlicher Tätigkeit von dem Willen oder Unwillen des jeweiligen Unternehmens und seiner Akteure abhängt, Dokumente zur Geschichte aufzubewahren, ist es nicht möglich, die Plausibilität mancher Darstellungen zu überprüfen oder die Standpunkte der Gegenseiten mit einfließen zu lassen. Bei aller Quellenkritik tendiert daher die historische Darstellung eines Unternehmens – hier der Brauerei Zipf – schon allein wegen der Beschränktheit des verfügbaren Materials dazu, dem grundlegenden unternehmenseigenen Narrativ zu folgen. Die Beschäftigung mit der Unternehmensgeschichte ist daher, so wie die Politik, mitunter eine »Kunst des Möglichen«.[26]

Da im Buch oft mit Begriffen gearbeitet wird, die mit der Herstellung von Bier zu tun haben, ist es hilfreich, sich kurz den Brauprozess dieses Getränks vor Augen zu führen. Gemäß einer einfachen Definition ist »Bier […] ein kohlensäurehaltiges Getränk, das durch alkoholische Gärung eines mit Hopfen gekochten wässrigen Auszuges aus gekeimtem Getreide entsteht«[27]. Es unterscheidet sich von anderen alkoholischen Getränken dadurch, dass nicht direkt eine zuckerhältige Flüssigkeit mit Hilfe von Hefepilzen vergärt wird, wie etwa Wein aus Traubensaft oder Met aus Honig. Stattdessen wird die hauptsächliche Grundzutat, das

Getreide, beim sogenannten »Mälzen« zuerst in feuchter Umgebung zum Keimen gebracht. Damit bilden sich Enzyme im gekeimten Korn, dessen Wachstum dann abgebrochen wird, indem man es trocknet (»darrt«). Anschließend kocht man das zerkleinerte (»geschrotete«) Malz in heißem Wasser bei verschiedenen Temperaturen (»Maischen«), wodurch die Enzyme die Stärke in diverse Zucker abbauen. Danach werden die festen Bestandteile entfernt (»Läuterung«) und die resultierende »Würze« mit Hopfen gekocht, dessen Bitterstoffe in der Flüssigkeit gelöst werden. Abschließend setzt man die wiederum von den festen Bestandteilen gereinigte Würze mit Hefe an und lässt sie gären, wodurch die Hefe manche Zucker in Alkohol umwandelt, andere als Süße in der Flüssigkeit lässt. Anschließend lagert man das Bier bis zur Reife.[28] Brauereien messen ihre Größe und ihren Erfolg gerne in Hektolitern Ausstoß als dem »wichtigsten Faktor der Gestaltung der wirtschaftlichen Verhältnisse des Brauereibetriebes«[29]. Das vorliegende Buch folgt dieser Ansicht und hat als einen roten Faden den jährlichen Ausstoß der Brauerei Zipf für jede behandelte Epoche angeführt. Dabei sind einige Probleme zu beachten: Der Ausstoß ist erstens nicht immer gleich, aber sehr oft sehr nahe an der Erzeugung. Manche Biere werden länger gelagert, es gibt »Haustrunk«, also billiges oder kostenloses Bier für die Angestellten. Zweitens wird der Ausstoß manchmal für das Kalenderjahr, manchmal für das Braujahr, das früher im Spätsommer (August/September) begann, angegeben. Dadurch variieren Zahlen mitunter. Hier wird immer darauf hingewiesen, ob sich die in verschiedenen Quellen ersichtlichen Zahlen auf das Braujahr (zum Beispiel 1929/30) oder das Kalenderjahr beziehen.

Natürlich kann ein solches Werk nicht ohne die Hilfe zahlreicher Personen realisiert werden. Ich danke dem (ehemaligen) Vorstandsvorsitzenden der Brau Union Österreich AG, Magne Setnes, sowie seinen Mitarbeiterinnen und Mitarbeitern, dass sie mir Zutritt zu den Archiven der Zentrale in Linz, der Brauerei Zipf und der Brauerei Göss gewährten und so wertvolle Quellen zur Braugeschichte zugänglich machten. Für die ganz zentrale Einsicht in ihre Privatarchive und für die vielen Gespräche über Zipfer Vergangenheit, ohne welche die vorliegende Arbeit nicht hätte geschrieben werden können, danke ich von ganzem Herzen Fritz Kretz junior, Christian Limbeck-Lilienau und Hans Kretz. Besondere Erwähnung verdient mein Cousin Patrick Wedrac, der für das Thema ein so großes Interesse gezeigt hat, dass er viel Zeit aufgebracht und wesentlich bei der Archivrecherche und Literatursuche mitgearbeitet hat. Unsere gemeinsamen Recherchen im Österreichischen Staatsarchiv, der Nationalbibliothek in Wien, in den National Archives in Washington, D.C. (beziehungsweise deren Standort in College Park, Maryland) waren nicht nur eine Freude, sondern auch konstitutiv für das Zustandekommen des vorliegenden Buches. Für die sorgfältige Durchsicht des Manuskripts und ihre vielen wichtigen Anmerkungen danke ich Brigitte Krabb-Lenz und Ina Markova.

Adolf Grabner danke ich dafür, dass er als Zeitzeuge wichtige Anmerkungen zu einigen Themen gemacht hat, mir die neueste Version seines Manuskripts hat zukommen lassen und auch die Verwendung einer seiner Grafiken gestattet hat. Wilfried Ottinger, Hannes Koch und Jutta Fuchshuber danke ich für die vielen Hinweise, Gespräche beziehungsweise die Durchsicht wesentlicher Passagen und ihre kritischen Anmerkungen. Esther Ayasch danke ich für die wertvolle Unterstützung und Hilfe bei der Archivrecherche und Jörg Mühlhans für die Hilfe bei der Digitalisierung von zahlreichen Dokumenten in Zipf.

Den Mitarbeiterinnen und Mitarbeitern der benützten Archive bin ich ebenfalls sehr zu Dank verpflichtet, insbesondere Franz Scharf und Peter Zauner vom Oberösterreichischen Landesarchiv, Manfred Mugrauer vom Dokumentationsarchiv des österreichischen Widerstandes, Ralf Lechner vom Archiv des Mauthausen Memorials, Ulrike Zimmerl vom Historischen Archiv der Bank Austria, Klaus Birngruber vom Diözesanarchiv Linz und Ruth Stifter-Trummer vom Multimedialen Archiv des Österreichischen Rundfunks. Gedankt sei auch meinen Vorgesetzten, und zwar chronologisch zunächst Michael Gehler, der dieses Projekt in der Anfangsphase als damaliger Direktor des Institutes für Neuzeit- und Zeitgeschichtsforschung der Österreichischen Akademie der Wissenschaften wohlwollend unterstützt hat, und dann Thomas Olechowski, der großes Verständnis gezeigt hat, als ich dieses Projekt während der ersten Monate meiner Tätigkeit als Mitarbeiter der Forschungsstelle für Rechtsquellenerschließung des Instituts für Rechts- und Verfassungsgeschichte der Universität Wien fertiggestellt habe. Für Hinweise und Hilfestellungen danke ich darüber hinaus Bernhard Bachinger, Gerhard Botz, Siegwald Ganglmair, Franz Stefan Griebl, Lothar Höbelt, Clemens Jabloner, Wilma Kiener, Sarah Knoll, Hans Manger, Bertrand Perz, Christoph Schmetterer, Miloš Vec und Kurt Vohryzka. Eva Buchberger vom Böhlau Verlag danke ich für die geduldige Betreuung dieses Projekts, Julia Beenken sowie Michael Rauscher für ihre Unterstützung bei der Drucklegung und Rainer Landvogt für das Verlagslektorat.

Ich widme dieses Buch dem Andenken an meine Großeltern Raimund Lenz und Cordula Lenz, geborene Pacher.

Stefan Wedrac

Perchtoldsdorf/Wien/Murau, im Herbst 2020

Anmerkungen

1 *Le Caër*, K.L. Mauthausen. Schlier Redl-Zipf 1943–1945. Aus Platzgründen musste auf Langzitate bei der Erstnennung von Literatur sowie auf volle Archivbezeichnungen verzichtet werden. Siehe für diese das Archiv- und das Literaturverzeichnis am Ende des Bandes.
2 *Le Caër*, Ein junger Europäer in Mauthausen.
3 *Sturm*, Geheimprojekt »Schlier«.
4 *Freund*, *Perz*, Das KZ in der Serbenhalle.
5 *Freund*, Arbeitslager Zement.
6 *Bernt-Koppensteiner*, Evakuierungsmärsche von KZ-Häftlingen; *Freund*, Redl-Zipf (»Schlier«); *Kriechbaum*, *Limbeck-Lilienau*, Zipf – »Schlier«.
7 *Koch*, Geschehen. Vergessen. Verdrängen; *Mallet*, V2-Raketen im Brauereikeller.
8 *Hölsken*, Die V-Waffen; *Neander*, Das Konzentrationslager »Mittelbau«; *Neufeld*, Die Rakete und das Reich; *Wagner*, Produktion des Todes.
9 *Arbeitskreis für die Erstellung der Gemeindechronik* (Hg.), Geschichte der Gemeinde und der Pfarre Neukirchen; vgl. dazu darüber hinaus die zitierte Literatur in den jeweiligen Kapiteln.
10 Hier kann nur Bertrand Perz beigepflichtet werden, der im Vorwort in der jüngst erschienenen Geschichte der Wasserstraßen bemerkte: »Unternehmensgeschichte ist in Österreich nach wie vor ein Feld mit großen Forschungsdesideraten […].«: *Perz*, Wasserstraßenverwaltung in Österreich, 12.
11 *Wessely*, Strukturprobleme, 1.
12 *Hohensinn*, Geschichte, 7.
13 *Wagner*, Das große Buch vom Bier.
14 *Darthé*, Ottakringer.
15 *Waitzbauer*, 525 Jahre Salzburger Stiegl-Bier.
16 *Paleczny*, Die Wiener Brauherren.
17 *Springer*, *Paleczny*, *Ladenbauer*, Wiener Bier-Geschichte.
18 *Kemmetmüller*, *Pastler*, Die Biererzeugung in Österreich.
19 *Darthé*, Ottakringer, 9 f.
20 [Folge] 131. Bier im Nationalsozialismus. In: https://www.17grad.net/pages/131bier-im-nationalsozialismus/ [letzter Zugriff 11.10.2020].
21 *Large*, Hitlers München, 236.
22 *Ludwig*, Boykott, Enteignung, Mord; *Ludwig*, Die Nazis, die Bank und das Bier.
23 *Schmidt*, »Die Kraft der deutschen Erde«; *Wirth*, Vor sechzig Jahren und einem Kondratieff (1); *Wirth*, Vor sechzig Jahren und einem Kondratieff (2); *Wirth*, Vor fünfundsechzig Jahren und einem Kondratieff (3); *Wirth*, Vor sechsundsechzig Jahren und einem Kondratieff (4); *Wirth*, Vor achtundsechzig Jahren und einem Kondratieff (5); *Wirth*, Vor einundsiebzig Jahren und einem Kondratieff (6); *Wirth*, Vor dreiundsiebzig Jahren und einem Kondratieff (7).
24 *Sandgruber*, Lenzing, 13.
25 *Sandgruber*, Lenzing, 14.
26 Sich damit auseinandersetzend *Brandt*, Bismarck.
27 *Dobner-Dobenau*, Marktlage, 1.
28 *Meußendoerffer*, *Zarnkow*, Das Bier, 6–16.
29 ABZ, Wirtschaftsprüfungsbericht für das Geschäftsjahr 1942/43 der Firma Brauerei Zipf Aktiengesellschaft vorm. Wm. Schaup Zipf/Oberdonau der Landesbuchstelle für Brauerei Weihenstephan G.m.b.H. Wirtschaftsprüfgesellschaft vom 17.3.1944, Zl 20/44/46.

Abkürzungsverzeichnis

ABG	Archiv der Brauerei Göss, Leoben
ABUÖ	Archiv der Brau Union Österreich AG, Linz
ABZ	Archiv der Brauerei Zipf, Zipf
AOG	Arbeitsordnungsgesetz (Gesetz zur Ordnung der nationalen Arbeit)
BArch	Bundesarchiv
BArch MA	Bundesarchiv Militärarchiv
BBAG	Österreichische Brau-Beteiligungs-AG
BDM	Bund Deutscher Mädel
BGBl.	Bundesgesetzblatt für die Republik Österreich
BIK	Ludwig Boltzmann Institut für Kriegsfolgenforschung, Graz
BWV	Brauwirtschaftsverband
BWVO	Brauwirtschaftsverband Ostmark
CIC	Counter Intelligence Corps
DAF	Deutsche Arbeitsfront
DAL	Diözesanarchiv, Linz
Demag	Deutsche Maschinenbau-Aktiengesellschaft
DÖW	Dokumentationsarchiv des österreichischen Widerstandes, Wien
dRGBl.	deutsches Reichsgesetzblatt
GBlÖ.	Gesetzblatt für das Land Österreich
Gestapo	Geheime Staatspolizei
HABA	Historisches Archiv der Bank Austria, Wien
HJ	Hitlerjugend
HVdB	Hauptvereinigung der deutschen Brauwirtschaft
HWA	Heereswaffenamt
KdF	Kraft durch Freude
KZ	Konzentrationslager
MM	Mauthausen Memorial, Wien
NARA	National Archives and Records Administration
NASA	National Aeronautics and Space Administration
NSDAP	Nationalsozialistische Deutsche Arbeiterpartei
NSV	Nationalsozialistische Volkswohlfahrt
OHG	Offene Handelsgesellschaft
OKH	Oberkommando des Heeres
OÖLA	Oberösterreichisches Landesarchiv, Linz
ORF	Österreichischer Rundfunk
ORF MA	Österreichischer Rundfunk, Multimediales Archiv, Wien
ÖStA AdR	Österreichisches Staatsarchiv, Archiv der Republik, Wien
PAAG	Privatarchiv Adolf Grabner, Vöcklabruck
PACLL	Privatarchiv Christian Limbeck-Lilienau, Zipf
PAFKj	Privatarchiv Fritz Kretz junior, Zipf

PAHK	Privatarchiv Hans Kretz, Hinterbrühl
PAHKa	Privatarchiv Hermann Kaser, Timelkam
PANK	Pfarrarchiv Neukirchen an der Vöckla, Neukirchen
PAStW	Privatarchiv Stefan Wedrac, Wien
RAD	Reichsarbeitsdienst
RAF	Royal Air Force
RGBl.	Reichsgesetzblatt für die im Reichsrathe vertretenen Königreiche und Länder
RMfBuM	Reichsministerium für Bewaffnung und Munition
RMfRuK	Reichsministerium für Rüstung und Kriegsproduktion
RNVbl.	Verkündungsblatt des Reichsnährstandes
SA	Sturmabteilung
SD	Sicherheitsdienst
SS	Schutzstaffel
StBl.	Staatsgesetzblatt
VOEST	Vereinigte Österreichische Eisen- und Stahlwerke
WHW	Winterhilfswerk des Deutschen Volkes
WVHA	Wirtschafts-Verwaltungshauptamt

1 Die Anfänge der Brauerei Zipf und ihre Entwicklung bis 1914 im Rahmen der österreichischen Brauindustrie

1.1 Die geografische Lage von Zipf und der Begriff »Schlier«

Der Ort Zipf befindet sich auf dem Gemeindegebiet von Neukirchen an der Vöckla im Bezirk Vöcklabruck in Oberösterreich. Er liegt an einem Westhang im sanften Tal des Redlbaches, der etwas südlich der Siedlung in die Vöckla mündet. Die Gemeinde Neukirchen besteht aus vielen kleineren Siedlungen, wobei die namensgebende Hauptsiedlung etwas östlich von Zipf auf den Hügeln nördlich des Vöcklatales zu finden ist. Die nächsten größeren Ortschaften sind die Marktgemeinde Frankenburg am Hausruck im Norden von Zipf und die Marktgemeinde Vöcklamarkt im Süden. Geografisch ist das Ortsgebiet dem Alpenvorland zuzurechnen. Westlich davon erstreckt sich der Kobernaußerwald, nördlich befindet sich der hügelige Hausruck, östlich liegt das dichter besiedelte Gebiet von Vöcklabruck und Attnang-Puchheim, und südlich davon erstreckt sich der Attergau rund um den Attersee.

Geologisch besteht das Alpenvorland um Zipf mit seinen niedrigen Hügel- und Tallandschaften aus einer Mischung von Formationen unterschiedlichen Alters und Aufbaus. In Richtung Süden, den Alpen zu, taucht das kristalline Gestein der Böhmischen Masse in die Tiefe ab, sodass es bei Zipf schon weit unter der Oberfläche liegt. Darüber liegen bis zu 2.000 Meter mächtige und zumindest 17 bis 18 Millionen Jahre alte, stark verfestigte Ablagerungen aus einem urzeitlichen Meeresarm (»Molassemeer«). Er befand sich dort im Bereich des Zusammenstoßes zwischen Böhmischer Masse und den sich nach Norden schiebenden Alpen und verlandete im Laufe der Zeit. Seine dicht-festen, jedoch auch weich-elastischen Ablagerungen (»Mergel«) bestehen zu Teilen aus Ton, manchmal aus Kalksteinteilchen und oftmals aus Sanden. Diese werden »Schlier« genannt, gelten als Bodenverbesserer und treten zuweilen an steilen Bachufern oder in künstlichen Gruben an die Oberfläche. Ein Vorkommen des Schliers befindet sich am »Saurüssel« genannten Hügel nordöstlich des Ortes Zipf. Meistens ist der Schlier allerdings von späteren Ablagerungen, besonders denen der Eiszeiten, überdeckt. Die großen Endmoränen der Gletscher mit ihren Schotterhügeln liegen etwas südlich des Ortes, um das Flussbett der Vöckla herum.[1]

1.2 Geschichtliche Grundlagen des Ortes

Das Gebiet um Zipf ist von den Auen um die Vöckla geprägt, welche in prähistorischer Zeit dicht bewaldet waren. Das Vöcklatal war ein natürlicher Durchzugsbereich, weswegen die römische Straße unweit von Zipf die Orte Iuvavum (Salzburg) und Ovilava (Wels) beziehungsweise Lauriacum (Ennser Ortsteil Lorch) verband. Im Frühmittelalter gehörte die Gegend zu den sehr früh von bayerischen Siedlern erschlossenen Gebieten. Die Neuankömmlinge vermischten sich mit der noch ansässigen keltoromanischen Bevölkerung, wovon noch einige Ortsnamen zeugen. Die Gegend um Zipf stand während dieser Zeiten unter salzburgischer, dann bayerischer Hoheit. Maßgeblichen Einfluss in der Gegend hatte die etwas nördlich gelegene Herrschaft Frankenburg. Die Frankenburg selbst wurde im 12. Jahrhundert von einem Mitglied des Geschlechtes der Julbacher erbaut. Sie kam in der Folge – durch zahlreiche Wirren und Zwischenstufen – etwa im 13. Jahrhundert durch Kauf an die Herren von Schaunberg und dann an die Habsburger, welche sie verpfändeten. Ende des 16. Jahrhunderts schließlich gelangte die Burg in den Besitz des Kärntner Geschlechts der Khevenhüller.[2] Erwähnungen des Ortsnamens lassen sich ab dem späten Mittelalter finden, und zwar im »Schaunberger Urbar« von 1371 noch als »dacz Ypf« und im Frankenburger Urbar von 1480 bereits als Zipf.[3]

Nach den turbulenten Zeiten der Bauernkriege und des Dreißigjährigen Krieges mit dem berüchtigten »Gericht am Haushamerfeld« am 15. Mai 1625, bei dem der bayerische Statthalter Adam Graf Herberstorff nach Unruhen wegen des Wirkens einer Reformationskommission 36 vermutliche Rädelsführer um ihr Leben würfeln ließ und 17 Verlierer aufhängte, folgte die ruhigere Zeit des späten 17. und des 18. Jahrhunderts. Im Zuge der Reformen Josephs II. legte man die örtlichen Gemeindegrenzen für Steuerzwecke fest, und mit der von Kaiser Franz I. angeordneten Landvermessung nach 1817 begann die Einteilung der Gegend in Katastralgemeinden.[4]

1.3 Die Brauerei Zipf 1858–1914

1.3.1 Die Anfänge der Brauerei Zipf

Um 1800 betrieb ein Michael Auböck eine Säge und Mühle am Ufer des Redlbaches und am Fuß des »Saurüssel« genannten Hügels unweit des Ortes Zipf. Sein Schwiegersohn Friedrich Hoffmann errichtete zwischen 1842 und 1844 auf diesem Anwesen ein kleines Brauhaus.[5] Dies war nicht untypisch, denn die

Brauwirtschaft hatte in Oberösterreich eine besondere Bedeutung, da es im Land keinen Weinbau gab. Dies führte zu einer hohen Dichte an Brauereien, zumeist Klein- und Kleinstbrauereien. Im Jahr 1849 waren 303 der 2.976 Brauereien der Habsburgermonarchie in Oberösterreich gelegen, das sind etwa 10,2 Prozent.[6] Der wirtschaftliche Erfolg des ersten kleinen Zipfer Brauhauses dürfte recht bescheiden gewesen sein, denn es erlangte nie eine Bedeutung, die über den Ort hinausging.

Für das weitere Schicksal Zipfs war ein (Wahl-)Wiener maßgeblich, der in der Gegend zu investieren begann: Franz Schaup, ein 1796 geborener Sohn niederösterreichischer Bauern aus Ober-Absdorf, hatte sich in Wien vom Lehrling in Handelsunternehmen – unter anderem acht Jahre lang »getreu, fleißig und ordentlich« in einem Gewürz- und Weingeschäft am Kohlmarkt – zum Kassier und schließlich Geschäftsführer im Wechsel- und Wertpapierhandelsunternehmen des tolerierten (israelitischen) Handelsmannes Ignaz Wertheim hochgedient. Nach dem Tod Wertheims hatte Schaup 1837 dessen Geschäft übernommen und dessen verwaiste Nichte Sophie Maria Anna Bobella geheiratet. Bis Mitte des 19. Jahrhunderts hatte Franz Schaup ein ansehnliches Vermögen erwirtschaftet.[7]

Er erwarb 1849 die ehemaligen Herrschaften Frankenburg und Frein von den Nachkommen des Wiener Gerichtsadvokaten Andreas Pausinger. Der neue Eigentümer reorganisierte die Güter in den folgenden Jahren erfolgreich.[8] 1858 musste schließlich Friedrich Hoffmann seine Besitzungen in Zipf versteigern lassen und Schaup schlug zu: Er erwarb das »Fischmeistergütl«, die Mühle, das halbe »Ragergut«, das Brauhaus, das dort mittlerweile errichtete Badhaus sowie die Keller und legte damit den Grundstein für die spätere Großbrauerei.[9] Der Schriftsteller, Schulrat und Landeskonservator Adalbert Stifter war ein Zeuge des Wirkens des Wieners, als er von der Statthalterei Ende 1859 anlässlich einer Inspektion in Frankenburg den Auftrag erhielt, sich die Tätigkeit des Bankiers näher anzusehen. In einem Brief vom Jänner 1860 schrieb Stifter Folgendes: »Ich habe im vergangenen Dezember einen Mann nicht kennengelernt, sondern nur die Spuren von ihm gefunden, der sich einen netten Nachsommer macht. Es ist der Wechsler Schaup aus Wien, der sich die Herrschaft Frankenburg gekauft hat, dort nun herumwirtschaftet, Sümpfe austrocknet, Schulen anlegt, Forste regelt, Brauhäuser baut und durch seine Wohltaten als ein Segen für die Gegend bezeichnet wird. Es geht sehr ins Herz, einen solchen Alten irgendwo zu finden.«[10] Stifter soll von Schaup so sehr inspiriert worden sein, dass er ihn als Vorlage für die Figur des reichen Schlossbesitzers Peter Roderer in seiner Erzählung »Nachkommenschaften« verwendete.[11] Ein fassbares Beispiel für die angesprochene Wohltätigkeit von Franz Schaup sind übrigens die »Kinder-Bewahranstalt« (Kindergarten) und die Mädchenschule, welche er als eine mit vielen Tausend Kronen dotierte Stiftung zusammen mit seiner Frau Sophie Maria Anna 1865 in Frankenburg gründete.[12]

Zunächst waren die Anfänge bescheiden: 1859 verzeichnete das Brauhaus noch einen Bierausstoß von lediglich 1.542 Hektoliter pro Jahr. In der Folge vergrößerte Schaup das Anwesen: Er ließ Keller im angrenzenden Hügel anlegen und baute das Sudhaus und die Mälzerei aus.[13] Im Mai 1863 besuchten Mitglieder des Forstvereins für Oberösterreich die Brauerei und berichteten in ihrer Vereinszeitschrift begeistert über die bereits sehr fortgeschrittene industrielle Ausgestaltung von Mälzerei, Sudhaus und Brauereikellern. Fast jeder Abschnitt des Herstellungsprozesses war bereits maschinell unterstützt:

»Bei der Einrichtung des Brauhauses hatte man das Ziel vor Augen, wo möglich überall die Menschenarbeit durch mechanische Kräfte zu ersetzen. Zu dem Ende wurde eine Dampfmaschine von 15 Pferdekraft mit zwei Dampfkesseln zu 20 Pferdekraft aufgestellt. [...] Die zur Biererzeugung nothwendige Gerste wird unter dem Einfahrtstore des Brauhaus-Gebäudes abgeleert, von einem Paternosterwerke in die oberen Etagen aufgezogen und durch Transporteurs an die beliebigen Stellen der Böden in die Nähe der Weichstöcke gebracht. Die Weichstöcke haben ihre Ausmündung in die Wachstenne. Das Grünmalz wird mittelst eines Rutschenaufzuges auf die Schwelke gebracht, von der das abgewelkte Malz durch einen Ausguß auf die Darre geworfen wird. Von da wird das gedarrte Malz mittelst Paternosteraufzuges und Schnecken-Transporteurs auf die Malzböden geschafft. In der Mitte derselben ist die Gosse zu der Malzputzmaschine, die das Malz von Schmutz, Staub und den Keimen befreit. Das gereinigte Malz läuft auf die ein Stockwerk tiefer in gleichem Niveau mit dem Maischbottich stehende Malzmühle, in welcher das Malz durch zwei Gußstahlwalzen gebrochen wird. Die Kommunikation zwischen den Braupfannen und Maischbottich wird durch zwei Dickmaischpumpen [...] vermittelt. Das zum Gebräu so wie zur Reinigung verwendete Wasser wird von zwei Wasserpumpen aus dem nahen Mühlbache, nachdem es einen Filterapparat passirt hat, in zwei Wasserreservoirs gepumpt [...]. Die Braupfannen, auf den Guß von 100 Eimern [rund 5.600 Liter, Anm. d. A.] berechnet, sind aus Kupfer mit verzinnten kupfernen Deckeln und Dunstschläuchen. Der Maischbottich hat 207 Eimer [fast 11.600 Liter] Rauminhalt; in demselben befindet sich die sinnreiche Maischmaschine mit doppelter, horizontal und vertikal wirkender Bewegung. Der darunter befindliche Läuterbottich enthält 178 Eimer [etwa 9.970 Liter]. Über demselben befindet sich eine sehr einfache, nach dem Prinzip des Segner'schen Rades konstruirte Anschwänzmaschine. Die Kühlstöcke, der eine aus verzinntem Kupferblech, der andere aus

Abb. 1 Älteste Ansicht der Brauerei Zipf aus dem Jahr 1858.

Eisen mit einem Ueberzuge von Bernsteinlack, sind je auf 50 und 100 Eimer [2.800 und 5.600 Liter] zimentirt und jeder 924 Quadratfuß [92 Quadratmeter] groß. Von der Kühle läuft die Bierwürze in die Gärkeller, welche gegenwärtig mit 25 Bottichen à 50 Eimer [2.800 Liter] so wie mit einem Kühlapparate versehen sind. Von den Gärkellern führt die Bierleitung in die Lagerkeller. Diese sind sämmtlich in Schlier gegraben, mit Ziegel ausgewölbt, mit Steinplatten gepflastert und in der Weise angelegt, daß ein gemeinschaftlicher Vorkeller in die einzelnen Abtheilungen führt und jede Abtheilung mit einem Eiskeller versehen ist. Die Keller sind absolut trocken, haben eine Temperatur von 6–6 ½ °R. [Réaumur; 7,5 bis 8,125 Grad Celsius], sind 17 bis 18' [5,4 bis 5,7 Meter] hoch und 5 bis 14 Klafter [9,5 bis 26,5 Meter] unter der Erdoberfläche gelegen. Die Gesammtfläche der Lagerkeller, mit Hinzurechnung der Vorkeller, Kellerhälse, Eiskeller, Gänge etc. beträgt 12.270 Quadratfuß [1.225 Quadratmeter], die der gesammten Eiskeller für sich 1512 Quadratfuß [151 Quadratmeter]. Wirklich imposant ist der Anblick der vielen in diesen Lagerräumen theils in einer, theils in mehreren über einander liegenden Reihen aufgestapelten Fässer von 50 Eimern [2.800 Liter] Gehalt und darüber.«[14]

Von ganz wesentlicher Bedeutung für die Wirtschaftlichkeit des Standortes war es übrigens, dass Zipf ab den 1860er Jahren sehr nahe an einer der neuen, wichtigen Bahnstrecken der Monarchie lag: Die »k. k. priv. Kaiserin Elisabeth-West-

Abb. 2 Die Brauerei Zipf 1862 nach dem ersten Ausbau.

bahn« hatte bereits 1858 die Strecke Wien–Linz eröffnet und vollendete die Verlängerung von Linz nach Salzburg 1860, im Abschnitt um Zipf nahm man den Güter- und Personenverkehr im Februar beziehungsweise März desselben Jahres auf.[15] Die neue Bahnstation Redl-Zipf lag nur rund eineinhalb Kilometer von der Brauerei entfernt.

1.3.2 Der Aufstieg von Zipf zur österreichischen Großbrauerei

Für die weitere Entwicklung der Brauerei war allerdings die nächste Generation der Familie Schaup verantwortlich, und zwar Wilhelm, der Sohn von Franz Schaup und seiner Frau Sophie Maria Anna. Er wurde am 4. April 1838 in Wien geboren, besuchte von 1848 bis 1855 das Akademische Gymnasium und studierte anschließend von 1855 bis 1859 Rechtswissenschaften an der Universität Wien. Dort promovierte er 1860 zum *doctor iuris*. 1864, also mit 26 Jahren, bekam er von seinem Vater die ehemals Hoffmann'schen Güter geschenkt. Inzwischen war die dortige Brauerei so weit ausgebaut worden, dass sie einen Jahresausstoß von etwas über 14.000 Hektoliter Bier aufweisen konnte. Im Ausbau dieser kleinen Brauerei sah Wilhelm Schaup von da an sein Lebenswerk. In den Jahren zwischen 1864 und seinem Tod 1899 vergrößerte er seinen Betrieb kontinuierlich, sodass fast jedes Jahr ein Zuwachs von einigen Tausend Hektolitern zu verzeich-

Abb. 3 Plakat der Brauerei Zipf aus dem Jahr 1883.

nen war, wobei manche wirtschaftlich schwache oder schwierige Jahre mitunter einen Rückgang bedeuteten. Dem standen große Investitionen gegenüber, wodurch man in manchen Jahren einen größeren »Sprung nach vorne« schaffte.[16]

Aus dieser ganz wesentlich vom Ehrgeiz[17] Wilhelm Schaups getragenen Entwicklung seien einige Meilensteine herausgegriffen: Im Todesjahr seines Vaters (1871) hatte die Brauerei bereits einen Ausstoß von fast 48.000 Hektoliter aufzuweisen.[18] Um 1880 arbeiteten bereits 230 Menschen in der Brauerei, und deren Absatzgebiet erstreckte sich auf ganz Oberösterreich und darüber hinaus.[19] So eröffnete die Brauerei etwa im Oktober 1879 eine »Zipfer Bierhalle und Restauration« in der Schlickgasse im neunten Wiener Gemeindebezirk und war damit in der Hauptstadt präsent.[20] 1886 wurde die psychologisch wichtige Marke von 100.000 Hektolitern Bierausstoß erreicht.[21] In diesem Jahr feierte man in der Brauerei nicht nur diesen neuen Produktionsrekord, sondern auch ihren 25-jährigen Bestand mit einem Gartenfest bei »Beleuchtung und Feuerwerk« und einem Konzert der Musikkapelle des k. u. k. Infanterieregimentes »Ernst Ludwig Großherzog von Hessen und bei Rhein« Nr. 14.[22] 1886 ist auch das Gründungsjahr einiger sozialer Einrichtungen: Zum neuen »Unterstützungs-Fonds für Beamte und Arbeiter« der Brauerei Zipf für Notfälle und Alter trug Wilhelm Schaup 20.000

Gulden bei. Darüber hinaus entstand auf Initiative des Brauereieigentümers eine Betriebskrankenkasse. Sie war für die Belegschaft verpflichtend und speiste sich aus Beiträgen des Arbeitgebers (anfangs 0,5 Prozent der Lohnsumme) und der Arbeitnehmer (bei Gründung zwei Prozent der Lohnsumme). Sie leistete im Krankheitsfall 20 Wochen lang Unterstützung, nachdem das Unternehmen die ersten drei Wochen den vollen Lohn weiterbezahlt hatte und trug Spitals- und Beerdigungskosten.[23]

Gegen Ende des 19. Jahrhunderts führte die Brauerei Zipf bedeutsame technische Neuerungen ein; es kam zum vorerst letzten Innovations- und Ausbauschub bis nach dem Zweiten Weltkrieg. Zum einen installierte man 1892 eine künstliche Kühlung, welche die bisherige, traditionelle Eisgewinnung aus Eisteichen im Winter für die Kühlung in den Sommermonaten obsolet machte. Zum anderen wurde 1894 die bisher von Ochsen betriebene Materialbahn von der Brauerei zum Bahnhof Zipf zur ersten elektrischen Industriebahn Oberösterreichs ausgebaut. Dadurch erhielt auch die Brauerei selbst elektrisches Licht.[24]

Ein interessierter Besucher der Brauerei berichtete der »Zeitschrift für Elektrotechnik« im Jahr 1895 über seine Eindrücke: »Man hat im Ganzen 260 PS, davon 100 als Reserve von den Dampfmaschinen und 20 PS von einer Turbine, welche der Redlbach betreibt, zur Verfügung. Im Dampfmaschinenraume befinden sich auch die Ammoniak-Compressionsmaschinen System Linde, während die elektrischen u. zw. zwei Lichtmaschinen zu je 20.000 Watt und zwei Kraftmaschinen zu je 18.000 Watt in einem anstossenden Raume aufgestellt sind. Bei voller Belastung benöthigt die gesammte elektrische anlage 120 PS; doch tritt dieser Fall vorläufig nicht ein. [...] Alle Licht- und Kraftleitungen sind aus blankem Kupferdrahte hergestellt. Die elektrische Bahn ist nach dem System der einfachen Luftleitung mit Schienenrückleitung angelegt, hat eine Länge von ungefähr 1,172 km und dient als Schleppbahn von der Brauerei zur Eisenbahnstation Redl-Zipf der k. k. österr. Staatsbahnen. Ein Motorwagen und 12 Lowrys, welch' letztere mit Bänken versehen, eventuell auch zur Beförderung einer grösseren Anzahl Personen verwendbar zu machen sind, genügen für den ohne Anstand sich abwickelnden Verkehr. Die Bahnstrecke ist durchwegs horizontal mit einigen Weichenanlagen in der Station Redl-Zipf und bei der Brauerei. [...] Die Beleuchtungsanlage [der Brauerei, Anm. d. A.] umfasst im Ganzen bis jetzt rund 900 Glühlampen à 16 Kerzen reducirt, inclusive von 2 Bogenlampen; letztere sind auf hohen Masten in den Hofräumen der Brauerei angebracht und kann eine derselben auch zur Aushilfe in den grossen Unterhaltungssaal der Brauerei-Restauration übertragen werden. Die Glühlampen sind in allen Räumen der Brauerei, in den Kanzleien, in der Restauration, in den Wohnräumen und in den sehr

Abb. 4 Die Brauerei Zipf 1897.

ausgedehnten Kellereien vertheilt und sollen im Laufe des Jahres 1895 die Zahl 1000 erreichen, wovon jedoch nur immer ein Theil je nach Bedarf gleichzeitig zu brennen hat. […] In den Kellern sind Quecksilber-Einschalter mit Glashandgriffen in Gebrauch, nachdem gewöhnliche wegen des andauernden Feuchtigkeitsgehaltes der Kellerluft nicht functionsfähig sind. Die Temperatur in den Kellern wird durch vielfache, alle Kellerräume durchziehende Rohrleitungen mittelst der Eismaschinen stetig auf 1–2°R. [1,25–2,5 Grad Celsius] erhalten und gewähren die beständig mit Eis überzogenen Röhren bei elektrischer Beleuchtung einen eigenthümlich interessanten Anblick.«[25]

Wilhelm Schaup widmete sich neben seiner unternehmerischen Tätigkeit auch der Verwaltung und der Politik.[26] Er übernahm das Amt des Postmeisters (belegt 1865–1884) von seinem Vater, denn kurz nach der Gründung der Brauerei hatte man ein Postamt in ihren Räumlichkeiten in Zipf eingerichtet, das auch für die Umgebung zuständig war. Von 1865 bis 1871 war er Bürgermeister der Gemeinde Neukirchen an der Vöckla, zu der Zipf gehörte. 1868 bis 1878 war er Abgeordneter im oberösterreichischen Landtag und fast durchgehend von 1870 bis 1893 Mitglied des Abgeordnetenhauses des Reichsrates als Vertreter der Handels- und Gewerbekammer Linz. 1893 legte er sein Mandat aus Gesundheitsgründen zurück.[27]

Wilhelm Schaup starb am Morgen des 28. November 1899. In seinem Todesjahr verzeichnete die Brauerei Zipf einen Ausstoß von rund 125.000 Hektoliter Bier.[28] Wilhelm Schaups Frau Amalie (geborene Burger) war schon 1895 verstorben. Der zum Nachfolger bestimmte älteste Sohn Alfred Schaup war ebenso bereits einige Jahre zuvor tragisch verunglückt: Am 21. Juli 1885 fuhr der junge

Abb. 5 Familienfoto aus den frühen 1880er Jahren, v.r.n.l.: Wilhelm, Amalie und Sophie Schaup, Marietta Weber (Dienstmädchen), Otto, Emilie, Marie und Alfred Schaup.

Student der Rechtswissenschaften mit der Bahn, welche die Brauerei Zipf mit der Bahnstation Redl-Zipf verband, und stürzte dabei so vom Zug (vermutlich gegen einen Leitungs- oder Telegrafenmasten), dass er sofort bewusstlos war und am 24. Juli schließlich seinen schweren Verletzungen erlag.[29]

Der Brauereieigentümer hinterließ daher vier Kinder, und zwar Marie (verheiratete Kretz), Emilie (genannt »Gogo«), Sophie (später verheiratete Limbeck-Lilienau) und Otto.[30] Letzterer, der jüngere der beiden Söhne, war bereits vor dem Tod des Vaters aufgrund von privaten Meinungsverschiedenheiten in Ungnade gefallen. Im Dezember 1894 hatte Wilhelm Schaup ihn daraufhin von allen Unternehmenstätigkeiten ausgeschlossen und die Belegschaft angewiesen, keine Weisungen mehr von ihm anzunehmen. Otto erhielt eine Abfindung und spielte in weiterer Folge keine Rolle mehr für die Brauerei Zipf.[31]

Wilhelm Schaup hatte die Brauerei seit 1866 als eine protokollierte Einzelfirma »Bierbrauerei in Zipf, Oberösterreich Wm. Schaup«[32] betrieben. Am 1. Juli 1897 gründete er eine Offene Handelsgesellschaft (OHG) mit seinen drei Töchtern und seinem Sekretär, zugleich Neffen seiner Frau, dem Eisenbahningenieur und Mu-

Abb. 6 Briefkopf der Brauerei Zipf in den 1910er Jahren.

siker Maximilian Limbeck Freiherr von Lilienau,[33] als öffentlichen Gesellschafterinnen und Gesellschaftern.[34] Somit bezog er schon vor 1899 seine vorgesehenen Erben in die Geschäfte ein. Die Verantwortung für den Betrieb lag nach dem Tod des Brauereimagnaten zunächst in den Händen von Max Limbeck-Lilienau, der 1902 Sophie heiratete, und ab 1913 offiziell auch beim zweiten Schwiegersohn, dem Pathologen Richard Kretz, als zusätzlichem öffentlichen Gesellschafter.[35] Die eigentlichen Eigentümerinnen Marie, Emilie und Sophie widmeten sich im Sinne ihres Vaters sozialen Belangen.[36] Marie stiftete 1895 ein Betriebskrankenhaus in einem dafür errichteten Gebäude oberhalb der Mälzerei. Darin war eine hauptberufliche Krankenschwester tätig, und täglich ordinierte dort Anton Scheiber, Arzt aus Vöcklamarkt. 1904 gründete Sophie daher eine Volksschule in Zipf für Kinder von Brauereibediensteten und Bauern der Umgebung, die noch im gleichen Jahr das Öffentlichkeitsrecht erhielt und 88 Schülerinnen und Schüler zählte. Emilie ließ 1912 ein Versorgungsheim für alte Menschen errichten, das bis zu 67 mittellosen Senioren meist bis zum Tod Unterkunft und Versorgung sicherte. Es wurde von einer Stiftung getragen und hatte bis in die 1940er Jahre Bestand.[37]

Die Jahre zwischen 1900 und dem Kriegsausbruch 1914 waren in der Brauerei Zipf von einer langsamen Aufwärtsentwicklung gekennzeichnet. Der Ausstoß von etwa 125.000 Hektolitern im Braujahr 1899/1900 – in der österreichischen Brauindustrie lief das Geschäftsjahr von Sommer bis zum nächsten Sommer, typischerweise von Anfang September bis zum Ende des nächsten August[38] – steigerte sich zwar bis 1903/04 auf 139.000 Hektoliter, ging danach zurück und erreichte 1908/09 mit 117.000 einen Tiefstand. Kurz vor dem Ersten Weltkrieg ging es noch einmal bergauf, 1913/14 stieß die Brauerei 142.000 Hektoliter aus. Was die Erweiterung der Betriebsanlagen betrifft, fallen in das frühe 20. Jahrhundert die Aufstellung der ersten Aluminiumtanks (1910) und ein Ausbau der Mälzerei mit sechs Keimkästen. Daneben betrieb die Brauerei ab 1910 ein Steinziegelwerk, in dem der Schliersand aus den nahen Hügeln mit Kalk zu charakteristisch weißen Ziegeln verarbeitet wurde, die als Baumaterial für einige Häuser im Ort dienten.[39]

1.4 Die allgemeine Entwicklung von Österreichs Brauindustrie 1850–1914

1.4.1 Industrielle Produktionsweise und technischer Fortschritt

Die Entwicklung der Zipfer Brauerei unter Wilhelm Schaup ist für die Brauindustrie der späten Habsburgermonarchie durchaus typisch. Das Brauwesen wurde bis zur Mitte des 19. Jahrhunderts von Hunderten kleinen, nur lokal handelnden Gewerbebetrieben dominiert. Sie produzierten für den Ort beziehungsweise die Stadt und hatten kaum überregionale Bedeutung. Im Zuge der industriellen Revolution kam es auch im Braugewerbe zum »Übergang von der handwerklichen Produktionsweise zur fabrikmäßigen Produktion«.[40]

Eine Reihe von verschiedenen Faktoren begünstigte diese Entwicklung: Wohl am wichtigsten war, dass die Nachfrage nach Bier stark stieg, weil die Bevölkerung der Doppelmonarchie in der zweiten Hälfte des 19. Jahrhunderts um etwa ein Viertel wuchs: Lebten 1857 noch 37,8 Millionen Menschen in Österreich-Ungarn, so waren es 1910 bereits 49,6 Millionen. In der österreichischen Reichshälfte wuchs die Bevölkerung jährlich um 0,96 Prozent, in der ungarischen sogar um 1,4 Prozent. Damit einhergehend wanderten immer mehr Menschen zu den großen Industriezentren, um dort Arbeit zu finden.[41] Doch selbst wenn sie eine solche fanden, waren ihre Arbeitsbedingungen oft schlecht – und sie suchten Möglichkeiten, daraus zu entfliehen: »Kein Getränk ist mit dem Aufblühen von Industrie und Handel im 19. Jahrhundert so eng verknüpft wie das Bier. […] Für die werktätigen Massen wurde Bier im wahrsten Sinne des Wortes zum ›Volksgetränk‹, zu einem verhältnismäßig billigen Genußmittel, das geradezu ideal war, die oftmals recht triste Umwelt der damaligen Zeitgenossen etwas aufzuhellen.«[42] Wein war empfindlich teurer als Bier und verteuerte sich im Laufe des 19. Jahrhunderts wegen Verlusten durch Rebenkrankheiten und Schädlinge mehr als das Bier, das durch die industrielle Produktionsweise auch relativ billiger wurde. Als Konsequenz stieg der Bierkonsum in Liter pro Kopf zwischen 1860 und 1900 auf dem Gebiet der heutigen österreichischen Bundesländer (ohne Burgenland) um den Faktor 1,8 an.[43]

Darüber hinaus war es immer einfacher und billiger, die zur Biererzeugung benötigten Rohstoffe zu beschaffen, denn das Eisenbahnnetz wuchs ebenfalls stark. 1854 gab es in der Monarchie 2.617 Kilometer Eisenbahnen, 1912 waren es in Cisleithanien allein 22.879 Kilometer, wobei Ungarn zur etwa gleichen Zeit (1913) ein Gesamtnetz von 21.798 Kilometer aufzuweisen hatte. Mit der Eisenbahn transportierten die Brauereien vor dem Ersten Weltkrieg zudem ihre Produkte zu den Abnehmern, was Brauereien nahe den großen Strecken Vorteile brachte.[44]

Neben diesen allgemeinen Rahmenbedingungen erleichterten beziehungsweise revolutionierten technische Errungenschaften praktisch jede Phase des Bierbrauens.[45] Ganz grundlegend für alle Vorgänge war, dass um die Mitte des 19. Jahrhunderts zunehmend Dampfmaschinen in den Brauereien Einzug hielten und man das Holz als Material für Einrichtungen und Apparate durch Metall ersetzte, woraufhin immer besser auf Reinlichkeit und Hygiene geachtet werden konnte. Das Mälzen, mit anderen Worten das Keimen und anschließende Darren (also Trocknen bis hin zum Rösten), der zumeist für Bier verwendeten Gerste verlagerte man mehr und mehr in Industriebauten mit Aufzügen, Wendeapparaten, Heiz- und Lüftungsanlagen. Im Sudhaus der Brauereien entwickelten Ingenieure immer effizientere Apparate, um beim Maischen (Mischen des Malzes mit Wasser und Erhitzen bis zu bestimmten Temperaturen), Läutern (Trennen des Trebers, also der festen Malzbestandteile, von der Flüssigkeit) und anschließenden Hopfenkochen rauchfrei zu arbeiten. Ebenso lag das Augenmerk darauf, das Umrühren, Filtern und Abpumpen der bei den obigen Vorgängen entstehenden Würze zu rationalisieren und optimieren.[46]

Im Prozess der Gärung der Würze trat ab den 1870er Jahren die von Carl von Linde erfundene Kältemaschine (»Ammoniak-Kompressionsmaschine«) ihren Siegeszug in den Brauereien an. Durch sie konnte das seit den 1840ern in Österreich in großem Rahmen produzierte, immer beliebtere helle, untergärige Lagerbier unabhängig von Standort und Jahreszeit gebraut werden, denn die Kältemaschinen konnten überall große Räume kühlen. In diesen fand die untergärige Hefe ideale Bedingungen, um bei den notwendigerweise niedrigen Temperaturen die Würze zu fermentieren.[47]

Naturwissenschaftliche Erkenntnisse und spezielle Messgeräte machten es zur gleichen Zeit möglich, den Brauprozess immer präziser zu gestalten: Die Arbeiten des französischen Biochemikers und Pioniers der Mikrobiologie Louis Pasteur trugen in der zweiten Hälfte des 19. Jahrhunderts wesentlich dazu bei, den Prozess der Gärung durch den Hefepilz besser zu verstehen, und führten zur Anwendung von Hitze zur Bierkonservierung. Der auf Pilze spezialisierte dänische Botaniker Emil Christian Hansen konnte bald darauf zeigen, dass Hefe aus vielen verschiedenen Arten besteht. Er entwickelte ein Verfahren, um verschiedene Hefesorten zu isolieren und rein zu züchten.[48] Neben den schon ab Ende des 18. Jahrhunderts beim Brauen verwendeten, aber im 19. Jahrhundert immer weiter verfeinerten Thermometern waren vor allem das Saccharometer und die damit verbundenen Messmöglichkeiten entscheidend für eine präzise Brauführung: Der böhmische Chemiker Karl Josef Napoleon Balling konstruierte 1843 eine brauchbare Senkspindel, um den Zuckergehalt einer Flüssigkeit anzuzeigen. Die von ihm entwickelte Skala (»Balling-Grad«) gab den Prozentanteil von Zucker an. Damit konnte also dieser wesentliche Anteil der sogenannten Stammwürze des Bieres vor der Gärung bestimmt werden. Balling errechnete aber auch das Verhältnis von Alkoholgehalt, dem Extraktgehalt und der Stammwürzekonzentration. Die Weiterentwicklung dieses Verfahrens durch den deutschen Chemiker Fritz Plato hat bis heute Bestand: Die Stammwürze (die in Wasser für die nachfolgende Gärung verfügbaren, gelösten Stoffe aus Malz und Hopfen) wird in »Grad Plato« angegeben. Eine Würze mit einem Grad Plato hat dieselbe Massendichte wie eine wässrige Lösung mit einem Gewichtsprozent Saccharose (Zucker).[49]

Im Zuge der Industrialisierung der Brauindustrie wuchsen diejenigen Betriebe, welche unter Anwendung der modernen Produktionsform arbeiteten, kleinere Brauereien hingegen gingen oft unter. So gab es auf dem Gebiet der heutigen österreichischen Bundesländer (ohne Burgenland) 1860 noch 1.001 Braustätten, 1894/95 nur mehr 555, was einer Abnahme um 44,6 Prozent entspricht. Gleichzeitig vergrößerte sich die Produktion der österreichischen Brauereien um rund 120 Prozent, von 2,8 Millionen Hektoliter im Jahr 1860 auf 6,1 Millionen Hektoliter 1894/95. Im gleichen Zeitraum nahm jedoch der Ausstoß pro Betrieb von 2.798 Hektoliter auf durchschnittlich 11.141 Hektoliter zu, was einer Zunahme von 298 Prozent entspricht. Die Brauindustrie befand sich also in einem dynamischen Konzentrationsprozess.[50]

1.4.2 Absatzprobleme

Mit der Konzentration der Industrie ging ein immer stärker werdender Konkurrenzkampf unter den Brauereien einher. Da Bier im 19. Jahrhundert nicht sehr lange haltbar war, musste es in relativ kurzer Zeit den Konsumentinnen und Konsumenten zugeführt werden. Daher war ein stetiger Absatz nötig. Dieser war von verschiedenen Rahmenbedingungen abhängig und sehr verwundbar: Wenn das Wetter in der Zeit des größten Bierkonsums, also im Sommer, schlecht war, wurde weniger Bier getrunken. Gleiches galt bei guter Wein- und Mostproduktion. Konjunkturschwankungen waren auch keine Freundinnen der Bierindustrie: »[J]eder wirtschaftliche Rückschlag ist als Delle in der stark ansteigenden Trendkurve des Bierabsatzes ablesbar.«[51]

Um den Absatz zu steigern, war die heute angewandte Strategie der Werbung im 19. Jahrhundert mangels moderner Massenmedien noch nicht so wirksam, und die Brauereien konnten sich daher weniger leicht an den Endverbraucher wenden. Ein Ausweg waren Bierlieferungsverträge. Dadurch band man die Betreiberin bzw. den Betreiber der Gaststätte regelmäßig erfolgreich an die Brauerei: Mit diesen Verträgen verpflichteten sich die Wirtinnen und Wirte, das Bier einer Brauerei in einer gewissen Menge abzunehmen, um ihren gesamten Bedarf oder Teile davon zu decken. Im Gegenzug erhielten sie oft hohe Darlehen mit immer geringeren Sicherstellungen, außerdem Sachleistungen wie Schankanlagen, Eiskästen, Gläser, Geschirr und Sitzgarnituren sowie kostenlose Zustellung. Falls die Wirtinnen und Wirte den Vertrag verletzten, drohten empfindliche Strafen. Diese Art der Absatzsicherung war nicht nur für Wirte mitunter ruinös, sondern auch für die konkurrierenden Brauereien, da der Wettbewerb immer mehr Kapital erforderte.[52]

1.4.3 Großbrauereien und Brauerdynastien

Unter den Brauereien, die sich durchsetzen konnten, entstanden in der zweiten Hälfte des 19. Jahrhunderts bekannte Brauerdynastien in den verschiedenen Kronländern der Habsburgermonarchie: »Dabei gilt für die Brauereien in ganz besonderem Maße, was [Alois] Mosser über die Eigenheiten des österreichischen Kapitalismus schreibt: ›Alles in allem scheint die familiär bezogene, wenig formalisierte und kaum kontrollierte Führungsarbeit des Unternehmers nicht ohne Erfolg gewesen zu sein. Die große Bedeutung oft nur einiger ›Unternehmerdynastien‹ für die Entwicklung ganzer Branchen macht dies deutlich. Diese relativ kleine Anzahl von vielfach durch Heiratsbindungen miteinander verknüpften Familien war auch führend bei der Ausbildung anderer Eigenheiten des österreichischen Kapitalismus, so der die Schwächen einiger Teilmärkte mindernden Kartellorganisationen oder der sprichwörtlichen Verbindung von Industrie und Banken. Eine Eigenheit dieser zuletzt genannten so folgenreichen Beziehung war ja die Konzentration der Verfügungsmacht, in der wiederum Familienverwandtschaften eine ausschlaggebende Rolle spielten.‹«[53] Im Folgenden sollen nun beispielhaft einige Ende des 19. Jahrhunderts wirkende Brauerdynastien aus den wichtigsten Bierregionen Österreichs in und um Wien, in Niederösterreich, in der Steiermark, in Oberösterreich und Salzburg kurz vorgestellt werden.

Nicht nur für Österreich, sondern für die globale Biergeschichte relevant ist das Werk von Anton Dreher (dem Älteren). Er wurde am 10. Juni 1810 in Wien als Sohn des Brauherrn der Klein-Schwechater Brauerei Franz Anton Dreher geboren. Nach dem Besuch des Piaristengymnasiums trat er eine im Brauermilieu typische Lehrzeit bei der Konkurrenzbrauerei von Georg Meichl in Simmering an, wo er den Sohn des Betreibers der Münchner Spatenbrauerei Gabriel Sedlmayer kennenlernte. Gemeinsam mit Sedlmayer machte Anton Dreher der Ältere eine Lehrreise nach England, um die dortigen, weit fortschrittlichen Brautechniken kennenzulernen. Bei den englischen Brauereien steuerte man den Brauprozess bereits viel wissenschaftlicher als auf dem Kontinent, verwendete große gusseiserne Gefäße, Dampfmaschinen und frühe Kühlsysteme. Nach einigen Anfangsschwierigkeiten wegen des Misstrauens der englischen Brauer konnten die beiden wertvolle Erkenntnisse – vor allem über das Darren – mitnehmen. Nach einer zusätzlichen Lehrzeit in München konnte Dreher sein neues Wissen in der kleinen Familienbrauerei in Schwechat umsetzen: Ab 1841 entstand dort das weltweit erste helle Lagerbier. Im Wesentlichen verband Dreher das helle Malz der englischen Brau- und Malzkunst mit einer Hefe, die nach bayerischer Art bei niedrigen Temperaturen gärte und sich am Boden des Gärbehälters absetzte (also »untergärig« genannt wurde). Dafür musste er die Bierwürze nach dem Kochen allerdings kühlen und eisgekühlte Keller anlegen, damit die lange Nachlagerung bei entsprechenden Temperaturen möglich wurde. Ein großer Vorteil war, dass so auch im Sommer, einer bis dahin für die Brauerzunft ungünstigen Jahreszeit, gebraut werden konnte. Das neue Bier war ein voller Erfolg, und die Schwechater Brauerei wuchs schnell und eindrucksvoll: Dreher vervielfachte den Bierausstoß von 2.000 Hektolitern im Jahr 1837 auf 75.000 im Jahr 1850. Im gleichen Jahr stellte er eine Dampfmaschine in der Brauerei auf und schaffte in weiterer Folge landwirtschaftliche Güter an, um Gerste und Hopfen selbst zu produzieren. Außerdem erwarb er Brauereien in Steinbruch bei Budapest und in Michelob bei Saaz (Měcholupy u Žatce in der Tschechischen Republik). Der zeit seines Lebens kränkelnde Anton Dreher der Ältere starb bereits mit 53 Jahren am 26. Dezember 1863 und hinterließ das große Unternehmen seinem Sohn, Anton Dreher dem Jüngeren. Allein in der Schwechater Brauerei gab es bei einem Ausstoß von über 222.000 Hektolitern elf Lagerkeller, 32 Malztennen, sechs Braupfannen, 24 Kühlschiffe und 1.694 Gärbottiche. Der Erbe baute das Brauimperium seines Vaters sehr zielstrebig weiter aus: 1867 führte das Unternehmen eisgekühlte Bierwaggons ein und stellte 1877 die erste Kältemaschine auf. In Schwechat selbst wurde bis 1869 die gesamte Konkurrenz aufgekauft und stillgelegt, und noch im selben Jahr errichtete man eine Niederlassung in Triest. 1897 waren die Brauereien der Familie Dreher mit einer Produktion von 1,25 Millionen Hektoliter das größte Brauunternehmen der Welt.[54]

Zur Jahrhundertmitte begann in Ottakring eine Erfolgsgeschichte des dortigen Bieres. Die Cousins Ignaz und Jakob Kuffner, aus einer jüdischen Familie aus Lundenburg (Břeclav in der Tschechischen Republik) stammend, kauften 1850 die kleine Brauerei im Ort und entwickelten sie innerhalb von 45 Jahren mittels moderner Brautechnik und industrieller Produktionsweise zu einer Großbrauerei. So erweiterte man das Sudhaus 1875 wesentlich, stellte diverse Dampfmaschinen und 1889 eine Kühlanlage auf. Die Brauerei benutzte seit 1879 eine Wasserenthärtungsanlage, legte nach umfangreichen Bohrungen einen der größten und tiefsten Brunnen der Umgebung an und baute eine mechanische Mälzerei, eine Spiritus- und Presshefefabrik und umfangreiche Keller. 1855 hatte die Ottakringer Brauerei einen Bierausstoß von etwas über 32.000 Hektoliter zu verzeichnen, 1870 waren es bereits 116.000 und 1895 über 200.000 Hektoliter. Die Cousins erwarben 1856 auch die Döblinger Brauerei und bauten sie aus. Ignaz Kuffner wurde 1878 ob seiner zahlreichen Verdienste in den Adelsstand erhoben. Nach dem Tod von Ignaz (1882) und Jakob (1891) traten die jeweiligen Nachkommen in die Brauerei ein.[55]

Eine andere Wiener Biergeschichte dreht sich um Adolf Ignaz Mautner (1801–1889). Er entstammte einer jüdisch-böhmischen Brauerfamilie aus Smirsitz (heute Smiřice in der Tschechischen Republik) und pachtete 1841 das Brauhaus St. Marx, welches auf das dortige Bürgerspital zurückging und in der Zwischenzeit im Eigentum des Wiener Bürgerspitals stand. Das dortige Bier dürfte keinen besonders guten Ruf gehabt haben, und dementsprechend war auch der wirtschaftliche Erfolg gewesen. Mautner gelang es aber innerhalb kurzer Zeit, die Produktion mit moderner Technik wie Dampfmaschine und Eislagerkellern auszuweiten und die Qualität so weit zu steigern, dass sich sein »St. Marxer Auszugsbier« großer Beliebtheit erfreute. In den 1840er Jahren setzte sich die untergärige Hefe beim Brauprozess durch. Bisher hatten die Bäcker die obergärige Bierhefe zum Backen verwendet, mit der nun üblichen waren sie aber unzufrieden, weil sie zu bitter war und zu wenig Triebkraft hatte. Mautner sah darin eine Chance und begann zur gleichen Zeit, Backhefe herzustellen. Zusammen mit dem jungen deutschen Chemiker Julius Reininghaus entwickelte er ein Verfahren zur Herstellung obergäriger Hefe außerhalb des Brauprozesses, das sich als »Wiener Verfahren« international durchsetzte. Die Hefefabriken Mautners waren so erfolgreich, dass er 1857 die Brauerei kaufen konnte. Für seine Leistungen und seine Kaisertreue erhob Kaiser Franz Joseph den inzwischen mit seiner gesamten Familie katholisch getauften Brauherren 1872 in den Adelsstand und verlieh ihm das Prädikat »Ritter von Markhof«. 1876 übergab Adolf Ignaz Mautner das Unternehmen seinem Sohn Carl Ferdinand, dessen Sohn Victor es wiederum 1896 übernahm. Bis zu diesem Jahr war die Erfolgsgeschichte so weit gediehen, dass die Brauerei St. Marx mit einem Bierausstoß von über 540.000 Hektolitern die drittgrößte Brauerei des europäischen Festlandes war.[56]

In einem ganz anderen Teil Niederösterreichs spielte sich eine ebenso bemerkenswerte Biergeschichte ab. 1875 heiratete der aus Vorarlberg stammende Waidhofener Braufuhrer (Johann) Caspar Bartenstein Juliane Riedmüller, die Witwe eines verunglückten Wieselburger Brauereieigentümers. Bartenstein führte Dampfmaschinen ein und baute das kleine Unternehmen in den folgenden Jahren wesentlich aus. Er legte Keller an, baute neue Braugebäude und erweiterte die alten, kaufte Nachbargrundstücke, errichtete Dampfkesselanlagen, Maschinenräume, Brunnen, Wagenremisen und stellte eine Kühlanlage auf. Der Ausstoß der Brauerei wuchs entsprechend von 2.700 Hektolitern im Jahr 1875 auf fast 13.400 zehn Jahre später, dann auf rund 42.000 im Jahr 1895 und erreichte um 1900 60.000 Hektoliter.[57]

Die Anfänge einer der großen steirischen Brauereien sind untrennbar mit dem Aufstieg der Dynastie der Mautner in Wien verbunden, und zwar über den Namen Reininghaus. Julius Reininghaus stammte aus Westfalen und begann seine Karriere im Wesentlichen bei Adolf Ignaz Mautner als Gärtechniker in den 1840er Jahren. Er war zentral daran beteiligt, das Verfahren zur Herstellung von Back- beziehungsweise Presshefe zu perfektionieren. 1848 kam auch sein Bruder Peter nach Wien. Beide Brüder heirateten Töchter von Mautner, und mit Hilfe des Schwiegervaters erwarb Peter 1853 ein Brauhaus in Steinfeld bei Graz. Nachdem sein Bruder Julius wenig später in das Unternehmen eingetreten war, nannte man es »Brüder Reininghaus«. Nicht nur Bier stellten die beiden Brüder in ihren Etablissements her, sondern auch Presshefe, Spiritus, Essig, Harzöl und Liköre. Nach dem Tod von Julius (1862) führte Peter das Unternehmen mit einem anderen Bruder (August) weiter.[58] Die Dynastie der Reininghaus förderte übrigens den steirischen Heimatdichter Peter Rosegger, dessen Sohn Hans Ludwig Rosegger eine frühe Geschichte der Brauerei Reininghaus verfasste. Die beeindruckende Entwicklung der Ausstoßzahlen lässt den Grad der industriellen Produktionsweise und das damit einhergehende Wachstum der Brauerei erahnen. Der Bierausstoß betrug 32.500 Hektoliter im Jahr 1862, überschritt die 100.000-Hektoliter-Marke 1872 und betrug 20 Jahre später 280.000 Hektoliter. Die technische

Ausstattung umfasste in den 1890er Jahren beispielsweise Dampfmaschinen mit knapp 400 Pferdestärken und eine umfangreiche elektrische Anlage zur Beleuchtung der Brauerei.[59]

Aus einem kleinen Gasthof am Ortsrand von Graz entwickelte sich ab 1800 eine der größten Brauereien der Steiermark. Die kleine Vorstadtbrauerei in Puntigam an der Straße nach Triest mauserte sich von einer Hausbrauerei unter zwei Brauerfamilien zu einem respektablen Unternehmen mit einem Ausstoß von 100.000 Hektolitern im Jahr 1872. Eine dynamische Aufwärtsentwicklung setzte aber erst ein, als Franz Schreiner 1889 die Brauerei übernahm. Er hatte bereits in einer anderen Grazer Brauerei Talent bewiesen und konnte den Ausstoß auf 380.000 Hektoliter 20 Jahre nach Übernahme erhöhen. Damit war die Brauerei Puntigam eine der drei großen Braustätten in der Steiermark geworden.[60]

In Göss bei Leoben begann Max Kober, seines Zeichens zuvor der Braumeister in der von Erzherzog Albrecht Friedrich Rudolf von Österreich-Teschen gegründeten Brauerei in Saybusch (heute Żywiec in der Republik Polen), 1860 in der alten Brauerei des (aufgelassenen) Benediktinerinnenklosters mit der Biererzeugung in großem Stil. Nachdem er Teile des Gebäudekomplexes erworben hatte und den anfänglich skeptischen Gösser Gemeinderat überzeugt hatte, begann er mit dem Aufbau einer industriell arbeitenden Brauerei mit Mälzerei, die Mitte der 1880er Jahre 80 Personen beschäftigte und drei Dampfmaschinen benutzte. Er erzeugte im ersten Jahr noch rund 2.400 Hektoliter, 1884 bereits fast 36.000 und 1892/93 über 70.000. Wohl blieb die Gösser Brauerei damit hinter den großen zurück, doch war sie für ihre besonders hohe Qualität bekannt, was sich etwa durch die Prämierung bei der Wiener Weltausstellung 1873 und in der Entwicklung einer regen Exporttätigkeit zeigte.[61]

In Oberösterreich war neben Wilhelm Schaup in Zipf vor allem Josef Poschacher in Linz einer der fortschrittlichen Bierbrauer. Er kaufte 1854 ein von Franz Lehner gegründetes kleines Brauhaus im Süden von Linz und baute es zu einem Industriebetrieb, der Poschacher Brauerei, aus. Poschacher starb schon 1885, als die Brauerei rund 40.000 Hektoliter im Jahr ausstieß. Der Vormund seiner unmündigen Kinder, Julius Geyer, steigerte ihren Ausstoß bis um die Jahrhundertwende auf über 100.000 Hektoliter. Nach dem Ersten Weltkrieg war die Poschacher Brauerei neben Zipf die größte Oberösterreichs.[62]

Zur gleichen Zeit stieg das ab 1892 Linzer Aktienbrauerei genannte Unternehmen zum großen Bierproduzenten auf: Der aus Mähren stammende Philipp Hatschek betrieb seit 1866 zusammen mit seinem Bruder Jakob das städtische Brauhaus in Linz am Fuße des Freinberges, ab 1869 auch im Eigentum. Sie beziehungsweise ihre Nachfahren (unter anderem der Erfinder der Asbestzementplatten »Eternit«, Ludwig Hatschek) erweiterten es und führten die industrielle Produktionsweise ein, sodass 1894 schon rund 76.000 Hektoliter erzeugt und bis nach Wien verkauft wurden. 1912 gründete Ludwig Hatschek außerdem die »Malzfabriks A.G.« am Freinberg, die jahrzehntelang Brauereien bis nach Süddeutschland und in die Schweiz mit Malz versorgte. Die dazugehörigen Kellertennen unter dem Berg hatten eine Ausdehnung von 13.000 Quadratmetern.[63]

In Salzburg erlangte das Hofbräu Kaltenhausen als eine der traditionsreichsten Brauereien Österreichs (erwähnt bereits 1475) aufgrund des erzbischöflichen Biermonopols eine dominierende Stellung. Nachdem Salzburg Teil der Habsburgermonarchie geworden war, verkaufte man die Brauerei an Maria Leopoldine von Österreich-Este, Kurfürstin von Bayern, deren Sohn Maximilian Graf Arco-Zinneberg sie nach ihrem Tod übernahm. Im Eigentum der Familie stehend wuchs die Brauerei während der zweiten Hälfte des 19. Jahrhunderts zu einem modernen Unternehmen der Brauindustrie. Die Quellen des nahe gelegenen Gebietes um die Barmsteine wurden zusammengefasst, 1859/60 insgesamt 150.000 Gulden in eine völlig neue Brauanlage investiert, 1870 eine Mälzerei erbaut, Dampfmaschinen aufgestellt und andere moderne Technik eingebaut. Dies führte dazu, dass die Brauerei im Jahr 1890 die 100.000-Hektoliter-Marke überschritt.[64]

Neben Kaltenhausen konnten nur wenige Salzburger Brauereien bestehen. Eine Ausnahme war die Stieglbrauerei. Sie geht auf Braustätten zurück, die sich bis 1492 nachweisen lassen und ursprünglich in der Gstättengasse neben einer Stiege (daher der Name) lagen, bevor 1863 ein gewisser Josef Schreiner mit der Brauerei in ein neues Gebäude vor der Stadt umsiedelte. Dort brannte sie 1875 einmal ab. Der wirkliche Aufschwung startete erst, als Franz Huemer 1884 in die 1880 gegründete Kommanditgesellschaft der Brauerei eintrat und 1887 ihre Führung übernahm. Er ordnete die Verhältnisse, legte die Verwaltung zehn Jahre später in die Hände von Heinrich Kiener (I.), dem Sohn seines Schwagers und Teilhabers Franz Kiener, und engagierte den talentierten Braumeister Josef Wiesbauer, der wesentlich zur qualitativen Verbesserung des Bieres beitrug. Unter dieser neuen Leitung wurde der Bierausstoß schnell mehr als verdreifacht, von 30.000 Hektolitern im Braujahr 1889/90 auf 100.000 Hektoliter um die Jahrhundertwende: »Bis zum Ausbruch des Ersten Weltkrieges wurde die Anlage der Stieglbrauerei komplett erneuert und mit einer Produktionsmöglichkeit ausgestattet, die den Bedarf für Salzburg bei weitem überstieg. Damit war bereits die Zielrichtung vorgegeben, für Stiegl-Bier auch außerhalb des Landes einen Absatzmarkt zu schaffen. 1893 wurde ein neues Maschinenhaus mit zwei Dampfmaschinen errichtet. Nach der Fertigstellung konnte man mit der maschinellen

Kälteerzeugung beginnen. Von nun an war – unabhängig von den Jahreszeiten – die ganzjährige Produktion von untergärigem Bier problemlos zu bewerkstelligen. Drei Jahre darauf kam ein neues Sudhaus mit einer 180 Hektoliter fassenden Sudpfanne dazu.«[65] Die Stieglbrauerei profitierte dementsprechend stark von der Übernahme diverser Kleinbrauereien, erweiterte ihr Absatzgebiet nach Osten und Westen und kam 1913/14 auf rund 130.000 Hektoliter Ausstoß.[66]

1.4.4 Rechtliche Organisationsformen und Kartelle

Die eben vorgestellten Dynastien führten ihre Brauereien zunächst als Einzelunternehmen, Kommanditgesellschaften oder Offene Handelsgesellschaften im Privat- beziehungsweise Familieneigentum. Diese Rechtsformen hatten aufgrund des Marktumfeldes oft keine Dauer, denn um im zunehmend harten Konkurrenzkampf bestehen zu können, mussten die Brauunternehmer beträchtliche Investitionen tätigen: Sie weiteten die Produktion aus, errichteten neue Gebäude, legten Keller an oder vergrößerten sie, schafften neue Maschinen an und steckten ihr Geld in technologische Neuerungen. Auch die Gegenleistungen für die Bierlieferungsverträge mit den Wirten nahmen immer größeren Umfang an. Da Kapital von einem großen Kreis an Geldgebern leichter zu beschaffen war und rechtlich verankerte Kontroll- und Leitungsmechanismen mehr Vertrauen erzeugten, taten mehr und mehr Brauereieigentümer um 1900 den Schritt zur Gründung einer Kapitalgesellschaft, normalerweise in Form einer Aktiengesellschaft.[67] Entsprechende Gesellschaftsgründungen unternahmen die Linzer Aktienbrauerei 1892, die Gösser Brauerei 1893, die Kaltenhausener Brauerei 1901, nachdem sie 1898 von der Deutschen Bank erworben worden war, die Brauerei der Brüder Reininghaus 1903, die Poschacher Brauerei in Linz und die Wieselburger Brauerei 1904 sowie die Schwechater Brauerei und Ottakring 1905.[68]

Ein gutes Beispiel für die Kraft des frischen Kapitals nach Umwandlung eines Einzelunternehmens in eine Aktiengesellschaft ist die Gösser Brauerei. Der Gründer Max Kober stand ihr nach dem Börsengang 1893 weiterhin als Präsident des Verwaltungsrates vor und führte im nächsten Jahr den Kauf einer Leobener Brauerei sowie die Fusion mit der Brauerei Farrach bei Zeltweg durch, deren Aktionäre an Göss beteiligt wurden. In den Jahren bis 1903 baute man eine neue Mälzerei, ein zweites Sudhaus, erweiterte die Keller, stellte eine Kühlanlage auf, kaufte Waggons und erneuerte die Dampfkessel. Ihr Ausstoß betrug im Braujahr 1893/94 100.000 Hektoliter, verdoppelte sich innerhalb der nächsten zehn Jahre und erreichte 1912/13 291.000, also fast sieben Mal so viel Bier wie im Jahre 1889.[69]

Den Weg zur Aktiengesellschaft beschritten freilich nur die größeren Unternehmen, denn die kleinen Lokalbrauereien bedienten ohnehin nur sehr beschränkte Märkte: Einer Statistik für die gesamte cisleithanische Reichshälfte zufolge gab es 1902 insgesamt 1.287 Braubetriebe mit 29.608 Beschäftigten. Davon waren nur 67, also fünf Prozent, Aktiengesellschaften. In diesen fünf Prozent der Betriebe arbeiteten aber 6.137 Menschen, also über 20 Prozent der Beschäftigten.[70]

Selbst Aktiengesellschaften fanden sich um 1900 im »ruinösen Wettbewerb« der Brauindustrie wieder, und beim größten Teil der Brauereien deckten um die Jahrhundertwende die konkurrenzbedingt niedrigen Bierabgabepreise die Durchschnittskosten nicht mehr.[71] Brauereien gründeten Kartelle, um Auswege aus dem Dilemma zu finden, nämlich dass sie kontinuierlich ihre Produktion steigerten (»Hektoliterjagd«), dabei aber Niedrigpreiskonkurrenz, Absatzschwankungen und den zunehmenden Lohnforderungen der organisierten Arbeiterinnen und Arbeiter ausgesetzt waren.[72] Diese Kooperationen entstanden im Vergleich zu anderen Industrien spät und begannen zunächst im Rahmen von diversen losen Unternehmerverbänden. So existierte in Graz um die Jahrhundertwende der »Alpenländische Brauherrenverein«, in Linz der »Oberösterreichische Brauherrenverein« und in Wien der »Österreichische Brauerbund« und der »Brauherrenverein für Wien und Umgebung«.[73] Den nächsten Schritt wagten die steirischen Brauereien Göss und Puntigam. Sie schlossen 1905 eine »Kundenschutzvereinbarung« ab. Diese sollte freilich nicht die Brauereikunden selbst schützen, sondern den Kundenbestand für die Brauerei. Diese Vereinbarung war so erfolgreich, dass 1907 mehrere Brauereien, etwa Reininghaus, um Aufnahme in dieselbe ansuchten und man schließlich den »Schutzverband alpenländischer Brauereien« als registrierte Genossenschaft gründete. An seiner Gründungsversammlung nahmen Vertreter von 32 Brauereien aus zehn Kronländern der Monarchie teil. Franz Schreiner von der Puntigamer Brauerei wurde zum ersten Präsidenten gewählt.[74] Die Genossenschaft sollte mehrere Aufgaben erfüllen, nämlich einen Fonds für die Mitgliedsbrauereien zur Absicherung gegen Kosten durch Streiks und Boykotte gründen, die Mitglieder gemeinsam in allgemeinen Fragen vertreten, gegen unlauteren Wettbewerb auftreten und für die Mitglieder einen umfassenden »Kundschaftsversicherungsvertrag« entwerfen.[75]

Kurze Zeit vor dem steirischen Zusammenschluss hatte der Brauherrenverein für Wien und Umgebung bereits einen solchen Vertrag in Kraft gesetzt. Der Wiener Kundschaftsversicherungsvertrag sah vor, dass die Brauereikundinnen und -kunden der Vertragsparteien zu einem bestimmten Stichtag als geschützt galten. Falls eine Vertragsbrauerei einer anderen eine Kundin oder einen Kunden abwarb oder er freiwillig wechselte, so musste die erwerbende Brauerei der ursprünglich liefernden Entschädigung zahlen. Gleiches galt bei gemeinsamen Kundinnen und Kunden, wenn sich das Lieferverhältnis änderte. Für Flaschenbier galten eigene Regelungen. Über diesen zeitlich begrenzten Vertrag wachte ein Schiedsgericht. Er galt nach Beitritt der niederösterreichischen Brauereien auch dort. Der Kundschaftsversicherungsvertrag des Schutzverbandes alpenländischer Brauereien entsprach im Wesentlichen dem Wiener Vertrag, war jedoch präziser ausgearbeitet. Er umfasste die Steiermark, Kärnten, die Krain und das Österreichische Küstenland.[76]

1.4.5 Die Situation der Beschäftigten und soziales Unternehmertum

Wie in den allermeisten anderen »fabrikmäßigen Betrieben« des ausgehenden 19. Jahrhunderts war auch in den Brauereien die Situation der Arbeiterinnen und Arbeiter schlecht, denn unter den modernen Produktionsbedingungen war von alten Handwerks- und Zunftprivilegien nicht mehr die Rede.[77] Ein Blick auf die Arbeitsbedingungen genau dieser Zeit ergibt ein entsprechend düsteres Bild: »Die Löhne bewegten sich zwischen 28 und 38 Gulden monatlich neben Schlafstelle und Freibier. [...] Das waren jene Zeiten, in welchen die Brauereien Millionenprofite abwarfen, das Biergeschäft stieg von Jahr zu Jahr [...]. Die Arbeitszeit war unbegrenzt, man wusste eigentlich nie, wann sie angefangen und wann sie beendet war, dafür hat es Bier in Überfluss gegeben und manche Kollegen kamen aus dem Dusel oft die ganze Woche nicht heraus. Sonntagsruhe, Feiertage waren gänzlich unbekannte Einrichtungen, in einem normalen Jahre gab es 365 Arbeitstage. Die Schlafräume waren Himmelbetten (Etagebetten) mit zwei, drei Etagen versehen, die von Ungeziefer, Mäusen und Ratten bevölkert waren. [...] Schimpfworte und Schläge waren an der Tagesordnung.«[78] Als Folge dieser Missstände gründeten die gelernten Brauer und Fassbinder dieser Branche einen Fachverein für Brauereigehilfen, der allerdings 1872 von den Behörden aufgelöst wurde, weswegen 1873 ein großer Streik ausbrach. Der Arbeitskampf ebbte jedoch bald wieder ab, und erst 1895 ergriffen die Arbeiter wieder die Initiative und gründeten die »Gewerkschaft der Brauer, Faßbinder und deren Hilfsarbeiter Österreichs«. Es dauerte aber noch bis 1905, bis der erste Tarifvertrag erreicht werden konnte. Dieser wurde mit dem Unternehmen der Ottakringer Brauerei abgeschlossen und erwies sich als Vorbild für weitere Übereinkommen: Bis 1908 galten bereits in 122 Brauereien mit rund 10.000 Arbeiterinnen und Arbeitern Tarifverträge, und es bestanden zusätzlich neun Kollektivverträge für Betriebe mit insgesamt mehr als 6.300 Beschäftigten. Bis 1913 waren 83 Prozent der Brauarbeiterinnen und Brauarbeiter gewerkschaftlich organisiert.[79]

Freilich war der Kampf um bessere Bezahlung, menschenwürdige Arbeitsbedingungen und mehr Rechte für die Arbeiterinnen und Arbeiter nur eine Seite der Medaille. In der Brauindustrie gab es eine Reihe von sozial gesinnten Unternehmern: Allen voran galt Ignaz Kuffner als »Wohltäter der Armen« in Ottakring. Er betrieb eine preisgünstige Werksküche, unterstützte den Bau eines Krankenhauses, gründete Stiftungen für Arme, Invaliden und Schüler, förderte Arbeitervereine und machte sich als Bürgermeister von Ottakring um den Ausbau der Infrastruktur verdient. Andere Unternehmer handelten ähnlich: Adolf Ignaz Mautner stiftete beispielsweise 1872 das Mautner-Markhofsche Kinderspital in Wien-Landstraße sowie zahlreiche Waisen- und Altersheime, bei der Brauerei Reininghaus entstanden Arbeiterheime, ein Werkspital, ein Altersheim und soziale Stiftungen, und Caspar Bartenstein finanzierte einen Kindergarten mit.[80] Ein Vorbehalt blieb freilich in Zusammenhang mit dem sozialen Unternehmertum des späten 19. Jahrhunderts: »Das Großbürgertum kannte – wenigstens zum Teil – die materielle Not breiter Bevölkerungsschichten und damit die Soziale Frage; es wollte aber zu nichts verpflichtet werden, der Konkurrenzfähigkeit, aber auch des eigenen Gewinnes wegen. Viele waren jedoch bereit, im Wege der privaten Wohltätigkeit zur Linderung des Elends beizutragen, sei es als einzelne oder über philanthropische Vereine [...].«[81]

1.4.6 Stagnationsphase 1900–1914

In den Jahren zwischen 1900 und 1914 fanden die Hektoliterjagd in der Brauindustrie und die übermäßige Konkurrenz nicht zuletzt wegen der Kundschaftsversicherungsverträge und der Zusammenschlüsse der Brauereien zu Verbänden ein vorläufiges Ende. Der Bierausstoß wurde nach der Jahrhundertwende nicht mehr wesentlich erhöht. So produzierte man 1900 auf dem Gebiet des heutigen Österreich (ohne Burgenland) 6,7 Millionen Hektoliter Bier, und in dieser Größenordnung bewegte sich der Ausstoß – mit leichten Rückgängen 1905 und 1909 und einem kurzen Anstieg auf über 7 Millionen Hektoliter zwischen 1911 und 1913 – bis ins letzte Friedensjahr 1914 mit 6,5 Millionen Hektolitern.[82]

Gleichzeitig wurden weiterhin viele Brauereien geschlossen. Im Jahr 1895/96 bestanden innerhalb der heutigen österreichischen Grenzen 543 Braustätten, im Braujahr 1913/14 waren es nur mehr 289, also um fast 47 Prozent weniger.[83] In die Zeit unmittelbar vor dem Ersten Weltkrieg fällt zudem die größte Fusion von österreichischen Brauereien. 1913 schlossen sich die St. Marxer Brauerei der Familie Mautner, die Schwechater Brauerei der Familie Dreher und die Simmeringer Brauerei der Familie Meichl[84] zu den »Vereinigten Brauereien Schwechat,

St. Marx, Simmering – Dreher, Mautner, Meichl AG« (kurz »Vereinigte Brauereien«) zusammen. Die Familien erhielten einen entsprechenden Anteil am Aktienkapital und besetzten Stellen im Verwaltungsrat der Aktiengesellschaft. Zu etwa einem Viertel waren Wiener Banken am Kapital beteiligt. Dieses Unternehmen produzierte sieben Prozent des Bierausstoßes Cisleithaniens und beschäftigte rund 2.500 Personen.[85]

Anmerkungen

1 PAStW, Manuskript Kurt *Vohryzka*, Schlier (ohne Ort 2020), 2–4; Ohne Autor, Ueberblick über die Erdgeschichte Oberösterreichs, 6; *Doblmayr*, Mineralogische Untersuchungen am Schlier, 12–20; *Kohl*, Das Eiszeitalter in Oberösterreich, 135; *Weißmair*, Zur Geologie von Oberösterreich, 15 f.

2 Ohne Autor, Die Geschichte der Gemeinde Neukirchen, 15–22; Ohne Autor, Die Vorzeit im Vöcklatal, 13–14; *Kleinschmidt,* Erbe und Wachstum, 12–15.

3 *Schiffmann*, Historisches Ortsnamen-Lexikon, 579.

4 *Jud*, Die Bauernkriege, 23–31; Ohne Autor, Ortsgeschichte von 1620 bis 1848, 32–35. Zur Geschichte der Neuzeit in der Region allgemein siehe *Zauner*, Vöcklabruck und der Attergau.

5 Ohne Autor, Brauerei Zipf, 90.

6 *Otruba, Kropf,* Die Entwicklung von Bergbau und Industrie, 97.

7 PAHK, Abschriften aus der Aktensammlung des Merkantil- und Wechselgerichts Wien 1760–1850 betreffend Franz Schaup, Zl. Akt Litt. S. 77 587 fs 3, Einträge vom 26.3.1824, 23.3.1837, 16.2.1838, 19.2.1838; ebd., Redemanuskript Susanne *Schaup*, Wer sie waren, wie sie lebten. Vom Bauernsohn Franz Schaup zum ausgedehnten Stamm (Referat anläßlich des Familientreffens am 31. Mai 2008 in Zipf) (ohne Ort 2008).

8 *Kleinschmidt,* Erbe und Wachstum, 15; *Zauner,* Oberösterreichische Unternehmer, 195.

9 Ohne Autor, Brauerei Zipf, 90 f.

10 PACLL, Brief von Adalbert Stifter an Balthasar Elischer vom 14.1.1860; [*Pörnbacher*], Nachwort, 79.

11 *Hahn*, Nachkommenschaften, 135; *Kleinschmidt*, Erbe und Wachstum, 9 f.

12 PACLL, Ausweis über die verschiedenen Stiftungen der Familie Schaup in Frankenburg vom 20.4.1904.

13 *Kretz*, Die Marke, 62; *Otruba, Kropf,* Die Entwicklung von Bergbau und Industrie, 97.

14 Ohne Autor, Exkursion über Zipf, 4–6. Zur Umrechnung der Maße siehe Artikel IV des Gesetzes vom 23. Juli 1871, womit eine neue Maß- und Gewichtsordnung festgestellt wird, RGBl. 16/1871. Zu Maßeinheiten siehe außerdem *Pribram*, Materialien zur Geschichte der Preise und Löhne.

15 *Aschauer*, Oberösterreichs Eisenbahnen, 37–42; *Bachinger*, Das Verkehrswesen, 286; *Oberegger*, Grundlinien der Eisenbahngeschichte Oberösterreichs, 22–28; *Prominzer*, *Umgeher*, *Wegenstein*, Verkehrsschlagader Westbahn, 3, 6; *Starke*, Von Grubenpferden, 28. Zur Westbahn allgemein siehe *Artl*, *Gürtlich*, *Zenz*, Sisi auf Schienen.

16 PAFKj, Manuskript Fritz *Kretz* senior, Ausstoß Zipf ab 1859 (ohne Ort vermutl. 1938). Mit Ergänzungen 1950.

17 Sein Lebensmotto soll »Stillstand ist Rückschritt« gewesen sein, vgl. *Kretz*, 111 Jahre Zipfer, 6.

18 *Adlgasser*, Die Mitglieder der österreichischen Zentralparlamente, 1078; *Kretz*, Die Marke, 62; *Zauner*, Oberösterreichische Unternehmer, 195.
19 *Zauner*, Oberösterreichische Unternehmer, 195.
20 Eröffnungs-Anzeige Nr. 4540. In: Local-Anzeiger der »Presse«, Jg. 32, Nr. 287 (18.10.1879), 12.
21 *Kretz*, 111 Jahre Zipfer, 5.
22 Zipf. In: Linzer Volksblatt für Stadt und Land, Jg. 18, Nr. 165 (22.7.1886), 2.
23 PAFKj, Redemanuskript von Fritz Kretz senior mit dem Titel: Rede des Vorsitzenden des Vorstandes Dr. Fritz Kretz anlässlich der Aufstellung des Denkmales für den Gründer der Brauerei Zipf Dr. Wilhelm Schaup bei der Altenehrung am 6. Dezember 1968 in Zipf; Ohne Autor, Brauerei Zipf, 92 f.; Ohne Autor, Dr. Wilhelm Schaup's [sic] soziales Denken, 5; *Kretz*, 111 Jahre Zipfer, 5; *Kretz*, Die Marke, 63.
24 Ohne Autor, Brauerei Zipf, 92; *Kretz*, Die Marke, 63; *Aschauer*, Oberösterreichs Eisenbahnen, 130 f.
25 *Hellrigl*, Die elektrischen Anlagen in Zipf, 133–134. In einem späteren Heft befindet sich eine detaillierte technische Beschreibung der elektrischen Eisenbahn: Ohne Autor, Die elektrische Beleuchtungs-, Kraftübertragungs- und Eisenbahn-Anlage der Brauerei Zipf, 228–234.
26 Punktuell dazu siehe auch *Meixner*, Wirtschaftsgeschichte.
27 *Adlgasser*, Die Mitglieder der österreichischen Zentralparlamente, 1078; Ohne Autor, Postwesen, 149–150.
28 PAHK, Parte (schriftliche Todesmitteilung) von Dr. Wilhelm Schaup, Gutsbesitzer, Ehrenbürger von Frankenburg und Neukirchen vom 28. November 1899; Bierproduction 1899. Tabellarischer Commentar. In: Brauer- und Hopfen-Zeitung Gambrinus, Jg. 27, Nr. 13 (1.7.1900), im Anhang.
29 Unfall. In: Neue Freie Presse. Abendblatt, ohne Jg., Nr. 7506 (23.7.1885), 1; Unglücksfall. In: Steyrer Zeitung, Jg. 10, Nr. 59 (26.7.1885), 3; Unfall. In: Salzburger Volksblatt, Jg. 15, Nr. 165 (24.7.1885), 3; Personalnachrichten. In: Das Vaterland, Jg. 26, Nr. 201 (24.7.1885), 4; Hof- und Personal-Nachrichten. In: Die Presse, Jg. 38, Nr. 202 (25.7.1885), 3.
30 Ohne Autor, Brauerei Zipf, 94; *Zauner*, Oberösterreichische Unternehmer, 197. Gogo wurde Zeitzeugen gemäß auf der letzten Silbe betont.
31 PAFKj, Schreiben Wilhelm Schaups an die Verwaltung der Brauerei Zipf und der Herrschaft Frankenburg vom 25.12.1894.
32 PAFKj, Handelsregisterauszug Pagina 84, Eintrag unter fortlaufender Zahl 166/1, Aktenregisternummer VIII.2/55 vom 20.1.1866. Protokolliert war die Einzelfirma beim Landesgericht in Wels gewesen, vgl. Firma-Protokollierungen Nr. 2674-1. In: Amtsblatt zur Wiener Zeitung, ohne Jg., Nr. 55 (7.3.1888), 318.
33 *Kornberger*, *Harten*, Lilienau. Er wird von hier an der Einfachheit halber als Max Limbeck-Lilienau bezeichnet.
34 PAFKj, Handelsregisterauszug mit Beschluss des k. k. Kreis- als Handelsgericht Wels vom 6.7.1897, Zl. 1874/1, Registerakten X III 2/97.
35 PAFKj, Manuskript Fritz *Kretz* junior, Die Eigentumsverhältnisse an der Brauerei Zipf (Zipf 1989), 2; Ohne Autor, Richard Kretz.
36 Ohne Autor, Brauerei Zipf, 94; PAFKj, Schreiben von Max Limbeck-Lilienau an die Beamten der Brauerei Zipf vom 29.11.1899.
37 PACLL, handschriftliche Notiz von Wilhelm Limbeck-Lilienau auf der Abschrift eines Schreibens von Sophie Limbeck-Lilienau an den Landesrat [sic] in Linz vom 22.3.1922; ebd., Schreiben des k. k. Bezirks-Schulraths Vöcklabruck an Sophie Limbeck-Lilienau vom 29.4.1904, Zl. 767 Sch.; ebd., Einladung der Schulleitung der Volksschule Zipf zur Schuleinweihung am 30.4.1904; ebd.,

Flugblatt betreffend 100 Jahre Volksschule Zipf 1904–2004; Ohne Autor, Dr. Wilhelm Schaup's [sic] soziales Denken, 5.

38 *Seidl*, Unser Bier, 29. Das bayerische Braujahr startete hingegen am 1. Oktober: *Regger*, Schutzverband, 2.

39 *Werneck*, Brauwesen und Hopfenbau in Oberösterreich, 55 f.; PAFKj, Manuskript Fritz *Kretz* senior, Ausstoß Zipf ab 1859 (ohne Ort vermutl. 1938). Mit Ergänzungen 1950.

40 *Hohensinn*, Geschichte, 58.

41 *Hohensinn*, Geschichte, 60; *Klein*, Die Konzentration, 22; *Rumpler*, Eine Chance für Mitteleuropa, 474.

42 *Wagner*, Das große Buch vom Bier, 135. Für die arbeitende Bevölkerung war das Wirtshaus ein wichtiger Ort der Freizeitgestaltung, und für die aufkommende Arbeiterbewegung waren Bierhallen außerdem ein wichtiger Versammlungsort. Die Brauindustrie reagierte darauf und baute »Bierpaläste«, siehe dazu etwa *Felsberger*, Das Bier als Nahrungs- und Genußmittel, 103–106.

43 *Kolar*, Konzentrations- und Kartellpolitik, 58; *Sandgruber*, Die Anfänge der Konsumgesellschaft, 188–190.

44 *Bachinger*, Das Verkehrswesen, 282, 301–303; *Hohensinn*, Geschichte, 60 f.

45 Zum technologisch-wissenschaftlichen Stand der Brauindustrie Ende des 19. Jahrhunderts mit interessanten Länderstudien siehe vorrangig *Thausing*, Die Theorie und Praxis der Malzbereitung und Bierfabrikation, sowie *Dinzl*, Entwicklung.

46 *Urban*, Allgemeine historische Darstellung des Entwicklungsganges der österreichischen Brauindustrie, 510 f.

47 *Dinzl*, Entwicklung, 18; *Hohensinn*, Geschichte, 62 f.; *Reichmann*, Bier, 27; *Kolar*, Konzentrations- und Kartellpolitik, 60; *Urban*, Allgemeine historische Darstellung des Entwicklungsganges der österreichischen Brauindustrie, 512.

48 *Hohensinn*, Geschichte, 63; *Reichmann*, Bier, 28, 78.

49 *Felsberger*, Das Bier als Nahrnungs- und Genußmittel, 23; *Hohensinn*, Geschichte, 63 f.; *Reichmann*, Bier, 40.

50 *Hohensinn*, Geschichte, 79–94.

51 *Dobner-Dobenau*, Marktlage, 32; *Jetschgo*, *Lacina*, *Pammer*, *Sandgruber*, Österreichische Industriegeschichte, 254; *Klein*, Die Konzentration, 6.

52 *Hohensinn*, Geschichte, 80–85; *Kolar*, Konzentrations- und Kartellpolitik, 61.

53 *Kemmetmüller*, *Pastler*, Die Biererzeugung in Österreich, 147.

54 *Hohensinn*, Geschichte, 65–69; *Jetschgo*, *Lacina*, *Pammer*, *Sandgruber*, Österreichische Industriegeschichte, 252; *Promintzer*, Dreihundert Jahre Brauhaus Schwechat, 33; *Seidl*, Hopfen und Malz, 124; *Springer*, *Paleczny*, *Ladenbauer*, Wiener Bier-Geschichte, 17–26, 187–210; *Urban*, *Sonndorfer*, Die Wiener Brauindustrie seit 50 Jahren, 535; *Wagner*, Das große Buch vom Bier, 148–151.

55 *Darthé*, Ottakringer, 21–23; *Fischer*, Jüdische Kunstsammlungen, 44 f.; *Hohensinn*, Geschichte, 74 f.; *Urban*, *Sonndorfer*, Die Wiener Brauindustrie seit 50 Jahren, 543 f.; *Springer*, *Paleczny*, *Ladenbauer*, Wiener Bier-Geschichte, 115–130.

56 *Hohensinn*, Geschichte, 69–71; *Jetschgo*, *Lacina*, *Pammer*, *Sandgruber*, Österreichische Industriegeschichte, 253; *Springer*, *Paleczny*, *Ladenbauer*, Wiener Bier-Geschichte, 44–55; *Urban*, *Sonndorfer*, Die Wiener Brauindustrie seit 50 Jahren, 541; *Wagner*, Das große Buch vom Bier, 147.

57 *Seidl*, Unser Bier, 97; *Wagner*, Hausbräu, 81 f.; *Weiß*, Caspar Bartenstein, 15–41. Neben der Brauertätigkeit förderte er den Pferdesport, indem er eine Rennbahn errichtete.

58 *Hohensinn*, Geschichte, 73.

59 *Rosegger*, Von der »Quetsche« zum Großbetrieb, 15–17; *Mathis*, Big Business in Österreich, 241.

60 *Wagner*, Hausbräu, 54 f.

61 *Hohensinn*, Geschichte, 74 f.; *Jöchlinger*, Historische Betriebsanalyse, 8–16; *Jontes*, Vor tausend Jahren, 80; *Kemmetmüller*, *Pastler*, Die Biererzeugung in Österreich, 160 f.; *Milchrahm*, Die Gösser Brauerei, 8 f.; *Pölzl*, Die Entwicklung des Kundschaftsversicherungsvertrages, 65; *Schreiner*, Historische Skizze, 559; *Weitzendorf*, Das Bier aus Göss, IV–VI.

62 *Hohensinn*, Geschichte, 77; *Lackinger*, Die Industrie in Oberösterreich, 157; *Marz*, Historische Betriebsanalyse, 11; *Wagner*, Hausbräu, 80.

63 Ohne Autor, Hatschek Ludwig, 208; *Benesch*, Am Freinberg, 146; *Marz*, Historische Betriebsanalyse, 11 f.; *Meixner*, Wirtschaftsgeschichte, 163; *Wagner*, Hausbräu, 79 f.

64 *Friedl*, Die Salzburger Brauereiindustrie, 80–85; *Hohensinn*, Geschichte, 77 f.

65 *Waitzbauer*, 525 Jahre Salzburger Stiegl-Bier, 69.

66 *Bleckmann*, Die Brauindustrie im Land Salzburg, 16–19; *Hohensinn*, Geschichte, 78 f.; *Moser*, Die Stieglbrauerei; *Waitzbauer*, Das Prewhaus bey dem Stieglein, 75 f.; *Waitzbauer*, 525 Jahre Salzburger Stiegl-Bier, 64, 86.

67 *Kolar*, Konzentrations- und Kartellpolitik, 63 f.

68 *Darthé*, Ottakringer, 29 f.; *Friedl*, Die Salzburger Brauereiindustrie, 83 f.; *Kretz*, Die Ermittlung und Planung der Liquidität, 9; *Mathis*, Big Business in Österreich, 267; *Seidl*, Unser Bier, 97; *Weitzendorf*, Das Bier aus Göss, XIIf. Zur Datierung der Aktiengesellschaft der Familie Reininghaus siehe: Reininghaus, Aktiengesellschaft in Graz. In: Brauer- und Hopfen-Zeitung Gambrinus, Jg. 30, Nr. 5 (1.3.1903), 196.

69 *Kemmetmüller*, *Pastler*, Die Biererzeugung in Österreich, 161–164; *Mathis*, Big Business in Österreich, 124 f.

70 *Mosser*, Die Industrieaktiengesellschaft, 100.

71 *Kolar*, Konzentrations- und Kartellpolitik, 106.

72 *Weitzendorf*, Empirische Untersuchung, 32; *Wessely*, Strukturprobleme, 124.

73 *Hohensinn*, Geschichte, 101; *Regger*, Schutzverband, 5.

74 *Regger*, Schutzverband, 6 f.

75 *Kolar*, Konzentrations- und Kartellpolitik, 109 f.; *Schön*, Die Auswirkungen des Bierkartells, 36 f.

76 *Hohensinn*, Geschichte,101–106; *Kovarovsky*, Die Vertriebsorganisation, 136; *Kretz*, Die Entwicklung der österreichischen Brauwirtschaft, 63–67.

77 *Hohensinn*, Geschichte, 108; *Wagner*, Das große Buch vom Bier, 145.

78 *Huppert*, *Kellner*, Geschichte der Getränkearbeiter, 25 f. Die Bezahlung der Arbeiter war zwar tatsächlich dürftig, jedoch nicht exorbitant niedrig; vgl. *Wedrac*, Die Allgemeine Arbeiter-Kranken- und Invalidenkasse, 127 f. mit weiterführender Literatur.

79 *Deutsch*, Der Tarifvertrag, 12–15; *Hohensinn*, Geschichte, 108–111; *Huppert*, *Kellner*, Geschichte der Getränkearbeiter, 33–44.

80 *Czeike*, Mautner, 210; *Darthé*, Ottakringer, 21; *Mentschel*, Das österreichische Unternehmertum, 272; *Rosegger*, Von der »Quetsche« zum Großbetrieb, 18 f.; *Springer*, *Paleczny*, *Ladenbauer*, Wiener Bier-Geschichte, 117 f.

81 *Mentschel*, Das österreichische Unternehmertum, 272.

82 *Kretz*, Die Entwicklung der österreichischen Brauwirtschaft, 35.

83 *Hohensinn*, Geschichte, 111–118.

84 Die Brauerei des Georg Meichl in Simmering war unter seinen Nachkommen im Laufe des 19. Jahrhunderts zu einer der größten Österreichs geworden und erreichte 1898 einen Ausstoß von über 180.000 Hektolitern im Jahr, gab über 200 Menschen Arbeit, verwendete zahlreiche Dampfmaschi-

nen und war für ihre Hefereinzucht bekannt: *Promintzer*, Dreihundert Jahre Brauhaus Schwechat, 63 f.

85 *Mathis*, Big Business in Österreich, 267; *Springer*, *Paleczny*, *Ladenbauer*, Wiener Bier-Geschichte, 52–54. Für Victor Mautner von Markhof waren wohl gewisse persönliche Gründe in Vermengung mit gewichtigen »ökonomischen Gründen« ausschlaggebend, zuzustimmen, siehe dazu das vorige Zitat und auch *Wagner*, Hausbräu, 47.

2 Die österreichische Brauindustrie und Zipf im Ersten Weltkrieg und der Ersten Republik

2.1 Der Erste Weltkrieg und die Brauindustrie

Der Krieg wirkte sich etwas verspätet bei den österreichischen[1] Brauereien aus. Zum einen hatten sich die Unternehmen bereits wie üblich zuvor mit den nötigen Rohstoffen eingedeckt, zum anderen betraf die Mobilmachung das zumeist aus älteren Jahrgängen bestehende Personal nicht. Die eingezogenen jüngeren Jahrgänge konnten gut durch weibliches Personal ersetzt werden. Problematischer war, dass die Armee das Fuhrmaterial, also Pferde- und Lastkraftwagen, beschlagnahmte und somit die Verteilung des Bieres schwieriger machte. Ersatz dafür war nämlich fast gar nicht aufzutreiben.[2] Ähnliches traf auf die technischen Einrichtungen der Brauereien zu: »Die Metallanforderungen der Heeresverwaltung hatten die Brauereien der meisten wichtigen Armaturen beraubt, die aus Kupfer, Zinn oder deren Legierungen bestanden. Die aus dem einzigen verfügbaren Material, dem Eisen, nachgeschafften Ersatzbestandteile korrodierten, und zwar in immer stärkerem Maße mit den fortschreitenden Betriebsreduktionen; das alte Sprichwort: ›Wer rastet, der rostet‹ fand hier eine nachdrückliche Bestätigung.«[3]

Ein böser Vorbote der kommenden Probleme war es, dass die Preise der Gerste und des Malzes Ende 1914 um ein Drittel stiegen. Schon Anfang 1915 ergriff der Staat Maßnahmen, welche die Produktion einschränkten. Eine Verordnung des Handelsministers verbot die Verarbeitung von Gerste zu Malz und stellte sämtliche solche Vorräte unter behördliche Aufsicht. Die Brauereien konnten danach nur mehr mit Genehmigung darüber verfügen. Im Mai 1915 beschlagnahmte die Heeresverwaltung dann noch 30 Prozent der Malzvorräte, und ab September 1915 verbot man den freien Einkauf von Rohmaterialien und organisierte ihn zentralstaatlich durch die in den Kronländern tätigen Kriegsgetreideverkehrsanstalten. Zwar hob das zuständige Ministerium die Einschränkung der Gerstenverarbeitung auf Druck der Brauindustrie wieder auf, der Bierpreis erhöhte sich wegen der Engpässe jedoch drastisch. Die Brauereien verzichteten schon bald darauf, Starkbier herzustellen, und durch die geringen Zuteilungen der Anstalt konnten insgesamt nur mehr 50 bis 60 Prozent der Friedensproduktion erreicht werden. Zwar konnten 1915 viele Brauereien einen höheren Reingewinn als zu Friedenszeiten verzeichnen, weil der Bierpreis angestiegen war, dies sollte jedoch bald von Inflation und Rohstoffknappheit zunichte gemacht werden.[4]

Radikalere Einschnitte und eine strenge Bewirtschaftung der für Bier notwendigen Rohstoffe folgten 1916. Im Zuge von weiteren Kürzungen aufgrund der Rohstoffverknappung durch die neu geschaffene, von den Verbänden der Brauer beschickte »Österreichische Brauerzentrale«, konnten ab September jenes Jahres nur mehr etwa 30 Prozent der Biermenge in Friedenszeiten ausgeliefert werden, und der Würzegehalt des Getränks wurde mit 35 Prozent der Erzeugung von 1911/12 festgesetzt. Bierausschank durfte in Gasthäusern wochentags nur noch zwischen 19:00 und 22:00 Uhr und am Wochenende zwischen 16:00 und 22:00 Uhr erfolgen. Jeder Gast bekam demnach im Lokal nur mehr einen halben, und »über die Gasse« nur noch einen ganzen Liter Bier. Diese Konsumbeschränkungen konnten kaum kontrolliert werden und hatten wenig Erfolg. Als Konsequenz der schwierigen Gesamtsituation sank der Stammwürzegehalt der Biere auf etwa vier Grad (Plato). Brauereien versuchten auch auf Surrogate wie Mais oder Kartoffelstärke umzusteigen oder mit ihren Einrichtungen Obst und Gemüse zu ganz anderen Zwecken zu verwerten, andere wiederum vermieteten Keller und Kühlräume. Insgesamt ging die Bierproduktion auf dem Gebiet des heutigen Österreich von über 7,1 Millionen Hektolitern im Braujahr 1913/14 auf 1,1 Millionen Hektoliter 1917/18 zurück. Viele Unternehmen waren dem Druck der Kriegsverhältnisse nicht gewachsen: Die Zahl der Braustätten verringerte sich während des Ersten Weltkrieges auf dem Gebiet des heutigen Österreich (ohne Burgenland) von 289 im Jahr 1913/14 auf 157 im Jahr 1917/18, was einer Abnahme von rund 46 Prozent entspricht.[5]

2.2 Die Brauindustrie in Österreich 1918–1938

2.2.1 Langsame Normalisierung der wirtschaftlichen Situation

Nach Ende des Ersten Weltkrieges blieb die Biererzeugung in der neuen Republik (Deutsch-)Österreich zunächst noch beschränkt: Staatliche Verordnungen legten die erlaubte Erzeugung bis Juni 1919 noch auf zehn Prozent der Vorkriegsproduktion fest, dann bis Juli 1920 auf 20, bis Juli 1921 auf 30 und bis Mai 1923 auf 50 Prozent. Danach hob man die Mengenbeschränkungen auf. Zur gleichen Zeit wirkten die Qualitätsbeschränkungen in die Erste Republik nach. Bis April 1921 durfte nur 6,5-grädiges Bier gebraut werden, bis Februar 1922 waren höchstens zwölf Grad erlaubt. Danach gab es auch diesbezüglich keine Beschränkungen mehr.[6] Die neue politische Situation bereitete vielen Biererzeugern ein grundsätzliches Problem, und zwar mit den neuen Grenzen: Die Nachfolgestaaten der Monarchie errichteten Zollschranken, und die Brauereien verloren damit sowohl viele Lieferanten – unter anderem lagen nun wichtige Hopfenanbaugebiete etwa in der Tschechoslowakei und Jugoslawien – als auch wichtige Absatzgebiete.[7] Die Bierproduktion war zu Zeiten der Monarchie besonders in den österreichischen Alpenländern konzentriert gewesen: »Auf dem Gebiet der heutigen Republik Österreich lag die Bierproduktion im Jahre 1913 bei rd. 7,300.000 hl, d.s. 29,5% der Produktion der gesamten Monarchie beziehungsweise 33,8% der Produktion der österreichischen Reichshälfte. Während also die Bevölkerung auf 12,1% beziehungsweise 21,9% schrumpfte, lag die Biererzeugungskapazität bei 29,5% beziehungsweise 33,8%. Die Nachfolgestaaten schlossen sich aber durch hohe Zollmauern vom Wirtschaftsverkehr mit Österreich ab, so daß für die Brauereien keine Chance bestand, diese Absatzgebiete wiederzugewinnen.«[8]

Zur Normalität der Biererzeugung hinsichtlich Quantität und Qualität fanden die Brauereien erst ab 1923. Im entsprechenden Braujahr 1922/23 produzierten die österreichischen Brauereien rund drei Millionen Hektoliter mit einer durchschnittlichen Grädigkeit von 13,2 Grad Plato. Bis dahin hatte sich die Zahl der Brauereien wieder leicht auf 162 erhöht. Normalisierung bedeutete auch, dass man allmählich neu investieren und die Schäden des Krieges ausbessern konnte. Zwischen 1918 und 1928 betrugen die Investitionen in der Branche (umgerechnet) rund 250 Millionen Schilling.[9]

Ab 1923 bis etwa 1930 herrschte eine Phase, in der sich die Branche erholen konnte. Die sogenannte »Völkerbundanleihe«, basierend auf den Genfer Protokollen von 1922, hatte eine (langsame) Stabilisierung der wirtschaftlichen Situation eingeleitet, welche mit der Einführung des Schillings noch weiter gefestigt wurde.[10] Dies war für die Brauereien wichtig, da der Bierpreis während der Hyperinflationsperiode nicht mit den Preiserhöhungen für Rohstoffe und Transport mitgehalten hatte und viele Brauereien so in große Bedrängnis geraten waren.[11] In den 1920er Jahren kam es unter den Brauereien wieder zu einer »Hektoliterjagd«: Von den etwa drei Millionen Hektolitern im Jahr 1922/23 stieg die österreichische Gesamtproduktion bis 1929/30 auf 5,3 Millionen Hektoliter Bier an. Am meisten Bier produzierte man 1929/30 in und um Wien (über 2,4 Millionen Hektoliter), gefolgt von der Steiermark (etwa 945.000 Hektoliter), Oberösterreich (fast 900.000 Hektoliter) und Salzburg (410.000 Hektoliter). Den Rest der etwas mehr als 713.000 Hektoliter produzierten Brauereien in Tirol, dem restlichen Niederösterreich, Kärnten und Vorarlberg.[12] In der Zeit des wirtschaftlichen »Booms« hatte die Brauindustrie in Österreichs Wirtschaft einen hohen Stellenwert. Während der Zeit des starken Wachstums investierten die Brauereien sogar an die 40 Millionen Schilling jährlich, zahlten 36 Millionen Schilling für Gerste im Jahr und entrichteten im selben Zeitraum 140 Millionen Schilling an Steuer. Etwa 100.000 Menschen waren während dieser Hochkonjunktur ganz oder teilweise in der Brauindustrie beschäftigt.[13]

1918 hatten nicht alle Brauereien gleich viele Absatzgebiete verloren. Stark exportorientierte Brauereien wie Schwechat und Reininghaus waren mehr davon betroffen. Die nach Süden orientierte Brauerei Göss verlor sogar etwa die Hälfte ihres bisherigen Absatzgebietes, da das ehemalige Österreichische Küstenland mit Triest, die Krain, Kroatien sowie Teile Kärntens und der Steiermark nun außerhalb des Staatsgebietes lagen.[14] Daher wandten sich diese Brauereien nun dem einheimischen Markt zu. Dieser war territorial größtenteils durch zwei Schutzverbände, den Schutzverband alpenländischer Brauereien und den Wiener Brauherrenverband für Wien und Umgebung, abgesteckt. Innerhalb von deren Wirkungsbereichen hielt sich die Konkurrenz in Grenzen, zwischen Wien und den Alpenländern jedoch entbrannte ein Konkurrenzkampf, ähnlich dem des späten 19. Jahrhunderts. Allen voran versuchten etwa die Stieglbrauerei, Göss, Reininghaus und die Zipfer Brauerei im Osten, hauptsächlich in Wien, Fuß zu fassen, und die große Schwechater Brauerei wandte sich den westlichen Bundesländern zu. Wieder vergaben die Brauereien verbilligte Darlehen, verschenkten Bier und Einrichtung an Wirte, um sie vertraglich an sich zu binden. Wirtschaftliche Überlegungen spielten dabei weniger eine Rolle als die pure Absatzsteigerung, weswegen diese neue Hektoliterjagd wieder hohe finanzielle Kosten bedeutete. Der Rückgang der Brauereien von 162 im Jahr 1922/23 auf 129 im Braujahr 1929/30 – eine Verringerung von 20 Prozent – ist teilweise auf die wieder verschärfte Konkurrenzsituation zurückzuführen.[15]

Erst im März 1926 schlossen die beiden großen österreichischen Brauerverbände eine Übereinkunft, die neben Abmachungen zu Lieferkonditionen vor allem einen gegenseitigen Kundenschutzvertrag enthielt. Den Brauereien wurde ihr Kundenbestand in den jeweiligen Einflussgebieten der Verbände zu den Bestimmungen der regionalen Kundschaftsversicherungsverträge gewährt. Dies war eine Grundlage für eine (erste) »Flurbereinigung« der österreichischen Brauindustrie. Gestützt auf die Sicherheit der gegenseitigen Anerkennung des Kundenstocks tauschten Brauereien zahlreiche, etwa aufgrund der hohen Transportkosten unrentable Absatzgebiete im Gesamtwert von 150.000 Hektolitern jährlichem Absatz miteinander ab. Die verzahnten Absatzgebiete konnte man nicht ganz entflechten, und in geringem Maße ging auch die Kundenjagd weiter. Weil Wien ein wichtiger Markt für fast jede größere österreichische Brauerei war, behielten die alpenländischen Brauereien ihre dortigen Anteile. Außerdem blieben die brauereieigenen Gaststätten in den Städten, wie etwa jene von Göss und Zipf in Wien, unangetastet. Im Jänner 1936 erneuerten die beiden Brauverbände, namens einer im Vergleich zu 1926 viel größeren Anzahl von Brauereien, den Schutzvertrag auf Gegenseitigkeit.[16]

Zwei Aspekte der Entwicklung während der 1920er sind noch erwähnenswert: Im April 1922 schlossen erstens die Brauunternehmen Österreichs mit der Brauarbeiterschaft einen Kollektivvertrag ab, der folgende feste (Wochen-)Lohnsätze für die Arbeitnehmerinnen und Arbeitnehmer vorsah (gerundet und zur leichteren Einordnung in ab 1925 geltende Schilling umgerechnet): 41 Schilling für einen gelernten Arbeiter, 37 Schilling für einen qualifizierten Hilfsarbeiter, 31 Schilling für einen gewöhnlichen Hilfsarbeiter, 18 Schilling für Frauen und 37 Schilling für Bierführer. Bei den Erneuerungen des Kollektivvertrages konnte man sich 1924 neben Lohnerhöhungen auf einen Urlaubszuschuss einigen, 1926 und 1927 folgten Weihnachtszulage beziehungsweise geregelte Weihnachtsremuneration, und 1928 wurden die Gehälter im Vergleich zu 1924 fast verdoppelt.[17] Zweitens zeichnete sich immer mehr ab, dass die Flasche als Gebinde für das Bier einen Siegeszug antrat. Bis dahin füllten die Brauereien das Bier fast nur in Fässer ab und bedienten sich nur selten der mit Firmenlogos versehenen Glasflasche mit Bügelverschluss. Bedeutender Wendepunkt war die Einführung einer Einheitsflasche mit Kronenkorken im Jahr 1928. Freiwillige Vereinbarungen unter den Brauereien führten dazu, dass diese die alten Flaschen zunehmend durch die Einheitsflasche ersetzten, wodurch etwa der lästige Rücktausch von markeneigenem Leergut wegfiel. In diesem Zusammenhang ist auch eine wichtige Kartellvereinbarung der Zwischenkriegszeit von Interesse: In den 1930ern einigten sich die interessierten Brauereien, die Städte Wien, Linz und Salzburg in ihrer Gesamtheit als ein geschütztes Kundengebiet zu behandeln, in dem jeder Vertragspartner ein bestimmtes Kontingent an Bier in Flaschen liefern durfte. Bei Überschreitung sahen die »Flaschenbier-Kontingentverträge« Strafzahlungen vor.[18]

2.2.2 Gründung und Expansion der Österreichischen Brau-AG

Der Konzentrationsprozess in der Brauindustrie nahm teilweise neue Formen an. Zusätzlich zur Verdrängung der Kleinbetriebe waren Zusammenschlüsse von Großbetrieben zu beobachten. Solche Fusionen dienten dem Zweck, durch Zusammenarbeit die vorhandenen Ressourcen besser zu nutzen und die Kräfte für den wirtschaftlichen Konkurrenzkampf zu bündeln.[19] Der historisch bedeutendste Zusammenschluss der Zwischenkriegszeit war die Gründung der »Braubank AG« im Jahre 1921. Seit Anfang des 20. Jahrhunderts hatten drei oberösterreichische, eine Salzburger und eine niederösterreichische Brauerei begonnen zusammenzuarbeiten. Es waren dies die »Wieselburger Brauerei vorm. K[aspar]

Bartenstein«, die »Poschacher Brauerei in Linz AG«, die »Linzer Aktienbrauerei und Malzfabrik«, die »Salzkammergut-Brauerei« in Gmunden und die Brauerei Kaltenhausen.[20]

Alle diese Brauereien waren Aktiengesellschaften und durch enge personelle Verflechtungen ihrer Aktionäre und Verwaltungsräte in engem Kontakt: Wiederholt tauchten in ihren Geschäftsberichten etwa (Johann) Martin Bartenstein (der Bruder des Wieselburger Brauereigründers), der Linzer Rechtsanwalt Carl Beurle, sein Sohn Hermann Beurle, der Jurist und Industrielle Ferdinand Falkensammer sowie Julius Seiler und Robert Weingärnter auf.[21]

Zentrale Figur dieser Gruppe war ohne Zweifel Carl Beurle. Er ist heute vor allem als deutschnationaler Politiker bekannt. Beurle wurde 1860 als Sohn eines Brauereifachmanns in Mähren geboren und übersiedelte als Kind mit der Familie nach Wien. Dort besuchte er das Schottengymnasium. Schon in Mähren dürfte er im Kreis der Familie bis zu einem gewissen Grad deutschnational sozialisiert worden sein. Er kam in Wien nicht nur mit den Diskussionen zur sogenannten »Judenfrage« in Kontakt, sondern freundete sich außerdem schon als Jugendlicher mit Georg von Schönerer an, bei dem er auch oft seine Sommerferien verbrachte. Nach der Matura studierte Beurle Rechtswissenschaften und trat der rassenantisemitischen Burschenschaft »Libertas« bei.[22] In dieser Zeit beeinflusste ihn das »ideologische Gebräu aus Bismarck- und Wagnerkult, überspitztem Nationalismus und Rassenantisemitismus«[23], und bereits als junger Student war er in die Bestrebungen Schönerers involviert, eine deutschnationale Partei zu gründen, welche schließlich mit ihrem »Linzer Programm« vom 1. September 1882 ihre programmatische Grundlage erhielt. Es vereinte einige klassisch liberale Forderungen mit sozialen Anliegen, deutschem Nationalismus und einem deutlichen Antisemitismus.[24] 1883 begann Beurle bei einem Anwalt in Linz als Jurist zu arbeiten. Dort engagierte er sich politisch, baute eine deutschnationale Bewegung auf den Grundsätzen Schönerers auf und rief nach Anfängen im liberalen Lager 1888 den »Deutschnationalen Verein für Oberösterreich und Salzburg« ins Leben. Zwei Jahre später gründete er seine eigene Kanzlei und wurde zum Landtagsabgeordneten gewählt; Deutschnationale aus Oberösterreich zogen in den folgenden Jahren auch in den Linzer Gemeinderat und in den Reichsrat in Wien ein. Allmählich nahm der politisch-taktisch geschickt vorgehende Beurle einen im Gegensatz zu den emotionalen Tiraden Schönerers »rational-wissenschaftlichen« (aber keineswegs gemäßigten) Rassenantisemitismus an, welcher es mehr und mehr ehemaligen Liberalen möglich machte, ihm zu folgen. Ab 1897 sammelten sie sich im »Deutschen Volksverein für Oberösterreich«.[25] Um 1900 distanzierte sich Beurle von Schönerer, unter anderem, weil er dessen radikal-deutschnationale Attacken auf die Integrität der Monarchie nicht mehr mittrug. Er saß ab 1901 im Reichsrat, sein politisches Projekt geriet nach der Jahrhundertwende aber durch die Zersplitterung des nationalen Lagers und den Erfolg der Sozialdemokraten nach Einführung des allgemeinen Männerwahlrechts zunehmend unter Druck.[26]

Daneben war Beurle in der Brauindustrie sehr aktiv. Er war als Rechtsanwalt 1904/05 federführend bei der Gründung der Aktiengesellschaft der Poschacher Brauerei beteiligt, für die er danach die Rechtsgeschäfte führte und an der er Anteile besaß. Bei der Gründung des Schutzverbandes alpenländischer Brauereien 1907 nahm er als Abgesandter der oberösterreichischen und Salzburger Brauereien teil. Er propagierte in der Folge den Beitritt der Brauereien nördlich der Alpen zum Schutzverband und half einen entsprechenden Teilverband zu gründen. Außerdem leitete Beurle vor seinem Tod 1919 für einige Zeit die Salzkammergut-Brauerei Gmunden und die Brauerei Kaltenhausen. Darüber hinaus hatte er bei der Umwandlung der Wieselburger Brauerei in eine Aktiengesellschaft (1903/04) mitgewirkt.[27]

Eine andere zentrale Figur der oberösterreichisch-salzburgischen Welt der Brauereien war Ferdinand Falkensammer. Er war nicht nur Rechtsanwalt in der Kanzlei Carl Beurles, sondern an der Brauerei Wieselburg beteiligt und Präsident der Linzer Aktienbrauerei. Ähnlich vernetzt war Martin Bartenstein. Er hatte nicht nur Anteile an der Brauerei seines 1912 verstorbenen Bruders in Wieselburg, sondern auch an der Poschacher Brauerei AG in Linz und leitete ab 1917 die Brauerei Kaltenhausen.[28] In der »Clique« der Brauereien des Alpenvorlandes zwischen Salzburg und St. Pölten machten sich vor allem Carl Beurle und nach dessen Tod Julius Seiler Gedanken, wie man die Situation der Brauindustrie verbessern könnte. Ihre Antwort auf die schwierigen Verhältnisse nach dem Ersten Weltkrieg war eine Konzentration: Durch einen Zusammenschluss der oben genannten Brauereien sollten durch hohe Transportkosten unwirtschaftliche, entlegene Absatzgebiete näheren Brauereien zugewiesen werden, in Orten mit mehreren Braustätten die unwirtschaftlicheren aufgelöst und ihre Aufgaben vom besser arbeitenden Betrieb übernommen werden. Nicht zuletzt sollten gemeinsamer Einkauf und Produktionsplanung Ersparnisse bei den Ausgaben bringen. Ursprünglich nahm man übrigens an, dass die Brauerei Zipf entweder bei der Gründung teilnehmen oder zumindest bald beitreten würde. Dazu kam es jedoch nicht, worauf später noch eingegangen wird.[29]

Das Ergebnis war die Gründung der Braubank AG mit der konstituierenden Sitzung am 16. Oktober 1921, bei der Ferdinand Falkensammer zum Präsidenten des Verwaltungsrates und Julius Seiler zum Generaldirektor gewählt wurden.

Vertreter der wichtigsten Gründerfamilien befanden sich ebenfalls an zentralen Positionen, wie etwa Martin Bartenstein und Heinrich Kiener im Vorstand und Hermann Beurle im Verwaltungsrat. Die Aktiengesellschaft wurde nicht nur durch den Zusammenschluss der fünf erwähnten Brauereien vollzogen, sondern auch mit Hilfe wesentlicher Bankbeteiligungen. Hinter dem involvierten Bankenkonsortium standen die Union-Bank in Wien, die ebenfalls dort angesiedelte »Allgemeine Österreichische Boden-Credit-Anstalt« und die »Bank für Oberösterreich und Salzburg« in Linz. Führend in dieser Gruppe war der damalige Direktor der »Union-Bank«, Ludwig Meiner. Die Teilhaber der fünf erwähnten Brauereien tauschten ihre Aktien in unterschiedlichen Relationen in Aktien der neuen Gesellschaft ein, woraus man sehr gut das Gewicht der fünf Brauereien ersehen kann: Man erhielt vier Braubank-Aktien für eine Aktie der Poschacher oder Linzer Aktienbrauerei, 3,5 für eine Kaltenhausener-Aktie, 2,5 für einen Anteilsschein aus Wieselburg und 1,5 für eine Gmundner Aktie. Bis 1923 hatten 98,3 Prozent aller Aktionäre der Brauereien ihre Aktien umgetauscht. Auf diese Art kamen 70 Prozent des Aktienkapitals von 70 Millionen Kronen Nennwert zustande, der Rest diente neuer Kapitalzuführung durch die beteiligten Banken.[30]

In wirtschaftlicher Hinsicht handelte es sich bei der Braubank AG zunächst um einen losen Zusammenschluss einiger Unternehmen unter gemeinsamer Führung: »Der ›Braubank A.G. Konzern‹ in Form einer Holdinggesellschaft, die als Spezialbank gegründet wurde, hatte nun die Aufgabe, die zwar rechtlich selbstständig gebliebenen Unternehmen zu kontrollieren und hinsichtlich ihrer wirtschaftlichen Tätigkeit Anordnungen und Richtlinien festzulegen. Die Vorteile dieser Konstellation waren verschiedener Art. So war es in produktionstechnischer Hinsicht möglich, die Arbeitsleistungen der einzelnen Betriebe festzulegen und ihre Anlagen und Organisationen in der für den Konzern vorteilhaftesten Art und Weise auszunützen. Weiters verminderte sich durch die Zusammenfassung die Zahl der Konkurrenten und außerdem resultierte daraus eine Stärkung der einzelnen Konzernunternehmungen im Kampf um den Absatz. Ebenso waren besondere Einsparungsmöglichkeiten auf den Beschaffungsmärkten durch den Großeinkauf und die Kapitalkraft der Holdinggesellschaft gegeben.«[31]

Die Teilbetriebe der Braubank AG (gemeinsamer Bierausstoß 1919/20: 274 100 Hektoliter) wurden nun zentral bewirtschaftet, man teilte die Absatzgebiete rationaler auf als zuvor und konnte daher bei etwa gleichem Absatz in den folgenden Jahren bessere Ergebnisse erzielen und dadurch bedeutende Summen in die Betriebe investieren. Zu den Rationalisierungsmaßnahmen gehörte es auch, unrentable Braustätten in andere einzugliedern. So beließ die Führung der Braubank AG nur die Malzfabrik bei der Linzer Brauerei und verlegte die Biererzeugung 1923 in die Poschacher Brauerei. Die Geldentwertung in den frühen 1920er Jahren machte mehrere Kapitalerhöhungen notwendig, die durch Ausgabe von neuen Aktien erfolgten. Danach wies die Braubank AG ein Kapital von 300 Millionen Kronen auf.[32]

Im August 1925 beschloss die Generalversammlung der Braubank AG, ihre bisher rechtlich selbständigen Betriebe nun zu einem einzigen Unternehmen zu fusionieren. Der Firmenwortlaut wurde im Zuge dessen per 1. Jänner 1925 rückwirkend in »Österreichische Brau-Aktiengesellschaft« geändert, was der Entwicklung Rechnung trug, dass die lose Holdinggesellschaft zu einem Unternehmen der Biererzeugung geworden war. Dementsprechend glich man auch das Geschäftsjahr dem der Brauindustrie an. Der neue Konzern wies einen Ausstoß von rund 450.000 Hektolitern aus. Seine Braustätten waren räumlich über 250 Kilometer zwischen Ost und West nördlich der Alpen verteilt und wurden zentral aus Linz geleitet. Mit der Streuung des Aktienbesitzes ging auch eine Variabilität der Manager des Konzerns einher.[33]

Die Österreichische Brau-AG entwickelte ab der zweiten Hälfte der 1920er Jahre eine ungeheure Dynamik und steigerte ihren Geschäftsumfang innerhalb von fünf Jahren auf das Doppelte. Dies kam durch Übernahme von zahlreichen Unternehmen zustande: 1925/26 wurde die »Niederösterreichische Obstverwertungsgesellschaft m.b.H.« einverleibt. Eine große Übernahme folgte 1928, als die Brau-AG mit der Aktiengesellschaft der Brauerei Liesing bei Wien fusionierte. Der Modus war beispielhaft für spätere Vereinigungen: Man führte eine Kapitalerhöhung durch und tauschte die neuen Aktien mit jenen der Liesinger Brauerei. Mit der großen Braustätte in Liesing, zu der auch eine in Wiener Neustadt gehörte, stieg der Ausstoß des Konzerns im Jahr 1927/28 auf 768.000 Hektoliter. 1929 wurden die Sternbräu Aktiengesellschaft in Salzburg, drei Tiroler Brauereien und die Bad Gasteiner Thermalwasser Aktiengesellschaft in das Unternehmen integriert, 1930 folgte nach einigen kleineren Übernahmen die Aktiengesellschaft der Brunner Brauerei südlich von Wien. Damit hatte die Brau-AG um 1930 einen Ausstoß von über einer Million Hektoliter mit rund 2.000 Beschäftigten an ihren Standorten, von denen neun Brauereien und vier Mälzereien waren. Mitte bis Ende der 1930er Jahre hatte die Brau-AG fast 20 Prozent der österreichischen Gesamtproduktion an Bier in ihrem Konzern vereint.[34]

2.2.3 Österreichs Bierindustrie in der Wirtschaftskrise

Die Weltwirtschaftskrise ab 1929 war für ganz Österreich ein einschneidendes Ereignis. Bei der Brauindustrie kam sie zwar mit kurzer Verspätung, dafür aber besonders heftig an: Der Bierausstoß erreichte im Braujahr 1929/30 noch seinen Höhepunkt mit über 5,3 Millionen Hektolitern, ging bis 1934 rasch auf weniger als die Hälfte, nämlich 2,4 Millionen Hektoliter, zurück und sank bis 1936/37, dem Tiefpunkt der Entwicklung, auf 2,1 Millionen Hektoliter. Grund dieses Produktionseinbruchs von über 60 Prozent war ein deutlicher Rückgang des Bierkonsums zwischen 1929/30 und 1936/37. Die Wirtschaftskrise verkleinerte die Kaufkraft breiter Bevölkerungsschichten massiv und ließ somit die Nachfrage nach Bier abstürzen. Bei rund 90 Prozent der Bevölkerung reichte das Einkommen während der Krise eben nur noch dazu aus, unbedingt notwendige Ausgaben zu tätigen, und Bier wurde fast zur Luxusware für die Hauptkonsumentin, die arbeitende (oder arbeitslose) Bevölkerung. Dazu kamen staatliche Belastungen: Steuern auf Bier hatten 1926 noch 16 Prozent des Endpreises ausgemacht, 1933 waren es bereits 38 Prozent. Der Absatzrückgang war nicht das einzige Problem der österreichischen Brauereien. Viele Darlehen an Gaststätten erwiesen sich als uneinbringlich, und die Brauunternehmen mussten ihrerseits Kredite aufnehmen. Klein- und Mittelbrauereien waren verstärkt gezwungen aufzugeben. Von den 129 Brauereien im Jahr 1929/30 waren im letzten Braujahr vor dem »Anschluss« noch 109 übrig, also um 15,5 Prozent weniger. Die verbliebenen Unternehmen bauten in großem Stil Personal ab. 1929 waren 4.623 Menschen in der Brauindustrie tätig, 1936 nur mehr 2.363. Die Krise kostete also etwa 49 Prozent der Beschäftigten ihren Arbeitsplatz. Dabei gab es regionale Unterschiede. Die Industrieregion um Wien war von der Krise 1929 bis 1937 hart getroffen worden, dort halbierte sich die Zahl der Brauereien und der Ausstoß ging überdurchschnittlich stark um 68 Prozent zurück. Dagegen war die Situation in den ländlicher geprägten Gebieten nicht so dramatisch. So erzeugten beispielsweise die oberösterreichischen Brauereien nur um 54, die steirischen Brauereien nur um 53 Prozent weniger Bier. In Oberösterreich gaben nur zwölf Prozent der Brauereien auf, in der Steiermark keine. Brauereien, die auf Ausfuhr setzten, gaben diese Praxis zumeist auf. Der ohnehin geringe Export von österreichischem Bier – 22.000 Hektoliter oder 0,4 Prozent der Gesamtproduktion 1929 – sank bis 1937 auf 3.000 Hektoliter oder 0,06 Prozent der Gesamtproduktion.[35] In den letzten Jahren der Republik sowie in der Zeit der Dollfuß/Schuschnigg-Diktatur war es also der Brauindustrie, wie auch anderen Wirtschaftszweigen, nicht gelungen, die Wirtschaftskrise zu überwinden.

2.3 Die Brauerei Zipf 1914–1938

2.3.1 Die Brauerei Zipf vom Ausbruch des Ersten Weltkrieges bis zur Eintragung der Aktiengesellschaft 1922

Die Brauerei Zipf war vom Ersten Weltkrieg – dessen Auswirkungen im Folgenden schlaglichtartig skizziert werden sollen – schon seit Anfang August 1914 betroffen, denn zu dieser Zeit wurden mit einem Schlag vier Angestellte und 73 Arbeiter eingezogen. Sie erhielten ein Fahrtgeld von 100 Kronen, und die Eigentümerinnen zahlten den Familien der Eingerückten bis auf Weiteres die Bezüge. In den Wochen darauf machten sich massive Transportschwierigkeiten bemerkbar, weil die Bahnlinien für die Armee beansprucht wurden. Durchziehende Soldaten wurden gelegentlich mit Gratisbier versorgt. Bald wurden die Auswirkungen des Krieges immer mehr spürbar: Im Herbst kamen galizische Flüchtlinge in die Gegend um Zipf, im November hatten die ersten Wirtinnen und Wirte bereits Zahlungsschwierigkeiten. Mitte November 1914 ließ die Direktion in einigen Brauereigebäuden Krankenunterkünfte vorbereiten, gegen Jahresende kamen die ersten Meldungen von gefallenen Brauereimitarbeitern.[36]

Ökonomische Probleme zeigten sich ab Ende November 1914, da es für die Brauerei immer schwieriger wurde, an Gerste zu kommen. Im Februar 1915 beschlagnahmten Staatsbeamte über drei Tonnen veraltete Kupfer- und Messingobjekte aus der Brauerei, gleichzeitig machte sich die allgemeine Kohleknappheit immer mehr bemerkbar. Ein schwerer Schlag war im Februar 1915 das staatliche Verbot, Getreide zu vermälzen. Dazu kam, dass im Laufe des Frühjahrs fast die gesamte für die Brauerei gedachte Gerste beschlagnahmt wurde. Ab Juni lieferte die Brauerei daher einigen Abnehmern kein Bier mehr, und ab Herbst wurde das Bier dünner eingebraut. Das Jahr 1915 stand generell im Zeichen von Konkursverfahren über Wirtinnen und Wirte, denen der Krieg ihre ohnehin schmale ökonomische Basis entzogen hatte. Weil immer mehr Brauereimitarbeiter einrücken mussten, fragte die Direktion der Brauerei bei den Militärbehörden im Mai 1915 um russische Kriegsgefangene als Arbeiter an. Am 23. Juni kamen 100 Russen aus dem Kriegsgefangenenlager in Marchtrenk an und wurden in der Malztenne untergebracht. 80 mussten in der Landwirtschaft und 20 in der Brauerei selbst arbeiten, allerdings als ungelernte Hilfskräfte. Später bemühten sich die Brauereidirektoren um Fachkräfte für den Brauprozess, bekamen aber keine. Die Verpflegung der Gefangenen war karg, gelegentlich bekamen sie das Fleisch notgeschlachteter Tiere. Um sich ihre Ernährung aufzubessern, stahlen einige von ihnen Bier. Bewacht wurden sie anfangs von regulären Soldaten, ab Ende 1915 dann von freiwilli-

Abb. 7 Die Brauerei Zipf auf einer 1915 gelaufenen Postkarte.

gen Veteranen aus der Umgebung. Anfangs kam noch der Staat für Versorgung, Bekleidung und Unterkunft auf, später musste das Unternehmen dies übernehmen.[37]

Ende 1915 häuften sich die Anfragen von Frauen, deren Männer eingezogen waren, um Unterstützung durch die Brauerei; insgesamt waren es 67 Frauen, die monatlich mit mehr als 750 Kronen unterstützt wurden. Das Unternehmen selbst kam im zweiten Kriegswinter in eine kritische Situation, da das Bankguthaben durch teurere Rohmaterialien großteils aufgebraucht war. Das Kriegsjahr 1916 begann mit zahlreichen Beschwerden von Wirtinnen und Wirten, da die Brauerei weniger Bier geliefert hatte und aufgrund der geringen Rohstoffzuteilungen nicht mehr liefern konnte. Mangel an Braumaterial und Personal begleitete die Brauerei das gesamte Jahr über. Bemerkbar machte sich daneben, dass Metallteile für verschiedene Aufgaben wie etwa die Mälzerei fehlten und daher notwendige Aufgaben nicht erledigt werden konnten, bevor Ersatz aufgetrieben war. Anfang März 1916 legten die Militärtransporte für die Offensive gegen die Italiener in Südtirol (genannt »Strafexpedition«) die Westbahnstrecke für einige Zeit lahm, sodass die Brauerei kein Bier versenden konnte. Dementsprechend gering war im Frühjahr 1916 der Ausstoß, welcher ungefähr bei 40 Prozent der Vorkriegsjahre lag. Manche russischen Kriegsgefangenen begannen die Arbeit zu verweigern. Anfang Juni flüchteten einige, sie wurden nach kurzer Zeit gefasst.[38]

Chancen lagen für die Brauerei Zipf in direkten Lieferungen an das Heer, welche im Sommer 1916 über 800 Hektoliter ausmachten. Weil die Nachfrage nach Bier dauernd das Angebot überstieg, setzten die Direktoren der Brauerei den Gehalt des Bieres im Juli 1916 auf zehn Grad herab. Eklatanter Gerstenmangel ließ die Brauerei trotzdem im Herbst 1916 den Ausstoß auf 20 bis 30 Prozent der Friedenswerte reduzieren. Unter den Brauern regte sich Unmut über die ungarische Reichshälfte, weil Gerüchte kursierten, dass man dort prinzipiell keine Gerste für Brauereien der österreichischen Reichshälfte abgeben wollte. Die letzten Bierreserven des Jahres 1916 verkaufte man zu einem höheren Bierpreis, damit der erwartete Erlös wenigstens dafür ausreichte, genügend Geld für die nächste Brausaison zu haben. Die Brauerei war also am Rande ihrer Liquidität angelangt. Im Herbst 1916 wurden Lebensmittel trotz der brauereieigenen Landwirtschaft in Zipf immer knapper, und die staatlichen Aufsichtsorgane bewilligten nur mehr, die Belegschaft des Unternehmens (16. November 1916: 25 Brauer und Mälzer, sieben Mann im Maschinenraum, vier allgemeine Arbeiter, drei Bahnarbeiter, acht Binder und zwei Tagelöhner) selbst zu versorgen und nicht mehr dritte Personen. Daher schickte man im November alle kriegsgefangenen Russen zurück ins Lager.[39]

Das Jahr 1917 begann in Zipf mit einem strengen Winter, der so niedrige Temperaturen mit sich brachte, dass Flaschenbier eine Zeit lang nicht versandt werden konnte, da es sonst in den ungeheizten Bahnwaggons gefroren wäre. Im März 1917 forderte die »k. k. Zentral-Requisitions-Commission« die Brauerei auf, noch vorhandene Kupfer- und Messinggegenstände freiwillig zu verkaufen, bevor sie requiriert würden. In den folgenden Monaten passierte dieser Verkauf nach und nach. Die Direktion konnte und musste statt der abgegebenen Teile Eisenersatzteile verwenden, da Kupfer vor allem im unverzichtbaren Sudhaus vorhanden war. Im Herbst verkaufte man dem Kriegsministerium darüber hinaus moderne Aluminiumtanks zu einem deutlich geringeren Preis als bei ihrem Einkauf. Zuteilungen von Gerste oder Malz seitens der staatlichen Stellen gab es im Frühjahr 1917 nicht mehr. Während andere Brauereien schon ab März den Ausstoß auf etwa zehn Prozent des Friedensniveaus drosselten, überlegte man in Zipf, die Restmengen an Bier zunächst noch ohne Einschränkungen abzugeben und ab September den Betrieb einzustellen. Mangel herrschte auch bei anderen Gütern: Ende April war Kohle bereits so knapp, dass nicht mehr alle Maschinen in der Brauerei betrieben werden konnten, erst Mitte Mai traf nach sieben Wochen ohne Lieferung wieder ein einziger Waggon mit Kohle in Zipf ein. Um mit den vorhandenen Gerstenmengen überhaupt auszukommen, braute man in Zipf das Bier ab Juni nur mehr mit sieben Grad ein.[40]

Für den Herbst 1917 waren Zipf zwar wieder 20 Waggons Malz in Aussicht gestellt, bis Mitte September gelangte aber kaum eine Handvoll davon zur Brauerei. Am 19. September wurde nämlich der gesamte Zivilgüterverkehr – außer für absolut notwendige Frachten – eingestellt. Der Aufmarsch für die 12. Isonzoschlacht gegen Italien hatte begonnen, deutsche und österreichisch-ungarische Truppen brauchten einige Wochen lang rund 40 Prozent der in der Monarchie zur Verfügung stehenden offenen Güterwagen und 70 bis 80 Prozent der geschlossenen Güterwagen. Die essenzielle Verteilung ziviler Güter, insbesondere von Nahrungsmitteln, kam damit gerade in der kritischen Zeit vor dem Winter zum Erliegen. Brauereien spürten dies im gesamten Gebiet der Monarchie; laut Berechnungen der Brauerverbände verfügten die Brauereien der österreichischen Reichshälfte nur über 3,5 Prozent der Malzmenge einer Friedenssaison, die ungarischen über immerhin 59 Prozent. In Zipf stellte man Ende Oktober einige Bierwaggons zur Verfügung, damit Kartoffeln in die Städte transportiert werden konnten. Angesichts der trostlosen Situation stimmten die Brauereidirektoren alternativen Verwendungen der Brauereieinrichtungen zu. Im November 1917 wurde man sich mit militärischen Stellen einig, dass in den gekühlten Bierkellern Rindfleisch eingefroren werde, und zwar bis zu einer Kapazität von 45 Eisenbahnwaggons.[41]

Die Mostsaison war 1917 ganz im Gegensatz zur Bierherstellung sehr gut. In Zipf kam man daher nicht in die Verlegenheit, den Wirtinnen und Wirten das ohnehin schon geringe Quantum weiter zu kürzen. Viele bestellten Bier ab und ließen sich stattdessen von Mostproduzenten beliefern. Kundinnen und Kunden bevorzugten Apfelmost, weil er gehaltvoller war als das dünne Kriegsbier. 66 Gaststätten stellten bis Anfang Februar 1918 den Bierbezug ein, die Brauerei lieferte das Bier stattdessen in Ballungsräume wie Linz.[42]

Das Jahr 1918 stand weiter unter dem Eindruck von Braumaterial- und Kohlenmangel. Heizmaterial war besonders in der zweiten Jahreshälfte nur mehr auf dem Schwarzmarkt zu bekommen. Monatlich stieß die Brauerei Zipf nur einige Hundert Hektoliter aus. Im Sommer verlangten die Abnehmer wegen des heißen Wetters mehr, der Ausstoß erreichte im August trotzdem nur 2.000 Hektoliter Bier. Im Herbst lieferte Zipf wieder weniger Bier, und die Wirtinnen und Wirte erhielten durchschnittlich zehn Prozent der Menge von 1913. Während der Bierverkauf auf einem sehr niedrigen Niveau stattfand, machte sich die Inflation der Kriegsjahre bemerkbar, wie ein Vergleich der Zahlen für Löhne und Gehälter der Brauereibelegschaft zeigt: Im Jahr 1914 wurden dafür 63.500 Kronen ausgegeben, im Jahr 1918 115.500 Kronen, was eine Steigerung von über 80 Prozent bedeutet. Man suchte daher nach alternativen Einkommensquellen: Etwas Gewinn konnte das Unternehmen machen, indem es Hopfen aus dem Jahr 1914, der vorsorglich gekauft und eingelagert worden war, nun zu hohen Preisen wiederverkaufte. Ebenfalls abgestoßen wurden im Sommer 1918 zahlreiche alte Lagerfässer, für die man einen hohen Preis erzielen konnte. Mit Betreiberinnen und Betreibern von Absatzstätten gab es monatelang wegen einer neuen gesetzlichen Regelung Probleme: Bis 1. April musste auf Befehl der Österreichischen Brauerzentrale in der österreichischen Reichshälfte ein Pfand auf Fässer eingeführt werden. Die Brauerei Zipf hatte schon in den Monaten davor begonnen, die belieferten Abnehmerinnen und Abnehmer darauf einzustellen. Dies gelang nur mühsam und langsam, da viele das Pfand ablehnten.[43]

Das Ende der Habsburgermonarchie spielte sich in Zipf so ab wie in vielen kleinen Orten: Wegen der allgemeinen Auflösung der Armee gründete man eine lokale Bürgerwehr, deren freiwillige Mitglieder sich mit Waffen ausrüsteten, die zurückkehrende Soldaten im Überfluss zurückgelassen hatten. Aus der Brauerei meldeten sich einige Dutzend Mann, die zusammen mit Mitgliedern aus den umliegenden Orten die Siedlungen bewachten. Zur selben Zeit kehrten nach und nach die Brauereiangestellten und -arbeiter von der Front zurück. Sie wurden wegen der geringen Auslastung einige Monate mit Aufräumungs- und Hilfsdiensten beschäftigt.[44]

Die generelle Entwicklung während des Ersten Weltkrieges bildete sich im Bierausstoß der Brauerei Zipf ab, welche wie alle anderen Brauereien mit den allgemeinen Problemen zu kämpfen hatte. Vom Rekordjahr 1913/14 mit etwa 142.000 Hektolitern sank der Ausstoß zunächst im ersten vom Krieg erfassten Braujahr 1914/15 auf über 132.000 Hektoliter und im zweiten Kriegsjahr auf gute 86.000. Im Jahr darauf wirkte sich die schwierige Situation bereits massiv aus, wodurch 1916/17 nur noch etwas mehr als 32.000 Hektoliter ausgestoßen wurden. Der Tiefpunkt war 1917/18 mit 14.000 Hektolitern erreicht. Danach nahm der Bierausstoß im ersten überwiegenden Friedensbraujahr 1918/19 wieder kräftig zu, erreichte so allerdings auch nur das vergleichsweise bescheidene Niveau von rund 24.000 Hektolitern.[45]

Nach dem Kriegsende kam eine zweifache Herausforderung auf das Unternehmen zu: Einerseits war die generelle wirtschaftliche Lage desaströs, und viele notwendige Investitionen waren wegen des Geschäftseinbruches zurückgestellt worden. Beschränkungen trugen dazu bei, dass eine Erholung unmittelbar nach Kriegsende nicht möglich war. Andererseits setzte die Inflation dem Betriebskapital der Brauerei unbarmherzig zu und zehrte es weitgehend auf. Ein ähnliches Schicksal erlitt das Privatvermögen der Eigentümerinnen der Brauerei, wodurch die Gewinne der Vorkriegszeit innerhalb von Monaten weitgehend vernichtet wurden. Die ab 1915 von den drei Schwestern in großem Stil gekauften Kriegsanleihen waren außerdem wertlos geworden.[46] Am 14. Mai 1920 starb mit Richard Kretz zudem eine der maßgeblichen Personen der Unternehmensleitung.[47] Sein ältester Sohn Alfred Kretz, beim Tod des Vaters 24 Jahre alt und gerade dabei, sich im Unternehmen zu engagieren, schilderte die Situation der Brauerei Anfang der 1920er Jahre drastisch: »[E]s lagen kaum 5000 kg Malz auf dem Boden, der Biervorrat reichte kaum für einen Monat; während die Krone unablässig sank, alle Preise und Kurse um die Wette stiegen, versagte natürlich die bisherige Einkaufspolitik gänzlich. Die Direktoren waren nicht im Stande, den Umschwung der Marktlage zu erkennen, auch ich nicht, der ich eben erst die technischen Seiten des Betriebes im Allgemeinen und des Zipfer Betriebes im Besonderen hatte kennen lernen können und eben erst mich im Vorhandenen zurechtgefunden hatte.«[48] Der Ausstoß der Brauerei hatte zwar 1919/20 immerhin 65.000 Hektoliter erreicht, sank wegen der Schwierigkeiten aber im Jahr darauf wieder, und zwar auf nur 54.000 Hektoliter.[49]

Da weitere Kredite zu dem bereits bestehenden Bankdarlehen von einigen Millionen Kronen nicht zu beschaffen waren, gab es faktisch nur mehr den Ausweg, sich mit anderen Brauereien zusammenzuschließen oder das Brauunternehmen unter kapitalstarker Beteiligung zu vergesellschaften. Einen Zusammenschluss mit anderen Brauereien regte im Frühjahr der geschäftsführende Verwaltungsrat der Linzer Aktienbrauerei, Kaspar Irresberger, an. Er schlug Richard Kretz und Max Limbeck-Lilienau vor, eine »engere Interessensgemeinschaft« einzugehen und den Kundenstock zusammenzulegen: Die jeweils nähere Brauerei würde liefern, um Frachtkosten zu sparen. Außerdem dachte er eine Fusion mit der Linzer Aktienbrauerei durch eine Kapitalerhöhung derselben an: »Für Zipf hätte es den Vorteil, dass die Verhältnisse unter den Verwandten, welche meist schwierig sind, durch die Verteilung der Actien geklärt und vereinfacht würden.« Max Limbeck-Lilienau erteilte dem jedoch eine Absage: Die Familie habe sich nach »eingehender Beratung im engen Kreise« gegen solche Pläne ausgesprochen, und »[m]assgebend für diese Entscheidung war […] abgesehen von dem mehr gefühlsmässigen Momente die Wahrung unserer bisherigen Freiheit und Unabhängigkeit der Entschliessungen, solange es ohne schwere Opfer möglich ist«.[50]

Spätestens in der zweiten Jahreshälfte 1920 nahm Julius Seiler Gespräche mit Verwaltungsräten von Zipf auf, um die Zipfer Brauerei als Gründungsmitglied der Braubank AG zu gewinnen. Er stellte in Aussicht, Zipf zu einem Hochqualitätsbetrieb auszubauen, und wollte Zipf »das Mithalten möglichst leicht« machen. Letztendlich kam es nicht dazu, und Julius Seiler dürfte darüber enttäuscht gewesen sein. Warum es nicht zur Zusammenarbeit kam, darüber kann ein im Entwurfsstadium verbliebenes Schreiben der Zipfer Eigentümerinnen über Bedingungen für ihren Beitritt zur Braubank AG Aufschluss geben: Die Inhaberinnen und Inhaber würden sich »mit dem Gedanken, für ewige Zeiten ein selbständiges Verfügungsrecht über die Industrieanlage in Zipf, an der sie mit Leib und Seele hängen, verloren zu haben, nicht vertraut« machen können, sie wollten nicht, dass im Zuge eines etwaigen Beitrittes die altgedienten Mitarbeiterinnen und Mitarbeiter der Brauerei entlassen würden, und der Aufteilungsschlüssel und die Gründungskosten der Braubank AG seien ihnen nicht genehm. Zwar nahmen Vertreter der Zipfer Brauereifamilie bei den Gründungssitzungen der Braubank AG teil, dies aber nur, weil die Familie etwa ein Sechstel der Anteile der Brauerei Kaltenhausen hatte. Als Anteilsinhaber stimmten sie für das dortige Unternehmen der Gründung des Konzerns zu, denn, wie Alfred Kretz erklärte, seien im Gegensatz zu Zipf keine persönlichen Momente ausschlaggebend. In einer ähnlichen Situation befand sich übrigens der Geschäftsführer der Stieglbrauerei in Salzburg, Heinrich Kiener (I.): Er war in die Verhandlungen zur Braubank AG eingebunden, zog die Teilnahme von Stiegl aber im letzten Augenblick vor allem wegen des Verteilungsschlüssels zurück. Über seinen Anteil an Kaltenhausen war er dann doch an der Braubank AG beteiligt, er meinte, man müsse dort »mit den Wölfen heulen«, da die Proponenten der Braubank AG in Kaltenhausen die Mehrheit hatten. Er riet den Zipfern in ihrer eigenen Sache stets zur Eigenständigkeit, wenn nötig unter temporären Verlusten, und bot ihnen sogar an, weit entfernte Kundinnen und Kunden gegenseitig abzutauschen, um Transportkosten zu sparen.[51]

Im Jahr 1920 machte man sich aber im Kreis der Nachkommen von Wilhelm Schaup über eine Vergesellschaftung mit anderen Partnern außerhalb Oberösterreichs Gedanken. Max Limbeck-Lilienau führte diesbezüglich Gespräche mit Sigmund Brosche, einem Bekannten der Familie und seines Zeichens langjähriger Verwaltungsrat[52] der »Österreichischen Credit-Anstalt für Handel und Gewerbe« (kurz »Creditanstalt«) in Wien, Sektionschef im Handelsministerium und Pionier der Standesvertretung der Industriellen. Etwa zur gleichen Zeit kam die Idee auf, die Gösser Brauerei in eine mögliche Aktiengesellschaft miteinzubeziehen. Sogar eine Fusion der beiden Brauereien war offenbar kurzfristig angedacht. Dies überrascht nicht, da die Creditanstalt an Göss beteiligt war und es wenig Konkurrenz zwischen Zipf und Göss gab. Nicht alle Beteiligten waren glücklich damit, in einer Notsituation neue, fremde Miteigentümer ins Boot holen zu müssen. Obwohl die Notwendigkeit außer Frage stand, sprach etwa Emilie Schaup davon, »in den sauren Apfel beißen« zu müssen. Diskussionen gab es auch darüber, wer der zukünftige Präsident sein würde, da sich Max Limbeck-Lilienau aus der ihm nach dem Tod von Richard Kretz zugekommenen Verantwortung zurückziehen wollte. Auch im neuen Unternehmen wollten die Nachkommen des Brauereigründers[53] jedenfalls ihre Mehrheit wahren.[54]

Innerhalb der Nachkommen des Brauereigründers kam es zu intensiven Diskussionen über den Schritt, da die Beteiligung der Creditanstalt und der Gösser Brauerei einen großen Einschnitt in der Geschichte des Unternehmens darstellte. Für manche war es die Aufgabe der Eigenständigkeit, insbesondere für zwei der drei Töchter Wilhelm Schaups. Sophie Limbeck-Lilienau brachte die diesbezügliche Haltung auf den Punkt: »Wir, ich spreche nun von der älteren Generation, haben uns zu dem Entschluss durchgerungen: so geht es nicht weiter: soll die Industrie weitergeführt werden, so müssen wir das Opfer bringen, mit alten Gepflogenheiten und Principien zu brechen.« Viel weiter ging die Trauer bei Emilie Schaup, sie sprach verbittert von einem »Verkauf« Zipfs und einer »schweren Operation«, die man über sich ergehen lassen müsse. Änderungen von persönlichen Präferenzen spielten freilich auch eine Rolle: Max Limbeck-Lilienau wollte sich nicht mehr der Brauerei widmen und betonte mehrfach gegenüber der Familie, dass er sich auf andere Tätigkeiten konzentrieren wolle. Daher brachte er zunehmend die nächste Generation, allen voran die Söhne von Richard Kretz, also Alfred, Johannes und Fritz Kretz senior, ins Spiel. Marie Kretz und die jüngere Generation sahen die Umwandlung in eine Aktiengesellschaft pragmatischer: Zwar könne man, so Alfred Kretz, wegen der mittlerweile (Anfang 1921) drastisch steigenden Bierpreise wieder besser wirtschaften, allerdings bleibe die Problematik, neue Kredite zu beschaffen, weiterhin. Angesichts der sich etwa gleichzeitig anbahnenden Gründung der Braubank AG und somit einer Konzernbildung vor den Türen Zipfs hätte man mit neuen, starken Partnern einen besseren Stand im Wettbewerb.[55]

Ganz anders sah es einer der Direktoren der Brauerei Zipf, Emil Nagel. Er stand den neuen Partnern sehr ablehnend gegenüber und äußerste sich Anfang Jänner 1921 stark antisemitisch über den in die Verhandlungen führend involvierten Gösser Verwaltungsratspräsidenten Leopold Löwy:[56] »Er ist ein skrupelloser Financier, allerdings sehr grosszügig veranlagt, aber seine Machinationen lassen sich mit unseren (möglicherweise unmodern gewordenen) Begriffen von Ehre und Anständigkeit nicht vereinbaren. Dass ihn [Creditanstaltdirektor Ludwig, Anm. d. A.] Neurath l[i]ebt, ist nicht zu verwundern, (Alliance israelite), grosse Erfolge sind ja vorhanden, auf welche Weise diese errungen worden sind, darnach fragt man in diesen Kreisen nicht, insolange nicht der Strafrichter mitredet.« Im Februar legte Nagel noch einmal nach: »Die Geschäftsmoral dieser Herren ist, wie ich neuerlich bestätigt fand, die im Kafé [sic] Abeles am Schottenring übliche. Aus Liebe werden diese Herren Zipf gegenüber gewiss nicht großzügig sein.«[57] Nagel drang mit seinen Ansichten bei der Familiengruppe nicht durch und sollte überdies mit seiner Schwarzmalerei durchaus nicht Recht behalten.

Die Eigentümerinnen der OHG »Bierbrauerei in Zipf, Ob.-Oest. Wm. Schaup« vereinbarten im Mai 1921 mit der »Österreichischen Credit-Anstalt für Handel und Gewerbe« und der »Gösser Brauerei Aktiengesellschaft vormals Max Kober«, so die offiziellen Namen der Unternehmen, eine Aktiengesellschaft mit dem Namen »Brauerei Zipf Aktiengesellschaft vorm. Wm. Schaup« zu gründen. Sitz der neuen Gesellschaft war Wien, der Unternehmenszweck laut Satzung Erwerb und Betrieb der Brauerei Zipf, weiters die Errichtung, die Erwerbung, die Pachtung und der Betrieb von und Beteiligung an für die Brauindustrie einschlägigen Unternehmen, Patenten und Lizenzen. Daneben sah die Satzung Tätigkeiten im Gastgewerbe und in der Sodawasser-, Marmelade-, Most-, Spirituosen-, Dörrobst- und Hefeproduktion vor. Die drei Töchter von Wilhelm Schaup brachten die Brauerei samt Kundenkreis und die zum Betrieb notwendigen Liegenschaften, Gebäude, Maschinen und sonstigen beweglichen Gegenstände ein. Darüber hinaus flossen Bierdepots in Steyr, Linz, Wels, Salzburg, Innsbruck und Attersee in die neue Aktiengesellschaft ebenso ein wie drei Gasthäuser und einige andere Immobilien. Die »Oberleitung und Kontrolle« sowie die Vertretung der Gesellschaft nach außen hatte der Verwaltungsrat inne. Er bestand aus neun bis 15 von der Generalversammlung der Aktiengesellschaft auf drei Jahre gewählten Mitgliedern. Der Verwaltungsrat wählte aus seiner Mitte einen Präsidenten und zwei Stellvertreter desselben und fasste seine Beschlüsse mit einfacher Mehrheit. Er konnte außerdem einen aus seinen Mitgliedern zu bildenden Vollzugsausschuss »zur unmittelbaren Leitung der Geschäfte im Allgemeinen oder bestimmter Angelegenheiten« einsetzen. Der Verwaltungsrat ernannte die Direktoren des Unternehmens, also die leitenden Angestellten, als Vollzugsorgane mit Zeichnungsberechtigung. In der Generalversammlung hatten Aktieneigentümer für je 25 Aktien eine Stimme, das Gremium war nach ordnungsgemäßer Einberufung mit einem Zehntel Anwesenheit beschlussfähig. Es trat als ordentliche Versammlung einmal im Jahr unter dem Vorsitz des Präsidenten des Verwaltungsrats zusammen, entschied meistens mit einfacher Mehrheit und hatte folgenden Wirkungskreis: Die Generalversammlung wählte den Verwaltungsrat, nahm den Rechenschaftsbericht des Verwaltungsrates entgegen, genehmigte den Rechnungsabschluss, entlastete den Verwaltungsrat, entschied über die Verwendung des Reingewinns, konnte die Satzung ändern, das Aktienkapital verändern, Ankäufe genehmigen und die Gesellschaft auflösen oder mit anderen fusionieren. Etwaige Dividendenauszahlungen an die Aktionäre konnten vom Gewinn (nach Abzug von fünf Prozent für einen Reservefonds) bis zur Höhe von fünf

Prozent des Aktienkapitals vorgenommen werden. Der Verwaltungsrat erhielt davon bis zu zehn Prozent Gewinnanteil.[58]

55 Prozent des Kapitals der Gesellschaft blieben in der Hand der Familien- beziehungsweise Mehrheitsgruppe: Die erwähnten Sacheinlagen der Eigentümerinnen der OHG machten 7,3 Millionen Kronen (36,5 Prozent) des insgesamt 20 Millionen Kronen (mit einer Stückelung von Inhaberaktien zu je 200 Kronen) betragenden Aktienkapitals aus. Der Rest des Anteils der Mehrheitsgruppe im Wert von 3,7 Millionen (18,5 Prozent) wurde von den Familienmitgliedern bar eingezahlt. Die Creditanstalt beteiligte sich mit 7,5 Millionen Kronen am Unternehmen, was einem Anteil von 37,5 Prozent entsprach. Außerdem gewährte die Bank der schon 1921 in Gründung befindlichen Aktiengesellschaft einen Anfangskredit von zehn Millionen Kronen.[59] Die Brauerei Göss beteiligte sich zu 7,5 Prozent mit 1,5 Millionen Kronen und brachte vor allem den Absatz des Gutes Guggenthal bei Salzburg ein. Das auf das Mittelalter zurückgehende große Gut Guggenthal war Ende des 19. Jahrhunderts von der Familie Hatschek erworben worden. Ab 1915 führte es Richard Hatschek, welcher in der ersten Zeit ein scharfer Konkurrent der Brauerei Zipf war, später die kleine Guggenthaler Brauerei einstellte und den dortigen traditionsreichen Braugasthof im Austausch gegen eine Verwaltungsratsstelle von der Brauerei Göss beliefern ließ. Dieser lukrative Abnehmer ging nun an die Brauerei Zipf.[60]

Die Zipfer Mehrheitsgruppe trat zwei Syndikaten bei, nämlich einem mit der Creditanstalt und einem für die Familienmitglieder unter sich. Das Syndikat mit der Creditanstalt legte fest, dass die Familiengruppe und die Creditanstalt in den Gremien der Aktiengesellschaft bei den Themen »Statutenänderungen, Erhöhung und Verminderung des Aktienkapitales, Beschlussfassung über Begebung neuer Aktien, Beschlussfassung auf Auflösung der Gesellschaft, Beschlussfassung auf Fusion der Gesellschaft mit einer anderen Gesellschaft, Eintritt in kartellartigen Einrichtungen und Austritt aus solchen, Syndizierung und dergleichen sowie Anstellung und Kündigung der leitenden Beamten« nur im Einverständnis abstimmten. Im Syndikat gebundene Aktien durften nur innerhalb übereignet werden, Veräußerungen an Dritte bedurften einer Genehmigung. Die Quote der jeweiligen Vertreter der Familiengruppe beziehungsweise der Creditanstalt in den Gremien wurde ebenfalls festgelegt. Ende der 1920er Jahre wurde der Syndikatsvertrag erneuert, die Brauerei Göss explizit aufgenommen und die Vereinbarung durch ein Schiedsabkommen ergänzt.[61] Innerhalb der Familiengruppe existierte daneben schon bald nach Gründung der Aktiengesellschaft ein Syndikatsvertrag. Er regelte vor allem, dass die Mitglieder der Gruppe der Nachkommen von Wilhelm Schaup ihre Aktien nicht an Dritte verkaufen, sondern sie nur an direkte

Nachfahren oder Ehegattinnen und Ehegatten weitergeben durften. Die Leitung des Syndikats stand dem jeweils ältesten Mitglied zu. Im Laufe der Jahre wurde diese Vereinbarung mehrfach erneuert und erweitert. Einen deutlich umfangreicheren Syndikatsvertrag auf vorerst unbestimmte Zeit schlossen die Mitglieder der Familiengruppe schließlich Ende 1935 ab. Er enthielt detaillierte Regelungen zu Einberufung, Abhaltung und Abstimmungsrechten bei Syndikatsversammlungen sowie ein Verbot, die Aktien an Dritte zu veräußern.[62]

Am 11. Mai 1922 fand in den Räumlichkeiten der Creditanstalt die konstituierende Generalversammlung der Zipfer Aktiengesellschaft statt. Gleich im Anschluss tagte der Verwaltungsrat zum ersten Mal, und man wählte Sigmund Brosche zum Vorsitzenden. Die Gesellschaft wurde am 13. Juni 1922 in das Handelsregister des Handelsgerichtes in Wien eingetragen. Dem ersten Verwaltungsrat gehörten Sigmund Brosche und Paul Hammerschlag für die Creditanstalt, Richard Hatschek, Leopold Löwy und Karl (manchmal Carl) Neweklowsky für die Gösser Brauerei sowie Alfred Kretz, Fritz Kretz senior, Johannes Kretz, Max Limbeck-Lilienau, Wilhelm Loderer und Rudolf Ploderer an.[63]

Wie die Reaktion der regionalen Konkurrenz auf den Entschluss, eine Aktiengesellschaft mit Beteiligung der Creditanstalt und der Gösser Brauerei zu gründen, war, berichtete Anfang Mai 1921 Direktor Emil Nagel. Er ließ dabei recht deutlich die damals gängigen Vorurteile gegen die neuen Partner durchklingen: »Die Nachricht über das Definitivum mit Göss hat bei den Linzer und Salzburger Brauern sehr gemischte Gefühle hervorgerufen. Ein Teil der Herren begnügte sich damit, mich mit antisemitischen Witzen zu utzen[,] so z.B. ob ich mich schon habe beschneiden lassen. Seiler hält die Sache nur für ein Uebergangsstadium und spricht die Ueberzeugung aus, dass dem Abschlusse mit Göss ein Arrangement mit der Braubank folgen wird. Am unangenehmsten scheint es Kiener zu sein, der aber auch für die Zukunft ein Zusammengehen aller Gruppen prognostiziert. Er konnte nicht bestreiten, dass unsere Position durch die Anlehnung an die Kreditanstalt [sic] und an Göss an Stärke sehr gewinnen wird und dass wir bei einem event[uell] grossen Konzern dann weit mehr Respekt beanspruchen können.«[64]

2.3.2 Die Expansion Zipfs während der »Goldenen Zwanziger«

Zur Zeit der Gründung der Aktiengesellschaft brauchte die Brauerei mehr und mehr liquide Mittel. Nach dem Kredit von zehn Millionen Kronen gewährte die Creditanstalt in schneller Folge ab Mitte 1921 weitere Kredite, und zwar zehn Millionen im Juli und September, 20 Millionen Kronen im Oktober und 30 Millionen im November.[65]

Benutzt wurde das Geld vor allem, um die laufenden Einkäufe von Rohstoffen wie Gerstenmalz und Hopfen zu tätigen. Mit den schnell steigenden Krediten war kein Auslangen möglich, und von Anfang an waren Kapitalerhöhungen der Aktiengesellschaft geplant gewesen. Sie stellten sich für das Unternehmen in Zeiten der raschen Geldentwertung als besonders notwendig heraus. Alfred Kretz brachte es folgendermaßen auf den Punkt: »Es ist gar nicht erst zu betonen, dass es kaum eine Aktiengesellschaft gibt, die Kapitalsvermehrungen nicht vorgenommen hat. Die Wertverminderung der Krone hat es eben mit sich gebracht, dass das Bargeldbedürfnis aller Industrien fast ins Ungemessene gestiegen ist. Das Geld, das bei unseren Kapitalsvermehrungen eingezahlt werden musste, ist nichts anderes als der Wert, den jedes Unternehmen zu seinem täglichen Umsatz haben muss. Ein gewisser Teil des Vermögens kann eben in stabilen Werten nicht angelegt bleiben und muss fluktuieren.«[66]

Dennoch kam es zu intensiven Diskussionen über diese Frage in der Familien- und Mehrheitsgruppe. Insbesondere Emilie Schaup hatte große Sorge, dass bei Kapitalerhöhungen die Mehrheitsstellung der Familie verloren gehen könnte, und betrachtete die neuen Partner, aber auch die positive Haltung der jüngeren Generation mit Argwohn.[67] Man diskutierte einige Zeit, währenddessen schritt die Geldentwertung immer weiter fort. Letztendlich musste im Spätherbst beschlossen werden, das Aktienkapital von 20 auf 32 Millionen Kronen zu erhöhen. In den folgenden Jahren ging es mit der Brauerei Zipf wirtschaftlich wieder bergauf. Die zusätzliche Liquidität durch das Geld der Creditanstalt, die Kapitalerhöhungen, stark steigende Bierpreise und die sich langsam bessernde wirtschaftliche Situation führten dazu, dass die Brauerei ihre Produktion wieder ausweiten konnte. Sichtbares Zeichen der Blütezeit waren wieder einmal die zentralen Kennzahlen der Brauindustrie: Im Braujahr 1921/22 konnten 83.000 und ein Jahr später 92.000 Hektoliter ausgestoßen werden, daraufhin (1923/24) bereits 132.000.[68]

Dabei waren es vor allem die Söhne von Richard Kretz, die in den Gremien der Aktiengesellschaft mit den Vertretern der Creditanstalt und der Gösser Brauerei erfolgreich zusammenarbeiten konnten. Max Limbeck-Lilienau hingegen fühlte sich »in diesem Milieu, das zumindest etwas anderes und neues darstellt, […] nicht immer wohl […].« Die Vorbehalte von Teilen der älteren Generation gegen die neuen Teilhaber an der Aktiengesellschaft blieben zwar bestehen, jedoch wurde man sich bald der Vorteile bewusst. Marie Kretz erkannte dies einige Zeit nach der Gründung: »Dass das Geschäft seit Gründung der viel gelästerten A.G. einen grossen Aufschwung nahm[,] das lässt sich wohl nicht leugnen, da braucht man nur die Zahlen sprechen lassen und wie so [sic] Ihr alle sagt: Ihr haltet die

Sache für verloren[,] das begreife ich nicht, was ist denn verloren? [...] Auch die viel geschmähten Juden haben in Zipf schon allerhand ganz zweckdienliche Vorschläge gemacht [...].«[69]

Wie die Zusammenarbeit aussah, berichtete Johannes Kretz: »An der Spitze der anderen Gruppe: Brosche. Ein Mann, der nicht viel unnötige Worte macht, dem aber unbedingt vollstes Vertrauen gebührt. [...] Hammerschlag ist ein ausgesprochener Bank- und Börsenmensch, ansonsten ein grosser Wichtigmacher. [Den etwas später kooptierten Verwaltungsrat und Direktor der Creditanstalt Theodor, Anm. d. A.] Frankl halte ich für einen sehr weitblickenden und klugen Berater. Persönlich ist er mir sehr sympathisch [...]. Löwi [sic] hat uns schon sehr gute Dienste geleistet. Er besitzt unter allen die gründlichste Fachkenntnis [...]. Hatschek ist gewiss der unsympathischeste [sic], aber ebenso gewiss auch einer der harmlosesten Häupter der Versammlung.«[70]

Der letztgenannte Richard Hatschek besuchte die Brauerei wiederholt, um Verbesserungspotenziale auszuloten, der Gösser Brauerei einen Eindruck von dem Zipfer Unternehmen zu verschaffen und den Zipfer Managern mehr oder weniger nützliche und erwünschte Tipps zu geben. Seine Berichte, wie etwa einer aus dem Februar 1923,[71] geben einen gewissen Einblick in die damalige Situation: Die Brauerei war am Beginn der 1920er Jahre stark von den Geldproblemen gezeichnet, was sich in veralteten, abgenutzten und fehlenden Maschinen äußerte (»die Kühlschiffe sind total verrostet«). Gleichzeitig konnte mit Hilfe des neuen Geldes durch die Aktiengesellschaft damit begonnen werden, wesentliche Betriebsteile zu modernisieren, wie etwa das Sudhaus, oder zu erweitern, wie etwa die Gärkeller. Die Einnahmen erreichten außerdem 1923 bereits eine Höhe, die es erlaubte, die Bankschulden zu stabilisieren und zukünftige Investitionen möglichst mit dem Ertrag der einnahmenstarken Sommermonate zu bestreiten. In Bezug auf das Bier kam Hatschek insgesamt zu einem positiven Urteil: »Die Bierqualität ist gut, das Bier schmeckt ziemlich vollmundig, die Farbe ist dunkler als im Herbst, [der] Herr Braumeister [...] wurde beauftragt auf die Erzielung gleichmässiger Farbe sein Augenmerk zu lenken.«

Eine der Empfehlungen in Hatscheks Bericht von 1923 war es überdies, langsam an die Expansion zu denken und andere Brauereien zu übernehmen. Zunächst war an die nähere Umgebung gedacht, die erste große Erweiterung von Zipf spielte sich jedoch außerhalb Oberösterreichs ab, und zwar in Tirol. In Wörgl bestand seit 1909 eine ursprünglich als Genossenschaft gegründete Brauerei, die Anfang der 1920er Jahre im Eigentum der früheren Betreiberin des Hotels »Sonne« in Innsbruck, Lina Langes, stand.[72] Die Situation der Brauerei war wegen Misswirtschaft und der allgemein schwierigen Wirtschaftslage schlecht, weswegen die Eigentümerin die Brauerei schon einige Jahre lang verkaufen wollte und schließlich mit Alfred Kretz und Richard Hatschek in Verkaufsverhandlungen trat. Diese waren bis Sommer 1923 so weit gediehen, dass am 23. Juli in Salzburg ein Vorvertrag abgeschlossen wurde. Kaum eine Woche später erklärte die Verkäuferin einseitig, vom Verkauf zurücktreten zu wollen. Sie berief sich auf ein Gesetz aus dem Jahr 1919,[73] demzufolge der Verkauf von auch nur teilweise landwirtschaftlichen Grundstücken genehmigungspflichtig war, um die »Erhaltung eines leistungsfähigen Bauernstandes« zu gewährleisten. Die Brauerei sei eben ein landwirtschaftliches Grundstück und falle unter das Gesetz. Hintergrund dieser Kehrtwendung war eine Nacht-und-Nebel-Aktion des Verbandes Nordtiroler Brauereien, welcher – vermutlich auf Betreiben des regionalen Konkurrenten von Wörgl, der »Tiroler Aktienbrauerei Kundl« unter Führung von Miteigentümer Martin Ritter – die Brauerei Wörgl, nachdem der Vorvertrag mit Zipf schon geschlossen war, von Lina Langes kaufte. Der Verband übernahm die Brauerei Wörgl faktisch innerhalb weniger Tage und begann schon, Material abzutransportieren, weswegen sich die Vertreter der Zipfer Brauerei genötigt sahen, Klage zu erheben und eine einstweilige Verfügung zu erwirken, dass der Verband der Nordtiroler Brauereien bis zum Ende des Zivilprozesses in Wörgl nichts unternehmen solle, was die dortige materielle Position der zukünftigen Eigentümerin Brauerei Zipf schmälern könne. Rechtlich war die Situation für die Zipfer Käufer sehr aussichtsreich: Die Verkäuferin war an den Vorvertrag gebunden, und das Grundstück der Brauerei Wörgl war nicht als Landwirtschaft, sondern als Industrie zu klassifizieren. Am 1. März 1924 endete der Prozess in erster, am 26. April in zweiter Instanz tatsächlich zugunsten Zipfs. Dem Klagebegehren des Unternehmens wurde in allen Punkten stattgegeben und Langes zur Bezahlung der Prozesskosten verurteilt. Damit war die Übernahme der Brauerei Wörgl durch Zipf nach einem monatelangen Rechtsstreit besiegelt.[74]

Wie schon bei der Gründung der Zipfer Aktiengesellschaft führte die Übernahme von Wörgl zu antisemitischen Polemiken, diesmal wurden sie allerdings mit großer Heftigkeit über die Medien transportiert. Zielscheibe waren wiederum die Creditanstalt und die Gösser Brauerei. Bereits am 3. August 1923 erschien in den »Innsbrucker Nachrichten« eine kurze Notiz, in der der Verband der Nordtiroler Brauereien ausrichten ließ, er habe die Brauerei Wörgl gekauft und wolle damit »den Einbruch der fremden jüdischen Großbrauereien, welche in anderen Bundesländern schon an drei Duzend Brauereien aufgekauft und stillgelegt haben, der heimischen [Tiroler, Anm. d. A.] Brauereiindustrie zu Leibe rücken und das Brauereigewerbe monopolisieren wollen, um dann die Bierpreise zu diktieren«, verhindern.[75] Vier Tage später erschien im »Tiroler Anzeiger« eine Gegendarstellung des Vertreters der Zipfer Brauerei, des Innsbrucker Rechtsanwalts Otto Hämmerle: Die Brauerei Zipf, und nicht Göss, habe die Brauerei gekauft, so stellte Hämmerle klar. Sie habe kein Interesse, die Brauerei stillzulegen, sondern wolle sie als Filialbetrieb weiterführen, um eine gesunde Konkurrenzsituation in Tirol zu schaffen. Preise diktieren würde eher der Verband Nordtiroler Brauereien, und außerdem habe die Brauerei Kundl ein Interesse daran, Wörgl stillzulegen. Diese Antwort ließ die antisemitischen Untertöne elegant aus.[76] Dem folgte am Tag darauf ein deftiger Artikel, geschaltet vom Verband Nordtiroler Brauereien. Es sei geichgültig, ob die Brauerei Zipf oder Göss Wörgl gekauft habe, weil die beiden Brauereien, »deren Aktien zum weitaus überwiegenden Teil sich in jüdischen Händen befinden«, eine Einheilt bildeten, deren »Verjudung« ersichtlich sei, weil die maßgeblichen Verwaltungsräte Juden seien. Dann kamen die Stereotypen über die jüdische Verschlagenheit: Der »vollkommen judenreine Verband« kämpfe im Gegensatz zu Göss und Zipf nur mit »reellen Mitteln« und nicht mit »Drohungen, Unwahrheiten und längst widerrufenen Vollmachten«. Der Verband wehre sich nach »altem Tiroler Brauch für seine Heimat« (nur noch Tirol und Vorarlberg seien »frei« vom »Diktat des jüdischen Großkapitals«) und wolle es verhindern, dass »jeder, der in Tirol Bier trinkt, dadurch zugleich dem jüdischen Großkapital fronden muss.«[77] Die Brauerei Zipf antwortete lediglich mit einer Werbekampagne in dem ihr wohlgesonnenen »Tiroler Anzeiger«.[78]

Im Dezember legte eine unbekannte Person, wohl aus dem Umfeld des Verbandes Nordtiroler Brauereien, nach: Die Biererzeugung sei »in Gefahr, jüdisches Monopol« zu werden, der »jüdische Kapitalismus« sei ohnehin in dieser Branche bereits führend. Als Beweis sah der Autor die »Verhältnisse in den Brauereien Schwechat, Ottakring in Wien oder Puntigam und Reininghaus in Graz«. Dann zählte der Autor die Verwaltungsräte von Göss und Zipf auf, in Göss wollte er aufgrund der Namen oder wegen Bezug zur Creditanstalt »mindestens acht Juden« ausgemacht haben. Bei Zipf räumte er zwar ein, es sei die Mehrheit »noch im Besitze der arischen früh[eren] Eigentümer d[er] Brauerei«, aber das Unternehmen gehöre mit Göss »zum Konzern der Kreditanstalt« und Zipf sei von Göss »ins Schlepptau genommen« worden. Göss und Zipf würden durch »Schmutzkonkurrenz andere Brauereien unterdrücken« und ihre dadurch erlangte Monopolstellung durch Kundenschutzverträge absichern. Abschließend wurden nicht nur die Wirte und die Bevölkerung zur Unterstützung gegen den »Einbruch« aufgerufen, sondern der Brauerei Zipf auch noch Steuerhinterziehung im Kaufprozess unterstellt.[79] Auf diese antisemitischen, untergriffigen und absurden Vorwürfe (Kundschaftsversicherungsverträge waren in der Branche schließlich üblich) antwortete die Brauerei Zipf am 4. Februar 1924 mit einer Klarstellung im »Tiroler Anzeiger«: Der vorangegangene Artikel tische »nieder zu hängende Geschäftskonkurrenz mit antisemitischen Phrasen« auf, und man habe einen Strafantrag wegen unlauteren Wettbewerbs eingebracht. Einen Urheber der Polemik hatte man auch ausgemacht: »Fast wörtlich gleichlautende Anwürfe finden sich seltsamerweise schon in verschiedenen Satzschriften, welche der Rechtsanwalt und Obmann des Nordtiroler Brauereiverbandes Dr. Martin Ritter verfasst hat.« Andere im Brauereiverband, so der Artikel weiter, würden diese Hasstiraden jedoch ablehnen, und die Brauerei Zipf habe das Angebot erhalten, dem Nordtiroler Brauereiverband beizutreten, sollte der Prozess zu ihren Gunsten ausgehen – was letztendlich auch passierte. Die Entgegnung der Zipfer Brauerei schloss mit folgenden Worten: »Wir möchten nur noch sagen, daß wir die vor der Betriebseinstellung stehende Brauerei Wörgl gekauft haben, um unser seit so langen Jahren schon hier vertriebenes Bier auch in Tirol selbst erzeugen zu können. Die Aufrechterhaltung eines alten Tiroler Betriebes wird man schwerlich für eine gegen die sozialen und sonstigen Interessen des Landes verstoßende Handlung ansehen können.«[80] Trotz aller antisemitischer Polemik bildete die Brauerei Wörgl ab 1924 einen fixen Bestandteil der Zipfer Gruppe.

An organisatorischen Änderungen gab es in Zipf in den 1920ern auch nach der Gründung der Aktiengesellschaft keinen Mangel. Zwei größere davon waren einerseits auf die Übernahme Wörgls zurückzuführen, andererseits auf die Sanierung der österreichischen Währung: Im Dezember 1924 bestellte der Verwaltungsrat ein Direktorium, dem die Führung der Gesellschaft im Rahmen der Beschlüsse des Verwaltungsrates und seines Exekutivkomitees oblag. Dieses geschäftsführende sechsköpfige Gremium aus Verwaltungsräten (Alfred Kretz, Richard Hatschek, Fritz Kretz senior und Wilhelm Loderer) sowie dem technischen (Otto Bauschinger) und dem kaufmännischen Brauereidirektor (Anton Harlass) hatte die Tagesgeschäfte zu erledigen und klar aufgeteilte, sehr weitreichende Zuständigkeiten, was Biererzeugung, kaufmännischen Betrieb, technische Einrichtung, Verkehr mit Standesorganisationen und Behörden und Rohmaterialeinkauf betraf. Für Wörgl war fortan Alfred Kretz im Rahmen des Direktoriums zuständig. In der Folgezeit sollte er sich immer mehr auf diese Aufgabe konzentrieren und vornehmlich den Tiroler Filialbetrieb leiten.[81]

Die Einführung des Schillings hatte nicht nur allgemein-wirtschaftliche Auswirkungen, sondern erforderte von Unternehmen, eine Neubewertung ihres Gesellschaftsvermögens mit dem Stichtag 1. September 1924 vorzunehmen. Diese »Golderöffnungsbilanz« schaffte Klarheit, was das Vermögen von Unternehmen betraf, denn zuvor waren wegen der Inflation zu verschiedenen Anschaffungszeitpunkten verschiedene und letztlich kaum mehr bewertbare Vermögenswerte in den Unternehmen verzeichnet worden.[82] In Zipf bewertete der Verwaltungsrat das Vermögen in einem aufwändigen Prozess, wobei beständige Werte wie die Immobilien, Maschinen und Tanks höher, Posten mit größerem Verschleiß wie Gärbottiche, Transportfässer, Automobile und die Kleinbahn niedriger angesetzt wurden. Die Aktiven des Unternehmens betrugen laut Golderöffnungsbilanz 5.691.542,11 Schilling, die Passiven 2.091.542,11 Schilling, wodurch sich ein Eigenvermögen von 3,6 Millionen ergab. Es wurde auf 2,4 Millionen Aktienkapital, 240.000 Reservefonds laut Satzung und 960.000 Schilling restlicher Kapitalsrücklage aufgeteilt. Gleichzeitig wurde das Aktienkapital neu eingeteilt. Die 2,4 Millionen Schilling stückelte man auf 40.000 Aktien zu je 60 Schilling Nennwert. Das Umtauschverhältnis zu den auf Kronen lautenden alten Aktien war eins zu vier.[83]

In der zweiten Hälfte der 1920er Jahre ging es mit der Brauerei Zipf weiter bergauf. Beflügelt von guten Geschäftsergebnissen und laufenden Krediten der Creditanstalt weitete man in Zipf die Produktion aus, investierte in neue Maschinen und setzte Verbesserungen auf der Ebene der Qualität um. Wesentliche Investitionen betrafen die Ausstattung der Gär- und Lagerkeller sowie die Anschaffung von Transportgebinden und Lastkraftwagen. 1924/25 stießen Zipf und Wörgl 154.000 Hektoliter aus, 1925/26 stieg die Zahl auf 172.000, 1926/27 weiter auf 187.000, 1927/28 überschritt man knapp die 200.000-Hektoliter-Marke, und 1928/29 waren es bereits 225.000 Hektoliter. Den Höhepunkt des Bierausstoßes in der ersten Hälfte des 20. Jahrhunderts erreichte die Brauerei Zipf (freilich einschließlich der Produktion in Wörgl) im Braujahr 1929/30 mit 234.000 Hektolitern. Im Verwaltungsrat kam es während dieser Zeit zu geringfügigen personellen Veränderungen: 1927 trat der ehemalige technische Direktor Otto Bauschinger in den Verwaltungsrat ein. Am 14. Februar 1928 starb Leopold Löwy. Felix Ungar, seines Zeichens Verwaltungsrat der Gösser Brauerei, wurde daraufhin im November 1929 in den Verwaltungsrat gewählt. Ein Generationenwechsel setzte etwa gleichzeitig in der Familie Limbeck-Lilienau ein: Der älteste Sohn von Max Limbeck-Lilienau, Wilhelm, trat im Braujahr 1931/32 an Stelle seines Vaters in den Verwaltungsrat ein und sollte dort bis in die 1940er Jahre wirken.[84]

Die 1920er standen zwar im Zeichen von Expansion, die glückte jedoch nicht immer. 1924 etwa waren die Vertreter der Brauerei Zipf mit dem Stift Wilhering und dem Pächter der dortigen Brauerei Niklas in Verhandlungen um den Kundenstock als Absatzgebiet für Zipfer Bier. Die Brauerei Niklas war nicht unbedeutend: Auf dem Höhepunkt ihrer Größe, im Braujahr 1896/97, hatte sie immerhin 42.000 Hektoliter ausgestoßen.[85] Die Ambitionen der Zipfer riefen den größten Konkurrenten in Oberösterreich auf den Plan, nämlich die Braubank AG. Dem Druck des Linzer Konzerns mussten sich die Zipfer Manager schließlich beugen, aber nicht ohne Zugeständnisse. Dafür, dass man von Seiten Zipfs die Ambitionen auf Wilhering aufgab, erhielt man in Tirol Kundinnen und Kunden im Ausmaß von 2.500 Hektolitern in Aussicht gestellt, sollte die Braubank AG Wilhering übernehmen. Letztendlich ging die Brauerei Niklas an die Stieglbrauerei in Salzburg, welche die Bierversorgung der dortigen Kundschaft übernahm.[86] Erfolgreicher waren kleine Übernahmen in der Umgebung: 1928 erwarb die Brauerei Zipf die kleine Brauerei in Zell bei Zellhof in Salzburg sowie einen ebenso kleinen Betrieb in Litzlberg am Attersee, dem durch Bilder von Gustav Klimt bekannten Ort. Beide wurden stillgelegt und der Kundenstock von Zipf aus beliefert. 1929 folgte dann die Übernahme des Kundenstocks der Welser Brauerei Würzburger.[87]

2.3.3 Krisenjahre in Zipf 1929–1938

Die Weltwirtschaftskrise traf die Brauerei Zipf hart. Auf den Sommer 1929 mit einem guten Bierverkauf folgten ab Winter 1929 schwierige Monate, welche sich später zu Krisenjahren verlängern sollten. Drückend wirkte sich neben der allgemeinen wirtschaftlichen Stagnation vor allem die Arbeitslosigkeit großer Kreise der Bevölkerung aus, weswegen der Bierkonsum einbrach. Hinzu trat ein weiterer Umstand, der die Brauerei Zipf wegen ihres alpinen Absatzgebietes traf: Der Tourismus in Österreich erlebte gleichzeitig eine auffallend schlechte Saison. Ab 1930 kam noch eine Biersteuererhöhung hinzu, welche in den umsatzstarken Monaten von 1930 in Kraft trat und somit Ausstoß und Verdienst aller Brauereien minderte. Im Braujahr 1930/31 wirkte sich die Wirtschaftskrise weiterhin aus, wobei einige externe Faktoren hinzutraten: Zum einen war das Wetter im Sommer 1931 schlecht, und zum anderen führte das Deutsche Reich im Juli überraschend eine Ausreisesteuer von 100 Reichsmark ein. Diese war bis Ende August in Kraft und machte einen Urlaub in Österreich für breite Schichten der deutschen Bevölkerung finanziell unattraktiv. Dadurch erlitt der von deutschen Gästen wesentlich abhängige österreichische Fremdenverkehr, und somit auch der Bierkonsum, sehr starke Einbußen. In solchen Zeiten der Krise suchte man Möglichkeiten, um die Brauerei an verschiedenen Fronten zu entlasten, wie etwa beim Konkurrenzkampf. Am 28. Juni 1930 arrangierte sich die Leitung der Zipfer Brauerei mit der Österreichischen Brau-AG, der Brauerei Stiegl und der Brauerei Göss, um den regionalen Konkurrenzkampf einzudämmen. In einer Vereinbarung, die zusätzlich zu den bestehenden Kundschaftsversicherungsverträgen der Brauervereinigungen abgeschlossen wurde, einigten sich die vier Unternehmen, dass bei neu entstehenden Absatzstätten in Oberösterreich, Salzburg und Tirol von jedem Partner ein prozentueller Anteil der Belieferung übernommen werde. Der jeweilige Anteil wurde aufgrund der damals aktuellen Absatzziffern im Verhältnis zueinander festgelegt, weswegen er ein gutes Indiz dafür ist, welche Marktstellung die vier Unternehmen 1930 hatten: Die Österreichische Brau-AG hatte einen Anteil von 54,4 Prozent, die Brauerei Zipf 21,7 Prozent, die Stieglbrauerei 16,9 Prozent und die Gösser Brauerei sieben Prozent. Die Vereinbarung lief bis 1936 und wurde danach von Zipf und der Stieglbrauerei nicht verlängert. Die Zipfer Brauerei hielt sich im Wesentlichen an ihre Quote, lediglich 750 Hektoliter mehr als vereinbart wurden abgesetzt, weil Anfang der 1930er zahlreiche Kundinnen und Kunden neu geworben werden konnten.[88]

Dennoch ging es in der ersten Hälfte der 1930er Jahre stetig bergab, denn die allgemeine Wirtschaftslage besserte sich nicht. Das Geschäftsjahr 1931/32 wurde im Geschäftsbericht als »das ungünstigste seit der Gründung« der Aktiengesellschaft bezeichnet, denn Wirtschaftskrise und drückende Steuern auf Bier forderten gleichermaßen ihren Tribut. Die Brauereileitung musste daher Investitionen zurückstellen und nutzte die guten Erträge der Jahre vor der Krise, um Schulden zurückzuzahlen. Außerdem beschloss man, die Feuerungsanlage auf Inlandskohle umzustellen, in der Mälzerei bisher zugekauftes Spezialmalz selbst herzustellen und dort auch Malz- und Gerstenkaffee zu produzieren. Letzterer Geschäftszweig erwies sich in den folgenden Jahren als erfolgreich, während der Bierabsatz bis zum Braujahr 1936/37 immer mehr unter Druck geriet. Die wirtschaftlich ungünstige Kombination von sinkender Kaufkraft der Bierkonsumentinnen und -konsumenten, schlechtem Sommerwetter, Ausbleiben der Touristen und Rekordernten bei Obst und dem damit einhergehenden billigen Most wiederholte sich in verschiedenen Schweregraden bis zum Kalenderjahr 1938. Als Konsequenz mussten nicht nur weiterhin Investitionen zurückgestellt, sondern auch Absatzstätten gerettet werden. Während des Braujahres 1933/34 erwarb die Brauerei Zipf Gasthäuser in Steyr und Ried (»Weisses Rössl«), im Braujahr 1936/37 ersteigerte man die insolvent gewordene traditionsreiche Linzer Gaststätte »Zur Goldenen Glocke« in der Klosterstraße, welche bei der Brauerei Schulden hatte. Zwar wurden Gaststätten möglichst nach einiger Zeit wieder abgestoßen, dennoch war die Übernahme von Absatzstätten zur Rettung von eigenen Forderungen letztlich eine Belastung für die Brauerei. Der Ausstoß von Zipf und Wörgl nahm den Umständen entsprechend ab. Vom Rekordhoch im Braujahr 1929/30 mit 234.000 Hektolitern ging es stetig bergab. Zunächst verzeichnete man 1930/31 nur einen leichten Rückgang auf 221.000 Hektoliter, danach

Abb. 8 Zipf auf einer Postkarte aus den 1930er Jahren.

sank der Ausstoß schneller: 1931/32 betrug er nur mehr 165.000, im folgenden Braujahr 134.000, im Jahr darauf 125.000. Ab 1934/35 blieb er, nur noch leicht sinkend, auf etwas über 100.000 (1934/35 107.000, 1935/36 104.000, 1936/37 103.000).[89] Weniger Ausstoß bedeutete weniger Arbeit, dementsprechend entwickelte sich die Beschäftigtenzahl, die leider nicht durchgehend quellenmäßig fassbar ist. Mitte bis Ende der 1920er Jahre war die Beschäftigtenzahl trotz kleinerer Schwankungen recht konstant und betrug beispielsweise 1924/25 und 1929/30 insgesamt 240 Arbeitnehmerinnen und Arbeitnehmer.[90] Als die Wirtschaftskrise in vollem Gange war, genauer gesagt am 18. Februar 1933, waren in den Betrieben der Brauerei Zipf laut einem der – leider nur sporadisch überlieferten – Tagesberichte der Direktion insgesamt 177 Menschen beschäftigt, und zwar »17 Vize, 35 Brauer, 20 Professionisten, 18 Binder, 42 qual[ifizierte] Hilfsarbeiter, 21 Hilfsarbeiter, 6 Kellerarbeiter, 7 Chauffeure, 3 Mitfahrer, 5 weibl[iche] Hilfsarbeiter, 2 Prof[essionisten] i[n] Landwirtschaft, 1 Bürodiener.«[91] Erst in den späten 1930er Jahren pendelte sich die Anzahl der Beschäftigten wieder bei rund 200 ein.[92] Weniger Ausstoß bedeutete aber auch weniger Gewinn. Ein Blick auf die ausgeschütteten Dividenden der Zipfer Aktiengesellschaft verdeutlicht dies: In den zehn Braujahren zwischen 1921/22 und 1930/31 wurden stets fünf Prozent Dividende, in sechs Jahren davon darüber hinaus eine Superdividende oder ein Bonus ausgezahlt. In den sechs schweren Krisenjahren zwischen 1931/32 und 1936/37 gab es bis auf ein Jahr (1933/34) gar keine Dividende für die Aktionäre.[93]

Währenddessen spielten sich weit größere Tragödien in Österreichs Wirtschaft ab, und eine davon traf die Brauerei Zipf unmittelbar: der Zusammenbruch der bereits erwähnten Creditanstalt, die sogenannte CA-Krise. Nachdem in den 1920er Jahren bereits zahlreiche österreichische Banken in Schwierigkeiten geraten und dann mit anderen fusioniert worden oder zusammengebrochen waren, stand im Oktober 1929 eine der größten und ehemals prestigeträchtigsten Banken der Monarchie, die Allgemeine Österreichische Boden-Credit-Anstalt, vor dem Bankrott. Sie war früher die Bank des Kaiserhauses gewesen und wurde während der Ersten Republik unter ihrem Leiter Rudolf Sieghart zur Unterstützerin der Christlichsozialen Partei und der Heimwehren. Schon vor der Weltwirtschaftskrise in Schwierigkeiten geraten, musste sie auf Drängen des damaligen Bundeskanzlers Johannes Schober mit der Österreichischen Credit-Anstalt für Handel und Gewerbe fusionieren.[94]

Letztere galt als die »Rothschild-Bank«, da sie 1855 unter der Führung des Wiener Zweiges des Hauses Rothschild gegründet und seitdem von ihm geprägt worden war. Präsident der Bank war seit 1920 (bis 1933) der Großaktionär und zugleich das Oberhaupt der österreichischen Linie der berühmten Bankiersfamilie, Louis Nathaniel Rothschild. Dieser hatte sie aber neben seinen ausgedehnten, luxuriösen Freizeitaktivitäten »wenig inspiriert« geführt (so Gerald D. Feldmans Urteil). So war die Creditanstalt als größte Bank Österreichs in den 1920ern wegen eigener Fehler und der allgemein ungünstigen Situation für Banken ebenso wie andere Institute in Schwierigkeiten geraten. Spätestens durch die Fusion rutschte sie ab 1929 tief in die Verlustzone (zugegeben wurden anfangs 140 Millionen Schilling, tatsächlich waren die Verluste um ein Vielfaches höher) und musste zwei Jahre später, im Frühjahr 1931, unter Einbeziehung der Nationalbank und des Hauses Rothschild teilverstaatlicht werden. Es folgte ein Ansturm auf die Creditanstalt, die einen wesentlichen Teil ihrer Einlagen verlor. Wegen der vielen Auslandsschulden war es nur mit Hilfe der internationalen Gläubiger möglich, die Bank zu retten. 1931 trat ein internationales Komitee der Gläubiger zusammen, welches eigentlich Kapital zufließen lassen sollte, aber nur die eigenen Verluste zu minimieren trachtete. Die Mitglieder verlangten für Verlängerungen ihrer Kredite eine Staatsgarantie. Ergebnis war ein zweiter Sanierungsplan, im Zuge dessen ein Kapitalschnitt getätigt wurde und die österreichische Regierung schließlich 51 Prozent der Bank übernahm und eine Garantie für die Schulden abgab.[95]

Die Zipfer Brauerei blieb von alledem nicht unberührt. Im Mai 1931 beteuerte Sigmund Brosche noch gegenüber dem besorgten Zipfer Verwaltungsrat Fritz Kretz senior, es gebe »keinerlei Grund zu irgendwelchen Besorgnissen oder zu einer Aenderung des bisherigen Verhältnisses von Zipf zur C. A.«, und auch im Juni kam der Creditanstalt-Direktor Hammerschlag Zipf noch bei Finanzierungsfragen entgegen. Ab Herbst begannen die Probleme: Als Fritz Kretz senior Anfang November mit dem Direktor der Creditanstalt Oskar Pollak über einen neuen Kredit in der Höhe von 1,2 Millionen Schilling zum Ankauf von Rohmaterialien verhandelte, zeigte sich dieser zugeknöpft. Der bisher bei der Creditanstalt aufgenommene Betrag von 2,5 Millionen Schilling könne nur mehr um 250.000 Schilling erhöht werden. Das kam überraschend, weil man in Zipf wegen der bestehenden engen Geschäftsbeziehung mit der Creditanstalt auf diesen Geldgeber vertraut hatte und es ein stilles Übereinkommen gab, dass die Creditanstalt die exklusive Finanzierung der Brauerei übernehme. Vor allem brauchte man das Geld aber, um zeitnah die laufende Produktion sicherzustellen. Pollak verwies Kretz auf andere Geldinstitute. Dies brachte die Brauereileitung in eine schwierige Position, da man nun in kurzer Zeit neue Geldgeber finden musste.[96] Direktor Pollak sollte für Zipf noch eine gewichtige Rolle spielen, denn im November 1932 starb der Verwaltungsrat und frühere Zipfer Direktor Otto Bauschinger, Pollak trat im selben Jahr in den Zipfer Verwaltungsrat ein.[97]

Ein besonderer Aspekt der Krise um die Creditanstalt betraf die Brauerei Zipf noch viel mehr und sollte langfristige Folgen haben: Die Bank hatte die Schulden der Boden-Credit-Anstalt übernehmen müssen und sich dadurch selbst hoch verschuldet. Sie musste schnell zu neuem Geld kommen, eine Kapitalerhöhung stand wegen der Höhe der Summe nicht zur Debatte. Daher begannen die Manager der Creditanstalt, das Aktienvermögen der Bank zu liquidieren. Dieses war nicht gering: Sogar etwas größer als das Eigenkapital, war es zustande gekommen, weil sowohl die Boden-Credit-Anstalt als auch die Creditanstalt in der Vergangenheit an zahlreichen Industrieunternehmen der Monarchie beziehungsweise Österreichs Beteiligungen erworben hatten, diese aber nicht immer Gewinn abwarfen. Anders ausgedrückt: »Das Problem der österreichischen Großbanken war die ›schlechte Risikoverteilung‹. Bei einigen wenigen Schuldnern waren Riesensummen ›immobilisiert‹. Die Banken, die zugleich Großaktionäre und Gläubiger der Industrie waren, standen vor dem Dilemma, entweder den Betrieben das Leben zu erleichtern und auf die Zinsen zu verzichten oder hohe Zinsen zu verrechnen und die Aktien in ihrem Besitz zu entwerten. Als Aktionäre wollten sie Dividenden kassieren, die sie als Gläubiger nicht hätten bewilligen dürfen.«[98] Zipf ist ein sehr gutes Beispiel dafür. Schon 1913 war die Creditanstalt bei 102 verschiedenen Unternehmen in der einen oder anderen Form involviert. Anfang der 1930er Jahre stellte sie durch Beziehungen mit bis zu drei Viertel der österreichischen Wirtschaft (je nach Berechnung) damit nicht nur eine Bank, sondern einen regelrechten Konzern dar, der »zu groß [war], um unterzugehen«.[99]

Um die Beteiligungen zu verflüssigen, gründeten daher bereits im September 1930 die Privatbank der Rothschilds, die »S.M.v.Rothschild«, der »Schweizerische Bankverein«, die Bankunternehmen »Warburg & Co« aus Amsterdam und »Helbert, Wagg & Co« aus London in Basel eine Holdinggesellschaft namens »Continentale Gesellschaft für Bank- und Industriewerte« (kurz »Contvalor«). Sie kaufte ein großes Paket gut bewerteter Aktien von 43 überwiegend österreichischen und tschechoslowakischen Unternehmen von der Creditanstalt an und verschaffte ihr so liquide Mittel. Die Creditanstalt musste jedoch fast das ganze Aktienkapital der Contvalor kaufen, weswegen der Geldfluss letztlich sehr gering war.[100] Die meisten Zipfer und Gösser Aktien der Creditanstalt fanden sich auch im Portefeuille der Contvalor und waren damit bei dem Paket von Wertpapieren, welche die Creditanstalt zu Geld machen musste. Dies geschah im Jahr 1935, nicht auf Initiative der Bank, sondern aufgrund eines ausgeklügelten Plans, welcher die Braubranche in Österreich grundlegend ändern sollte.[101]

Im Frühjahr 1935 verhandelten Julius Seiler und Ferdinand Falkensammer für die Österreichische Brau-AG mit der in der Zwischenzeit durch eine weitere Fusion (1934) nun mit vollem Namen »Österreichische Creditanstalt – Wiener Bankverein« genannten Creditanstalt. Ihr Ziel war, die wenigen noch im Eigentum der Creditanstalt befindlichen Zipfer und Gösser Aktien sowie die bei der Contvalor befindlichen Aktien beider Brauereien zu erwerben. Im Mai 1935 wurde man sich einig, dass die Brau-AG die besagten Pakete, teils mit einem großzügigen Kredit der Bank, erwerben werde. Hintergrund der Bestrebungen waren drei Zielsetzungen: Erstens wollte die Brau-AG vorübergehend eine dominierende Stellung in Göss erhalten, um den bisher herrschenden Konkurrenzkampf mit dieser Brauerei zu beenden. Diesbezügliche Verhandlungen mit dem Gösser Verwaltungsrat Richard Hatschek waren nämlich erfolglos geblieben. Zweitens sollten in der Folge die von der Brau-AG erworbenen Gösser Aktien an eine dortige Aktionärsgruppe um Peter Reininghaus und Felix Ungar weitergegeben werden, um Letzteren die Mehrheit in Göss zu verschaffen. Diese neuen Mehrheitseigentümer von Göss sollten die im Eigentum der Gösser Brauerei befindlichen Zipfer Aktien im Gegenzug an die Brau-AG verkaufen, damit sie in Zipf eine nicht unwesentliche Minderheitsbeteiligung erlangte und die Zipfer Eigentümer dann womöglich zu einem Beitritt zur Brau-AG (mittels Aktientausch) bewegen könnte. Drittens wollten Ungar und der in dem familieneigenen Betrieb führend tätige Reininghaus die Brauerei Göss unter ihre Kontrolle bekommen und erhielten dabei von der Brau-AG wesentliche Unterstützung, gemeinsam mit der Brauerei Göss ein großes Aktienpaket der Brauerei Puntigam von der Creditanstalt zu erwerben.[102]

Die drei beteiligten Gruppen (Brau-AG, Creditanstalt und Interessensgemeinschaft Reininghaus/Ungar) hatten also alle einen Vorteil von dieser Transaktion: Die Brau-AG wurde die Gösser Konkurrenz und den offenbar ungeliebten dortigen Verwaltungsrat Hatschek los und stieg in Zipf ein, die Creditanstalt konnte Aktienkapital flüssig machen, und die Gruppe Reininghaus/Ungar erhielt eine dominierende Stellung in der steirischen Brauindustrie, was Hatschek offenbar bis dahin verhindert hatte. Alles lief unter größtmöglicher Geheimhaltung ab. Der Generaldirektor der Brau-AG Seiler wies noch Ende September 1935 die ihm unterstehenden Direktoren an, höchstens die Hilfe der Brau-AG bei der Transaktion um Puntigam zuzugeben, den Rest zu verschweigen und insbesondere den Erwerb der Zipfer Aktien als Gerücht abzutun. In Zipf sollte also vorerst niemand etwas davon erfahren. Dieser Plan wurde vermutlich vom Präsidenten der Creditanstalt, Emanuel Weidenhoffer, vereitelt, welcher Informationen an die Presse weitergegeben haben dürfte.[103]

So berichtete »Der österreichische Volkswirt« schon am 28. September 1935 von Informationen, dass die Brau-AG »die Mehrheit« bei Zipf erwerben wolle, und stellte die Verbindung mit Puntigam und Göss her. »Die Börse« nannte am 3. Oktober bereits Details der Transaktion, und »Der Morgen« brachte am 7. Oktober einen umfangreichen Bericht. Noch weit bemerkenswerter als der Einstieg der Brau-AG bei Zipf schien den Journalisten, dass mit den Transaktionen ein steirischer Braukonzern geschaffen worden war, in dem die Gruppe um Peter Reininghaus eine wichtige Rolle spielte. In diesem Konzern, dessen Brauereien aber vorerst selbständig blieben, waren rund 475.000 Hektoliter der Brauereien Göss, Puntigam und Reininghaus durch einen gemeinsamen Mehrheitseigentümer vereinigt. Ein weiteres Faktum, welches die Blätter berichteten, gefiel den Managern der Brau-AG viel weniger: Der gerade im Mautner-Markhof'schen Familienunternehmen tonangebende Georg III. Mautner-Markhof hatte im selben Jahr der Creditanstalt beziehungsweise der entsprechenden Holdinggesellschaft ein großes Aktienpaket der Vereinigten Brauereien abgekauft. Zusammen mit seiner Gruppe hatte er in dem bedeutenden Wiener Braukonzern eine Mehrheit von rund 60 Prozent. Damit konnte er den Braukonzern faktisch in Eigenregie führen und stellte eine nicht zu unterschätzende Konkurrenz für die Brauerei Liesing der Brau-AG dar.[104]

Im September genehmigte der Verwaltungsrat der Gösser Brauerei den Verkauf der Zipfer Aktien.[105] In Zipf erstattete der mit einigen Mitgliedern der Zipfer Mehrheitsgruppe sehr vertraute Wilhelm Loderer einen ersten offiziellen Bericht über all diese Vorgänge. Er war nicht nur Zipfer Verwaltungsrat sowie Forstdirektor in den Wäldern, die Wilhelm Schaup seinen Nachkommen hinterlassen hatte, sondern auch Verwaltungsrat bei der Brau-AG. Als solcher hatte er den Bericht von Julius Seiler (Generaldirektor der Brau-AG) über die Transaktion gehört und sprach in der nächsten Zipfer Verwaltungsratssitzung am 5. November 1935 darüber. Der ebenfalls anwesende Oskar Pollak berichtete von Seiten der Creditanstalt über die Hintergründe, nämlich dass die Zipfer Aktien eine Sorge bedeutet hätten und der Bank die Gösser Aktien nutzlos gewesen wären. Außerdem hätte die Gefahr bestanden, dass die Aktien im Portefeuille der Contvalor letztlich in ausländische Hände hätte gelangen können.[106]

Die Österreichische Brau-AG war also mit rund 40 Prozent in die Brauerei Zipf eingestiegen. Damit hatte der größte lokale Konkurrent einen Fuß in der Tür der Brauerei. Die Familiengruppe war mit einer Reihe von Persönlichkeiten konfrontiert, mit denen die Chemie nicht wirklich stimmte und deren Auftreten alles andere als höflich war. In der nächsten Generalversammlung der Brauerei Zipf am 29. Februar 1936 schieden die bisherigen Verwaltungsratsmitglieder Richard Hatschek, Theodor Frankl, Karl Neweklowsky und Felix Ungar aus. Die Brau-AG hatte an ihrer Stelle Julius Seiler, Ferdinand Falkensammer, Karl Eckert und Hermann Beurle in den Verwaltungsrat entsandt. Außerdem, aber in keinem Zusammenhang mit dem Einstieg der neuen Gruppe, bestätigte man den bereits im November 1935 erfolgten Eintritt von Sophie Limbeck-Lilienau, Otto Foltz (einem Bekannten von Johannes Kretz) und des Rechtsanwalts Emerich Spanraft. Johannes Kretz fand die neuen Verwaltungsräte der Minderheitsgruppe »gelinde gesagt eine Unverschämtheit« und einen »Versuchsballon […], zu erkundschaften, ob wir aus der Hand fressen oder nicht«. Dass die Brau-AG die erste Riege ihrer Manager nach Zipf entsandte, nahm er als Kampfansage wahr: »[L]auter erstklassige Fachleute im Brau-Bank-Rechtswesen. Es würde dies eine solche Übermacht gegen uns bedeuten, gegen die wir nicht aufkommen könnten. Denn trotz numerischer Überlegenheit überwiegt bei allen Entscheidungen doch letzten Endes das Fachwissen.«[107]

Der Gegenseite war diese Rivalität sehr bewusst, und der langjährige Vorstand der Brau-AG, Hermann Auer, fasste deren Sicht nach dem Zweiten Weltkrieg im Rückblick wie folgt zusammen: »Daß die Brau-A.G. plötzlich mit 40% der Aktien beteiligt war, muß für die ahnungslose Mehrheit ein schwerer Schlag gewesen sein, weil mit der Brau-A.G. damals, wie übrigens auch heute, scharfe Wettbewerbsverhältnisse herrschten, die trotz Kundenschutzvertrag oftmals den Rahmen wünschenswerter Zusammenarbeit sprengten. Die Brüder Kretz, besonders Dr. Fritz Kretz senior und Primarius Johannes Kretz haben dauernd, wenn auch vorsichtig, eine feindselige Stellung gegen die Brau-A.G. eingenommen, und alle ihre Bemühungen, mehr Einfluß zu gewinnen, so gut als möglich, verhindert.«[108]

Am besten verstanden sich die Zipfer Mehrheitseigentümer noch mit dem Linzer Rechtsanwalt Hermann Beurle, dem Sohn von Carl Beurle. Dies geht aus den freundlichen Korrespondenzen hervor, die im Zuge der Veränderungen ausgetauscht wurden: Hermann Beurle bedankte sich bei den Zipfer Aktionären extra noch einmal schriftlich für seine Wahl in den Verwaltungsrat und beteuerte, sich bemühen zu wollen, »nach besten Kräften der Brauerei Zipf dienlich zu sein.« Wilhelm Loderer antwortete im Namen der Familiengruppe, dass die Wahl »mit aufrichtiger Freude und Befriedigung« begrüßt worden sei. Dies dürfte wohl nicht zuletzt auch darauf zurückzuführen sein, dass schon Carl Beurle ein freundschaftliches Verhältnis zu Richard Kretz hatte, wie aus der Korrespondenz der beiden vom Anfang des 20. Jahrhunderts bis kurz vor dem Tod Beurles hervorgeht.[109]

Beurle hatte höflich um Rechenschaftsberichte der Brauerei über die letzten drei Jahre gebeten, aber er war offenbar der Einzige, der sich (persönlich) mit den Zipfern gut verstand. Von Seiten der Manager der Brau-AG wurden ganz andere Saiten aufgezogen: Schon Ende Jänner 1936 erreichte die Direktion der Brauerei Zipf ein Schreiben, in dem die Brau-AG detaillierte Informationen forderte. Als Anfang Februar noch keine befriedigende Antwort in deren Linzer Zentrale eingetroffen war, drang man in einem weiteren Schreiben darauf, monatliche Ausstoß- und Verkaufszahlen, eine Rohbilanz, alle Protokolle und Berichte sowie entsprechende Vergleichszahlen zu senden. Der Ton war harsch: Formulierungen wie beispielsweise »werden Sie uns […] melden«, »hätten Sie uns […] bekanntzugeben« und »[d]ies würde Ihnen doch glatt möglich sein« vermittelten den Eindruck, Zipf sei nun ein untergeordneter Betrieb der Brau-AG und die dortige Direktion subalterner Befehlsempfänger geworden. Wilhelm Loderer, mittlerweile Präsident des Verwaltungsrates, war über den »kategorischen Imperativ« des Briefes entsetzt und meinte, der Brief sei »1. gänzlich überflüssig und 2. absichtlich unhöflich«. Der einzelne Aktionär habe, so Loderer, »mit der Aktiengesellschaft nichts herumzuschaffen«, und nur Verwaltungsräte könnten gegebenenfalls Einsicht in die Geschäfte erhalten. Schließlich wandte sich der mit dem Aktienrecht nicht sehr vertraute Loderer an den Wiener Anwalt Wilhelm Kaan, weil er sich »gegenüber der Oe.Brau A.G. streng auf gesetzliche Basis stellen« wolle. Kaan sah den Ton des Schreibens auch als »zumindest unfreundlich und der Stellung eines Minderheitsaktionärs jedenfalls nicht entsprechend« an und stellte klar, dass Aktionäre nur das Recht auf Teilnahme an Abstimmungen in der Generalversammlung hätten beziehungsweise verlangen könnten, eine solche einzuberufen. Die Brauerei Zipf könne eine direkte Korrespondenz mit der Brau-AG ablehnen, zur Orientierung über den Geschäftsgang sei die Generalversammlung da. Verwaltungsräte wiederum könnten Aufklärungen verlangen und sie erhalten, falls der Verwaltungsrat dafür stimme. Der Anwalt empfahl eine möglichst höfliche, aber bestimmte Stellungnahme an die Brau-AG.[110]

Dieser Fall war nicht das einzige Beispiel für das angespannte Verhältnis zwischen Mehrheitsgruppe und neuen Minderheitsaktionären. Im Umfeld der ersten Verwaltungsratssitzung mit den Vertretern der Brau-AG (4. Februar 1936) kam es zu Diskussionen um die Stellung des Vizepräsidenten. Dem zum Präsidenten gewählten Wilhelm Loderer wurden Johannes Kretz und Julius Seiler zur Seite gestellt. Offenbar waren die Vertreter der Brau-AG damit nicht zufrieden; so betonte Seiler in einem Brief an die Zipfer Gruppe einige Tage später, dass »die Überrumpelungstaktik [...] bei der Wahl eines Vicepräsidenten aus der von Ihnen vertretenen Gruppe nicht gut geheissen werden kann und zweifellos keine Prognose für ein gutes Zusammenarbeiten« sei. Er forderte, dass die Vizepräsidentenstelle der Brau-AG als »erste« zu gelten hätte, und im neu zu wählenden Exekutivkomitee des Verwaltungsrates gleich viele Vertreter der Brau-AG wie der Zipfer Mehrheitsgruppe zu sitzen hätten.[111]

Dies alles muss für die Mehrheitseigentümer der Brauerei, unter denen manche schon den Einstieg von Creditanstalt und Göss etwa 14 Jahre zuvor als Zumutung empfunden hatten, besonders unangenehm gewesen sein. Eher zähneknirschend stimmte man zunächst zu, dass der von der Brau-AG nominierte Vizepräsident bevorzugt den Präsidenten zu vertreten hatte. Aber erst auf Drängen von Oskar Pollak billigte die Familiengruppe eine paritätische Aufteilung des Exekutivkomitees. Er war trotz seiner früheren Rolle als Repräsentant der Creditanstalt im Aufsichtsrat geblieben, weil er offenbar das Vertrauen der Brau-AG genoss. Pollak meinte, die Fachkenntnis mancher Herren der Brau-AG würde doch nützlich sein und das Klima sich verbessern, wenn das Exekutivkomitee paritätisch besetzt sei. Ersteres war letztendlich eher der Fall als Letzteres.[112]

Mit dem Wechsel der Minderheitseigentümer ging zudem der Wechsel eines Teils des Führungsteams der Brauerei einher, was aber auch mit anderen Entwicklungen zu tun hatte. Von den 1920er Jahren bis 1936 waren die von der Creditanstalt und der Brauerei Göss kommenden Verwaltungsräte zusammen mit manchen Vertretern der jungen Generation der Familiengruppe tonangebend gewesen. Aus der Familie engagierte sich damals vor allem Fritz Kretz senior im Unternehmen. Kretz verstand sich mit den Bank- und Brauereimanagern der Creditanstalt- und der Gösser Minderheit sehr gut. Die wesentlichen Direktoren – also leitenden Angestellten – waren ab der zweiten Hälfte der 1920er Jahre Josef Pachinger (kaufmännische Leitung) und Franz Schreiber (technische Leitung). Teile der Familiengruppe fühlten sich spätestens seit etwa 1925 zu wenig in die Geschäfte der Brauerei eingebunden, wobei dies nicht unwesentlich daran lag, dass, wie oben im Fall der Brau-AG bereits dargelegt, die Aktionäre einer Aktiengesellschaft keinen direkten Einfluss auf das operative Geschäft nehmen konnten. Kritisch von dieser Seite wurde insbesondere Direktor Josef Pachinger beäugt. Dies nicht zu Unrecht, wie sich herausstellen sollte, denn der vor allem von Repräsentanten der Creditanstalt und von Göss sehr geförderte kaufmännische Direktor sollte die Brauerei Zipf in große Schwierigkeiten bringen:[113] Im Zuge der Veränderungen durch den Einstieg der Brau-AG trennte sich die Brauerei Zipf von Pachinger, und Verwaltungsratspräsident Loderer verhandelte Anfang 1936 mit dem Direktor der Bank für Oberösterreich und Salzburg, Moritz Kumpfmiller. Dieser Kandidat war unter den Verwaltungsräten der Brauerei nicht unumstritten, vor allem weil er von Zipf forderte, dass man ihm eine so gute Pension zusicherte, wie er bei der Bank durch den Wechsel aufgeben würde. Diese war nicht niedrig bemessen, und einige Verwaltungsratsmitglieder wollten nur einen Teil der Forderungen erfüllen. Dennoch erging Anfang März 1936 ein großzügiges Angebot an Kumpfmiller, und er nahm seine Tätigkeit bei der Brauerei Zipf bald danach auf.[114]

Im Frühjahr 1936 beschäftigten zwei Abfertigungsprobleme den Verwaltungsrat der Zipfer Brauerei: Zunächst verlangte der zurückgetretene Richard Hatschek 8.000 Schilling aus einem nur der Form halber abgeschlossenen Vertrag. Man einigte sich mit ihm in einem Vergleich auf drei Viertel der Summe. Schwieriger war die Einigung mit dem ehemaligen Direktor Pachinger: Ihm wurde eine Abfertigung von über 15.000 Schilling ausgezahlt. Er aber wollte unter Ausnutzung einiger rechtlicher Spitzfindigkeiten um fast 4.000 Schilling mehr. Als ihm der Zipfer Verwaltungsrat nur etwa die Hälfte zahlen wollte, begann er im Herbst 1936 zu drohen, »dass er genügend wirksame Mittel in der Hand habe, um die Brauerei zu zwingen, da es ihm doch nur ein Wort koste, dass die Brauerei bei der Finanz-Landes-Direktion in Linz eine Million Schilling und mehr bezahlen« müsse. Diese Aussage ließ in Zipf alle Alarmglocken schrillen, und Verwaltungsratspräsident Loderer wandte sich mit dem Argument, der Wechsel in der Direktion hätte unterschiedliche Auffassungen in geschäftlichen Fragen zwischen dem neuen und dem vorigen Direktor offenbart, an die Steuerbehörden und kündigte ein »nachträgliches Steuerbekenntnis« an. Im Wesentlichen handelte es sich um »nichtversteuerte Kontingentkäufe, einzelne Neuanschaffungen, Gründungskosten und Immobiliargebühren, welche über die verschiedenen Konten, hauptsächlich über das Konto ›Fassbiererzeugung‹ abgebucht« worden seien, so Loderer. Diese bestenfalls als kreative Buchhaltung zu bezeichnende Praxis des ausgeschiedenen Direktors war also faktisch Steuerhinterziehung.[115]

Was folgte, war eine Selbstanzeige der Brauerei Zipf und ein daran anschließendes längeres Verfahren vor den Steuerbehörden erster und zweiter Instanz. Ein Ausschuss des Verwaltungsrates beschäftigte sich mit den Details und zog Finanzexperten der Creditanstalt – unter anderem Direktor Karl Demmer und den erfahrenen Krisenmanager Oberinspektor Josef Wirth – hinzu, welche wesentliche Hilfe leisteten. Deren Urteil war düster: Pachinger habe schon lange Jahre einen großen Teil von wertvermehrenden Ausgaben so verbucht und abgeschrieben, dass weder der Verwaltungsrat noch die Steuerbehörden davon etwas sehen sollten. In Summe beliefen sich diese verdeckten Investitionen auf rund 900.000 Schilling. In intensiver Zusammenarbeit mit den Experten konnte man in schriftlichen Verhandlungen mit den Steuerbehörden schließlich in der zweiten Jahreshälfte 1937 erreichen, dass letztendlich nur etwa 84.000 Schilling nachzuzahlen waren. Im Zuge der Affäre mit Pachinger kam auch Fritz Kretz senior als Vertreter der alten Führungsriege unter die Räder: Vor allem die Vertreter der Brau-AG argumentierten, Kretz als ein maßgeblicher geschäftsführender Verwaltungsrat habe Pachinger zu wenig kontrolliert, wobei sie das Ziel verfolgten, den ihnen unliebsamen Vertreter der Familiengruppe loszuwerden. Unter Zahlung einer Abfertigung von 15.000 Schilling wurde 1936 Kretz' Rücktritt veranlasst. Er blieb nur einfacher Aufsichtsrat und fand für einige Jahre eine Beschäftigung bei der »Kontinentalen Motorschiffahrtsgesellschaft« in Wien.[116]

2.3.4 Das soziale und politische Leben in Zipf während der Zwischenkriegszeit

Für Neukirchen an der Vöckla war und ist die Brauerei der wichtigste Industriebetrieb und damit der Ortsteil Zipf ein zentraler Kristallisationspunkt für das soziale und politische Leben der kleinen Gemeinde. So war die Brauerei etwa Ausgangspunkt einer Musikkapelle, die 1912 unter einem gewissen Hans Seebauer gegründet worden war. Ihre Arbeit wurde vom Ersten Weltkrieg unterbrochen, doch 1919 gründete Michael Achleitner sie neu. In den folgenden Jahrzehnten war sie fixer Bestandteil des lokalen sozialen Lebens. Eine freiwillige Betriebsfeuerwehr wurde mit Unterstützung der Brauereidirektion im Jahre 1927 gegründet. Erster Kommandant der bei Gründung 31 Mann zählenden Feuerwehr war Josef Kubek. Von 1919 bis 1924 und von 1936 an (bis 1961) bestanden auch Gendarmerieposten beziehungsweise -expostituren in Zipf.[117]

Zwischen den Weltkriegen existierten in Zipf freilich auch politische Vereine: Die Sozialdemokratie des Bezirkes Vöcklabruck entfaltete sich vor dem Ersten Weltkrieg unter steter Beteiligung von Beschäftigten der Zipfer Brauerei. In Zipf selbst wurden wiederholt Parteiveranstaltungen abgehalten, im Ort existierte eine entsprechende Frauenorganisation, eine Abgabestelle für die Konsumgenossenschaft und eine Zweigstelle des Arbeiter-Radfahrer-Bundes Österreichs. Sehr aktiv war darüber hinaus der Arbeitergesangsverein Zipf, der aus Arbeitern der Brauerei bestand. Gegründet wurde er 1923, die Proben fanden freitags in der Brauerei statt. Mit Unterbrechungen durch Bürgerkrieg und Faschismus bestand er bis in die Zweite Republik.[118]

Gleichzeitig dürfte es unter der Belegschaft der Brauerei Zipf (und wohl im Ort selbst) eine nicht unwesentliche Zahl von Menschen gegeben haben, welche der Nationalsozialistischen Deutschen Arbeiterpartei (NSDAP) nahestanden. Die Quellenlage hierzu ist schwierig, einige Hinweise lassen sich aus lokalen Zeitungen gewinnen. Allen voran ist der »Oberösterreichische Gebirgsbote« zu nennen, eine lokale Zeitung mit einer gewissen Nähe zur nationalsozialistischen Bewegung, welche beispielsweise – auch in der Zeit des Verbotes der NSDAP in Österreich – gerne auffallend ausführlich über den Geburtstag Adolf Hitlers und die entsprechenden Huldigungen oder über die Reichsparteitage der NSDAP in Nürnberg berichtete.[119]

Über die Tätigkeit der Nationalsozialisten in Zipf vor 1938, insbesondere in der von ihnen »illegale Zeit« beziehungsweise »Systemzeit« genannten Periode, berichtete der »Oberösterreichische Gebirgsbote« – wohlgemerkt nach dem März 1938 – Folgendes: »In der Kampfzeit galt Zipf seit jeher als braune Hochburg und wurde deshalb von den Systemherrschaften mit scheelen Augen angesehen. Das ist ja schließlich begreiflich, wenn man bedenkt, daß 95 Prozent der Angestellten illegale Parteimitglieder waren und auch eine beträchtliche Zahl der Arbeiter mittaten. Infolge seiner abseitigen Lage war in Zipf ein verhältnismäßig ungestörtes Arbeiten möglich, das nur hie und da durch den Besuch einiger Spitzel, die aber gleich als solche erkannt wurden, Unterbrechungen erfuhr. So konnte es kommen, daß in der Buchhaltung der Brauerei Zentralen der PO. [Parteiorganisation, Anm. d. A.] und SA. [Sturmabteilung, Anm. d. A.] entstanden, deren Aufgabenkreis weit über den Ortsbereich hinausging.« Außerdem seien etwa der Geburtstag Adolf Hitlers wie auch der Tag der nationalsozialistischen Machtergreifung in Deutschland gefeiert worden, und am 1. Mai 1934 habe man sogar heimlich eine Hakenkreuzfahne am Schornstein der Brauerei gehisst, die auf Anordnung der Behörden und gegen Bezahlung von demselben Rauchfangkehrer heruntergeholt wurde, der sie aufgehängt hatte. Für den Zusammenhalt der verschiedenen Ortsgruppen mit der im Bezirk tätigen Kreisleitung hätten zudem »die Lastwagenlenker der Brauerei« gesorgt, so das Blatt.[120] Die Anspielung auf die Buchhaltung der Brauerei und den über den Ort hinausgehenden Wirkungskreis lässt sich leicht aufklären: Nach dem »Anschluss« entpuppte sich der Buchhalter Peter Spielbauer als Ortsgruppenleiter der NSDAP. Ob wirklich fast alle Angestellten dieser Partei angehörten, lässt sich mangels entsprechender Quellen nicht mehr sagen. Wie später noch weiter auszuführen sein wird, könnten der kaufmännische Direktor Moritz Kumpfmiller und seine Sekretärin auch vor 1938 in nationalsozialistischem Sinne aktiv gewesen sein.

Auffallend ist in diesem Zusammenhang die rege Vereinstätigkeit des »Deutschen Schulvereins Südmark« (kurz »Südmark«) in Zipf. Dieser noch aus der Monarchie stammende Verein zur »Pflege und Erhaltung der deutschen Kultur« in Gebieten mit gemischtsprachiger Bevölkerung widmete sich nach dem Ersten Weltkrieg der Förderung von deutschen Sprachinseln in Südosteuropa. Im ganzen Bezirk Vöcklabruck bestanden 20 Ortsgruppen, die sich 1936 zum »Gau Vöcklabruck« des Vereins zusammenschlossen. Die Sammlungen des Vereins im Bezirk ergaben mitunter einige Tausend Schilling. Im »Oberösterreichischen Gebirgsboten« finden sich einige Erwähnungen über die Aktivitäten der Zipfer Ortsgruppe, die sich rühmte, »zu den finanziell erfolgreichsten Zweigstellen« des Vereins zu zählen. So wurde von der Ortsgruppe etwa am 1. Juli 1934 ein großes Gartenfest mit mehreren Musikkapellen (unter anderem der Zipfer Braukapelle), Gewinnspielen, Tanz, Kegelscheiben und Wahl eines Bierkönigs veranstaltet. 1936 und 1937 stach die Ortsgruppe der Südmark in Zipf ebenfalls durch großes Engagement heraus, denn sie brachte für ihre Größe überproportional hohe Spenden auf und veranstaltete weiterhin Feste mit Blasmusik und Straßensammlungen.[121] Die Aktivitäten der Südmark in Zipf geben Anlass, über die Hintergründe des Vereins nachzudenken: Nationalsozialistisch gesinnte Menschen hatten kaum Probleme mit den Zielen der Südmark, und es liegt daher der Schluss nahe, dass es sich dabei um eine geheime NS-Vorfeldorganisation in Zipf handelte, deren Mitglieder nicht nur die Ziele eines Schulvereins verfolgten. Dem »Oberösterreichischen Gebirgsboten« zufolge ist die Ortsgruppe Zipf der Südmark »bereits in der Systemzeit allen Schikanen und Behinderungen zum Trotze ein Sammelbecken aller ›Betontnationalen‹ u. ein Bollwerk völkischen Denkens und Handelns« gewesen.[122] Wie weit dieses Engagement ging, bleibt unklar. Immerhin waren Nationalsozialisten aber während der 1930er Jahre in und um Vöcklabruck sehr aktiv, verübten Böller- und Sprengstoffanschläge, verstreuten Flugschriften, malten Hakenkreuze auf Häuser und hissten Hakenkreuzfahnen.[123]

Die großen politischen Ereignisse der 1930er Jahre spielten sich fern von Zipf ab. Während es im benachbarten Hausrucker Braunkohlerevier im Zuge des Bürgerkrieges ab 12. Februar 1934 zu einigen der österreichweit schwersten Gefechte kam, blieb die Lage im Brauereiort ruhig. Angeblich soll ein gewisser Josef Leitner, seines Zeichens Hilfsarbeiter in der Brauerei, den Republikanischen

Schutzbund in Zipf organisiert und vielleicht sogar selbst Waffen in einem nahen Wald versteckt haben. Im nicht weit entfernten Frankenburg wurden die regionalen Leiter des Schutzbundes umgehend präventiv eingesperrt, wodurch wohl die Handlungsfähigkeit desselben in der Gegend nicht mehr gegeben war. Beim Putschversuch der Nationalsozialisten am 25. Juli 1934, als es in Orten wie Gmunden, Ohlsdorf und Laakirchen zu Ereignissen kam, gab es ebenfalls keine Aktionen in Zipf.[124]

Die offizielle Haltung des Unternehmens zur Dollfuß/Schuschnigg-Diktatur lässt sich quellenmäßig schwer fassen. Es gibt einige Anhaltspunkte dafür, dass man wiederholt Arbeiter entließ, welche der sogenannten »Einheitsgewerkschaft« nicht beitreten wollten. Dabei handelt es sich um den von der Regierung Dollfuß am 2. März 1934 per Verordnung eingeführten »Gewerkschaftsbund der österreichischen Arbeiter und Angestellten«. Er sollte als staatliche Organisation sicherstellen, dass die Vertretung der Arbeitnehmerinnen und Arbeitnehmer möglichst nach ständischen Prinzipien, katholisch konnotiert und regimetreu gehandhabt werde. Gleichzeitig wurden die sozialdemokratisch ausgerichteten »Freien Gewerkschaften« verboten.[125]

Die »Arbeiter-Zeitung« rief daher am 13. Oktober 1934 ihre Leser dazu auf, das Zipfer Bier zu boykottieren, weil »die Arbeiter in die Einheitsgewerkschaft hineingepresst« und Arbeiter, welche dieser »faschistischen Schwindelgewerkschaft« nicht beitreten wollten, entlassen wurden. Auch die im Untergrund agierenden »Revolutionären Lebensmittelarbeiter« riefen mit Flugblättern zum Boykott von Zipfer Bier auf und beklagten, dass in der Brauerei Zipf starker Druck ausgeübt worden war, der Einheitsgewerkschaft beizutreten. In der Zeitung der illegalen Gewerkschaft wurde Ende 1934 gemeldet, dass in der Zipfer Brauerei »unter dem Einfluß der Heimwehr und der Vaterländischen Front« scharf gegen Nichtmitglieder der von der Regierung gegründeten Gewerkschaft vorgegangen werde.[126] Ohne mögliche ideologische Motive auszuschließen, fällt bei der Durchsicht der einschlägigen Akten aber auf, dass genau 1933/34 die Zeit der großen, wirtschaftlich bedingten Entlassungen in Zipf war. Es könnte also auch ein Vorwand gewesen sein, jemanden zu entlassen, weil er nicht der staatlich verordneten Gewerkschaft beigetreten war, weil man ihn in Wirklichkeit aus wirtschaftlichen Gründen ohnehin loswerden musste. Die Brauerei Zipf beteiligte sich in den 1930er Jahren aber andererseits an Hilfsaktionen für die notleidende Bevölkerung.[127]

Anmerkungen

1 Für die vergleichbare Situation in Deutschland siehe *Caspary*, Die Wirkungen des Krieges auf die deutsche Brauindustrie.
2 *Hohensinn*, Geschichte, 120f.
3 *Mautner-Markhof*, Zehn Jahre österreichische Brauindustrie, 6.
4 Verordnung des Handelsministers im Einvernehmen mit den Ministern des Innern, des Ackerbaues und der Finanzen vom 15. Februar 1915 betreffend das Verbot der Malzerzeugung aus Gerste und die Heranziehung der Malzdarren zur Maistrocknung, RGBl. 36/1915; *Hohensinn*, Geschichte, 121; *Kemmetmüller*, *Pastler*, Die Biererzeugung in Österreich, 148; *Loewenfeld-Russ*, Die Regelung der Volksernährung im Kriege, 251f.; *Schobersberger*, Das Absatzproblem, 66–69; *Ude*, Bier oder Brot?, 2–6. Gleiche Beschränkungen und (halb)staatliche Bewirtschaftung herrschten in der Malzindustrie.
5 Verordnung des Handelsministers im Einvernehmen mit dem Leiter des Ministeriums des Innern vom 2. September 1916 betreffend die Einschränkung des Ausschankes von Bier, RGBl. 288/1916; *Friedl*, Die Salzburger Brauereiindustrie, 32–34; *Hohensinn*, Geschichte, 122–126; *Kemmetmüller*, *Pastler*, Die Biererzeugung in Österreich, 149; *Loewenfeld-Russ*, Die Regelung der Volksernährung im Kriege, 252–257; *Ude*, Bier oder Brot?, 4–7.
6 *Mautner-Markhof*, Zehn Jahre österreichische Brauindustrie, 4f.
7 *Friedl*, Die Salzburger Brauereiindustrie, 35f.; *Kemmetmüller*, *Pastler*, Die Biererzeugung in Österreich, 149–151.
8 *Kemmetmüller*, *Pastler*, Die Biererzeugung in Österreich, 150.
9 *Hohensinn*, Geschichte, 130; *Mautner-Markhof*, Zehn Jahre österreichische Brauindustrie, 7.
10 *Goldinger*, Geschichte der Republik Österreich, 103.
11 *Schobersberger*, Das Absatzproblem, 70f.
12 *Kretz*, Die Entwicklung der österreichischen Brauwirtschaft, 37.
13 *Hamscha*, *Deutsch*, Die Aufgaben der österreichischen Landwirtschaft, 91.
14 *Schobersberger*, Das Absatzproblem, 71.
15 *Hohensinn*, Geschichte, 132f., 141; *Schobersberger*, Das Absatzproblem, 71.
16 *Hohensinn*, Geschichte, 133–135; *Kemmetmüller*, *Pastler*, Die Biererzeugung in Österreich, 153; *Kretz*, Die Entwicklung der österreichischen Brauwirtschaft, 69; *Pölzl*, Die Entwicklung des Kundschaftsversicherungsvertrages, 135; *Schobersberger*, Das Absatzproblem, 71.
17 *Mautner-Markhof*, Zehn Jahre österreichische Brauindustrie, 11; *Huppert*, *Kellner*, Geschichte der Getränkearbeiter, 107; zu den Löhnen in den frühen 1930er Jahren am Beispiel Oberösterreichs siehe *Fein*, Die Klein- und Mittelbrauereien Oberösterreichs, 127.
18 *Hohensinn*, Geschichte, 142, 145, 150; *Kretz*, Die Entwicklung der österreichischen Brauwirtschaft, 70; *Wessely*, Strukturprobleme, 126.
19 *Kemmetmüller*, *Pastler*, Die Biererzeugung in Österreich, 151.
20 *Beurle*, 50 Jahre, 6.
21 *Falkensammer*, Geschichte der Österreichischen Brau-Aktiengesellschaft, 173.
22 *Tweraser*, Dr. Carl Beurle, 67–70.
23 *Tweraser*, Dr. Carl Beurle, 70.
24 *Berchtold*, Österreichische Parteiprogramme, 73–76, 198–203.
25 Dieser basierte unter anderem auf den Ansichten von Houston Stewart Chamberlain: *Hahn-Oberthaler*, *Obermüller*, Die Familie Beurle, 26.
26 *Hahn-Oberthaler*, *Obermüller*, Die Familie Beurle, 26; *Tweraser*, Dr. Carl Beurle, 80.

27 *Beurle*, Dr. Carl Beurle, 74–76.
28 *Mühlecker*, Die geschichtliche und wettbewerbspolitische Entwicklung der Brau Union AG, 3–6.
29 ABUÖ, Hermann *Auer*, Österreichische Brau-Aktiengesellschaft. Rückblick auf die Entwicklung ab der Gründung der Braubank A.G. im Jahre 1921 bis zum Geschäftsjahre 1960 einschließlich (Linz 1961), 7; ebd., Promemoria über die Lage der Brauindustrie und Vorschläge zur Verbesserung der Verhältnisse bei den befreundeten Brauereien von Julius Seiler aus dem Jahr 1920.
30 PAStW, *Braubank AG* (Hg.), Geschäftsbericht der Braubank A.-G. für das Jahr 1921 (Linz 1922), 2–5; ABUÖ, Hermann *Auer*, Österreichische Brau-Aktiengesellschaft. Rückblick auf die Entwicklung ab der Gründung der Braubank A.G. im Jahre 1921 bis zum Geschäftsjahre 1960 einschließlich (Linz 1961), 7 f.; ebd., Ferdinand *Falkensammer*, Vorwort. In: Julius *Seiler*, Rückblick auf die Entstehung und Entwicklung der Braubank A.G. bzw. der Österreichischen Brau A.-G. seit der Gründung im Jahre 1921 bis einschließlich 1935/36 (Linz 1937), 3; *Falkensammer*, Geschichte der Österreichischen Brau-Aktiengesellschaft, 174; *Waitzbauer*, 525 Jahre Salzburger Stiegl-Bier, 95.
31 *Marz*, Historische Betriebsanalyse, 17 f.
32 *Falkensammer*, Geschichte der Österreichischen Brau-Aktiengesellschaft, 174 f.
33 ABUÖ, Julius *Seiler*, Rückblick auf die Entstehung und Entwicklung der Braubank A.G. bzw. der Österreichischen Brau A.-G. seit der Gründung im Jahre 1921 bis einschließlich 1935/36 (Linz 1937), 7; *Beurle*, 50 Jahre, 6–8; *Falkensammer*, Geschichte der Österreichischen Brau-Aktiengesellschaft, 175.
34 ABUÖ, Hermann *Auer*, Österreichische Brau-Aktiengesellschaft. Rückblick auf die Entwicklung ab der Gründung der Braubank A.G. im Jahre 1921 bis zum Geschäftsjahre 1960 einschließlich (Linz 1961), 8 f.; ebd., Julius *Seiler*, Rückblick auf die Entstehung und Entwicklung der Braubank A.G. bzw. der Österreichischen Brau A.-G. seit der Gründung im Jahre 1921 bis einschließlich 1935/36 (Linz 1937), 11 f.; *Bähre*, Die Geschichte der Bierproduktion in Österreich, 44; *Beurle*, 50 Jahre, 6–8; *Falkensammer*, Geschichte der Österreichischen Brau-Aktiengesellschaft, 175 f.; *Lackinger*, Die Industrie in Oberösterreich, 157 f.; *Mathis*, Big Business in Österreich, 66 f.
35 *Hohensinn*, Geschichte, 147–160; *Kemmetmüller*, *Pastler*, Die Biererzeugung in Österreich, 154–160; *Kolar*, Konzentrations- und Kartellpolitik, 82 f.; *Schobersberger*, Das Absatzproblem, 73–78. Zur hier aus Platzgründen nicht zu behandelnden Entwicklung der Biersteuer siehe eingehend *Burger*, Geschichte und Probleme der Biersteuer; *Hohensinn*, Geschichte, 161–169.
36 PAFKj, Tagebuch der Brauereidirektoren zur Information für die Eigentümerinnen und ihre Vertreter, Einträge 31.7.1914, 1.8.1914, 4.8.1914, 7.8.1914, 14.8.1914, 15.8.1914, 13.10.1914, 5.11.1914, 14.11.1914, 6.12.1914. Dabei handelt es sich um Berichte der Direktoren über das operative Geschäft der Brauerei, die im Abstand von einem bis einigen Tagen vor allem für Richard Kretz erstellt wurden.
37 PAFKj, Tagebuch der Brauereidirektoren zur Information für die Eigentümerinnen und ihre Vertreter, Einträge 24.11.1914, 12.2.1915, 13.2.1915, 18.2.1915, 25.3.1915, 15.4.1915, 22.4.1915, 23.4.1915, 9.5.1915, 29.5.1915, 15.6.1915, 23.6.1915, 24.6.1915, 26.6.1915, 10.8.1915, 6.9.1915, 21.9.1915, 2.10.1915, 6.10.1915, 30.11.1915, 10.2.1916, 17.3.1916; Ohne Autor, Brauerei Zipf, 91.
38 PAFKj, Tagebuch der Brauereidirektoren zur Information für die Eigentümerinnen und ihre Vertreter, Einträge 25.10.1915, 4.12.1915, 10.12.1915, 16.2.1916, 19.2.1916, 24.2.1916, 6.3.1916, 7.3.1916, 6.4.1916, 10.4.1916, 8.6.1916; vgl. *Rauchensteiner*, Der Erste Weltkrieg, 529 f.
39 PAFKj, Tagebuch der Brauereidirektoren zur Information für die Eigentümerinnen und ihre Vertreter, Einträge 25.6.1916; 30.7.1916, 18.8.1916, 19.8.1916, 21.8.1916, 21.10.1916, 25.10.1916, 26.10.1916, 2.11.1916, 3.11.1916, 4.11.1916, 16.11.1916.
40 PAFKj, Tagebuch der Brauereidirektoren zur Information für die Eigentümerinnen und ihre Ver-

treter, Einträge 21.1.1917, 4.3.1917, 15.3.1917, 27.4.1917, 28.4.1917, 2.5.1917, 15.5.1917, 11.6.1917, 1.9.1917.

41 PAFKj, Tagebuch der Brauereidirektoren zur Information für die Eigentümerinnen und ihre Vertreter, Einträge 20.8.1917, 21.8.1917, 13.9.1917, 15.9.1917, 27.9.1917, 2.10.1917, 17.10.1917, 26.10.1917, 3.11.1917, 15.11.1917; *Rauchensteiner*, Der Erste Weltkrieg, 813–819.

42 PAFKj, Tagebuch der Brauereidirektoren zur Information für die Eigentümerinnen und ihre Vertreter, Einträge 4.12.1917, 28.1.1918, 3.2.1918.

43 PAFKj, Tagebuch der Brauereidirektoren zur Information für die Eigentümerinnen und ihre Vertreter, Einträge 29.3.1918, 23.5.1918, 4.6.1918, 5.7.1918, 14.7.1918, 28.8.1918, 19.9.1918.

44 PAFKj, Tagebuch der Brauereidirektoren zur Information für die Eigentümerinnen und ihre Vertreter, Einträge 6.11.1918 (Nachtrag), 7.11.1918, 18.11.1918.

45 PAFKj, Manuskript Fritz *Kretz* senior, Ausstoß Zipf ab 1859 (ohne Ort vermutl. 1938). Mit Ergänzungen 1950.

46 PAFKj, Tagebuch der Brauereidirektoren zur Information für die Eigentümerinnen und ihre Vertreter, Zeitungsnotiz vom 11.5.1915 bei Eintrag 12.5.1915; ebd., Bericht von Richard Hatschek über Beschlüsse und Wahrnehmungen in Zipf vom 28.2.1923; *Kretz*, 111 Jahre Zipfer, 6.

47 PAFKj, Manuskript Peter *Schaup*, Stammtafeln der Nachkommen von Franz und Sophie Schaup (Graz 2016). Bei diesem Manuskript handelt es sich um eine aktualisierte Stammtafel der 2. Ausgabe von 2008, die vom Autor aufgrund von Ergänzungen durch Fritz Kretz junior 2010, 2012, 2015 und 2016 erweitert wurde.

48 PAFKj, Memorandum von Alfred Kretz betreffend Bemerkungen zu den im Laufe dieses Herbstes von den Mitgliedern der Familie Schaup niedergelegten Darstellungen, die die Errichtung der Brauerei Zipf A.G. zur Ursache und noch verschiedene andere Angelegenheiten zum Gegenstande haben vom 28.11.1922.

49 PAFKj, Manuskript Fritz *Kretz* senior, Ausstoß Zipf ab 1859 (ohne Ort vermutl. 1938). Mit Ergänzungen 1950.

50 PAFKj, Schreiben von Kaspar Irresberger an Max Limbeck-Lilienau vom 10.5.1920; ebd., Schreiben von Kaspar Irresberger an Max Limbeck-Lilienau vom 2.6.1920; ebd., Abschrift eines Schreibens von Max Limbeck-Lilienau an Kaspar Irresberger vom 12.6.1920. Irresberger beging, offenbar wegen einer psychischen Erkrankung, einige Monate später Selbstmord: PAFKj, Schreiben von Emil Nagel an Max Limbeck-Lilienau vom 16.1.1921.

51 PAFKj, Schreiben von Emil Nagel an Max Limbeck-Lilienau vom 16.1.1921; ebd., Entwurf eines Schreibens der Zipfer Eigentümerinnen an die Proponenten eines Brauereikonzerns zu Handen des Herrn Direktor Julius Seiler in Linz vom 13.1.1921; ebd., Bericht über die Konsortialsitzung zur Gründung einer Braubank A.G. vom 19. Februar 1921 von Rudolf Ploderer vom 21.2.1921; ebd., Abschrift eines Schreibens von Alfred Kretz an Rudolf Ploderer vom 30.1.1921; ebd., Schreiben von Emil Nagel an Max Limbeck-Lilienau vom 9.2.1921; ebd., Schreiben von Emil Nagel an Max Limbeck-Lilienau vom 3.3.1921. Vorbehalte der Zipfer Brauereidirektoren gegen die Hintermänner der Braubank AG bestanden schon seit dem frühen 20. Jahrhundert, so sprach man 1915 von einer »bewussten und offensichtlichen Einkreisungspolitik anderer Brauereien, auch Zipf's [sic]« durch den »Poschacher-Beurle Konzern«: PAFKj, Tagebuch der Brauereidirektoren zur Information für die Eigentümerinnen und ihre Vertreter, Eintrag 22.4.1915.

52 *Weber*, Vor dem großen Krach, 433; *Niederhuemer*, Das Technische Museum, 5. Manchmal, besonders in zeitgenössischen Akten und Dokumenten, wird der Vorname Brosches auch mit »Siegmund« angegeben.

53 Im Folgenden der Einfachheit halber als »Familiengruppe« oder »Mehrheitsgruppe« bezeichnet.

54 PAFKj, handschriftliches Memorandum von Max Limbeck-Lilienau betreffend Conferenzen für den Fall des Bankanschlusses für Zipf vom 11.12.1920; ebd., handschriftliches Memorandum von Max Limbeck-Lilienau betreffend Vorschläge bezüglich der Vertheilung der Verwaltungsratsstellen in der Aktiengesellschaft Zipf-Göss vom 8.3.1921; ebd., Brief von Emilie Schaup an Max Limbeck-Lilienau vom 9.3.1921; ebd., Schreiben Rudolf Ploderers an Max Limbeck-Lilienau vom 15.3.1921.

55 PAFKj, Memorandum von Max Limbeck-Lilienau betreffend Erwiderung Max auf Gogos Einwände vom 9/III 1921 vom 11.3.1921; ebd., (Rund-)Brief von Sophie Limbeck-Lilienau an die Familiengruppe, ohne Datum, jedoch aus Kontext ersichtlich aus dem März 1921; ebd., (Rund-) Brief von Marie Kretz an die Familiengruppe, ohne Datum, jedoch aus Kontext ersichtlich aus dem März 1921; ebd., Schreiben von Alfred Kretz an Max Limbeck-Lilienau vom 24.4.1921.

56 Der Wiener Bankier Leopold Löwy war in den 1890er Jahren in die Brauerei Farrach bei Zeltweg in der Steiermark eingestiegen und hatte sie mit Hilfe eines harten Bierpreiskampfes zu einem der führenden Unternehmen des oberen Murtals gemacht. 1894 fusionierte die Brauerei Farrach mit der Brauerei Göss: *Weitzendorf*, Das Bier aus Göss, XIII–XV.

57 PAFKj, Schreiben Emil Nagels an Max Limbeck-Lilienau vom 1.1.1921; ebd., Schreiben Emil Nagels an Max Limbeck-Lilienau vom 2.2.1921; zu Neurath siehe *Gaugusch*, Wer einmal war, 2448 f. Das Café Abeles war ein als jüdisch geltender, beliebter Treffpunkt am Salzgries im Zentrum Wiens, dazu *Mayr*, *Sedlaczek*, Caveles? Café Abeles.

58 PAFKj, Satzungen der Brauerei Zipf Aktiengesellschaft vorm. Wm. Schaup (Wien 1921). Erwähnt werden muss an dieser Stelle, dass der landwirtschaftliche Betrieb der Brauerei, die »Meierei«, im Zuge der Gründung der Aktiengesellschaft von der Brauerei getrennt werden und von dieser gepachtet werden musste: PAFKj, Schreiben von Alfred Kretz an Max Limbeck-Lilienau vom 24.4.1921; ebd., Schreiben von Fritz Kretz senior an die Familiengruppe, ohne Datum, jedoch wahrscheinlich November 1922; ebd., Abschrift eines Schreibens der Österreichischen Credit-Anstalt für Handel und Gewerbe und der Gösser Brauerei Aktiengesellschaft an Marie Kretz, Emilie Schaup, Sophie Limbeck-Lilienau und die Bierbrauerei Zipf Ob.Oest. Wm. Schaup [betreffend Antrag zu Vereinbarungen zur Gründung einer Aktiengesellschaft] vom 10.5.1921.

59 HABA, CA-VVR Verwaltungsrat Protokolle 1920–1922, Karton 37, Protokoll der Verwaltungsratssitzung vom 27.5.1921, No. 10; ebd., Protokoll der Verwaltungsratssitzung vom 15.6.1921, No. 11; PAFKj, Abschrift eines Schreibens der Österreichischen Credit-Anstalt für Handel und Gewerbe an die Brauerei Zipf vom 2.7.1921; ebd., Abschrift eines Schreibens der Österreichischen Credit-Anstalt für Handel und Gewerbe und der Gösser Brauerei Aktiengesellschaft an Marie Kretz, Emilie Schaup, Sophie Limbeck-Lilienau und die Bierbrauerei Zipf Ob.Oest. Wm. Schaup [betreffend Antrag zu Vereinbarungen zur Gründung einer Aktiengesellschaft] vom 10.5.1921.

60 PAFKj, Schreiben von Alfred Kretz an Max Limbeck-Lilienau vom 24.4.1921; ebd., Schreiben von Rudolf Ploderer an Alfred Kretz vom 16.2.1921; ebd., Memorandum von Alfred Kretz betreffend Bemerkungen zu den im Laufe dieses Herbstes von den Mitgliedern der Familie Schaup niedergelegten Darstellungen, die die Errichtung der Brauerei Zipf A.G. zur Ursache und noch verschiedene andere Angelegenheiten zum Gegenstande haben vom 28.11.1922; ebd., Tagebuch der Brauereidirektoren zur Information für die Eigentümerinnen und ihre Vertreter, Eintrag 26.4.1915; *Ritschel*, Familie Hatschek, 265 f.

61 PAFKj, Schreiben der Österreichischen Credit-Anstalt für Handel und Gewerbe an Marie Kretz, Emilie Schaup, Sophie Limbeck-Lilienau und die Bierbrauerei Zipf Ob.Oest. Wm. Schaup [betreffend Beitritt und Bestimmungen eines Syndikates unter der Führung der Creditanstalt] vom 9.5.1921; ebd., Schreiben der Österreichischen Credit-Anstalt für Handel und Gewerbe an Alfred

Kretz, Fritz Kretz, Johannes Kretz, Paul Kretz, Max Limbeck-Lilienau, Wilhelm Limbeck-Lilienau, Rudolf Limbeck-Lilienau, Wilhelm Loderer, Rudolf Ploderer, Sophie Limbeck-Lilienau, Berta Nüchtern und Emilie Schaup [betreffend Beitritt und Bestimmungen eines Syndikates unter der Führung der Creditanstalt mit der Gösser Brauerei Aktiengesellschaft] vom 3.3.1930; ebd., Schiedsvertrag zwischen der Österreichischen Credit-Anstalt für Handel und Gewerbe, der Gösser Brauerei Aktiengesellschaft und Alfred Kretz, Ernst Kretz, Fritz Kretz, Johannes Kretz, Paul Kretz, Max Limbeck-Lilienau, Wilhelm Limbeck-Lilienau, Rudolf Limbeck-Lilienau, Wilhelm Loderer, Rudolf Ploderer, Sophie Limbeck-Lilienau, Berta Nüchtern und Emilie Schaup vom 27.3.1930.

62 PAFKj, (Familien-)Syndikatsvereinbarung gezeichnet von Max Limbeck-Lilienau vom 31.12.1922; ebd., Erklärung und Gedenkprotokoll zum Abschluss eines Syndikats-Übereinkommens [vom 14.12.1935] mit den entsprechenden notariell beglaubigten Zustimmungserklärungen der Teilnehmer; Schiedsvereinbarung zum Syndikatsvertrag vom 14.12.1935.

63 PACLL, Geschäfts-Bericht der Brauerei Zipf Aktiengesellschaft vorm. Wm. Schaup für die erste, am 31. August 1922 endigende Geschäftsperiode (ohne Ort ohne Jahr); PAFKj, Auszug aus dem Handelsregister Rg. B des k. k. [sic] Handelsgerichts in Wien, Band 12 Pagina 3 Eintragung 2/1; ebd., Schreiben Rudolf Ploderers an Max Limbeck-Lilienau vom 3.5.1922.

64 PAFKj, Schreiben von Emil Nagel an Max Limbeck-Lilienau vom 3.5.1921.

65 HABA, CA-VVR Verwaltungsrat Protokolle 1920–1922, Karton 37, Protokoll der Verwaltungsratssitzung vom 20.7.1921, No. 13; ebd., Protokoll der Verwaltungsratssitzung vom 21.9.1921, No. 15; ebd., Protokoll der Verwaltungsratssitzung vom 13.10.1921, No. 16; ebd., Protokoll der Verwaltungsratssitzung vom 23.11.1921, No. 19.

66 PAFKj, Memorandum von Alfred Kretz betreffend Bemerkungen zu den im Laufe dieses Herbstes von den Mitgliedern der Familie Schaup niedergelegten Darstellungen, die die Errichtung der Brauerei Zipf A.G. zur Ursache und noch verschiedene andere Angelegenheiten zum Gegenstande haben vom 28.11.1922.

67 PAFKj, Sammlung Auszüge aus diversen Correspondenzen die A.G. betreffend zur Kenntnisnahme des Familienrats, auszugsweise Abschrift eines Schreibens von Emilie Schaup an Alfred Kretz vom 5.10.1922; ebd., Sammlung Auszüge aus diversen Correspondenzen die A.G. betreffend zur Kenntnisnahme des Familienrats, auszugsweise Abschrift eines Schreibens von Emilie Schaup an Max Limbeck-Lilienau vom 7.10.1922.

68 PAStW, Geschäfts-Bericht der Brauerei Zipf Aktiengesellschaft vorm. Wm. Schaup über das zweite Geschäftsjahr vorgelegt der II. ordentlichen Generalversammlung vom 20. Dezember 1923 (ohne Ort [1923]); PAFKj, Manuskript Fritz *Kretz* senior, Ausstoß Zipf ab 1859 (ohne Ort vermutl. 1938). Mit Ergänzungen 1950.

69 PAFKj, Schreiben von Fritz Kretz senior an die Familiengruppe, ohne Datum, jedoch wahrscheinlich November 1922; ebd., Schreiben von Marie Kretz an die Familiengruppe vom November 1922.

70 PAFKj, Schreiben von Johannes Kretz an die Familiengruppe vom 30.11.1922. Zu Frankl siehe *Frankl*, Under the Castle, 349–352.

71 PAFKj, Bericht von Richard Hatschek über Beschlüsse und Wahrnehmungen in Zipf vom 28.2.1923.

72 Der doppelte Verkauf der Wörgler Brauerei. In: Tiroler Anzeiger, Jg. 17, Nr. 53 (4.3.1924), 8.

73 Gesetz vom 13. Dezember 1919 über die Veräußerung land- und forstwirtschaftlicher Grundstücke (Grundverkehrsgesetz), StBl. 583/1919.

74 Innsbruck, 1. März. (Der Prozess der Frau Langes). In: Salzburger Volksblatt, Jg. 54, Nr. 53 (4.3.1924), 7; PAFKj, Bericht der Brauerei Zipf über den Kauf der Brauerei Wörgl un[d] den bisherigen Verlauf dieser Angelegenheit vom 24.8.1923; ebd., Beschluss des Landesgerichts Innsbruck

Abt. II vom 7.8.1923, Zl. Cg II 536/23/3; ebd., Bericht von Alfred Kretz über die gegenwärtige Situation im Prozesse um die Brauerei Wörgl vom 8.5.1924.

75 Der Verkauf der Brauerei Wörgl. In: Innsbrucker Nachrichten, Jg. 70, Nr. 175 (3.8.1923), 3.

76 Der Verkauf der Brauerei Wörgl. In: Tiroler Anzeiger, Jg. 16, Nr. 178 (7.8.1923), 5.

77 Verkauf der Brauerei Wörgl. In: Innsbrucker Nachrichten, Jg. 70, Nr. 180 (9.8.1923), 4.

78 Siehe *pars pro toto* die einschlägige Anzeige im Tiroler Anzeiger, Jg. 16, Nr. 234 (13.10.1923), 16.

79 *K.G.* [sic], Die Biererzeugung. In: Vorarlberger Volksblatt, Jg. 58, Nr. 288 (19.12.1923), 3 f.

80 *Brauerei Zipf A.G.*, An unsere p.t. Kundschaften und Geschäftsfreunde! In: Tiroler Anzeiger, Jg. 17, Nr. 28 (4.2.1924), 7.

81 PAFKj, Geschäftsordnung des in der Verwaltungsratssitzung vom 15. Dezember 1924 bestellten Direktoriums der Brauerei Zipf Aktiengesellschaft vorm. Wm. Schaup.

82 Bundesgesetz vom 4. Juni 1925 über die Aufstellung von Bilanzen in der Schillingrechnung unter Neubewertung von Aktiven und Verbindlichkeiten (Goldbilanzgesetz), BGBl. 184/1925; *Kalss*, *Burger*, *Eckert*, Die Entwicklung des österreichischen Aktienrechts, 292–294.

83 PAStW, Golderöffnungs-Bilanz per 1. September samt Motivenbericht hiezu und Geschäfts-Bericht der Brauerei Zipf Aktiengesellschaft vorm. Wm. Schaup über das vierte Geschäftsjahr vorgelegt der IV. ordentlichen Generalversammlung vom 25. September 1926 (ohne Ort [1926]).

84 PACLL, Geschäfts-Bericht der Brauerei Zipf Aktiengesellschaft vorm. Wm. Schaup über das fünfte Geschäftsjahr vorgelegt der V. ordentlichen Generalversammlung vom 18. Dezember 1926 (ohne Ort [1926]); ebd., Geschäfts-Bericht der Brauerei Zipf Aktiengesellschaft vorm. Wm. Schaup über das sechste Geschäftsjahr vorgelegt der VI. ordentlichen Generalversammlung vom 24. November 1927 (ohne Ort [1927]); ebd., Geschäfts-Bericht der Brauerei Zipf Aktiengesellschaft vorm. Wm. Schaup über das siebente Geschäftsjahr vorgelegt der VII. ordentlichen Generalversammlung vom 28. November 1928 (ohne Ort [1928]); ebd., Geschäfts-Bericht der Brauerei Zipf Aktiengesellschaft vorm. Wm. Schaup über das neunte Geschäftsjahr (1929/30) vorgelegt der 9. ordentlichen Generalversammlung vom 28. November 1930 (ohne Ort [1930]); PAFKj, Manuskript Fritz *Kretz* senior, Ausstoß Zipf ab 1859 (ohne Ort vermutl. 1938). Mit Ergänzungen 1950; PAStW, Geschäfts-Bericht der Brauerei Zipf Aktiengesellschaft vorm. Wm. Schaup über das achte Geschäftsjahr vorgelegt der VIII. ordentlichen Generalversammlung vom 16. Dezember 1929 (ohne Ort [1929]); ebd., Geschäfts-Bericht der Brauerei Zipf Aktiengesellschaft vorm. Wm. Schaup über das elfte Geschäftsjahr (1931/32) vorgelegt der elften ordentlichen Generalversammlung vom 28. Februar 1933 (ohne Ort [1933]).

85 Siehe dazu die aus Anlass einer Ausstellung über die Brauerei im Pfarrheim Wilhering mit dem Titel »Bierbrauen in Wilhering« im Jahre 2017 entstandene Zeitung, darin: *Haudum*, Bierbrauen in Wilhering.

86 PAFKj, Vereinbarung abgeschlossen am 14. Feber 1925 zwischen der Brauerei Zipf A.G. vormals Wm. Schaup einerseits und der Braubank A.G. in Linz andererseits; *Haudum*, Bierbrauen in Wilhering.

87 *Kretz*, 111 Jahre Zipfer, 6–9.

88 PACLL, Geschäfts-Bericht der Brauerei Zipf Aktiengesellschaft vorm. Wm. Schaup über das neunte Geschäftsjahr (1929/30) vorgelegt der 9. ordentlichen Generalversammlung vom 28. November 1930 (ohne Ort [1930]); ebd., Memorandum mit unleserlicher Unterschrift betreffend Vereinbarung wegen neuer Posten vom 17.8.1940; PAStW, Geschäfts-Bericht der Brauerei Zipf Aktiengesellschaft vorm. Wm. Schaup über das zehnte Geschäftsjahr (1930/31) vorgelegt der zehnten ordentlichen Generalversammlung vom 26. Februar 1932 (ohne Ort [1932]); Verordnung des Reichspräsidenten über die Erhebung einer Gebühr für Auslandsreisen vom 18 Juli 1931, dRGBl.

I 1931 S. 376; Durchführungsbestimmungen zur Verordnung des Reichspräsidenten über die Erhebung einer Gebühr für Auslandsreisen vom 21. Juli 1931, dRGBl. I 1931 S. 389; Verordnung über die Aufhebung einer Gebühr für Auslandsreisen vom 22. August 1931, dRGBl. I 1931 S. 449. Bei der wenig bekannten, schon vor Hitlers berüchtigter »1000-Mark-Sperre« verfügten Ausreisesteuer des Jahres 1931 handelte es sich um eine recht überraschende Verordnung, die kurz vor der Eröffnung der Salzburger Festspiele erlassen wurde, zum Kontext: *Binder*, Alte Träume und neue Methoden.

89 PAStW, Geschäfts-Bericht der Brauerei Zipf Aktiengesellschaft vorm. Wm. Schaup über das elfte Geschäftsjahr (1931/32) vorgelegt der elften ordentlichen Generalversammlung vom 28. Februar 1933 (ohne Ort [1933]); ebd., Geschäfts-Bericht der Brauerei Zipf Aktiengesellschaft vorm. Wm. Schaup über das zwölfte Geschäftsjahr (1932/33) vorgelegt der zwölften ordentlichen Generalversammlung vom 27. Februar 1934 (ohne Ort [1934]); ebd., Geschäfts-Bericht der Brauerei Zipf Aktiengesellschaft vorm. Wm. Schaup über das dreizehnte Geschäftsjahr (1933/34) vorgelegt der elften ordentlichen Generalversammlung vom 29. Dezember 1934 (ohne Ort [1934]); ebd., Geschäfts-Bericht der Brauerei Zipf Aktiengesellschaft vorm. Wm. Schaup über das vierzehnte Geschäftsjahr (1934/35) vorgelegt der vierzehnten ordentlichen Generalversammlung vom 29. Februar 1936 (ohne Ort [1936]); ebd., Geschäfts-Bericht der Brauerei Zipf Aktiengesellschaft vorm. Wm. Schaup über das fünfzehnte Geschäftsjahr (1935/36) vorgelegt der fünfzehnten ordentlichen Generalversammlung vom 20. Februar 1937 (ohne Ort [1937]); ebd., Geschäfts-Bericht der Brauerei Zipf Aktiengesellschaft vorm. Wm. Schaup über das sechzehnte Geschäftsjahr (1936/37) vorgelegt der sechzehnten ordentlichen Generalversammlung vom 29. Jänner 1938 (ohne Ort [1938]); PAFKj, Manuskript Fritz *Kretz* senior, Ausstoß Zipf ab 1859 (ohne Ort vermutl. 1938). Mit Ergänzungen 1950.

90 *Hanel* (Hg.), Industrie-Compass 1924/25, 887; *Compassverlag* (Hg.), Industrie-Compass 1930/31, 768.

91 PAFKj, Tagesbericht für Samstag, den 18. Feber 1933. Die Tagesberichte sind für die meisten Perioden leider nur sporadisch erhalten, erst später gibt es mit den Quartalsberichten eine ähnlich aufschlussreiche, für einige Zeit relativ durchgehend erhaltene Quelle.

92 *Compassverlag* (Hg.), Industrie-Compass 1935/36, 729; *Compassverlag* (Hg.), Industrie-Compass 1937/38, 734.

93 PAFKj, Tabellenmäßige Aufstellung der Dividenden, Anlagen-Investitionen, des Kapitals und Erwerbungen zwischen 1921/22 und 1958 mit handschriftlichen Ergänzungen, vermutlich von Fritz Kretz senior.

94 *Feldman*, Austrian Banks, 234. Zu Sieghart siehe *Eigner*, Rudolf Sieghart, 76–93; *Eigner*, *Melichar*, Das Ende der Boden-Credit-Anstalt, 56–114; *Goldinger*, Geschichte der Republik Österreich, 159 f.; *Sandgruber*, Rothschild, 413 f.

95 *Feldman*, Die Creditanstalt-Bankverein, 24–26; *Sandgruber*, Rothschild, 411–424.

96 PAFKj, Abschrift einer Aktennotiz von Fritz Kretz senior betreffend eine Besprechung mit Herrn Direktor Pollak der Creditanstalt vom 4. November 1931, 4 Uhr Nachmittag; ebd., auszugsweise Abschrift eines Briefes von Sigmund Brosche an Fritz Kretz senior vom 16.5.1931; ebd., auszugsweise Abschrift eines Briefes von Sigmund Brosche an Fritz Kretz senior vom 10.6.1931; ebd., Memorandum ohne Titel und Autor über die Kreditvereinbarungen zwischen der Brauerei Zipf und der Creditanstalt, ohne Datum, jedoch nach dem 5.11.1931.

97 PAStW, Geschäfts-Bericht der Brauerei Zipf Aktiengesellschaft vorm. Wm. Schaup über das elfte Geschäftsjahr (1930/31) vorgelegt der elften ordentlichen Generalversammlung vom 28. Februar 1933 (ohne Ort [1933]).

98 *Höbelt*, Die Erste Republik, 32 f.

99 *Höbelt*, Die Erste Republik, 239; *Kernbauer*, Währungspolitik, 305; *Stiefel*, Finanzdiplomatie, 18.

100 *Schubert*, The Credit-Anstalt Crisis of 1931, 47; *Stiefel*, Finanzdiplomatie, 95; *Weber*, Vor dem großen Krach, 398 f., 450; *Feldman*, Die Creditanstalt-Bankverein, 24. Zum Umfeld: *Stiefel*, Die grosse Krise in einem kleinen Land.

101 *Kretz*, Die Marke, 64.

102 PAFKj, Schreiben von Julius Seiler an die Direktoren der Brau-AG vom 25.9.1935; ebd., Memorandum von Hermann Auer betreffend Österreichische Brau-A.G. – Brauerei Zipf, Darstellung der Vorgänge aus den Akten vom 3. bzw. 8.9.1962. Dieses von Hermann Auer für Christian Beurle 1962 verfasste Memorandum ist eine wertvolle Quelle, da der Autor einen relativ zeitnahen, umfassenden Zugang zum damals noch erhaltenen Aktenmaterial hatte und eine umfassende Zusammenstellung der unternehmensstrategischen Vorgänge anfertigen konnte. Die Aktenlage war schon damals schwierig, da durch die schwere Beschädigung und teilweise Zerstörung der Büroräumlichkeiten der damaligen Ostmärkischen Brau-AG im Zweiten Weltkrieg viele Dokumente vernichtet wurden: PAFKj, Schreiben von Hermann Auer an Christian Beurle vom 15.10.1962. Der Verfasser des vorliegenden Buches fand bei seinen Recherchen im Keller der Brauunion Österreich AG im Jahr 2019 schließlich nur mehr Restbestände vor, da durch Übersiedlung der Unternehmenszentrale zahlreiche Skartierungen (Aktenvernichtungen) vorgekommen worden sein dürften. Laut Alfred Weitzendorf war auch der Bankier und gut vernetzte Bankdirektor und ehemalige Präsident der Österreichisch-Alpinen Montangesellschaft Wilhelm Kux involviert, in welcher Form jedoch, bleibt offen: *Weitzendorf*, Das Bier aus Göss, XXVIII. Zu Kux siehe *Teichova*, An economic background to Munich, 121.

103 PAFKj, Schreiben von Julius Seiler an die Direktoren der Brau-AG vom 25.9.1935; ebd., Memorandum von Hermann Auer betreffend Österreichische Brau-A.G. – Brauerei Zipf, Darstellung der Vorgänge aus den Akten vom 3. bzw. 8.9.1962.

104 Konzernerweiterung der Brau-A.G. In: Der österreichische Volkswirt, Jg. 27, Nr. 52 (28.9.1935), 405 f.; Fünfzehn-Millionen-Schilling-Transaktion der Brau-Industrie. In: Der Montag. Wiener Montagblatt, Jg. 26, Nr. 40 (7.10.1935), 9; Neue Kapitalsverflechtung in der österreichischen Brauindustrie. In: Die Börse. Wirtschaftszeitung für Mitteleuropa, Jg. 16, Nr. 40 (3.10.1935), 8; *Springer*, *Paleczny*, *Ladenbauer*, Wiener Bier-Geschichte, 54, 210. Kritisch äußerte sich die »Arbeiter-Zeitung«, siehe: Aus den Betrieben. Es geht uns immer besser. In: Arbeiter-Zeitung. Organ der österreichischen Sozialisten, Jg. 2, Nr. 41 (13.10.1935), 8.

105 PAFK, Schreiben von Felix Ungar an das Präsidium des Verwaltungsrates der Brauerei Zipf A.G. vorm. Wm. Schaup vom 28.11.1935.

106 PAFKj, Manuskript Fritz *Kretz* junior, Der Schaup'sche Gutsbesitz 1849–1996 (Zipf 1996), 11; ebd., Protokoll über die Sitzung des Verwaltungsrates der Brauerei Zipf Aktiengesellschaft vorm. Wm. Schaup in Zipf am 5.11.1935, Punkt 2 der Tagesordnung. Das Argument Pollaks, die Zipfer Aktien sollten mit der Brau-AG wenigstens einem österreichischen Käufer zukommen, wurde übrigens sinngemäß als einzige offizielle Begründung der Übernahme in der selbst publizierten Geschichte jenes Unternehmens genannt: »Im Geschäftsjahr 1934/35 haben wir durch den Kauf von Aktienpaketen uns mit rund 40% des Aktienkapitals an der Brauerei Zipf A. G. vorm. Wm. Schaup beteiligt, um zu verhindern, daß dieselben allenfalls in uns nicht genehme Hände kommen.« ABUÖ, Julius *Seiler*, Rückblick auf die Entstehung und Entwicklung der Braubank A.G. bzw. der Österreichischen Brau A.-G. seit der Gründung im Jahre 1921 bis einschließlich 1935/36 (Linz 1937), 21.

107 PAFKj, Memorandum von Hermann Auer betreffend Österreichische Brau-A.G. – Brauerei Zipf,

Darstellung der Vorgänge aus den Akten vom 3. bzw. 8.9.1962; ebd., Auszug aus dem Protokoll über die am Samstag, den 29. Feber 1936 um 14½ Uhr in den Räumen der Direktionskanzlei der Brauerei Zipf A.G. in Zipf, O.Oe. stattgefundenen 14. Generalversammlung der Brauerei Zipf A.G. vorm. Wm. Schaup. Omissis; ebd., Schreiben von Johannes Kretz an Emilie Schaup vom 13.9.1935; ebd., Schreiben von Johannes Kretz an Wilhelm Loderer vom 1.12.1935.

108 PAFKj, Memorandum von Hermann Auer betreffend Österreichische Brau-A.G. – Brauerei Zipf, Darstellung der Vorgänge aus den Akten vom 3. bzw. 8.9.1962.

109 PAFKj, Schreiben von Hermann Beurle an Wilhelm Loderer betreffend Brauerei Zipf vom 5.2.1936; ebd., Abschrift eines Schreibens ohne Absender [aus dem Kontext: Wilhelm Loderer] an Hermann Beurle vom 7.2.1936. Zur angesprochenen Freundschaft siehe beispielsweise: PAFKj, Schreiben von Richard Kretz an Carl Beurle vom 5.11.1918; ebd., Schreiben von Carl Beurle an Richard Kretz vom 6.11.1918.

110 PAFKj, Abschrift eines Schreibens der Österreichischen Brau-AG an die Brauerei Zipf Aktiengesellschaft vorm. Wm. Schaup betreffend Bierausstoss, Bie[r]verkauf und andere Berichte vom 6.2.1936; ebd., Konzept eines Schreibens von Wilhelm Loderer ohne Adressat [aus dem Kontext: Wilhelm Kaan] vom 10.2.1936; ebd., Schreiben Wilhelm Kaans betreffend Brauerei Zipf A.G. an Wilhelm Loderer vom 11.2.1936.

111 PAFKj, Schreiben von Julius Seiler an Wilhelm Loderer vom 12.2.1936; ebd., Schreiben von Julius Seiler an Wilhelm Loderer vom 5.2.1936; ebd., Protokoll über die Sitzung des Verwaltungsrates der Brauerei Zipf A.G. vormals Wm. Schaup, Linz, Spittelwiese No 15 vom 4.2.1936.

112 PAFKj, Protokoll über die Sitzung des Verwaltungsrates der Brauerei Zipf Aktiengesellschaft vorm. Wm. Schaup in Zipf vom 16.5.1936; ebd., Schreiben von Wilhelm Loderer an Julius Seiler vom 25.2.1936; ebd., Schreiben von Oskar Pollak an Wilhelm Loderer vom 28.2.1936.

113 PAFKj, Schreiben von Max Limbeck-Lilienau an Johannes Kretz vom 13.11.1935; ebd., Schreiben von Johannes Kretz an Max Limbeck-Lilienau vom 17.11.1935.

114 PAFKj, Protokoll über die Sitzung des Verwaltungsrates der Brauerei Zipf A.G. vormals Wm. Schaup, Linz, Spittelwiese No 15 vom 4.2.1936; ebd., Protokoll über die am 29. Feber in Zipf um 15.20 Uhr stattgehabte Sitzung des Verwaltungsrates der Brauerei Zipf A.G.; ebd., Schreiben von Moritz Kumpfmiller an Wilhelm Loderer vom 10.2.1936; ebd., Schreiben von Emerich Spanraft an Wilhelm Loderer vom 21.2.1936.

115 PAFKj, Protokoll über die Sitzung des Verwaltungsrates der Brauerei Zipf Aktiengesellschaft vorm. Wm. Schaup in Zipf am 16. Mai 1936; ebd., Protokoll über die Sitzung des Verwaltungsrates der Brauerei Zipf Aktiengesellschaft vorm. Wm. Schaup in Zipf am 28. September 1936.

116 PAFKj, Akten-Notiz über die Besprechungen bei der Creditanstalt mit Herrn Dir. Dr. Demmer am 29. u. 30. Oktober 1936; ebd., Protokoll über die am 10.November 1936, 4 Uhr Nachmittags in den Räumen der Oesterr. Creditanstalt – Wiener Bankverein in Wien stattgefundenen Sitzung des Exekutivkomitees des Verwaltungsrates der Brauerei Zipf-Aktiengesellschaft vorm. Wm. Schaup; ebd., Abschrift eines Schreibens der Steueradministration Linz an die Brauerei Zipf Aktiengesellschaft vorm. Wm. Schaup in Zipf vom 12.2.1937, Zl. Fz.26/706/56; ebd., Memorandum von Hermann Auer betreffend Österreichische Brau-A.G. – Brauerei Zipf, Darstellung der Vorgänge aus den Akten vom 3. bzw. 8.9.1962; ebd., Aktennotiz über die Besprechung mit Herrn Direktor Dr. Karl Demmer am 21. Juli 1937 in Angelegenheit des Körperschaftssteuer-Zahlungsauftrages für das Jahr 1935 einschl. Nachtragssteuer und Körperschaftssteuer – Vorhalt 1936; ebd., Aktennotiz über die Besprechung mit Herrn Oberinspektor Josef Wirth am 22. Juli 1937 wegen Verbuchung der Körperschafts-Nachtragssteuer. Zu Wirth siehe *Wiesinger*, Beherrscht die Bank die Industrie?, passim.

117 Ohne Autor, Brauerei Zipf, 94; Ohne Autor, Das Feuerwehrwesen, 175; Ohne Autor, Sicherheitswesen in unserer Gemeinde, 147 f.; *Grabner*, 75 Jahre Betriebsfeuerwehr, 12.

118 *SPÖ-Bezirksorganisation Vöcklabruck*, Zeit und Zeugnis, 27–212.

119 Hitlers 46. Geburtstag. In: Oberösterreichischer Gebirgsbote, Jg. 55, Nr. 17 (25.4.1935), 5 sowie die einschlägige Beilage mit vielen Fotos: Deutschlands Jugend gratuliert dem Führer zum Geburtstag. In: Heimat und Welt. Beilage des Oberösterreichischen Gebirgsboten, Jg. 1935, Nr. 16 (25.4.1935), 1.

120 Die Gefolgschaft der Brauerei Zipf A.-G. in der illegalen Zeit. In: Oberösterreichischer Gebirgsbote, Jg. 58, Nr. 24 (9.6.1938), 7; Was Herr Pesinger gern gewußt hätte … In: Oberösterreichischer Gebirgsbote, Jg. 58, Nr. 22 (27.5.1938), 3.

121 Tagesneuigkeiten. Die Ortsgruppe Zipf. In: Oberösterreichischer Gebirgsbote, Jg. 54, Nr. 25 (21.6.1934), 2; Tagesneuigkeiten. Sommerfest des Deutschen Schulvereins, Ortsgruppe Zipf. In: Oberösterreichischer Gebirgsbote, Jg. 54, Nr. 27 (5.7.1934), 4 f.; Vöcklabrucker Nachrichten. Gau Vöcklabruck des Deutschen Schulvereins »Südmark«. In: Oberösterreichischer Gebirgsbote, Jg. 56, Nr. 31 (6.8.1936), 4; Tagesneuigkeiten. Zipf. Maisammlung 1937. In: Oberösterreichischer Gebirgsbote, Jg. 57, Nr. 29 (15.7.1937), 7; *Zellinger*, Vöcklabruck, 345.

122 Bezirksnachrichten. Zipf. Die rührige Ortsgruppe des Deutschen Schulvereins Südmark. In: Oberösterreichischer Gebirgsbote, Jg. 58, Nr. 23 (2.6.1938), 9. Weiterführende Forschungen zu diesem Thema stellen ein Desiderat dar. Das Thema konnte im vorliegenden Buch aus Zeit- und Platzgründen leider nicht eingehender behandelt werden.

123 *Zellinger*, Vöcklabruck, 341, 36.

124 PAFKj, Anzeige von Josef Leitner wegen Waffenvorräten durch die Gendarmerieexpositur Redl an das Bezirksgericht Vöcklabruck vom 4.11.1936, Zl. 421/36; zu den Ereignissen in der Umgebung von Zipf im Februar und Juli 1934 siehe *Bauer*, Der Februaraufstand, 40 f.; *Hummer*, Der Widerstand auf dem Land, 227–238; *Litschel*, 1934, 77–81 *Oberösterreichisches Landesarchiv* (Hg.), 14 Tage in Oberösterreich, 70, 303; *Slapnicka*, Oberösterreich – Zwischen Bürgerkrieg und Anschluß, 186–198; *Zellinger*, Vöcklabruck, 22, 36–47. In der Gemeindechronik von Neukirchen finden die Ereignisse des Jahres 1934 kaum Erwähnung: Ohne Autor, Ortsgeschichte von 1914 bis 1945, 45 f.

125 Verordnung der Bundesregierung vom 2. März 1934 über die Errichtung des Gewerkschaftsbundes der österreichischen Arbeiter und Angestellten, BGBl. 132/1934; *Filla*, Zwischen Integration und Klassenkampf, 128–131; *Göhring*, Die Gelben Gewerkschaften, 98; *Göhring*, *Pellar*, Anpassung und Widerstand, 65–78; *Tálos*, Sozialpolitik, 233.

126 PAFKj, Flugblatt betitelt An die Arbeiter Österreich! gezeichnet mit Die revolutionären Lebensmittelarbeiter, ohne Datum; ebd., Kopie einer Zeitungsseite mit Artikel Terror in Brauereien. In: Der Lebensmittelarbeiter. Organ der revolutionären freien Gewerkschaft der Lebens- und Genußmittelarbeiter, ohne Jahrgang, Nummer und Seitenzahl, aber offensichtlich vom November 1934; Boykottiert das Zipfer Bier! In: Arbeiter-Zeitung. Organ der österreichischen Sozialisten, Jg. 1, Nr. 34 (13.10.1934), 1.

127 *Zellinger*, Vöcklabruck, 124. Außerdem mag mancher neu abgeschlossene Kollektivvertrag einen Beitritt gefordert haben: *Göhring*, *Pellar*, Anpassung und Widerstand, 74. Nähere Untersuchungen zu diesem Thema wären zwar spannend, sind aber quellenmäßig schwierig und würden den Rahmen der vorliegenden Arbeit sprengen.

3 Die Brauerei Zipf und Österreichs Brauindustrie im Nationalsozialismus

3.1 Österreichs Brauindustrie und der »Brauwirtschaftsverband Ostmark« 1938–1945

Mit dem »Anschluss« Österreichs an das Deutsche Reich begann eine umfassende Veränderung für die heimische Brauindustrie. Sie erfasste sowohl die rechtlich-politische Organisation der Unternehmen als auch die konkrete wirtschaftliche Entwicklung. Die Struktur des österreichischen Biermarktes war dabei eine andere als in Deutschland. In Österreich existierten freiwillige Zusammenschlüsse der Brauereien, die vor allem den Markt mit Vereinbarungen für sich gesichert hatten. Fast 90 Prozent der Biererzeugung waren von dieser kartellartigen Sicherung der Absatzverhältnisse erfasst. Dabei dominierten die Großbrauereien: Etwa 60 Prozent der rund 2,1 Millionen Hektoliter Gesamtproduktion im Braujahr 1936/37 kamen aus acht Großbrauereien, weitere 14 Prozent aus vier mittelgroßen Betrieben und die restlichen 26 Prozent von 97 kleineren Brauereien. In Deutschland existierten keine überregionalen marktordnenden Zusammenschlüsse, sondern nur regionale Kooperationen, wodurch der Wettbewerb unter den Brauereien viel schärfer war als in Österreich.[1]

3.1.1 Die nationalsozialistische Organisation der Brauindustrie

Zur Zeit des Nationalsozialismus wurde die Brauindustrie des Deutschen Reiches ab 1934 in der für die Brauindustriebetriebe verpflichtenden »Wirtschaftsgruppe Brauerei« (ab 1939: »und Mälzerei«) angesiedelt. Sie war die vom Reichswirtschaftsminister anerkannte Vertretung und der für die Nahrungsmittelindustrie zuständigen »Hauptgruppe VII« der »Reichsgruppe Industrie« zugewiesen. Die Wirtschaftsgruppe Brauerei sollte aber keine marktregelnden Aufgaben übernehmen, sondern nur »allgemeine Interessensvertretung« wahrnehmen. Sie löste den 1871 gegründeten reichsweiten »Deutschen Brauer-Bund« mit seinen regionalen Ablegern und alle anderen deutschen Brauerverbände ab. Sie sollte insbesondere Brauereien »zu technischen und wirtschaftlichen Fragen unterrichten, sie bei fachlichen und steuerlichen Fragen sowie bei solchen der Wehrwirtschaft und des Luftschutzes beraten und die Forschung vorantreiben.«[2]

Die viel wichtigere Marktregelung war im Sinne einer politischen, gesamtwirtschaftlichen Lenkung durch die Nationalsozialisten bei der ständischen Organisation für die Agrarpolitik, dem »Reichsnährstand«[3] unter der Leitung des Reichsbauernführers (gleichzeitig Reichsminister für Ernährung und Landwirtschaft) Walther Darré, angesiedelt. Paragraf sieben des »Reichsnährstandsgesetzes« bestimmte nämlich auch die aus landwirtschaftlichen Produkten gewonnenen Erzeugnisse zum Kompetenzbereich des betreffenden Reichsministers.[4] Dieser konnte wesentliche leitende Maßnahmen treffen, wie etwa in den Paragrafen sechs und sieben der Dritten Verordnung zum Reichsnährstandsgesetz bestimmt: Demzufolge konnte der Reichsnährstand jede Regelung außer Kraft setzen, die ein Verband für seine Angehörigen zur Regelung von Erzeugung, Absatz und Preisen getroffen hatte, und stattdessen eigene solche Regelungen erlassen.[5]

Innerhalb des Reichsnährstandes gab es zehn Hauptvereinigungen und ihnen nachgeordnet Marktverbände, die als konkrete »Träger der Marktordnung« im Wirtschaftsleben fungierten. Für die Brauindustrie existierte seit 1935 die »Hauptvereinigung der deutschen Brauwirtschaft« (HVdB). Sie war eine Art Dachverband regionaler Wirtschaftsverbände der Brauwirtschaft, in dem die »Erzeuger von Gerste und Weizen, soweit diese Erzeugnisse zu Brauzwecken in den Verkehr gebracht werden, die Erzeuger von Hopfen sowie die Mälzereien und Brauereien, ferner die Verteiler von Hopfen und Malz sowie die Großverteiler von Bier« zusammengeschlossen waren. Die Aufgabe der HVdB bestand darin, die »Marktordnung auf dem Gebiet der Brauwirtschaft zum Wohle der deutschen Volkswirtschaft« durchzusetzen und dafür reichsweite Regelungen zu erlassen. Ihr stand ein vom Reichsbauernführer (im Einvernehmen mit dem Reichsminister für Ernährung und Landwirtschaft) ernannter Vorsitzender mit weitreichenden Kompetenzen vor. Gemäß dem »Führerprinzip« hatte er die »vollkommene Anordnungsfreiheit« und war nur sehr eingeschränkten Kontrollen unterworfen, nämlich durch die ebenfalls vorgesehenen, lediglich beratenden zwei Gremien (Verwaltungsrat mit elf und Vertreterversammlung mit 30 Mitgliedern) und durch ein Schiedsgericht. Der Vorsitzende konnte darüber hinaus Fachausschüsse mit beratender Funktion errichten.[6]

Die HVdB hatte zunächst fünf Mitglieder, nämlich die regionalen »Brauwirtschaftsverbände« (BWV), und zwar für Süddeutschland (für Bayern, Württemberg und Baden), Westdeutschland (für Kurhessen, Hessen-Nassau, die Pfalz, das Saarland, das Rheinland und Westfalen), Norddeutschland (für Braunschweig, Hannover, Mecklenburg, Oldenburg und Schleswig-Holstein), Ostdeutschland (für Ostpreußen, Schlesien, Brandenburg und Pommern) und Mitteldeutschland (für Thüringen und Sachsen). Die BWV mussten die »Marktordnung« nach den Richtlinien der HVdB auf regionaler Ebene durchführen. Ihre innere Organisation glich im Wesentlichen jener der HVdB, der Vorsitzende und die Mitglieder des Verwaltungsrates wurden vom Vorsitzenden der HVdB bestimmt. Weitreichend waren auch hier die Befugnisse der Vorsitzenden: Sie konnten beispielsweise eine Erweiterung oder Beschränkung der Hopfenfläche anordnen, die Produktion und Verteilung von Bier lenken, Preis-, Verkaufs- und Zahlungsbedingungen festlegen, Betriebe einschränken, still- und zusammenlegen sowie bei Zuwiderhandeln Ordnungsstrafen bis zu 100.000 Reichsmark verhängen. Die Mitglieder der BWV waren die jeweiligen Brauereien beziehungsweise andere Unternehmen, die mit Biererzeugung und -verkauf zu tun hatten. Sie verfügten in der Vertreterversammlung des betreffenden BWV allerdings über eine sehr eingeschränkte Repräsentation, da pro Verband für dieses Gremium nur 24 Mitglieder vorgesehen waren, die vom Vorsitzenden mit Zustimmung des Landesbauernführers ernannt wurden.[7]

Die BWV waren wie gesagt keine Interessenvertretungen der Unternehmen, sondern eine Zwangsvereinigung öffentlich-rechtlicher Natur zum Zweck der Lenkung der Brauwirtschaft im nationalsozialistischen Sinne. Franz Schwarz, der stellvertretende Vorsitzende der HVdB, beschrieb die Natur der NS-Wirtschaftslenkung in der Brauindustrie folgendermaßen: »Die Zusammenschlüsse des Reichsnährstandes stellen das gerade Gegenteil der im liberalistischen Zeitalter mächtig gewordenen Interessenverbände dar. Die Zusammenschlüsse machen, weil sie Selbstverwaltungskörper der in ihnen zusammengeschlossenen Wirtschaftszweige sind[,] keine staatlich beaufsichtigte Planwirtschaft, sind keine staatlich beaufsichtigte Planwirtschaft, wie es im bolschewistischen Osten Europas der Fall ist, sondern sie leiten planvoll die Wirtschaft. Die Selbstverwaltung der Wirtschaft muß nicht nur gesetzmäßig sein, sie muß auch den Bedürfnissen der Wirklichkeit und des täglichen Lebens des Volkes entsprechen. Innerhalb der vom Nationalsozialismus gewollten Wirtschaftsordnung besteht die Aufgabe einer Organisation in der Erreichung des Sozialismus. Wir Nationalsozialisten verstehen allerdings unter Sozialismus nicht die marxistische Sozialisierung aller Besitzverhältnisse, sondern verstehen darunter das gemeinsame Handeln Aller im Dienste eines Volksganzen. Eine Verwirklichung dieses Zieles ist aber nur durch eine Gemeinschaftsbildung, also eine Organisation, möglich. Soll aber das gesteckte Ziel restlos erreicht werden, so müssen diese Gemeinschaftsbildungen Pflichtorganisationen sein, denn einem gemeinsamen Wollen oder Handeln steht immer der Einzelegoismus gegenüber.«[8]

Die deutliche Betonung des im Parteiprogramm der NSDAP verankerten vorgeblichen Grundsatzes »Gemeinnutz vor Eigennutz« im obigen Zitat kommt nicht von ungefähr: In der deutschen Brauindustrie mit ihren rund 4.500 Betrieben gab es durchaus Unternehmer, welche in der Wirtschaftslenkung der

Nationalsozialisten einen »ungünstigen« planwirtschaftlichen Eingriff in das Wirtschaftsleben sahen. Sie kritisierten die »administrative Schwerfälligkeit« sowie »Vielschreiberei« der staatlichen Ordnung, welche der deutsche Historiker Andreas Dornheim zu Recht als »riesige[s], bürokratisch aufgeblasene[s], krakenartige[s] Gebilde« bezeichnete. In das gleiche Horn bliesen später übrigens auch einige Vertreter der österreichischen Brauindustrie, nachdem sie nach dem »Anschluss« mit den vergleichsweise starren deutschen Vorschriften konfrontiert worden waren. Sie übten inoffiziell eine »scharfe Kritik« an der Marktregelung.[9]

Kritiker waren jedoch wohl kaum in den ohnehin zahnlosen, von den Vorsitzenden bestimmten Gremien vertreten, da für Tausende Brauereien höchstens 120 Vertreter der Brauindustrie in den BWV saßen. Die Eingliederung der Brauindustrie in den Reichsnährstand war trotzdem in den Augen der zentralen Figuren der deutschen Brauwirtschaft offenbar ein Vorteil, weil so das Bier faktisch als Nahrungsmittel anerkannt wurde und die Rohstoffversorgung der Brauereien damit besser als unter anderen Ministerien sichergestellt werden konnte.[10] Neben der »nährständischen« Ordnung bestand weiterhin die Wirtschaftsgruppe Brauerei, welche Informationen sammelte und als Vertretung ebenfalls Einfluss auf wirtschaftspolitische Fragen ausübte, was auf dem Gebiet der Brauindustrie wohl als ein Aspekt des »polyzentristische[n] Element[s] der NS-Herrschaft«[11] angesehen werden kann.

Bald nach dem »Anschluss« Österreichs, und zwar am 1. April 1938, bestimmte der Vorsitzende der HVdB, Jakob Immendorf, in seiner Anordnung Nummer 37 Folgendes: »Brauereien, Mälzereien, Biergroßverteiler und Verteiler von Malz, die ihren Sitz im Deutschen Reich haben, ist es untersagt, Maßnahmen zu treffen und Verhandlungen zu führen, welche der Herstellung neuer Geschäftsbeziehungen zum Zwecke der Bier- oder Malzlieferung in das Land Österreich dienen oder hierzu geeignet sind.«[12] Mit dieser sogenannten »Gebietsschutzanordnung« sollte die von der Krise gebeutelte österreichische Brauindustrie vor der viel besser aufgestellten deutschen Konkurrenz (wohl vor allem aus dem bayerischen Raum) geschützt werden, bis sich die wirtschaftliche Lage angeglichen hatte.[13] Als Maßnahme für die Übergangszeit unmittelbar nach dem »Anschluss« setzte man den aus der Betreiberfamilie der Nußdorfer Brauerei kommenden[14] Eberhard Bachofen-Echt als »Kommissar für die Brauwirtschaft« im annektierten Österreich ein, der im Einvernehmen mit der HVdB Anordnungen erlassen konnte. Er dekretierte am 1. April einen »Burgfrieden«, der besagte, dass bis zur Einführung der Vorschriften aus dem Deutschen Reich allen Brauereien ein absoluter Kundenschutz gewährt wurde und jede »wirtschaftliche Kampfmaßnahme« oder »Akquisition von Kunden anderer Brauereien« zu unterbleiben hatte.[15] Aufgrund des »Anschlusses« fand am 17. und 18. Juni 1938 im Wiener Konzerthaus der »Erste Großdeutsche Brauertag« statt. Es sprachen bei dieser Veranstaltung der Leiter der Wirtschaftsgruppe Brauerei, der Vorsitzende der HVdB, der Kommissar für die Brauwirtschaft und zahlreiche Politiker. Danach gab es vielfältige Fachvorträge, einen Ausflug und ein gemeinsames Mittagessen.[16]

In Österreich wurde die staatliche Organisation des Reichsnährstandes mit den Brauwirtschaftsverbänden im August beziehungsweise Oktober 1938 eingeführt.[17] Die alten Verbände der Brauereien löste man, mit Ausnahme des Schutzverbandes alpenländischer Brauereien, auf.[18] Die gesamte Brauindustrie mit ihren Zuliefer- und Verkaufsunternehmen gliederte man in den »Brauwirtschaftsverband Ostmark« (BWVO). Er nahm bald danach seine Tätigkeit auf, und sein Vorsitzender, ebenfalls Bachofen-Echt, erließ schon am 17. November 1938 die erste Anordnung, mit der er das Flaschenpfand in Österreich einführte.[19] Das Verhältnis des BWVO zu den einzelnen Brauereien, dem Schutzverband alpenländischer Brauereien und der Wirtschaftsgruppe Brauerei war offenbar kein einfaches: Die Funktionäre des BWVO stießen mit ihrer schroff befehlenden Art zuweilen auf den Widerstand einiger Braumanager.[20] Noch im November 1938 veranlasste der BWVO, dass ihm die Brauereien Listen mit »nichtarischen« Unternehmen, die sie belieferten, übermittelten. Von Jüdinnen und Juden betriebene Gemischtwarenhandlungen sowie Gast- und Kaffeehäuser durften daraufhin mit sofortiger Wirkung nicht mehr beliefert werden, und die Brauereien mussten eine verbindliche Erklärung abgeben, dass sie sich an das Verbot hielten. Eine Ausnahme bildeten lediglich Gaststätten, die »in Arisierung begriffen« waren.[21]

3.1.2 Die wirtschaftliche Entwicklung von Österreichs Brauindustrie 1938/39

Der trügerische, auf Krieg ausgelegte und von einer extremen Defizitpolitik getragene Aufschwung der Wirtschaft in Österreich nach dem 12. März 1938 beinhaltete viele Elemente, die der Brauwirtschaft zugutekamen. Ziel der Nationalsozialisten war es, die Arbeitslosigkeit rasch zu beseitigen und gleichzeitig Österreichs Arbeitskräfte, Unternehmen und Ressourcen für die auf Hochtouren laufende Kriegsvorbereitung zu nutzen. Wesentlich für die österreichische Wirtschaftsentwicklung nach 1938 war die Binnennachfrage: »Hiebei spielten die Investitionen eine große Rolle, die entweder direkt von der öffentlichen Hand oder von der deutschen Industrie ausgingen (also genau genommen ›Auslandsinvestitionen‹ darstellten) oder durch Investitionsbegünstigungen im landwirtschaftlichen wie nichtlandwirtschaftlichen Bereich stimuliert wurden. In der Folge mußte dann der – hohe – Einkommensmultiplikator der raschen Beschäftigtenzunahme wegen als private Verbrauchsanfrage wirksam werden, die überdies auch durch Transferleistungen angeregt worden war.«[22]

Die Kaufkraft großer Teile der Bevölkerung stieg also schon allein, weil die Arbeitslosigkeit drastisch sank. 1937 hatte es noch eine Arbeitslosenrate von 22 Prozent gegeben, 1938 waren es 12,7 und 1939 nur mehr 3,7 Prozent. Erreicht wurde dies durch Investitionen in einige Leitsektoren. Allen voran profitierte die Bauwirtschaft von Aufträgen des Heeres, der Partei und der staatlichen Verwaltung: Ihr Umsatz betrug (umgerechnet) 48 Millionen Reichsmark im Jahr 1937, allein im zweiten Halbjahr 1938 gab es für sie hingegen Aufträge im Wert von 650 Millionen. Bei der Eisen- und Stahlindustrie ist die Gründung der »Reichswerke AG für Erzbergbau und Eisenhütten ›Hermann Göring‹, Linz« (kurz »Reichswerke Hermann Göring«) zu nennen.[23] Ihr wurden in weiterer Folge zahlreiche Industrieunternehmen eingegliedert, teils auch, weil man die Creditanstalt zwang, ihre Industriebeteiligungen abzugeben. Zu nennen ist hier außerdem die im Jahr darauf erfolgte Fusion der Reichswerke mit der »Österreichischen Alpinen Montan-Gesellschaft«, woraufhin man vornehmlich die Erze des steirischen Erzberges bei Eisenerz nutzte. In diesem und um diesen »Superkonzern« wuchs die Eisenerzförderung im Jahr 1938 um 42 und die Roheisenproduktion um 43 Prozent. Gleichzeitig stieg der Fremdenverkehr rapide an, für das ganze Jahr 1938 gerechnet war es eine Steigerung von 24 Prozent. Betrachtet man nur den August 1938, so verdreifachten sich die Nächtigungen. Die meisten Menschen kamen aus Deutschland, Angehörige von Drittstaaten fuhren nun deutlich seltener nach Österreich.[24] All dies wirkte sich auch auf die Psyche der Bevölkerung aus: »Die betont positive Einschätzung der Lebenschancen nach langen Jahren des Pessimismus und das hohe Vertrauen in die ›Wirtschaftskompetenz‹ der Nationalsozialisten oder der Deutschen generell beeinflußten das Wirtschaftsklima: Sie beflügelten Heiratsraten, Geburtenziffern, Bierkonsum und Investitionsquoten. Spatenstiche, Baupläne, forsches Auftreten, das schienen vertrauenswürdige Versprechen zu sein.«[25]

Für die Brauindustrie brachte diese Veränderung ebenso einen großen Aufschwung. Nach dem Tiefpunkt der Entwicklung des Bierausstoßes 1936/37 mit 2,1 Millionen Hektoliter Produktion erreichte man im Braujahr 1937/38 2,7 Millionen und 1938/39 sogar fast 4,5 Millionen Hektoliter, was eine Steigerung von 114 Prozent bedeutet.[26] Dies war möglich, da die Produktionskapazitäten bei den Brauereien vorhanden waren. Regional war der Zuwachs in den nördlich der Alpen gelegenen Gebieten etwas größer und außerdem (mit einer Ausnahme) in den östlichen Bundesländern stärker als in den westlichen, was wohl mit der dortigen Industriekonzentration zusammenhängt. Der Generalsekretär des Schutzverbandes alpenländischer Brauereien, Theodor Trobeć, berichtete im September 1938 über die Entwicklungen nach dem »Anschluss«, dass »der Bierumsatz sich seit dem Umbruch durchschnittlich um 28% erhöht habe. Die Erhöhung sei prozentual am höchsten in Tirol und denjenigen Gebieten in denen grössere Lieferungen für die Bauträger der öffentlichen Hand und denen von ihnen eingerichteten Kantinen aufgetreten seien, das gelte z.B. für Linz, und die Reichswerke Hermann-Göring. An der Erhöhung des Umsatzes hätten in erster Linie die grossen Brauereien teilgenommen.«[27] Im Zuge des Aufschwunges konnten viele Brauereien die Kredite zurückzahlen, die sie in der Wirtschaftskrise aufgenommen hatten. Diese fast flächendeckende Entschuldung betraf auch viele Gastwirte.[28]

Der Konzentrationsprozess in der Brauindustrie fand ein vorläufiges Ende, denn die staatliche Lenkung unternahm wesentliche Schritte, um ihn zu stoppen. Mit der Anordnung vier des BWVO[29] wurde den Brauereien verboten, beim Erwerb neuer Kundinnen und Kunden irgendwelche Kredite oder Darlehen im Wert von mehr als einer Monatslieferung zu gewähren. Außerdem verboten waren ab dieser Anordnung Bürgschaften, welche die Brauereien zuvor oft für Wirte übernommen hatten. Brauereien durften keine Absatzstätten (also etwa Wirtshäuser) mehr anmieten oder pachten, und Verlängerungen von Miet- und Pachtverträgen durch Brauereien bedurften der Genehmigung des BWVO. Eine Ausnahme war der Erwerb von Grundstücken durch Zwangsversteigerungen, dieser musste nur gemeldet werden. Es war den Brauereien weiterhin (im Sinne des »Burgfriedens«) verboten, neue Kundinnen und Kunden zu beliefern, die bereits Verträge mit anderen Brauereien hatten. Belieferung neuer Kundinnen und Kunden, die keinen schriftlichen Bierlieferungsvertrag hatten, aber bei der Brauerei verschuldet waren, und neue Bierlieferungsverträge überhaupt bedurften der Genehmigung des BWVO.

Hintergrund dieser Anordnung waren zwei Überlegungen: Erstens war das Ziel, finanzkräftigen Brauereien ihren Wettbewerbsvorteil zu nehmen, den sie durch den Einsatz ihres Geldes beim Erwerb neuer Kundinnen und Kunden hatten. Dies schützte kleinere Mitbewerber. Ob dadurch letztendlich, wie von den Nationalsozialisten geplant, der »Kapitalwettbewerb« durch den »Leistungswettbewerb« hätte ersetzt werden können, bleibt dahingestellt. Diese gesetzlichen Vorgaben machten aber auch dringend benötigtes Kapital frei, mit dem Betriebe modernisiert werden konnten. Wie sehr damals Investitionen gebraucht wurden, geht aus einem Gutachten für die »Wirtschaftsgruppe Brauerei und Mälzerei, Bezirksgruppe Ostmark«, also die industriepolitische Standesvertretung, aus dem

Jahr 1940 hervor: Die meisten Brauereien auf dem Gebiet des heutigen Österreich hatten veraltete Mälzereien ohne maschinelle Unterstützung, und viele arbeiteten auch noch nicht mit modernen Silos, um das Malz zu lagern. Viele Sudhäuser stammten noch aus der Zeit vor 1890, und die dazugehörigen Anlagen zum Zerkleinern (»Schroten«) des Malzes entsprachen nicht den gesetzlichen Bestimmungen des Deutschen Reiches. Die Hälfte der Unternehmen hatte veraltete oder total abgenutzte Kühlschiffe. Gärbottiche waren vielfach ebenfalls zu abgenutzt, hölzerne Lagerfässer zu alt, Flaschenfüllanlagen, Pumpen, Rohre und elektrische Leitungen seit vielen Jahrzehnte nicht mehr auf dem Stand der Technik.[30]

Zweitens beruhte das Verbot für Brauereien, neue Absatzstätten zu errichten, auf den Erfahrungen der Wirtschaftskrise. Viele Brauereien hatten direkt, über Strohmänner oder Tochtergesellschaften Gaststätten erworben und betrieben sie als marktverzerrendes Mittel, um den Absatz zu steigern. Allein in Wien gab es 1939 von 4.000 Gaststättenlizenzen schon 100, die erkennbar im Eigentum von Brauereien standen. Die Dunkelziffer muss freilich noch viel höher gewesen sein.[31]

Gleichzeitig verkündete der BWVO die Anordnung fünf. Sie bestimmte, dass es den Brauereien verboten war, »zu Zwecken des Wettbewerbs die Preise zu unterbieten oder eine Unterbietung in Aussicht zu stellen.«[32] Preise zu unterbieten war recht weit gefasst, es fiel nämlich jede »wirtschaftsstörende« Preisgestaltung ebenso darunter wie jeglicher Sondervorteil, der den Brauereikunden gewährt wurde. In Österreich hatte das weniger Effekt als in Deutschland, für dessen Markt diese Anordnung ursprünglich gedacht war, weil hierzulande die Kundschaftsversicherungsverträge solchen Praktiken bereits einen Riegel vorgeschoben hatten.[33]

Bis März 1939 hatte sich die Situation der ehemals österreichischen Brauindustrie so weit gebessert, dass sie sich wesentlich an die deutsche angepasst hatte. Der »Reichskommissar für die Wiedervereinigung Österreichs mit dem Deutschen Reich« beziehungsweise Gauleiter Josef Bürckel sprach sich daher dafür aus, die Beschränkungen im Kompetenzbereich des Gewerbes und des Reichsnährstandes abzubauen.[34] Dem trug die HVdB mit einer Anordnung vom 29. März 1939 Rechnung, in der das für deutsche Brauereien bestehende Verbot, in die »Ostmark« zu liefern, aufgehoben wurde. Ganz freigegeben wurde der Markt nicht: Wollte eine Brauerei von außerhalb der »Ostmark« Kundinnen und Kunden dort beliefern, so brauchte sie die Erlaubnis des Vorsitzenden der HVdB. Dennoch drangen die deutschen, insbesondere die bayerischen, Brauereien schnell und aggressiv in den neuen Markt ein. Der Vorsitzende des BWVO beklagte sich bald nach Aufhebung des Lieferverbots darüber, dass eine »erhebliche Anzahl von Brauereien des Altreiches« eine intensive Werbetätigkeit entfaltete und mit ihren Angestellten auf die Suche nach Absatzstätten ging. Die Brauereien der »Ostmark« würden sich allerdings als Gegenmaßnahme auf die Belieferung (süd)deutscher Gebiete vorbereiten.[35]

3.1.3 Die Auswirkungen des Zweiten Weltkrieges auf die Brauereien der »Ostmark«

Der Zweite Weltkrieg brach in einer Phase des Aufschwungs der Brauindustrie aus. Die größte unmittelbare Auswirkung war nicht, dass sich etwa Rohstoffe schnell verknappten. Grundlegendes Problem waren von Anfang an Transport- und Lieferschwierigkeiten. Schon am 30. August 1939 wies der BWVO seine Mitgliedsbrauereien an, dass die Kundinnen und Kunden von Brauereien und Biergroßverteilern, die »zur Belieferung ihrer Kunden tatsächlich nicht in der Lage sind«, vorübergehend »von anderen Mitgliedsbetrieben beliefert« werden könnten, auch wenn ein Kundenschutz bestehe. Dafür sollten die Brauereien freie Vereinbarungen treffen, und die beliefernde Brauerei sollte ihre Betriebsstätte möglichst in der Nähe der Absatzmöglichkeit haben. Grund für diese Anordnung war, dass der Fernverkehr durch die Kriegsvorbereitungen stark eingeschränkt worden war. Außerdem waren bei vielen Brauereien bereits wesentliche Teile des Fuhrparks beschlagnahmt worden, und einige Bierverteilungsunternehmen mussten deswegen in Kombination mit Einrückungen zur Wehrmacht überhaupt ihre Tätigkeit einstellen.[36]

Aufgrund der großen Probleme bei Kriegsausbruch begannen die Brauereien der »Ostmark« sehr schnell ihre Kundinnen und Kunden aus freien Stücken abzutauschen. Noch im Jahr 1939 wurden so im Rahmen einer freiwilligen »Flurbereinigung« Kundinnen und Kunden im Wert von 50.000 Hektoliter Absatz abgetauscht. Dabei handelte es sich freilich hauptsächlich um Gaststätten, die weit weg von der eigenen Betriebsstätte lagen und vor allem zu Werbezwecken beliefert wurden, ohne dass die Frachtkosten eine besondere Rolle gespielt hatten.[37] Anfang Dezember folgte eine für Kriegszeiten sehr typische staatliche Maßnahme: Der BWVO verfügte, dass mit 12. Dezember 1939 nur mehr Lagerbier mit einer maximalen Stammwürze von neun bis 9,3 Grad beziehungsweise »Spezialbier« mit einer maximalen Stammwürze von zehn bis 10,3 Grad auf den Markt gebracht werden durfte. Für das Spezialbier war außerdem eine Genehmigung des BWVO nötig. Dies bedeutete, dass im Vergleich zu vorher der Gehalt des Bieres um ein Viertel bis ein Fünftel fiel.[38]

Zwar gab es im Zweiten Weltkrieg zunächst keine so dramatischen Versorgungsprobleme in der Brauwirtschaft wie im Ersten Weltkrieg, weitgehende staatliche Restriktionen ließen aber auch in diesem Konflikt nicht lange auf sich warten. Im Februar 1940 verfügte die HVdB eine 25-prozentige Beschränkung des monatlichen Bierabsatzes gegenüber dem letzten gleichnamigen Vorkriegsmonat, geltend ab März 1940. In der Folge wiederholte man diese Beschränkung beziehungsweise Kontingentierung und ordnete darüber hinaus an, das Bier noch schwächer zu machen: Ab April 1940 durfte das herkömmliche, in Massen produzierte untergärige Lagerbier (»Einfachbier«) nur mehr sechs bis maximal 6,3 Grad Stammwürze aufweisen. Eine ähnliche Anordnung traf man bald darauf im Mai für Spezialbiere, die nur mehr mit teilweise sehr geringem Gehalt an Würze hergestellt werden durften.[39] Im Juni hob man die generelle Beschränkung der Gradhältigkeit wegen des Bedarfs der Wehrmacht wieder auf, bald darauf zwang die schlechte Versorgungslage aber zu weiter reichenden mengenmäßigen Beschränkungen. Im Winter 1941/42 durften ab Dezember 75 und ab Jänner 1942 nur mehr 70 Prozent des Bierabsatzes des vergleichbaren gleichnamigen letztjährigen Monats ausgeliefert werden, was in etwa der Quote des zugeteilten Malzes entsprach. Im Frühjahr 1942 blieben die Beschränkungen im Wesentlichen auf dem gleichen Niveau (70 Prozent des Vorjahresabsatzes) erhalten.[40]

Eine kriegsbedingte Maßnahme mit weitreichenden Konsequenzen war die große, diesmal staatlich verordnete »Flurbereinigung« der Brauereien in der »Ostmark« im Jahr 1940. Im März ordnete der Reichsbauernführer an, die Lieferbeziehungen zwischen den Brauereien und den Bierabnehmern so neu zu gestalten, dass alle Brauereien ihre mehr als 50 Kilometer weit entfernten Kundinnen und Kunden an näher gelegene Brauereien abtreten mussten. Die Maßnahme wurde mit den »Erfordernissen des Krieges« und der »Entlastung des Bahnverkehrs« begründet und bedeutete, dass alle Brauereien nur mehr verkehrsgünstige Absatzstätten beliefern durften. Insgesamt tauschten die Brauereien auf dem Gebiet des heutigen Österreich so Bierabnehmer im Wert von 160.000 Hektolitern ab und fügten sich in die starre nationalsozialistische Verkaufsordnung ein.[41]

Seit dem Braujahr 1938/39 war der Bierausstoß der Brauereien auf dem Gebiet Österreich kontinuierlich gesunken und erreichte im Braujahr 1941/42 seinen Tiefpunkt. Grund dafür war vor allem die sehr schlechte Ernährungslage, die ab 1942 zu weitreichenden Lenkungsmaßnahmen des Reichsnährstandes führte. In der Zeit danach zog außerdem die Nachfrage bei der Wehrmacht, in den Fabriken der Rüstungsindustrie und bei der Zivilbevölkerung merkbar an, weswegen die Gesamtproduktion bis zum Braujahr 1943/44 anstieg. Staatliche Restriktionen wurden im Sommer 1942 dahingehend gelockert, dass die Brauereien etwa im Sommer 1942 wieder 85 Prozent der Vorjahresmenge monatlich abliefern durften, und Beschränkungen für die Belieferung der Wehrmacht fielen im November gänzlich. Erste staatlich verordnete (leichte) Drosselungen des Bierausstoßes erfolgten erst wieder im Sommer 1943. Bei Kriegsende schließlich halbierte sich der Bierausstoß. Dies lag neben dem Fehlen der Rohstoffe auch daran, dass in einige Brauereien Rüstungsbetriebe eingewiesen wurden und andere mit den direkten Einwirkungen des Krieges am Boden und aus der Luft konfrontiert wurden. Aufgrund dieser Situation erlaubte der BWVO, dass Brauereien die Kundinnen und Kunden von Mitbewerbern beliefern durften, solang die ursprünglich liefernde Brauerei aufgrund von »kriegsbedingten Umständen« dazu nicht in der Lage war.[42]

Neben den Einschränkungen gab es dennoch Chancen: Schon im Herbst 1939 fragten mobile Wehrmachtsteile bei den Brauereien (auf dem Gebiet des heutigen Österreich) nach Lieferung von Bier nach, was wohl auch an der Nähe der Brauereien (auf dem Gebiet des heutigen Österreich) zur Front in Polen lag. Die Lieferungen dürften sehr umfangreich gewesen sein, denn der BWVO versuchte bald, die Situation zu kontrollieren. Eine weitere Absatzchance tat sich – vor allem für die (ehemals) steirischen und Kärntner Brauereien – durch den Balkanfeldzug Mitte 1941 auf. Sowohl den deutschen Truppen als auch der Bevölkerung in den an das Deutsche Reich angegliederten Gebieten Jugoslawiens lieferten die Brauereien südlich der Alpen große Mengen Bier. Dadurch konnte punktuell der Ausstoß gesteigert werden. Andere Absatzmöglichkeiten für Brauereien ergaben sich im Laufe des Krieges durch die große Anzahl an Soldaten, welche im Hinterland auf die Kasernen verteilt untergebracht wurden. Anknüpfungspunkt waren die Heeresverpflegungsdienststellen. Sie durften Berechtigungen zum Bezug von Bier ausstellen, und zwar auch über die staatlich verordnete Rationierung hinaus. Als Richtwert galten bei monatlichem Bezug sechs Liter pro Kopf und Monat, bei wöchentlichem Bezug zwei Liter pro Kopf und Woche im Durchschnitt. Gemäß den Anordnungen der HVdB waren die Brauereien verpflichtet, den Bedarf der Wehrmachtskantinen zumindest im gleichen Ausmaß zu befriedigen wie den der anderen Kundinnen und Kunden. Laut Ansicht der HVdB gingen etwa 25 Prozent des Ausstoßes der Brauereien in Nazideutschland an die Wehrmacht.[43]

Ähnliche Möglichkeiten eröffneten sich in den Kantinen des Reichsarbeitsdienstes (RAD). Die Führer der Reichsarbeitsgaue waren berechtigt, den Bierbezug der Kantinen des RAD zu regeln. Ihnen stand es zu, Bier zu etwa den gleichen Konditionen wie die Wehrmacht zu beziehen, und sie stellten einen quantitativ bedeutsamen Absatzmarkt dar.[44] Nicht vergessen werden darf in diesem Zusammenhang, dass auch die Wachmannschaften der SS (Schutzstaffel) in den Konzentrationslagern (KZ) mit Bier versorgt wurden, trotz der Bestrebungen des Reichsführers-SS Heinrich Himmler, den Alkoholismus zu bekämpfen und Mineralwasser und Fruchtsäfte als billige – teils von der SS selbst produzierte – Alternative zu propagieren.[45]

Im Rahmen der an sich schon guten Versorgung mit Getränken, Essen, Zigaretten und Bekleidung bekam das KZ-Personal nach sogenannten »Sonderaktionen« Extrarationen auch von Alkohol und Zigaretten. Im Dienst betrunkene SS-Angehörige waren daher keine Ausnahme. Auch Feiern zu Weihnachten oder bei anderen Anlässen in den Kantinen der SS liefen nicht ohne Alkohol ab, »Kameradschaftsabende« in den Kommandanturen arteten oftmals zu »Freß- und Saufgelagen« aus.[46] Konkrete Schilderungen des Bierkonsums der SS sind selten. Eine solche findet sich etwa in den Aufzeichnungen des in Auschwitz tätigen SS-Arztes Johann Paul Kremer: »23. September 1942. Heute Nacht bei der 6. und 7. Sonderaktion. Morgens ist Obergruppenführer [Oswald, Anm. d. A.] Pohl [...] eingetroffen. [...] Abends um 20 Uhr Abendessen mit Obergruppenführer Pohl im Führerheim, ein wahres Festessen. Es gab gebackenen Hecht, soviel jeder wünschte, echten Bohnenkaffee, ausgezeichnetes Bier und belegte Brötchen.«[47] Eine Episode berichtet darüber hinaus der Soziologe Eugen Kogon: KZ-Häftlinge hatten unter unmenschlichem Zwang berüchtigter SS-Schläger 1943 in kürzester Zeit eine Bahnverbindung zwischen Weimar und Buchenwald hergestellt. Danach wurde gefeiert: »Es regnete Beförderungen und Orden; SS-Angehörige und die beim Bahnbau beschäftigten Zivilisten feierten bei Bier und Schnaps, außerdem erhielten sie Geldprämien.«[48]

Abgesehen davon war Bier auch für Kriegsgefangene vorgesehen. Zunächst war es vermutlich nur für die relativ besser gestellten Kriegsgefangenen aus den USA, Großbritannien und Frankreich zu haben, spätestens ab Mitte 1944 durfte Bier auch an alle anderen, wie etwa polnische und sowjetische Kriegsgefangene, ausgegeben werden, und zwar bis zu fünf Liter im Monat, wenn auch nur sehr dünn eingebrautes Bier. Die Entscheidung darüber stand dem Kommandanten des Kriegsgefangenenlagers zu.[49]

Die Vogelperspektive auf den Bierausstoß illustriert die Entwicklungen während des Zweiten Weltkrieges in der »Ostmark« (beziehungsweise, ab Anfang 1942, in den »Alpen- und Donaureichsgauen«) sehr gut: Der Bierausstoß aller Brauereien auf dem Gebiet des heutigen Österreich war 1938/39 auf einem vorläufigen Hoch von knapp 4,5 Millionen Hektolitern angekommen. In den folgenden Kriegsjahren wirkten die erhöhte Nachfrage und die verschlechterten Produktionsbedingungen gegeneinander, wobei Letztere zu einem leichten Rückgang der Produktion führte. Im nächsten Braujahr, für das Zahlen vorliegen, nämlich 1940/41, war der Ausstoß leicht auf 4,3 Millionen gesunken, ein Trend, der 1941/42 mit vier Millionen Hektoliter einen vorläufigen Tiefstand erreichte. Ab 1942/43 kam es wieder zu einer Steigerung des Ausstoßes, die, wie bereits dargelegt, durch erhöhte Nachfrage der Streitkräfte getragen war, wobei ein Großteil des Ausstoßes aus qualitativ minderwertigerem Bier bestand. In diesem Jahr verzeichnete man 4,4 Millionen Hektoliter. Der Höhepunkt war 1943/44 mit 4,6 Millionen erreicht. Danach (1944/45) kam es aufgrund des wirtschaftlichen Zusammenbruchs bei Kriegsende zu einem massiven Abfall auf 1,8 Millionen Hektoliter. Auf demselben Niveau bewegte sich in etwa auch noch das Braujahr 1945/46.[50]

3.2 Die Entwicklung der Brauerei Zipf vom »Anschluss« bis zum Kriegsbeginn

3.2.1 Konsequenzen des »Anschlusses«

Eine baldige Konsequenz des »Anschlusses« für die Brauerei Zipf war, dass eines der Verwaltungsratsmitglieder seinen Rücktritt erklären musste, und zwar Oskar Pollak. Er hatte seit dem Geschäftsjahr 1931/32 dem Zipfer Verwaltungsrat als Vertreter der Österreichischen Creditanstalt – Wiener Bankverein angehört. Unmittelbar nach dem »Anschluss« war er als einer der zwei als jüdisch geltenden Direktoren der Creditanstalt aus seiner Stellung entfernt worden. Zwei Wochen später verständigte er die Brauerei Zipf schriftlich von seinem Rücktritt. Als Folge wurden in der ersten Verwaltungsratssitzung der Brauerei am 6. August 1938 zwei neue Räte, nämlich der Schwager von Johannes Kretz, Rechtsanwalt Karl Kaser (junior), und ein hochrangiger Mitarbeiter der Brau-AG, Gustav Eder, aufgenommen. Pollak lebte noch etwa vier Jahre in Wien, wurde am 20. Mai 1942 nach Maly Trostinec in der Nähe von Minsk deportiert und wie Tausende andere jüdische Österreicher dort ermordet.[51]

Der – rein auf den Krieg ausgelegte – wirtschaftliche Aufschwung seit März 1938 erfasste die Brauerei Zipf sofort in bemerkenswertem Ausmaß. Da die gefürchtete »Armee der Arbeitslosen« aus der Zeit der Dollfuß/Schuschnigg-Diktatur fast gänzlich in den Arbeitsprozess integriert wurde, gab es mehr Nachfrage und damit mehr Absatz. Wie stark sich das auswirkte, zeigt ein Vergleich der Absatzsteigerung der Brauerei Zipf: Im gesamten Geschäftsjahr von 1. September 1937 bis 31. August 1938 verkaufte die Brauerei um 19 Prozent mehr Bier. In den sechs Monaten von März bis August 1938 waren es jedoch um 35 Prozent mehr als im vergleichbaren Zeitraum des Jahres davor. Zusammen mit einigen Spar- und Konsolidierungsmaßnahmen in der zweiten Hälfte der 1930er Jahre ergab dies eine äußerst günstige Situation für das Unternehmen. Der Reingewinn betrug mehr als das Sechsfache des Vorjahres. Die trügerische Euphorie des

Abb. 9 Adolf Hitler bei der Fahrt nach Linz am 12. März 1938, fotografiert vom Maschinenmeister der Brauerei Zipf.

Aufschwungs nach dem »Anschluss« war also bei der Brauerei angekommen. Im Vergleich zu anderen Brauereien steigerte sich der Bierabsatz der Zipfer Brauerei vorerst noch weniger, denn ihr Absatzgebiet lag hauptsächlich auf dem Land. Da sich der forcierte Wirtschaftsaufschwung aber woanders, nämlich hauptsächlich in den Städten und bei Bau- und Militärkantinen, bemerkbar machte, profitierte die Brauerei Zipf nur von der etwas niedrigeren Steigerung bei der bereits bestehenden Stammkundschaft im ländlichen Gebiet.[52]

Mit dem Gewinn zahlte die Direktion sämtliche Bankschulden zurück, kaufte Autos, Maschinen, Fässer und diverses Inventar im Wert von mehr als 84.000 Reichsmark und bestellte für über 130.000 Reichsmark neue Fahrzeuge und Gebinde. Ein wenig später erstelltes Gutachten gibt Aufschluss über den Effekt der Investitionen: Die Ausstattung der Brauerei Zipf bestand Anfang 1939 aus einem Doppelsudhaus für eine Malzschüttung von etwas über acht Tonnen mit einem Volumen heißer Würze von bis zu 490 Hektoliter in einem Brauvorgang. Im Gärkeller gab es elf Nickel-Bottiche mit 2.860 Hektolitern Fassungsvermögen und Holzbottiche mit 4.308 Hektolitern Gesamtfassung. Im Lagerkeller waren Aluminiumtanks mit 20.000 Hektolitern und Holzfässer mit 27.800 Hektolitern Gesamtfassung vorhanden.[53]

Was das Personal der Brauerei betrifft, führte der »Anschluss« in der Brauerei zunächst zu politisch motivierten Entlassungen: Die Direktion entließ vier

Abb. 10 Die Brauerei Zipf 1938.

ehemalige Mitglieder des den Nationalsozialisten verhassten (weil vor 1938 als Hilfspolizei auch gegen NS-Terroranschläge eingesetzten) »Freiwilligen Schutzkorps« und einen Betriebsrat (dazu unten mehr). Aufgrund der verbesserten Wirtschaftslage kam es im Frühjahr 1938 zu 26 Neueinstellungen. Angesichts der guten Geschäftslage und auch weil in anderen Brauereien (etwa Linz, Göss und Stiegl) dasselbe geschah, ersuchten vier Beschäftigte im Namen der Arbeitnehmerinnen und Arbeitnehmer im Sommer 1938 um eine Gehaltserhöhung. Tatsächlich machte die Brauerei Zipf 1938 die Gehaltskürzungen der Krisenjahre rückgängig: Die Arbeiterschaft erhielt 11,5 Prozent mehr Lohn, die Direktion zehn Prozent und die Angestellten 7,5 Prozent mehr Gehalt. Daneben gab es individuelle Gehaltserhöhungen und Alterszuschüsse für altgediente Mitarbeiterinnen und Mitarbeiter. Außerdem unterstützte das Unternehmen Arbeitnehmerinnen und Arbeitnehmer direkt oder indirekt durch einen Fürsorgefonds mit insgesamt 40.000 Reichsmark, zahlte den Beschäftigten aus Anlass des »Anschlusses« in Summe rund 11.000 Reichsmark als eine »Heim ins Reich«-Spende, und zu Weihnachten 1938 gab es noch einmal eine Zuwendung von über 8.000 Reichsmark für die Belegschaft.[54]

Recht spendabel mit dem Geld der Brauerei zeigte sich der kaufmännische Direktor Kumpfmiller ab dem 12. März 1938 bis zum (noch später zu besprechenden) Ende seines Anstellungsverhältnisses am 30. September 1939, als es darum ging, die nationalsozialistische Bewegung zu unterstützen. Im Wirtschaftsjahr 1937/38 spendete die Direktion der Brauerei Zipf insgesamt fast 12.000 Reichsmark für diverse nationalsozialistische Zwecke. Den größten Brocken machten direkte Zuwendungen an die NSDAP und ihre Gliederungen aus. So gingen 333 Reichsmark im April 1938 an die NSDAP in Linz, im Mai 1.000 Reichsmark an die NSDAP im Rahmen der »Volksspende« und 3.000 Reichsmark an die Kreisleitung Vöcklabruck, im Juli darauf 1.000 Reichsmark an die SA »Standarte 15« im selben Ort. Geringfügige Unterstützungen erhielten die SA Bad Gastein, die SA-Musik Linz, die NS-Frauenschaft, die NSDAP-Ortsgruppe Mauerkirchen und der Hilfsarbeiter Franz Thalhammer, der am Reichsparteitag in Nürnberg teilnahm. Für verschiedene Veranstaltungen, Wahlpropaganda und Aufmärsche wurden außerdem Last- und Personenwagen im Wert von 1.600 Reichsmark zur Verfügung gestellt. Kleinere Beträge gab man für verschiedene Hakenkreuzfahnen und -wimpel, für Hitlerbilder und die Er- und Einrichtung des Büros der Ortsgruppe aus.[55]

Im Braujahr 1938/39 gingen die meisten Spenden an das »Winterhilfswerk des Deutschen Volkes« (WHW). Diese auf Adolf Hitlers Befehl eingerichtete soziale Institution hatte die Aufgabe, jährlich Geld- und Sachspenden für arme Menschen zu sammeln. Das WHW war gesetzlich verankert, dem Reichsminister für Volksaufklärung und Propaganda Joseph Goebbels unterstellt. Zur Durchführung seiner Aufgaben wurde die »Nationalsozialistische Volkswohlfahrt« (NSV) herangezogen, und nach einigen Jahren floss die Mehrheit der durch das WHW eingenommenen Spenden an nationalsozialistische Sozialeinrichtungen. Von der Brauerei Zipf erhielt das WHW Oberdonau im November 1938 13.150 Reichsmark, das WHW Salzburg 2.325 Reichsmark, das WHW Innsbruck 2.275 Reichsmark, und einige Hundert Reichsmark gingen an die WHW-Sammlung der Deutschen Arbeitsfront (DAF) und anderer Stellen. Großzügig gefördert wurde weiters, dass einige Mitarbeiter der Brauerei beim Reichsparteitag in Nürnberg teilnahmen, sowie der Ausbau und die Ausstattung der Parteikanzlei in Zipf. Weitere Zahlungen erhielten noch die NSDAP Neukirchen und die Kreisleitung Vöcklabruck. Diverse nationalsozialistische Organisationen wie die SA-Standarte Zell am See, der NS-Mütterdienst in Frankenburg, der SA-Sturmbann 3, der Bund Deutscher Mädel (BDM) Vöcklabruck, die NS-Frauenschaft Zipf, der SS-Sturmbann 3/37 in Bad Ischl, der SS-Sturm Wels, die NSDAP in Ried und der Reichskolonialbund Oberdonau erhielten kleinere Beträge. Insgesamt betrugen die Spenden 1938/39 rund 32.000 Reichsmark. Zu diesen Zuwendungen kamen noch »Adolf-Hitler-Spenden« in vier Raten zwischen März 1938 und Juni 1939, insgesamt 3.000 Reichsmark.[56] Kumpfmiller spendete nicht auf eigene Faust. Für die großzügigeren Spenden an NS-Stellen holte er sich offenbar die Zustimmung des Präsidenten des Verwaltungsrates, Wilhelm Loderer. Loderer selbst dürfte jedoch konstant unter politischem Druck der (lokalen) NS-Politiker gestanden haben, was seinen Spielraum deutlich einschränkte.[57]

Ein solcher Druck der lokalen Politiker erfolgte zum Beispiel wegen des Arbeiterheimes in Traun. Was die Brauerei überhaupt damit zu tun hatte, erklärt sich aus den Ereignissen des Jahres 1934. Der Verein »Arbeiterheim und Bildungsverein Gleichheit« in Traun betrieb auf einer Liegenschaft mit zwei Häusern und etwa 2.200 Quadratmeter Grund ein Vereinslokal mit Bierausschank. Nach dem Bürgerkrieg kamen diese Objekte unter Zwangsverwaltung, und die Brauerei Zipf konnte sich das Ensemble aneignen, weil sie Forderungen gegen den Arbeiterverein hatte. Leider waren die Verhandlungen mit Kaufinteressenten nicht erfolgreich. Gleichzeitig wollte die Vaterländische Front die Immobilie geschenkt bekommen, was Landesleiter und Landeshauptmann Heinrich Gleißner mehrfach forderte. Die Brauerei widersetzte sich. Nach dem »Anschluss« kam der Bezirkshauptmann von Gmunden, Alfred Graf Lippe-Weißenfeld, auf die Brauereileitung zu und wandte eine »Zuckerbrot und Peitsche«-Taktik an, um das Haus für die NSV zu reklamieren: Die Brauerei dürfe sich nicht widersetzen, da der gesamten Industrie nun einmal »Opfer« abverlangt würden, aber sollte sie das Haus aufgeben, würde er sich dafür einsetzen, dass die Brauerei von weiteren »Opfern« verschont bliebe. Das Haus, in dem der Arbeiterverein den Ausschank betrieben hatte, sollte 1939 nach Verhandlungen mit dem Bezirkshauptmann mit Vorgarten und einem Grundstreifen der NSV ins Eigentum übergeben werden. Die NSV lehnte das Geschenk ab, da sie nicht imstande war, die daran geknüpfte Bedingung, ein Tuberkulose-Fürsorgeheim zu errichten, zu erfüllen. Außerdem hatte der Landrat Linz-Land bereits ein solches Heim errichtet. Letztendlich schenkte die Brauerei Zipf das Haus dem Gau Oberdonau für Zwecke der Tuberkulosefürsorge.[58]

3.2.2 Die NS-Arbeitsorganisation

Die Nationalsozialisten hatten die deutsche Wirtschaft bereits 1934 ganz in ihrem Sinne gestaltet, und zwar mit dem »Gesetz zur Ordnung der nationalen Arbeit« (genannt Arbeitsordnungsgesetz, AOG), das mit der »Zweiten Verordnung über die Einführung sozialrechtlicher Vorschriften im Lande Österreich« dort per 10. Juli 1938 in Kraft gesetzt wurde.[59] Darin kamen einige grundlegende Ideen zum Ausdruck, die bereits um 1900 entstanden waren. Der US-amerikanische Ingenieur und Manager Frederick Winslow Taylor hatte sich um die Jahrhundertwende mit der Rationalisierung der industriellen Produktion beschäftigt, indem er Arbeitsabläufe studierte und daraus zeitlich und arbeitstechnisch optimierte Prozesse entwickelte. Er nannte die Gesamtheit seiner Rationalisierungsideen »wissenschaftliches Management«. Dabei vertrat er auch die Meinung, dass die

Interessen von Arbeitgebern und Arbeitnehmern nicht entgegengesetzt seien, sondern im Wesentlichen auf das Gleiche hinausliefen: Beide Gruppen wollten, so Taylor, Leistung und Produktion steigern, wodurch die Arbeitnehmer mehr Lohn erhalten würden, mehr Konsum möglich werde und mehr Waren abgesetzt werden könnten. Dies führe zu mehr Gewinnen, welche die Unternehmer wiederum investieren könnten, um die Produktion zu erhöhen.[60]

Diese Idee mischte sich im Deutschland des frühen 20. Jahrhunderts mit einigen dort entstandenen Strömungen, wie zum Beispiel mit der »Werkgemeinschaftsideologie«. Sie richtete sich gegen die aufstrebende Arbeiterbewegung und betonte die Identifikation mit dem eigenen Betrieb. Dort sollten alle Beteiligten ihr eigenes Wohlergehen dem des Unternehmens unterordnen. »Gelbe Gewerkschaften«, die den Arbeitskampf ablehnten, eine »wirtschaftsfriedliche« Gesinnung an den Tag legten und auf Kooperation mit den Unternehmern setzten, waren ein Ausdruck davon. Zur Werkgemeinschaftsideologie gesellte sich vielfach eine – über die paternalistische Tradition mancher Großbetriebe hinausgehende – Idee einer »sozialen Betriebspolitik«: Sie sollte neben den betrieblichen Wohlfahrtseinrichtungen wie etwa Werkswohnungen, Krankenbetreuungseinrichtungen oder Kantinen auch das Zusammengehörigkeitsgefühl stärken. Durch gemeinsame Feiern, Ausflüge, Sportveranstaltungen und andere gruppenbildende Maßnahmen sollte »Korpsgeist«, »Betriebsstolz« und Identifikation mit dem Unternehmen gefördert werden. Daneben kursierten in Deutschland Ansichten, dass der Staat die Rationalisierungs- und Gemeinwirtschaftsideologien steuern und somit in die Wirtschaft eingreifen sollte. Diese »staatskorporatistischen Ideen« waren bei Unternehmern wenig beliebt, sie flossen zusammen mit anderen Aspekten in die Ansicht ein, dass man das »Gemeinwohl« mit Produktionssteigerungen verband. Nach der Weltwirtschaftskrise, welche eine Durchsetzung der Rationalisierungsidee verhindert hatte, waren es nun die Nationalsozialisten, welche das eben beschriebene Bündel von Ideen auf ihre Art umsetzten.[61]

Der deutsche Jurist Rolf Dietz identifizierte drei wesentliche Ideen des AOG: »1. Die Betonung der Gemeinschaft aller im Betrieb Arbeitenden ohne Rücksicht auf ihre Stellung als der bestimmenden und gestaltenden Grundlage. 2. Die Übertragung des Führergedankens in den Betrieb und in das Arbeitsrecht überhaupt. 3. Die Eingliederung der Arbeit im Betrieb in das Leben der ganzen Nation, d. h. Wertung jeder Arbeit als Dienst an Volk und Staat.«[62] Die Nationalsozialisten übernahmen also das Konzept der Werksgemeinschaft als »Betriebsgemeinschaft«. Vorbild und übergeordnet war ihr die »Volksgemeinschaft«, was auch bedeutete, dass rechtlose Gruppen wie KZ-Häftlinge, aber auch ausländische (Zwangs-)Arbeiter im NS-Staat nicht Teil der Betriebsgemeinschaft waren.[63]

In der Betriebsgemeinschaft hatten laut Paragraf eins des AOG »der Unternehmer als Führer des Betriebes, die Angestellten und Arbeiter als Gefolgschaft gemeinsam zur Förderung der Betriebszwecke und zum gemeinsamen Nutzen von Volk und Staat« zusammenzuarbeiten. Daraus leiteten sich »Pflichten der sozialen Ehre« ab, wie etwa die Fürsorgepflicht des Unternehmers und die Treuepflicht der Arbeitnehmer. Hier herrschte allerdings eine große Schieflage: Die »Betriebsführer« mussten nur in zumutbarem, von den Betriebsmöglichkeiten begrenztem Maße für das Wohl der Untergebenen sorgen. Die sogenannte »Gefolgschaft« hatte jedoch bei Bedarf Überstunden auch an Feiertagen zu leisten, und sie war von ihrer Treue nicht entbunden, wenn der Unternehmer seine Fürsorgepflicht vernachlässigte.[64] Die Betriebsgemeinschaft wurde nach dem Führerprinzip geleitet. Entweder der Unternehmer oder die Person, die das Unternehmen tatsächlich leitete – etwa Organwalter bei juristischen Personen wie Kapitalgesellschaften –, war Betriebsführer. Dieser hatte ein weitreichendes Entscheidungsrecht »in allen betrieblichen Angelegenheiten« zur »Führung der Betriebsgemeinschaft«, setzte Arbeitsbedingungen fest, verhängte Strafen und erließ Betriebsordnungen. Zwar war er theoretisch zu verantwortungsvoller, auf Vertrauen basierender Leitung verpflichtet, es gab jedoch keine übergeordnete Instanz, der er selbst zu Gehorsam verpflichtet gewesen wäre.[65]

Einzig der »Vertrauensrat« des Betriebes hatte gewisse, eingeschränkte Möglichkeiten, das Verhalten des Betriebsführers zu kontrollieren. Er bestand je nach Größe des Betriebes (ab 20 Beschäftigten) aus zwei bis höchstens zehn ehrenamtlichen Mitgliedern. Sie wurden vom Betriebsführer in Zusammenarbeit mit dem jeweiligen »Obmann der nationalsozialistischen Betriebszellen-Organisation«, also dem sogenannten »Betriebsobmann« der DAF, immer für ein Jahr bestimmt, wodurch die Partei hier einigen Einfluss hatte. Die Belegschaft konnte zu dem einzigen Vorschlag nur durch Abstimmung »Stellung nehmen«. Der Vertrauensrat hatte dem Betriebsführer bei einer Reihe von Themen »beratend zur Seite« zu stehen, »die der Verbesserung der Arbeitsleistung, der Gestaltung und Durchführung der allgemeinen Arbeitsbedingungen« dienten, sowie bei Fragen des Betriebsschutzes und bei Streitigkeiten. Die Entscheidung lag aber stets beim Betriebsführer, der auch immer die Sitzungen des Vertrauensrates einberief und leitete. Somit war dieses Gremium sehr von der Führung des Betriebes abhängig, Absprachen durften ohne sie nicht getroffen werden, und Informationsrecht gab es auch keines. Die wenigen handfesten Befugnisse des Vertrauensrates waren, dass die Hälfte seiner Mitglieder verlangen konnte, dass er einberufen wurde. Eine Mehrheit im Vertrauensrat konnte gegen Entscheidungen des Betriebsführers über die Gestaltung der allgemeinen Arbeitsbedingungen den sogenannten

»Reichstreuhänder der Arbeit« anrufen. Dies aber nur, »wenn die Entscheidungen mit den wirtschaftlichen oder sozialen Verhältnissen des Betriebes nicht vereinbar« erschienen.[66]

Die »Reichstreuhänder der Arbeit« waren Staatsbeamte, die vom Reichsarbeitsminister zusammen mit dem Reichswirtschaftsminister im Einvernehmen mit dem Reichsminister des Innern für bestimmte größere Wirtschaftsgebiete ernannt wurden. Auf dem Gebiet der »Ostmark« waren dies die Wirtschaftsgebiete »Wien-Niederdonau«, »Oberdonau«, »Steiermark-Kärnten« und »Tirol-Salzburg«. Die Reichstreuhänder überwachten ganz generell die Einhaltung des AOG und repräsentierten vorgeblich die »gestaltende Kraft der Staatsführung in der Verfassung und Leitung der nationalen Arbeit«. Insbesondere beaufsichtigten sie die Bildung und die Geschäftsführung von Vertrauensräten und entschieden in entsprechenden Streitfällen. Bei einer Anrufung durch den Vertrauensrat konnten sie die Entscheidungen des Betriebsführers aufheben und selbst erforderliche Regelungen treffen. Außerdem waren sie bei (Massen-)Entlassungen und Betriebsstilllegungen entscheidungsbefugt, billigten die Inkraftsetzung von Betriebsordnungen, überwachten deren Einhaltung und mussten zustimmen, wenn Löhne und Gehälter geändert werden sollten.[67]

Die Reichstreuhänder der Arbeit wirkten nicht zuletzt auch bei den »sozialen Ehrengerichten« mit. Diese Sondergerichte sollten die »soziale Ehre«, den neuen, vorgeblichen Maßstab des Sozialideals, schützen und bei Zuwiderhandeln Strafen aussprechen. Ein Verstoß gegen die soziale Ehre lag laut AOG vor, wenn der »Unternehmer, Führer des Betriebes oder sonstige Aufsichtspersonen unter Mißbrauch ihrer Machtstellung im Betriebe böswillig die Arbeitskraft der Angehörigen der Gefolgschaft ausnutzen oder ihre Ehre kränken«. Ebenso ein Verstoß war es, wenn »Angehörige der Gefolgschaft den Arbeitsfrieden im Betriebe durch böswillige Verhetzung der Gefolgschaft gefährden, sich insbesondere als Vertrauensmänner bewußt unzulässige Eingriffe in die Betriebsführung anmaßen oder den Gemeinschaftsgeist innerhalb der Betriebsgemeinschaft fortgesetzt böswillig stören [... oder] Angehörige der Betriebsgemeinschaft wiederholt leichtfertig unbegründete Beschwerden oder Anträge an den Treuhänder der Arbeit richten oder seinen schriftlichen Anordnungen hartnäckig zuwiderhandeln«. Außerdem durften Vertrauensratsmitglieder Betriebs- oder Geschäftsgeheimnisse nicht verraten. Beantragt wurde eine Ehrengerichtsverhandlung vom Reichstreuhänder der Arbeit, der auch als »Vorermittler« tätig war. Das Gericht setzte sich aus einem richterlichen Beamten als Vorsitzendem und einem Betriebsführer und einem Vertrauensmann als Beisitzer zusammen und konnte Warnungen, Verweise und Entlassungen aussprechen sowie Geldstrafen verhängen.[68]

Kernstück der nationalsozialistischen Betriebsverfassung war die Betriebsordnung. Sie war bei einer Belegschaft von mehr als 20 Beschäftigten verpflichtend. Es stand ausschließlich dem Betriebsführer zu, sie zu erlassen, zu ändern oder aufzuheben. In ihr mussten Bestimmungen über die täglichen Arbeitszeiten und Pausen sowie über die Art der Auszahlung des Entgeltes enthalten sein, und es konnten Regelungen zu Akkordlohn, Bußen, Bestrafungen und zu Entlassungen enthalten sein, wenn sie im Betrieb gelten sollten. Darüber hinaus durfte der Betriebsführer alle sonstigen Arbeitsbedingungen, Sozialleistungen und das soziale Leben im Betrieb etwa durch die Organisation von Feiern und Appellen in der Betriebsordnung regeln. Sie war von der Zustimmung der Reichstreuhänder der Arbeit abhängig, und wenn der Lohn oder das Gehalt geändert werden sollte, mussten diese ihr Einverständnis geben.[69]

3.2.3 Überraschungen bei der Einführung der NS-Arbeitsorganisation in Zipf

Die leitenden Angestellten der Brauerei Zipf waren sich bald nach dem »Anschluss« im Klaren darüber, dass die Brauwirtschaft in nächster Zeit auch in Österreich mit neuen Regelungen konfrontiert werden würde. Um herauszufinden, welche Neuerungen auf sie zukommen würden, fuhren der kaufmännische Direktor Moritz Kumpfmiller und der technische Direktor Franz Schreiber nach München, um sich bei bayerischen Kollegen zu informieren. Neben anderen das Unternehmen betreffenden Fragen wurde auch besprochen, wer Betriebsführer werden könne. Laut Auskunft der deutschen Brauereifachleute war es üblich, die technischen Direktoren der Brauereien zu Betriebsführern zu bestellen. Sie hatten im industriellen Betrieb jeden Tag unmittelbar mit den Beschäftigten zu tun, um die Produktion am Laufen zu halten, und waren so am besten dafür geeignet.[70]

Im Laufe der folgenden Monate stellte sich heraus, dass nicht Schreiber, sondern Kumpfmiller der Favorit der lokalen NS-Funktionäre für das Amt des Betriebsführers war. Dies hatte wohl mit seiner langjährigen Nähe zum Nationalsozialismus zu tun: Laut eigenen Angaben war er im März 1933 der NSDAP beigetreten, nach deren Verbot im Juli desselben Jahres aber wieder ausgetreten. Innerlich dürfte sich Kumpfmiller jedoch nicht vom Nationalsozialismus distanziert haben. Nach dem »Anschluss« brüstete er sich in seinem erneuten Aufnahmeansuchen bei der NSDAP mit »gelegentliche[n] Spenden, […] Werbung für die NSDAP […], Verbreitung nat.soz. Gedankengutes, massgebliche[r] Mitwirkung bei Errichtung der Betriebszellenorganisation bei der Oberbank Linz […], Unterstützung der Parteiorganisation während der Verbotszeit in Zipf, worüber Ortsgruppenleiter Peter Spielbauer jederzeit Auskunft geben kann.«[71]

Sicherlich waren derartige Aussagen nach dem »Anschluss« bis zu einem gewissen Grad übertrieben, um sich den neuen Machthabern in einem besseren Licht darzustellen. In Zipf galt Kumpfmiller jedoch Anfang 1938 als »Illegaler« mit langjähriger großer Nähe zum Nationalsozialismus, und seine Sekretärin Hermine Berger hatte einigen informierten Angaben zufolge in der sogenannten »Verbotszeit« die Kasse der geheimen NSDAP-Ortsgruppe Zipf-Neukirchen geführt. Aufgrund dieser politischen Verlässlichkeit dem Nationalsozialismus gegenüber war wohl Ortsgruppenleiter Spielbauer sehr interessiert daran, Kumpfmiller und nicht den politisch bis dahin nicht in Erscheinung getretenen Schreiber als Betriebsführer einzusetzen. Einen äußeren, für die Argumentation nützlichen Grund für die Präferenz für Kumpfmiller fand Spielbauer in dessen »unbestrittener Tüchtigkeit als Sanierer« des Unternehmens 1936 bis 1938. Dafür war dem wirtschaftlichen Direktor auch von Sophie Limbeck-Lilienau und Emilie Schaup noch kurz vor dem »Anschluss« persönlich gedankt worden.[72]

Spielbauer und Kumpfmiller dürfte eine sehr enge Gesinnungsgemeinschaft verbunden haben, die sich auch in einer reibungslosen Zusammenarbeit zeigte, wie anhand einer Episode aus dem Mai 1938 illustriert werden kann. Nach dem »Anschluss« beschlagnahmte Spielbauer die von der Belegschaft geführte Privatkasse. Sie enthielt damals etwa 3.000 Schilling, war schon einmal temporär von der Heimwehr eingezogen worden und war für fallweise individuelle Zuschüsse bei Anlässen wie Todesfällen oder Hochzeiten gedacht. Der seit 1902 im Unternehmen beschäftigte Brauer Franz Andorfer, ein ehemaliger Sozialdemokrat und Betriebsrat der Brauerei, beschwerte sich im Kreis seiner Kollegen darüber wie folgt: »Die Patzi haben uns auch wieder das Geld weggenommen [...].« Dies wurde den NSDAP-Funktionären und der Unternehmensführung zugetragen, Andorfer in die Direktion zitiert und am 9. Mai 1938 von Ortsgruppenleiter und Direktor gemeinsam entlassen.[73]

Die laut Andorfer »engen Kontakte« des NS-affinen Kumpfmiller zum als Brauereibuchhalter tätigen Spielbauer zahlten sich bald aus. Es zeichnete sich nämlich zwischen den NS-Funktionären und der Gruppe der Mehrheitseigentümer im Zipfer Verwaltungsrat ein Konflikt um die Person des zukünftigen Betriebsführers ab. Aufgrund der langjährigen Erfahrung von Franz Schreiber – er war schon seit 1925 in der Brauerei technischer Direktor – waren die maßgeblichen Personen des Familiensyndikats für ihn als Betriebsführer. Außerdem verstand sich Kumpfmiller im Laufe der Zeit immer besser mit den Vertretern der Österreichischen Brau-AG, was den Mitgliedern der Familiengruppe missfiel. Noch bevor etwas formell beschlossen wurde, ergriff im Sommer 1938 aber zunächst der auch als Betriebsobmann der DAF tätige Spielbauer die Initiative und bestimmte Kumpfmiller zum Betriebsführer. Gemäß AOG war es aber nicht vorgesehen, dass DAF oder NSDAP in einem Betrieb autonom über den Betriebsführer entschieden. Dieser musste entweder der Unternehmer selbst sein oder vom Eigentümer ausgesucht werden – im Fall der Zipfer Aktiengesellschaft konnte dies nur der Verwaltungsrat tun. Der Präsident des Verwaltungsrates, Wilhelm Loderer, hatte sich bereits angeschickt, den Wunsch der Mehrheitsgruppe umzusetzen, als er bei einem Treffen mit DAF-Funktionären unter Druck gesetzt wurde, Kumpfmiller zu unterstützen. Loderer versuchte zunächst Widerstand zu leisten, beugte sich aber schließlich dem offenbar starken Druck der Nationalsozialisten und stellte ihnen in Aussicht, dass der Verwaltungsrat den neuen Betriebsführer nachträglich bestätigen werde. Loderer empfahl den Vertretern der Familiengruppe vor der nächsten Sitzung des Verwaltungsrates, dem Willen der Partei nachzugeben. Am 6. August 1938 fand die nächste Sitzung des Verwaltungsrates statt. Kurz vor der Sitzung wirkte Loderer auf Mitglieder der Familiengruppe ein, um einen Eklat zu verhindern – mit Erfolg: Der Antrag wurde laut Protokoll einstimmig angenommen, wobei der frisch gewählte Betriebsführer Kumpfmiller auch Schriftführer war und Enthaltungen unter den Tisch fallen ließ.[74]

Der neue Betriebsführer hielt sich nicht mit dem wirtschaftlichen Tagesgeschäft auf, sondern trieb die Einführung der NS-Arbeitsorganisation voran. Am 1. Jänner 1939 schlug er der NSDAP-Kreisleitung in Vöcklabruck folgende Mitarbeiter für den Vertrauensrat vor: den NSDAP-Ortsgruppenleiter, DAF-Betriebsobmann und Angestellten der Brauerei Peter Spielbauer, die Hilfsarbeiter Franz Enzinger, Georg Hofer und Franz Thalhammer und den Angestellten Franz Gumpelmayer als Vertrauensräte sowie den Maschinenmeister Alois Lenz und die Hilfsarbeiter Franz Huemer, Franz Zopf, Alois Wienerroither und Anton Lengauer als die jeweiligen Stellvertreter. Der Vöcklabrucker Kreisleiter Franz Neyder bestätigte den Vorschlag umgehend.[75]

3.2.4 Die Affäre um die neue Betriebsordnung

Bei der Verwaltungsratssitzung vom 6. November 1938 wies Kumpfmiller darauf hin, dass gemäß einer Anordnung des Reichstreuhänders der Arbeit eine Betriebsordnung zu erstellen sei, und ließ dem Verwaltungsrat einen Entwurf zukommen. Dieser sah in Übereinstimmung mit anderen Brauereien einige soziale Zugeständnisse vor, die auch andere Brauereien in ihre Betriebsordnungen übernehmen würden. Da es sich um einen Rohentwurf handelte, setzte der Verwaltungsrat ein Komitee unter der Leitung von Wilhelm Loderer ein, um eine definitive Betriebsordnung auszuarbeiten. In derselben Sitzung beschloss der Verwaltungsrat auf Vermittlung und Empfehlung von Johannes Kretz, einen neuen Direktionsmitarbeiter aufzunehmen, und zwar den ihm bekannten Weltkriegsteilnehmer und Juristen Arthur Sixl. Er sollte laut einigen Familienmitgliedern als Gegengewicht und Korrektiv zum kaufmännischen Direktor fungieren und wurde bald darauf beauftragt, zum Rohentwurf der Betriebsordnung Stellung zu nehmen. Sixl fertigte einen Kommentar an, in dem er sehr offen seine Meinung über den nationalsozialistischen Gehalt äußerte. So soll er angemerkt haben, die Betriebsordnung enthalte die »übliche[n] NS-Predigten«, Teile davon seien »Schmonzes« und es gäbe die »Gefahr des Tachinierens [Faulenzens, Anm. d. A.] auf Kosten der A.G.«, wenn Betriebsangehörige wegen NS-Betätigungen Freistellungen erhielten. Sixl ließ den Brief Johannes Kretz zukommen. Kretz fügte einige Bemerkungen hinzu, informierte den drängenden Verwaltungsratspräsidenten Loderer und sandte die Stellungnahme an ihn ab.[76]

Die nicht sehr schmeichelhaften Kommentare Sixls gelangten jedoch an die Geheime Staatspolizei (Gestapo) in Linz. Wie das passierte, ist nicht ganz geklärt, da faktisch nur Aussagen und Vermutungen aus der Nachkriegszeit vorliegen: Johannes Kretz gab nach dem Krieg zu Protokoll, dass er Loderer angerufen und gebeten habe, keine Betriebsordnung zu genehmigen, ohne die Kommentare von Sixl gelesen zu haben, und stellte ihm daraufhin den erwähnten Brief in Aussicht. Dieses Gespräch soll der ehemalige Forstbeamte, glühende Nationalsozialist und nach dem Umbruch Frankenburger Bürgermeister August Dellacher abgehört haben und daraufhin einer Postbeamtin, die die Nichte des Kreisleiters war, den Auftrag gegeben haben, den Brief abzufangen. Von Dellacher, so Kretz, sei der Brief dann an Moritz Kumpfmiller gelangt, der erbost über die Kommentare zur von ihm ausgearbeiteten Betriebsordnung eine Kopie habe anfertigen lassen und einer NSDAP-Stelle oder der Gestapo direkt übergeben habe. Ähnliches wollte Arthur Sixl im Zuge seines Verhörs durch die Gestapo erfahren haben, nämlich dass der kaufmännische Direktor der Brauerei den Kommentar weitergab.[77]

Der ehemalige Kreisleiter Franz Neyder behauptete hingegen nach 1945, der Zipfer Ortsgruppenleiter Spielbauer sei in den Besitz des kommentierten Entwurfes der Betriebsordnung gekommen. Er habe dann Anzeige bei der Kreisleitung und der DAF erstattet. Letztere habe die Gestapo eingeschaltet, welche dann aus dem Kreis mehrerer Verdächtiger als Urheber Sixl identifiziert habe. August Dellacher sah den Ursprung der Affäre ebenso bei Spielbauer, der laut Dellacher selbst die Gestapo involviert habe. Direktor Kumpfmiller wies später jede Beteiligung daran zurück und behauptete, von der Kreisleitung als Verdächtiger verhört worden zu sein.[78] All diese Aussagen sind mit Vorsicht zu genießen, denn die Verantwortung wurde von den zwei NS-Funktionären nach dem Krieg auf einen Toten, nämlich den Ortsgruppenleiter Spielbauer, geschoben, der sich nicht mehr äußern konnte. Ob nicht Kumpfmiller, womöglich in böser Absicht, den Brief zumindest an Spielbauer oder gleich an höhere NS- oder Polizeistellen weitergegeben hat, bleibt eine offene Frage.

Wie dem auch sei, am Morgen des 21. November 1939 wurden Arthur Sixl in Graz, Wilhelm Loderer in Frankenburg und Johannes Kretz in Wien von der Gestapo nach Hausdurchsuchungen verhaftet. Loderer und Kretz blieben drei Wochen in Haft. Erst als Sixl ein Geständnis abgelegt hatte und die Gestapo deswegen zum Schluss gekommen war, dass Loderer und Kretz selbst keine kompromittierenden Kommentare abgegeben hatten, durften sie – nicht ohne die Androhung, bei weiterer »staatsfeindlicher Tätigkeit« in ein KZ zu kommen – das Gefängnis wieder verlassen. Loderer wurde wenig später Ziel eines aggressiven Artikels im »Österreichischen Beobachter«. Dieses NS-Blatt bezeichnete sich selbst als »Traditionsblatt der alten Kämpfer« und machte sich mit besonderer Vorliebe in äußerst gehässiger Weise über (ehemalige) politische Gegner lustig. Unter dem Titel »Das ist der Loderer« brachte das Blatt in seiner Dezemberfolge 1938 einen eineinhalbseitigen Hetzartikel, über dem ein halbseitiges Foto des Zipfer Verwaltungsratspräsidenten prangte. Loderer wurde vorgeworfen, nur den »Interessen des Großgrundbesitzes« zu dienen, »manche[n] nationale[n] Bauern« in den Untergang getrieben zu haben, seinen Angestellten im Forstgut keine freien Sonn- und Feiertage bewilligt zu haben und überdies gierig zu sein: »[Ü]berall, wo etwas zu verdienen war – auch wenn es dort bisweilen etwas dunkel zuging – hatte er seine Finger im Spiel.« Zur Charakterisierung Loderers wurde zudem behauptet, er habe sich vor dem Wehrdienst gedrückt und sei ein politischer Wendehals. Der Artikel gipfelte in der Aufforderung, dass der als »Volksschädling« Beschimpfte von seinen Positionen entfernt werden sollte. Loderer sollen außerdem in der Zeit danach immer wieder Fensterscheiben seiner Wohnung eingeworfen worden sein. Er starb nur zwei Jahre später, nachdem sich eine bereits bestehende Herzerkrankung rapide verschlechtert hatte. Johannes Kretz verlor seine Wohnung in Zipf, war als Arzt in Linz zu exponiert und übersiedelte daher nach Wien. Arthur Sixl hingegen traf der Zorn der NS-Machthaber härter: Er wurde brutal verhört, saß etwa acht Monate im Polizeigefängnis in Linz, konnte nur knapp der Einweisung in ein KZ entgehen und wurde nach dem sogenannten »Heimtückegesetz« zu drei Monaten Gefängnis verurteilt. Seine Frau wurde ebenfalls verhört. Danach durfte Sixl zunächst keinen Beruf ausüben, nicht in die Steiermark zu seiner Familie zurückkehren und konnte erst ab Kriegsbeginn als Arbeiter in einem Steinbruch tätig werden.[79]

Für die Brauerei Zipf hatte diese Affäre weitreichende Auswirkungen, da das gesamte Unternehmen in den Augen maßgeblicher Personen der NS-Führung im Lande diskreditiert war. Am 21. November 1938 bestellte nämlich der Gauwirtschaftsberater Oskar Hinterleitner[80] einen gewissen Werner Kaltenbrunner zum geschäftsführenden Präsidenten des Verwaltungsrates der Brauerei Zipf. Kaltenbrunner war seit 1931 in einer Rechtsanwaltskanzlei in Vöcklabruck tätig, war überzeugtes NSDAP-Mitglied und nach dem »Anschluss« Leiter der NS-Rechtsbetreuungsstelle für den Kreis Vöcklabruck. Eine besondere Bedeutung erlangte er in der NS-Hierarchie allerdings als Bruder des langjährigen führenden (schon illegalen) SS-Mitglieds Ernst Kaltenbrunner, der Ende 1938 gerade Staatssekretär für Sicherheitswesen in der »Ostmark« war, 1943 zum Chef des Reichssicherheitshauptamtes aufsteigen und 1946 in Nürnberg als einer der Hauptkriegsverbrecher unter anderem wegen seiner Beteiligung am Mord an den europäischen Juden hingerichtet werden sollte.[81] Die Brüder hatten beide in Graz studiert, waren Mitglieder bei derselben Grazer Burschenschaft (»Arminia«) und standen danach weiter in engem Austausch. So vermittelte Werner seinem Bruder etwa wichtige Kontakte zur Salzburger SS, noch bevor dieser 1937 zum »Führer des SS-Oberabschnitts Donau« (also damals ganz Österreichs) ernannt wurde. Werner Kaltenbrunner war bereits Anfang November 1938 in den Zipfer Verwaltungsrat kooptiert worden, da Sophie Limbeck-Lilienau ihr Mandat im Verwaltungsrat zurückgelegt hatte.[82]

Gleichzeitig mit der Ernennung Kaltenbrunners zum Präsidenten wurde der bisherige Verwaltungsrat seiner Tätigkeit enthoben, und der Gauwirtschaftsberater legte die Besetzung des neuen Verwaltungsrates fest. Dieser sollte aus Kaltenbrunner als Präsident und Wilhelm Limbeck-Lilienau als Vizepräsident bestehen. Daneben sollten zwei weitere Vertreter der Familiengruppe bestimmt werden, die jedoch von der NSDAP bestätigt werden mussten. Für die Österreichische Brau-AG blieben, ohne dass eine Bestätigung notwendig gewesen wäre, Ferdinand Falkensammer, Julius Seiler und Gustav Eder im Verwaltungsrat. Dazu kam noch je ein Vertreter der Kreisleitung und der Gauleitung.[83] Bis zur nächsten Verwaltungsratssitzung am 9. Jänner 1939 mussten daher Johannes Kretz, Wilhelm Loderer, Karl Kaser und – auf Betreiben von Seiler und Kumpfmiller – auch Fritz Kretz senior ihre Verwaltungsratsposten niederlegen. An ihre Stelle traten im Jänner 1939 zunächst Alfred Eiblmayr, Max Krackowizer (beide Angehörige der NSDAP-Kreisleitung Vöcklabruck, Ersterer als Organisationsleiter und bald darauf Kreisleiter in Wels, Letzterer auch als Rechtsberater) und Franz Achleitner, während lediglich Wilhelm Limbeck-Lilienau und Otto Foltz noch die Eigentümerfamilie repräsentierten. Kaltenbrunners Wahl zum Präsidenten erfolgte gemäß den Vorgaben der Nationalsozialisten.[84] Die Nachkommen des Brauereigründers waren damit in der Minderheit und somit in ihrem eigenen Unternehmen entmachtet.

3.2.5 Die Betriebsordnung der Brauerei Zipf

Die letztlich in Geltung gesetzte »Betriebsordnung der Brauerei Zipf Aktiengesellschaft vorm. Wm. Schaup«[85] regelte die NS-Arbeitsorganisation der Brauerei in 25 Punkten. Einleitend wurde darin pathetisch festgehalten, dass die »Voraussetzung, daß ein Volk zu allgemeinem Wohlstand kommen kann«, die »Bildung einer wirtschaftlichen Volks- und Leistungsgemeinschaft« sei. Es solle in den Betrieben, den »wichtigsten Zellen des Wirtschaftslebens«, ein »echter, volksgebundener Gemeinschaftssinn« herrschen, also die NS-Betriebsgemeinschaft verwirklicht werden. Als Mittel dazu proklamierte die von der Betriebsführung geschaffene Betriebsordnung »Arbeitsgerechtigkeit« und die »Anerkennung und Achtung der sozialen Ehre«. »Betriebsführer« und »Gefolgschaft« sollten gemäß Punkt eins dem »Wohle des Betriebes« und dem »Nutzen von Volk und Reich« dienen. Beide sollten, so Punkt zwei, »ihre ganze Arbeitskraft und ihr ganzes Können« einsetzen, denn nur beste Leistung könne »die Erfüllung sozialer Forderungen« möglich machen. Forderungen der NS-Gemeinschaftsordnung seien »Pflege guter Kameradschaft, gegenseitige achtungsvolle Behandlung [...] und Vermeidung von Unaufrichtigkeit, Streit und Missgunst«. Betriebsführer und Gefolgschaft solle ein »guter Wille« verbinden, so die floskelhaften Aussagen.

Konkreter wurde die Betriebsordnung dann ab Punkt drei: Der Betriebsführer hatte den Betrieb im nationalsozialistischen Sinne zu leiten, gegebenenfalls die Vertrauensmänner gemäß AOG zur Beratung beizuziehen. Die Gefolgschaftsmitglieder wiederum mussten den Betriebsführer unterstützen und ihm »die Treue halten«. Eine Verantwortung vor dem »Ehrengerichte« bei Verstößen gegen »Ehre« oder »Sinn und Zweck der Betriebsgemeinschaft« drohte sowohl dem Betriebsführer als auch den Gefolgschaftsmitgliedern gemäß Punkt vier. Alle betrieblichen Angelegenheiten seien, wie in Punkt fünf dargelegt, »in kameradschaftlichem Einvernehmen« zu regeln: Wünsche, (Verbesserungs-)Vorschläge und Mängel sollten dem Vorgesetzten oder Betriebsführer gemeldet werden, nur im Falle, dass keine Abhilfe zu finden sei, sollten externe Stellen involviert werden.

Die Betriebsführung erwartete »Gemeinschaftsgefühl, Ordnungssinn und Pflichtbewusstsein«, sodass keine besonderen Sauberkeitsvorschriften notwendig seien. Die Meister und Vorgesetzten sollten in diesem Zusammenhang die Arbeit mit Maschinen überwachen. Kraftfahrer sollten die Verkehrsregeln beachten, keine Dritten befördern oder von ihnen Aufträge annehmen und die Fahrzeuge gewissenhaft behandeln. Vorschriften zur Unfallverhütung seien von der Belegschaft zu beachten und von den Meistern zu überwachen, Unfälle rasch zu melden. Bei Elementarereignissen legte die Betriebsordnung eine »klare Pflicht aller Betriebsangehörigen […] zur Hilfeleistung« fest. Betriebsfremde Personen durften ohne Bewilligung nicht in die Brauerei, über betriebliche Angelegenheiten durfte Dritten keine Auskunft gegeben werden, so die Punkte sechs bis neun und 17.

Die Punkte zehn und 18 betrafen Einstellungen und Entlassungen: Sie erfolgten durch den Betriebsführer, der »Arbeiter der Stirn und der Faust« auch beliebig unter Beibehaltung der Bezahlung versetzen konnte. Einstellungs- und Gesundenuntersuchungen waren vorgesehen. Die Auflösung des Arbeitsverhältnisses war mit gestaffelten Kündigungsfristen für »Arbeiter der Faust« je nach Dauer des Arbeitsverhältnisses verknüpft (beginnend bei zwei Wochen nach einem Jahr Beschäftigung bis hin zu vier Wochen nach zehn Jahren), die Räumung von Betriebswohnungen hatte zeitnah zu erfolgen, und vor Kündigungen und Entlassungen war die Beratung mit dem Vertrauensrat obligatorisch.

Die Arbeitszeit betrug laut Punkt elf 48 Stunden in der Woche, wobei in kaufmännischen Abteilungen und im technischen Betrieb unter der Woche feste Arbeitszeiten vormittags und nachmittags mit einer eineinhalbstündigen Mittagspause bestanden. An Samstagen wurde nur am Vormittag gearbeitet. Schichtarbeiter hatten dieselbe Wochenarbeitszeit, die genauen Uhrzeiten wurden vom Betriebsführer festgelegt. Pausen hatten sie keine, allerdings durfte »ein Imbiß eingenommen werden, ohne daß hiedurch der Dienst beeinträchtigt« werde. Die Betriebsführung konnte die Lage der Arbeitszeit sowohl »im Interesse des Betriebes als auch der Freizeitgestaltung der Gefolgschaft« bestimmen, Sonn- und Feiertagsarbeit konnte bei Notwendigkeit angeordnet werden. Punkt zwölf regelte Krankmeldungen spätestens am dritten Tag mit Krankenschein, Punkt 13 wiederum die verschiedenen Modalitäten der Lohnauszahlungen. Arbeiterlöhne wurden jeweils am Freitag in Lohnsäckchen verteilt, Angestelltengehälter im Vorhinein am letzten Arbeitstag des Vormonats ausgezahlt. Weihnachtszuschüsse gelangten am 15. Dezember zur Verteilung. Im selben Punkt regelte man Abrechnung und Vergütung von Mehrarbeit beziehungsweise Kürzungen bei Verhinderungen.

Punkt 14 regelte den Urlaub, der möglichst über das ganze Jahr zu verteilen war und mithelfen solle, »Gesundheit und Arbeitskraft des schaffenden Menschen zu erhalten und zu fördern«, weswegen Abgeltung unzulässig war. Großzügige Ausnahmen gab es für politische Tätigkeit: »Gefolgschaftsmitglieder, die in besonderen Fällen zu Dienstleistungen von Behörden oder der NSDAP herangezogen werden oder im Auftrage der Partei und deren Gliederungen und angeschlossenen Verbänden an Veranstaltungen (Reichsparteitag, Erntedankfest, Schulungskurse u.a.) teilnehmen, erhalten hiezu einen Sonderurlaub bis zu jährlich zwei Wochen unter Fortzahlung ihres Arbeitsentgelts.«

Sozialleistungen gab es von der Brauerei in mehreren Fällen: Bei eingerückten Betriebsangehörigen erhielt die Familie nach Ermessen des Betriebsführers einen Zuschuss. Bei Geburten durfte die Mutter sechs Wochen vorher und nachher nicht zur Arbeit gezwungen werden und erhielt Krankengeldzuschuss. Lehrlingen wurde für ihre Ausbildungskurse freigegeben und für die gesamte Belegschaft Vorträge und Kurse in Aussicht gestellt (Punkte 15 und 16), bei Eheschließungen winkte eine einmalige Prämie von 100 Reichsmark, bei Geburt des ersten, zweiten und dritten Kindes je 50, 75 und 100 Reichsmark, bei Dienstjubiläen von 25 Jahren 200 und bei 40 Jahren 300 Reichsmark und bei Sterbefällen gab es 100 Reichsmark und drei Wochenlöhne für die Hinterbliebenen (Punkt 20). Generell hatte die Betriebsführung »die Gefolgschaft in allen sozialen Belangen zu fördern und zu unterstützen und [die] Bestrebungen der Deutschen Arbeitsfront auf dem Gebiete ›Kraft durch Freude‹ [KdF] und ›Schönheit der Arbeit‹« zu unterstützen. »Im Auge behalten« sollte die Betriebsführung außerdem die Wohnverhältnisse, einen Fürsorgefonds, Werkskapelle und Werksbücherei, so Punkt 19.

Die Punkte 21 bis 25 legten fest, dass »regelmäßig« Kameradschaftsabende abgehalten werden sollten, denen niemand »ohne stichhältigen Grund« fernbleiben sollte, dann Betriebsappelle und die monatliche Beratung mit dem Vertrauensrat. Alle diese Zusammenkünfte wurden vom Betriebsführer einberufen. Betriebliche Bekanntmachungen wurden ebenso wie Nachrichten der NSDAP an den entsprechenden Stellen angeschlagen. Abschließend verwies die Betriebsordnung auf die sonst gültigen Gesetze, stellte den Beschäftigten je ein Exemplar der Betriebsordnung in Aussicht (das bei Beendigung des Arbeitsverhältnisses zurückzugeben war) und regelte das Inkrafttreten mit dem Tag des Aushangs.

Anfang November 1940 modifizierte die Direktion die Betriebsordnung und weitete im Wesentlichen die Sozialleistungen aus: Nachdem eine Gemeinschaftsküche eingerichtet worden war, hatten die Brauereimitarbeiterinnen und -mitarbeiter sowie in manchen Fällen ihre engsten Angehörigen die Möglichkeit, dort billige Mahlzeiten einzunehmen. Eheschließungs- und Kinderbeihilfen sowie Sterbegeld wurden an gewisse Zeiten der Betriebszugehörigkeit geknüpft. Eine Prämie von 20 Reichsmark am Jahresende gebührte nun allen Beschäftigten, die keinen Arbeitstag durch Krankheit und Unfall versäumt hatten, unfallfreien Chauffeuren stellte man 40 Reichsmark am Schluss des Kalenderjahres in Aussicht. In der Betriebsordnung wurde nun auch der Haustrunk geregelt: Jenen Mitarbeiterinnen und Mitarbeitern, die berechtigt waren, Bier steuerfrei als »Haustrunk« zu beziehen, standen vier Liter Bier täglich zu einem vom Vertrauensrat festgelegten Preis zu, während Veranstaltungen sogar sechs Liter. Bis zu zwei Liter täglich konnten Angehörige von zur Wehrmacht eingezogenen Mitarbeitern beziehen.

Bei tödlichen Betriebsunfällen führte die Direktion eine einmalige Zuwendung ein, die je nach Dauer des Arbeitsverhältnisses in mehreren Schritten von 300 Reichsmark nach einem Jahr bis zu 1.000 Reichsmark nach 15 Jahren gestaffelt war. Bei voller Invalidität durch einen Unfall legte die Betriebsordnung einen Zuschuss von 80 Prozent des Sterbegeldes, bei halber 40 Prozent fest. Gleiche Beträge konnte der Betriebsführer nach Beratung mit dem Betriebsrat zugestehen, falls »ein Gefolgschaftsmitglied während der Dauer seiner Einberufung zur Wehrmacht, Waffen-SS, Polizei oder RAD in Ausübung seines Dienstes« getötet oder invalid werden sollte. Für unversorgte Kinder gab es fortan eine Kinderzulage von einer Reichsmark pro Woche und für Beschäftigte, die an andere Dienstorte versetzt wurden, eine tägliche Zulage von drei (Arbeiter) oder vier (Angestellte) Reichsmark.

An die Betriebsordnung angeschlossen war die Satzung des Unterstützungsfonds der Brauerei. Er war Anfang 1940 gegründet worden, weil der Stillhaltekommissar für Vereine, Organisationen und Verbände angeordnet hatte, die bisher bereits als »Fürsorgefonds« bezeichneten bei der Brauerei bestehenden Vermögensansammlungen in einen »mit Rechtspersönlichkeit ausgestatteten und der zusätzlichen Gefolgschaftsfürsorge im nationalsozialistischen Sinne dienenden Fonds« überzuleiten.

Dieser Unterstützungsfonds hatte seinen Sitz in Zipf, und der Zweck war »die Gewährung von zusätzlichen Unterstützungen an Gefolgschaftsmitglieder in Notfällen aller Art, von Krankenunterstützungen, von Unterstützungen an unverschuldet in Arbeitslosigkeit geratene frühere Gefolgschaftsmitglieder, von Unterstützungen an Angehörige von Gefolgschaftsmitgliedern im Sterbefall, von Unterstützungen an Witwen und Waisen von Gefolgschaftsmitgliedern und insbesondere von Alters- und Invaliditätszuschüssen an in den Ruhestand getretene Gefolgschaftsmitglieder und deren Hinterbliebene«. Dieses weite Spektrum an Leistungen stand lediglich Beschäftigten ab 15 Jahren Betriebszugehörigkeit mit einem Jahreseinkommen von unter 6.000 Reichsmark zur Verfügung, Vorstandsmitglieder und Firmenpensionsempfänger waren ausgeschlossen. Rechtsansprüche bestanden nicht, über Einstellung von Leistungen entschied der Betriebsführer im Einvernehmen mit dem Betriebsobmann.

Organe des Fonds waren der Betriebsführer, der Betriebsobmann und der Beirat. Der Betriebsführer war Geschäftsführer; wenn er Zuwendungen gewähren wollte, musste er aber das Einvernehmen mit dem Betriebsobmann finden, welcher auch die Zustimmung des Beirates einholen konnte. Geschäfte größerer Tragweite (und die Erteilung hoher Pensionen) bedurften der Zustimmung des Beirates. Dieser bestand aus drei bis fünf Beschäftigten, ernannt vom Betriebsführer auf Vorschlag des Betriebsobmannes mit schriftlicher Zustimmung des NSDAP-Kreisleiters. Beiratssitzungen leitete der Betriebsführer.

Das Fondsvermögen, welches mündelsicher anzulegen war, betrug zum Zeitpunkt der Gründung des Unterstützungsfonds etwas mehr als 190.000 Reichsmark. Als Einnahmequellen wurden Zuwendungen des Unternehmens, Erträge des Vermögens sowie Spenden, Schenkungen und sonstige Zuwendungen ins Auge gefasst. Der Betriebsführer hatte jährlich einen Haushaltsplan zur Verwendung der Fondsmittel zu erstellen. Grundsätzlich durften nur die Erträge aus dem Vermögen, nicht dieses selbst, ausgegeben werden. Die Rechnungslegung erfolgte ebenfalls durch den Betriebsführer, der Betriebsobmann musste gegenzeichnen, und der Beirat konnte Einspruch dagegen erheben, wonach die Fondsbehörde – in diesem Fall der Landeshauptmann (später Landesstatthalter) von Oberdonau – über die Genehmigung entscheiden musste.

Satzungsänderungen konnten vom Betriebsführer bei der Fondsbehörde nur im Einvernehmen mit dem Betriebsobmann und dem Beirat unter Zustimmung des Kreisobmannes der DAF beantragt werden, die Auflösung des Fonds wiederum nur unter Zustimmung der drei genannten Stellen. Bei Auflösung sollte das Fondsvermögen entweder auf die Beschäftigten aufgeteilt oder der NS-Volkswohlfahrt übereignet werden.

Die eben skizzierte Betriebsordnung der Brauerei Zipf war ein Ausdruck der NS-Wirtschaftsorganisation, wobei drei Aspekte hervorstechen.

Erstens war das »Führerprinzip« stark verwirklicht, denn beim Betriebsführer liefen alle wichtigen Entscheidungsbefugnisse zusammen. Betriebliche Mitbestimmung der »Gefolgschaftsmitglieder« war in der Betriebsordnung nicht verankert, der Treuepflicht der Gefolgschaft stand keine Schutzpflicht des Betriebsführers gegenüber. Gegengewicht gegen den Betriebsführer gab es in der Betriebsordnung keines, denn das sah schon die Arbeitsgesetzgebung des Nationalsozialismus gar nicht vor;[86] auf den Punkt gebracht: »Die Normierung der Aufgaben des Vertrauensrats ließ nur die Vertretung solcher Arbeitnehmerinteressen zu, die mit den Betriebszwecken und damit den Arbeitgeberinteressen vereinbar waren.«[87] Lediglich in Bezug auf den Fürsorgefonds ist zu bemerken, dass nach erfolgter nationalsozialistischer Gleichschaltung zwar das »Führerprinzip«

einigermaßen stark verankert wurde, aber der Beitrat in einigen wesentlichen Punkten (Genehmigung größerer Ausgaben, Rechnungsprüfung) zumindest theoretisch ein Mitspracherecht hatte. Inwieweit jedoch die Beirätinnen und Beiräte, ernannt vom Betriebsführer und unter seinem Vorsitz tagend, ein kritisches Gegengewicht darstellen konnten, sei dahingestellt.

Zweitens sah die Betriebsordnung zahlreiche soziale Maßnahmen vor, die progressiv wirken konnten, wie Untersuchungen, Heirats- und Kindergeld, Jubiläumsgeld und Sonderleistungen wie das Essen in der Werksküche. Diese waren teilweise der NS-Ideologie geschuldet, teilweise freiwillige Leistungen des Unternehmens. Inwieweit die Brauerei Zipf hier besonders freigiebig oder auch nicht agierte, müsste man im Vergleich mit den Betriebsordnungen anderer, vergleichbar großer Brauereien herausfinden. Dies bleibt aufgrund der schwierigen Quellen- und dürftigen Forschungslage zunächst ein Desiderat. Lediglich von Unternehmen anderer Branchen sind ähnliche Sozialmaßnahmen bekannt: In der Steyr-Daimler-Puch AG gab es in der Zeit des Nationalsozialismus ähnliche Zuwendungen wie Geburten- und Heiratsgeld, Weihnachts- und Treuegeld.[88] In Bezug auf die NS-Sozialpolitik ist jedoch stets in Erinnerung zu rufen: »Meßbaren sozialpolitischen Erfolgen auf der einen Seite standen schwere Beeinträchtigungen und der Abbau traditioneller sozialpolitischer Errungenschaften auf der anderen Seite gegenüber.«[89]

Drittens befand sich die Betriebsordnung der Brauerei im Einklang damit, dass der Nationalsozialismus die Gesellschaft zu durchdringen trachtete. Die etwas schwülstige Einleitung kann in diesem Sinne gesehen werden, sie steht in einer Linie mit anderen bekannten, zum Beispiel der Hack Werke in Steyr.[90] Es waren beispielsweise Sonderurlaube für politische Tätigkeiten in NS-Organisationen vorgesehen, und die Nachrichten der NSDAP wurden im Betrieb ausgehängt. Die Kriegsanstrengung der NS-Diktatur wurde zumindest passiv unterstützt, indem Invaliden- und Sterbegeld nicht nur bei Betriebsunfällen, sondern auch bei Verstümmelung und Tod im Krieg gewährt wurden. Wichtig dafür, dass die Arbeitsrealität in der NS-Ideologie verankert war, waren sicherlich die in der Betriebsordnung vorgesehenen Appelle und »Kameradschaftsabende«. Über solch einen, der am 10. Juni 1939 stattfand, berichtete die Zeitung »Gebirgsbote«: Betriebsführer Kumpfmiller gab einen Überblick über die »geleistete Aufbauarbeit« und dankte der Belegschaft für die »vorbildliche Mitarbeit«, so der Zeitungsartikel. Der Betriebsobmann (und NSDAP-Vertreter) Spielbauer dankte dem Betriebsführer und hob hervor, dass »der Betrieb der Brauerei Zipf auch in Zukunft im nationalsozialistischen Sinne« geführt werde. Neben dem technischen Betriebsleiter Schreiber sprach auch der Aufsichtsratspräsident Kaltenbrunner. Ein Vertreter der DAF war ebenso anwesend, dem Bericht zufolge gab es danach ein »fröhliches Beisammensein« mit »Darbietungen der Musikkapelle Zipf«.[91] Solcherlei Veranstaltungen waren durchtränkt von Propaganda, im Zuge dieser wurde das Gedankengut der Nationalsozialisten (und insbesondere der DAF) verbreitet.[92]

3.2.6 Bauprogramme der Brauerei in den späten 1930er und frühen 1940er Jahren

Ein wesentlicher Programmpunkt der NS-Sozialpolitik war die Schaffung von dringend benötigtem Wohnraum. Dieser sollte – exklusiv für die Angehörigen der »Volksgemeinschaft« – in den Städten und vor allem für die kriegswichtigen Arbeiter in der Industrie geschaffen werden. In Oberösterreich waren zuvor nur die größeren Städte, wenn auch oft unzulänglich, als Bauträger für sozialen Wohnbau aufgetreten. Besonders in kleineren Orten Oberösterreichs war die Wohnungsnot um Industriebetriebe ein großes Thema. Ein Beispiel dafür ist die 1938 »arisierte« Lenzinger Zellstoff- und Papierfabrik AG. Sie wurde 1938/39 stark ausgebaut, und parallel dazu wurden von der »Gemeinnützigen Bau- und Siedlungsgenossenschaft für den Kreis Vöcklabruck« 143 Siedlungshäuser, 200 Volkswohnungen und zehn Angestelltenwohnungen errichtet, von denen einige schon 1939 bezogen wurden.[93]

In Zipf fand im Juli 1938 eine Besichtigung des Betriebes durch Funktionäre der DAF statt. Bei dieser Gelegenheit erklärte Verwaltungsratspräsident Loderer, dass die Brauerei ein Grundstück für ein Siedlungsprogramm zur Verfügung stellen würde. Im Laufe des Herbsts nahm man in Aussicht, auf Brauereigrund zehn bis zwölf Siedlungshäuser zu erbauen. Fast ein Jahr später stellte Direktor Schreiber ein Siedlungsprogramm vor. Partner war die gemeinnützige Wohn- und Siedlungsgenossenschaft der DAF für den Gau Oberdonau, »Neue Heimat«. Sie war ursprünglich eine gewerkschaftliche Wohnbaugenossenschaft gewesen und nun einer der größten Bauträger der nationalsozialistischen Epoche in »Oberdonau«: Insgesamt 541 Wohnungen sollten bis Mitte 1944 von ihr fertiggestellt werden, und weitere 556 waren damals im Bau.[94]

Der Siedlungsplan der Brauerei sah 14 Wohneinheiten vor, und zwar acht Einzelhäuser und drei Doppelhäuser. Die Auswahl der neuen Eigentümer wurde sowohl nach »partei- und bevölkerungspolitischen Grundsätzen« als auch nach betrieblichen bestimmt, um »einen gesunden Arbeitsstock bodenständig« zu machen. Von den Kandidaten für die Wohneinheiten, 14 Arbeitern, waren zwölf verheiratet und hatten bereits ein bis sechs Kinder, und zwei waren im Begriff zu heiraten. Insgesamt investierte die Brauerei 25.800 Reichsmark in Form von

Abb. 11 Das Anfang der 1940er Jahre erbaute Sporthaus in Zipf.

zinslosen Darlehen an die »Siedler«, gewährte weitere Bauzuschüsse von 21.700 Reichsmark, schenkte dem Bauträger den aufgeschlossenen Grund und stellte Elektrizitätsanschlüsse und eine Brunnenanlage zur Verfügung. Es mangelte wegen des Kriegsausbruches bald an Materialien, und nach zeitweisen, ebenfalls kriegsbedingten Bauverboten war die Siedlung im Wesentlichen erst Anfang 1942 fertig und mehrheitlich bewohnt.[95]

Im August 1938 beschloss die Direktion der Brauerei, einen Sportplatz zu errichten. Sophie Limbeck-Lilienau erklärte sich damals bereit, der Brauerei dafür einen geeigneten Grund zu verkaufen. Bis zum Frühjahr 1940 legte man daher auf einem Wiesengrundstück nahe der Brauerei an einem Güterweg Richtung Frankenburg einen großzügigen Sportplatz an. Zentrum der Sportanlage war ein großes Sporthaus, das mit einem markanten, hohen Dach aus Stroh gedeckt war. Daneben entstanden einige einfachere Projekte. Zu erwähnen sind weitere kleinere Ankäufe, um Wohnraum für Beschäftigte bereitzustellen (zum Beispiel die ehemalige »Finanzkaserne« im Ort), dann ein neues Freibad mit Kinderbecken und Umkleidekabinen sowie ein Spielplatz. Für Unternehmensveranstaltungen baute man den Saal des Brauhausrestaurants aus, die Aufenthaltsräume der Belegschaft erhielten ein Radio, neue Möbel und eine Dusche. Darüber hinaus errichtete der RAD in Zipf ab 1938 ein Lager. Das dazugehörige RAD-»Führerhaus« soll auf Brauereigrund gebaut worden sein.[96]

3.2.7 Politische Turbulenzen in den Zipfer Gremien und das neue Aktienrecht

Bald nach dem »Anschluss« bereitete man von deutscher Seite die Einführung des deutschen Aktienrechts in Österreich vor. Die Rechtslage in den beiden Staaten war teils sehr unterschiedlich, teils ähnlich. Schon ab April 1938 galt für neu zu gründende Aktiengesellschaften das betreffende deutsche Gesetz. Im August folgte schließlich eine Verordnung, der zufolge sich alle bestehenden Aktiengesellschaften bis zum 1. Juli 1939 dem deutschen Recht zu unterstellen hatten. Konkret bedeutete dies, dass gegebenenfalls die Satzung geändert werden musste und dass die Hauptversammlung einen Aufsichtsrat (bisher: Verwaltungsrat) zu wählen hatte, der wiederum einen Vorstand bestellte. Geschäftsführung und deren Kontrolle waren in Zukunft streng voneinander zu trennen. Neue Grundsätze für die Bilanzen fanden Anwendung, Bilanzen mussten veröffentlicht und eine Abschlussprüfung durchgeführt werden. Großen Aufwand bereitete die gleichzeitig verordnete Umstellung der Bilanz auf Reichsmark, die keine simple Umrechnung war, sondern eine komplette Neubewertung des Gesellschaftsvermögens und des Grundkapitals mit sich brachte.[97]

In Zipf war die Einführung des deutschen Aktienrechts eine Chance für die Mehrheitsgruppe, ihre prekäre Position zu reparieren, da eine außerordentliche Hauptversammlung neue Satzungen beschließen musste und die Organwalter neu zu wählen hatte. Hinter den Kulissen versuchten die Angehörigen der Familiengruppe in einem heftigen Konflikt mit den regionalen NS-Funktionären, Moritz Kumpfmiller loszuwerden, da er nach den Ereignissen rund um die Betriebsordnung als Bedrohung wahrgenommen wurde. Nachdem sich wegen der kritischen Situation Wilhelm Limbeck-Lilienau und der Vertraute der Familie, Otto Foltz, im Februar 1939 aus dem Verwaltungsrat zurückgezogen hatten, erkoren Fritz Kretz senior und Wilhelm Loderer als neuen unbelasteten Vertreter der Familie den Wiener Rechtsanwalt Kurt Galle. Sie reisten zu seiner Wiener Kanzlei und beauftragten ihn, die Interessen der Familiengruppe wahrzunehmen, die durch die Affäre um den Kommentar zur Betriebsordnung aus dem Unternehmen gedrängt zu werden drohte. Galle fühlte beim Kreisleiter in Vöcklabruck vor und nahm dann Verhandlungen mit Kumpfmiller auf: Mitte Juni 1939 traf er in einem Linzer Kaffeehaus den kaufmännischen Direktor, der überraschenderweise von zwei uniformierten NS-Funktionären begleitet wurde, die laut eigenen Angaben dafür sorgen sollten, dass Kumpfmiller »zu seinem Recht« komme. Wenig überraschend einigte man sich auf eine einvernehmliche Auflösung des Dienstverhältnisses, wodurch Kumpfmiller eine ansehnliche Abfertigung von rund 90.000 Reichsmark, unter anderem als Kompensation für den verlorenen

Firmenpensionsanspruch, erlangte. Der Aufsichtsrat der Brauerei Zipf genehmigte dies mit 27. Juni. Um Kumpfmiller musste man sich keine Sorgen machen: Nur einen Tag später bestellte der Aufsichtsrat der »Ostmärkischen« Brau-AG (die Brau-AG änderte 1939 ihren offiziellen Namen) ihn zum Mitglied des Vorstandes, und wenig später trat er seine neue, lukrative Stelle dort an.[98]

Am 27. Juni 1939 fand im Sitzungssaal des Oberösterreichischen Brauherrenvereins diejenige außerordentliche Generalversammlung statt, die das Zipfer Unternehmen auf die neue rechtliche Grundlage stellen sollte. Fritz Kretz senior und Kurt Galle vertraten die Mehrheitsgruppe, Gustav Eder die Österreichische Brau-AG und Max Krackowizer sowie Werner Kaltenbrunner nahmen in ihrer Eigenschaft als bisherige NSDAP-Vertreter und Verwaltungsratsmitglieder teil. Letzterer führte den Vorsitz in der Sitzung. Die neue Satzung der Aktiengesellschaft wurde einstimmig angenommen. In ihr fanden sich nur geringfügige Änderungen: Weiterhin war der Sitz in Zipf, der Zweck der Betrieb der Brauerei samt Nebengeschäften zur Herstellung von Bier und ähnlichen Produkten. Die Organe waren nun ein zweiköpfiger Vorstand, der die Geschäfte führte, ein Aufsichtsrat, welcher getrennt davon die Kontrolle ausüben und bei »richtungsweisenden« Entscheidungen des Vorstandes zustimmen sollte, und eine Hauptversammlung, die hauptsächlich Wahlen der Organwalter, Abstimmungen über Entlastung des Vorstandes und über die Verwendung des Reingewinns vorzunehmen hatte. Neu waren Abschlussprüfer, welche die Hauptversammlung zu wählen hatte – man entschied sich für die »Donauländische Treuhand- und Organisations-Gesellschaft m.b.H.« mit Sitzen in Wien und Linz. Das Grundkapital der Gesellschaft betrug nach der Satzungsänderung 2.666.666,67 Reichsmark. Es entfiel auf über 50.000 Inhaberaktien zu je 53,33 Reichsmark Nennwert. In den neuen Aufsichtsrat wählte die Hauptversammlung Wilhelm Limbeck-Lilienau, Kurt Galle, Gustav Eder, Max Krackowizer und Werner Kaltenbrunner.[99] Als neue Vorstände (Ende Juni 1939) und auch Betriebsführer (Ende August 1939) bestellte der neue Aufsichtsrat den technischen Direktor Franz Schreiber und als seinen Stellvertreter den Prokuristen Josef Petters. Es wurde außerdem in Aussicht genommen, einen neuen kaufmännischen Direktor einzustellen.[100]

Eine weitere Hauptversammlung sollte noch zwei fehlende Aufsichtsräte hinzuwählen. Darüber entbrannte ein Streit zwischen den Mitgliedern der Familiengruppe und den Managern der Brau-AG. Die Familiengruppe wollte Fritz Kretz senior, die Brau-AG ausgerechnet Moritz Kumpfmiller zuwählen. Gegen Kretz senior sprach sich vor allem die örtliche NSDAP aus, gegen Kumpfmiller verständlicherweise die Familiengruppe. Um die Gründe für die Bedenken der Partei auszuforschen, begab sich Kretz senior zum Kreisleiter Neyder. Dieser behauptete, dass seine Haltung dadurch bedingt war, dass sich Kumpfmiller und Ortsgruppenleiter Spielbauer gegen Kretz senior ausgesprochen hatten, weil dieser im Verdacht stand, ebenfalls mit den abwertenden Kommentaren zur Betriebsordnung etwas zu tun zu haben. Tatsächlich hatte sich Kretz senior kritisch, aber sachlich zur Betriebsordnung geäußert. Es liegt die Vermutung nahe, dass der betreffende Brief an Loderer abgefangen worden sein könnte. Darin beanstandete Kretz senior etwa das in einem Entwurf enthaltene Verfügungsrecht des Betriebsführers über Grundeigentum des Unternehmens zu Siedlungszwecken, dann die allzu bürokratischen Vorschriften bei Unfällen und zahlreiche weitere Details, in denen nicht auf die Verhältnisse der Brauerei Rücksicht genommen wurde. Für Kumpfmiller wenig schmeichelhaft mag freilich die – durchaus nachvollziehbare – Aussage gewesen sein, dass die Betriebsordnung nur »dem Hirn eines Bürokraten entsprungen« sein könne.[101]

Der Kreisleiter sagte Kretz senior am 10. Juli 1939 zu, dass seine Einwände zurückgezogen werden würden, sobald er sich mit dem Ortsgruppenleiter Spielbauer ins Einvernehmen setze. Weiters erklärte Neyder, dass er und angeblich auch der Gauleiter sehr interessiert daran wären, Zipf als eigenständiges Unternehmen zu erhalten und sie es nicht in einem Großkonzern wie der Brau-AG aufgehen lassen wollten. Diese Erklärung des Kreisleiters war deshalb wichtig, weil sie signalisierte, dass die NSDAP nicht auf allen Ebenen hinter der Achse von Kumpfmiller und der Brau-AG stand. Da zwischen der Familiengruppe und den NSDAP-Vertretern im Aufsichtsrat ein gutes (Krackowizer) beziehungsweise sachlich-wohlwollendes (Kaltenbrunner) Verhältnis bestand, galt es nur noch, den Ortsgruppenleiter zu überzeugen. Dies tat Kretz senior gleich am selben Tag in einer dreistündigen Aussprache. Spielbauer zeigte sich einsichtig, dass man Kumpfmiller als allzu guten Freund der Minderheitengruppe nicht unterstützen solle, er hielt Kretz senior aber zugleich unnachgiebiges Verhalten gegen Arbeiterinnen und Arbeiter zur Zeit der Wirtschaftskrise vor. Erst als Kretz senior zusagte, Sozialprojekte rund um die Brauerei zu fördern, wurde man sich einig, den Konflikt beizulegen. Im August 1939 wurde daher Fritz Kretz senior wieder als Aufsichtsrat installiert.[102]

Die Kontroverse um Kumpfmiller war weniger leicht zu lösen. Anfang August machte die Brau-AG in einem Schreiben klar, dass sie auf der Wahl des ehemaligen kaufmännischen Direktors in den Zipfer Aufsichtsrat bestehe, da »begründete Einwendungen nicht erhoben« werden könnten. Die Position der Brau-AG war geschwächt, da die maßgeblichen NSDAP-Stellen sich einverstanden erklärt hatten, dass Kumpfmiller in Zipf keine Rolle mehr spielen sollte. Auf die knappe Antwort der Brauerei auf das Schreiben der Brau-AG, nämlich, dass Kumpfmiller persönlich untragbar war, reagierte der Linzer Konzern mit Drohungen. Wenn die Familiengruppe ihren Widerstand aufrechterhielte, würde sie die Brau-AG dazu nötigen, »mit dieser Angelegenheit auch andere Stellen zu befassen«. Dem kam Galle zuvor: Er wandte sich an den »Staatskommissar in der Privatwirtschaft«, den hohen NS-Funktionär (und auch Leiter der berüchtigten »Vermögensverkehrsstelle«, welche die »Arisierung« unzähliger Unternehmen durchführte) Walter Rafelsberger. Dieser beziehungsweise seine Beamten setzten sich mit dem Gauwirtschaftsberater in Oberdonau in Verbindung, welcher signalisierte, dass man mit der Zipfer Familiengruppe diesbezüglich einer Meinung sei. Damit sah der Staatskommissar keinen Grund, sich für Kumpfmiller einzusetzen. Daher blieb es vorerst bei einem sechsköpfigen Aufsichtsrat, dem zwei Vertreter der NSDAP, drei Vertreter der Familiengruppe und einer der Brau-AG angehörten. Für die Mehrheitsgruppe der Nachkommen des Brauereigründers war die Situation zwar nicht vollends befriedigend, aber das Verhältnis mit der NSDAP war zumindest nicht mehr so gespannt wie zuvor.[103]

Ein neuerlicher Quell für Unstimmigkeiten mit höheren Gaustellen der NSDAP folgte bald: Der Kandidat für den vakanten Posten des kaufmännischen Direktors in Zipf war Franz Roth, ein Funktionär der NSV, der die offene Protektion der Kreisleitung genoss. Kaltenbrunner verhandelte mit ihm eine Probezeit ab August 1939. Der Kriegsausbruch verhinderte, dass Roth seine Probezeit ableisten konnte, und er wurde vorerst beurlaubt. Man einigte sich mit Roth um Ostern 1940 zunächst darauf, dass er nach dem Krieg die Probezeit absolvieren könne, ihm momentan aber kein Rechtsanspruch auf Leistungen der Brauerei zustünde. Von seinem Anwalt aufgestachelt bestritt Roth später sein Einverständnis mit dieser Abmachung und pochte auf einen Anspruch gegen die Brauerei. Die Situation eskalierte und wurde dem Gauleiter vorgetragen: August Eigruber rief Anfang Mai Kaltenbrunner und Krackowizer zu sich und hielt ihnen eine Standpauke mit der Ankündigung, er »sähe in Zipf nicht länger mehr zu«. Gauwirtschaftsberater Hinterleitner wies daraufhin die Vertreter der NSDAP im Zipfer Aufsichtsrat an, einen Ausschuss desselben zu gründen, dem außer ihnen nur je ein Vertreter der anderen Gruppen angehören sollte, was auf eine neuerliche Entmachtung der Familiengruppe hinausgelaufen wäre. Erst auf Vermittlung von Kreisleiter Neyder konnten im November 1940 die Wogen geglättet werden.[104]

3.2.8 Die »Sudetenkrise« und die Brauerei Zipf

Der Anfang des Braujahres 1938/39 war für die Zipfer Brauerei mit Erschwernissen und Chancen verbunden. Hitler hatte nach dem »Anschluss« mit einer Kampagne gegen die Tschechoslowakei begonnen, um die deutschsprachige

Minderheit dem Deutschen Reich einzuverleiben. Bestärkt durch die Appeasementpolitik Großbritanniens verschärfte der Diktator die »Sudetenkrise« zusehends, bis Großbritannien und Frankreich im »Münchner Abkommen« vom 30. September 1938 zum Zweck der vermeintlichen Befriedung Hitlers der Abtretung des Sudetengebietes an das Deutsche Reich zustimmten. Am 1. Oktober besetzten deutsche Truppen das sogenannte Sudetenland.[105] Die Vorbereitungen für die Besetzung erfassten die Wirtschaft der »Ostmark« genauso wie die Brauerei Zipf, sodass die Brauerei im September und Oktober 1938 in einer schwierigen Situation war. Fast sämtliche Lastwagen, mit denen das Bier in die nähere Umgebung gebracht wurde, waren eingezogen worden. Außerdem konnte die Brauerei über die Bahn kaum Bier versenden, da es wegen des Aufmarsches eine Sperre für Biertransporte gab. Ein guter Teil der Belegschaft musste einrücken, sodass die Verbliebenen zahlreiche Überstunden zu leisten hatten und professionelle Transportunternehmer engagiert werden mussten.[106]

Durch die Besetzung des Sudetenlandes ergaben sich vorübergehende Chancen für Brauereien aus dem Gebiet Österreichs: Brauereien aus Salzburg (Stiegl), Oberösterreich (Brauerei Freistadt, Linzer Brauerei, Brauerei Baumgartner und Brauerei Zipf), Wien und Niederösterreich (Nussdorf, Schwechat und das Wiener Stadtbräuhaus) lieferten übergangsweise auf Vermittlung des BWVO Bier in das Sudetenland. Grund dafür war, dass die dort ansässigen Brauereien während der Besetzung ihre gesamte Produktion und ihre Lagerbestände den deutschen Soldaten verkauften, deren Nachfrage das Angebot bei Weitem überstieg. Die Bürgerliche Brauerei in Budweis (České Budějovice) hatte das Gebiet ebenfalls beliefert, wurde nach der Okkupation aber aus nationalistischen und rassistischen Gründen daran gehindert. Zwar musste das Bier mit dem höheren Steuersatz der »Ostmark« anstatt mit dem niedrigeren in der (ehemaligen) Tschechoslowakei versteuert werden, dennoch war diese Gelegenheit eine Zeit lang eine sehr gute Absatzchance. Die Brauerei Zipf lieferte an das ehemalige Bierdepot der Bürgerlichen Brauerei Budweis, das Depot der Krumauer Brauerei und die Stadtbrauerei in Kaplitz (Kaplice), an die Stadtbrauerei in Deutsch Beneschau (Benešov nad Černou) und einen Bierverleger in Reichenau an der Maltsch (Rychnov nad Malší). Insgesamt lieferte die Zipfer Brauerei bis Ende 1938 fast 835 Hektoliter im Gegenwert von über 30.000 Reichsmark in das okkupierte Land.[107]

3.2.9 Unternehmensentwicklung vom »Anschluss« bis zum Zweiten Weltkrieg

Abgesehen von den politisch bedingten personellen Turbulenzen in den Gremien der Aktiengesellschaft war die Entwicklung der Brauerei Zipf (und der Filialbrauerei Wörgl) beeindruckend, was ein Blick auf den Bierausstoß und seine Zuwächse gut illustriert: Im Braujahr 1936/37, dem Krisenjahr mit der schwächsten Erzeugung, waren 103.000 Hektoliter ausgestoßen worden. 1937/38 waren es letztendlich 136.000 Hektoliter und 1938/39 schon über 204.000. Damit war im letzten Braujahr vor dem Zweiten Weltkrieg der Ausstoß nur mehr um rund 13 Prozent niedriger als im bisherigen absoluten Rekordjahr von 1929/30 (damals 234.000 Hektoliter). Die Produktionskapazitäten der Brauerei in Zipf und der Filialbrauerei in Wörgl waren damit zu einem Großteil wieder ausgenützt.[108]

Die Konsequenzen des blendend laufenden Geschäftes waren nicht nur die oben bereits besprochenen Spenden an die NSDAP sowie Investitionen in soziale Einrichtungen. Die Brauerei Zipf konnte auch erstmals seit Jahren wieder Dividenden ausschütten. Im Braujahr 1937/38 gab es wieder fünf Prozent Dividende für die Aktionärinnen und Aktionäre. Im folgenden Jahr waren es erneut fünf Prozent, plus zwei Prozent extra.[109] Nicht nur die Shareholder und Stakeholder profitierten vom Aufschwung, auch die Betriebsanlagen wurden erneuert. Insgesamt 207.000 Reichsmark flossen 1938 in neue Investitionen: Etwas über 10.000 Reichsmark kosteten Maschinen und Verbesserungen in der Mälzerei. Pumpen, Rohre und Reparaturen im Sudhaus kosteten 6.000 Reichsmark. Außerdem wurde für 14.000 Reichsmark eine Maschine zum Verkapseln von Flaschen bestellt. Möbel für Sozialräume kosteten 4.770 Reichsmark, zwei neue Luftschutzkeller weitere 5.770 Reichsmark. Der Kostenpunkt für neue Lastwägen und Dienstautos, zum Teil nur bestellt, war 83.000 Reichsmark, und neue Fässer für 71.000 waren auch nötig. Für die Jahre 1939 und 1940 waren weitere große Investitionen geplant, die allerdings zu einem guten Teil nicht mehr realisiert werden konnten. Bis Ende 1939 wollte man für 69.000 Reichsmark Autos anschaffen, die Mälzerei für 11.000 Reichsmark weiter ausbauen, das Sudhaus für 14.000 und die Gärkeller für 4.800 Reichsmark neu ausstatten. Maschinen für 6.400 und ein neues Wasserreservoir für 8.900 Reichsmark waren genauso in Aussicht genommen worden. Bis Ende 1940 wiederum sollten neue Kessel aufgestellt und eingemauert, eine neue Verschublokomotive angeschafft, Pichautomaten (zum Auftragen von abdichtendem Pech auf Fässer) gekauft sowie diverse kleinere Maschinen erstanden und Verbesserungen in den elektrischen Anlagen durchgeführt werden. All dies hätte ein Volumen von knapp über 300.000 Reichsmark gehabt.[110] Investiert wurde außerhalb von Zipf in verschiedene Gasthäuser, zum

Beispiel in Grieskirchen und Linz. Dort gab die Brauerei Zipf für das vor einigen Jahren ersteigerte Restaurant »Zur Goldenen Glocke« in der Klosterstraße Geld aus. 1938 wurde beschlossen, dass das Haus umgebaut und der Speisesaal neu gestaltet werden sollte. Dies ließ sich die Brauerei einiges kosten, denn in dem historischen Gebäude waren umfangreiche Renovierungsarbeiten notwendig, sodass Ende 1939 Kosten von 137.000 Reichsmark angefallen waren.[111]

3.3 Die Brauerei Zipf während des Zweiten Weltkrieges

3.3.1 Unternehmensentwicklung vom Beginn des Zweiten Weltkrieges bis 1943

Die ersten Kriegsmonate ab September 1939 waren für die Brauerei noch mit einer kleinen Absatzsteigerung verbunden, die allerdings wie schon nach dem »Anschluss« etwas geringer ausfiel als im Durchschnitt bei den Brauereien der »Ostmark«. Dies hatte wiederum mit der Lage von Zipf abseits der großen Industriezentren zu tun. Schon von Beginn des Konfliktes an bekam die Brauerei weit weniger an Braumaterial zugeteilt, als bei der bisherigen Absatzentwicklung gebraucht worden wäre. Von den vielen bestellten Maschinen und Anlagen, welche die Brauerei mit den Gewinnen der Vorjahre bezahlt hatte, wurde wegen des Kriegsbeginns kaum mehr etwas geliefert. Die Angaben der beauftragten Firmen über Lieferzeiten ließen nichts Gutes erahnen, so wurden für eine elektrische Lokomotive 14 Monate veranschlagt, für eine vergleichsweise simple Fasswaschmaschine immer noch drei Monate. Geliefert werden konnten anfangs noch Anlagen für die Mälzerei. Im Fuhrpark der Brauerei riss der Krieg schon zu Beginn große Lücken: Von 28 Lastkraftwagen beschlagnahmte das Militär 13. Zwar wurden sie bezahlt und die Brauerei konnte bald darauf zwei Lastautos zukaufen, aber sieben weitere wurden bestellt und nicht geliefert, weswegen ein Mangel bestand. Nach dem Jahreswechsel 1939/40 begann der Ausstoß des Zipfer Biers erstmals wieder zurückzugehen, da sich die von der HVdB verordneten Kürzungen von Rohstoffen auswirkten und erste Vorräte an Malz beschlagnahmt wurden. Die Folge war, dass die Gradhältigkeit des Bieres verringert werden musste, was der Brauereiführung Sorgen bereitete, denn es war fraglich, ob die Kundinnen und Kunden ein dünneres Bier akzeptieren würden. Lieferungen von Maschinen und Automobilen ließen im Kalenderjahr 1940 weiter auf sich warten, stattdessen musste das Unternehmen noch einen Lastkraftwagen an eine Molkerei abgeben und heuerte Frächter für den Biertransport an. Man führte während der absatzschwachen Monate in der Brauerei diverse Reparaturen durch. Erst im späten Sommer 1940, als wieder deutlich gehaltvolleres Bier mit neun Grad eingeführt wurde, erholte sich der Bierabsatz. Beim Verkauf ist anzumerken, dass in Zipf im Zweiten Weltkrieg der allgemeine Trend zum Flaschenbier wegen der praktischeren Handhabung bei den Konsumentinnen und Konsumenten deutlich spürbar war. So verkaufte Zipf im Vergleich zum Vorjahr (1938/39) um 13 Prozent mehr Flaschenbier, weswegen auch eine Etikettiermaschine angeschafft wurde.[112] Insgesamt war die Bilanz des ersten Braujahres im Zweiten Weltkrieg für die Brauerei eine leicht negative. In der Gesamtproduktion von Zipf und Wörgl war im Vergleich zum Braujahr 1938/39 mit damals 204.000 Hektoliter ein Rückgang von rund 19 Prozent auf 165.000 Hektoliter Bier 1939/40 zu verzeichnen.[113]

Das schöne Wetter in den Herbstmonaten des Jahres 1940 bescherte dem Braujahr 1940/41 einen guten Beginn. Der Verkauf lag leicht im Plus, nicht zuletzt aufgrund der Konjunktur, die, von der Kriegswirtschaft befeuert und noch nicht zu sehr von Mangelwirtschaft begrenzt, anzog. Außerdem gab es faktisch keinen Most als Konkurrenz, und es wurden Wehrmachtseinheiten in das Absatzgebiet von Zipf verlegt, was den Absatz zusätzlich steigerte. Gleichzeitig sank die Qualität der Rohstoffe; Gerste und Hopfen waren nicht mehr in der vor Kriegsbeginn üblichen Qualität zu haben. Auch in diesem Braujahr gab es von den bestellten Anlagen und Maschinen meist keine Nachricht. Ebenso wenig waren Lastkraftwagen verfügbar. In der Mälzerei begann sich der Mangel an eingearbeitetem Fachpersonal langsam bemerkbar zu machen, konnte aber durch Umstellungen und Rationalisierungen ausgeglichen werden. Der Aufwärtstrend im Ausstoß hielt bis zum Ende des Braujahres an, denn die anfangs geschilderten Rahmenbedingungen wirkten sich weiterhin aus. Kleinere Schwierigkeiten bei der Lieferung von Rohmaterialien blieben allerdings bestehen, für Auslieferungen setzte die Brauereiführung zunehmend Transportunternehmen ein und benutzte darüber hinaus Pferde- und Ochsenwagen. Der Trend zu mehr Flaschenbier traf im Frühjahr 1941 auf eine Knappheit von Bierflaschen, wodurch oft nicht so viel geliefert werden konnte, wie bestellt worden war. Gegen Sommer 1941 verschärfte sich der Mangel an Rohstoffen, weswegen es für die Brauerei eine Erleichterung war, dass eine niedrigere Gradhältigkeit von siebeneinhalb Prozent verordnet wurde. Zwar konnte im April 1941 ein LKW gekauft werden, man setzte aber weiterhin auf Transportunternehmer und zunehmend auf Pferdefuhrwerke. Trotz aller Widrigkeiten ergab sich am Ende des Braujahres, dass die Brauerei Zipf (mit Wörgl) ihren Ausstoß 1940/41 wieder um etwa 20 Prozent, also auf 202.000 Hektoliter Bier, steigern konnte.[114]

Das Braujahr 1941/42 stand im Zeichen von Absatzbeschränkungen und beginnender Mangelwirtschaft. Der Brauerei wurde nur so wenig Getreide zugeteilt, dass je nach Güte des Bieres nur 60 bis 70 Prozent der Vorjahresmenge gebraut werden konnte. Ein Teil der Gerste musste zudem reserviert werden, um von staatlichen Stellen später gegebenenfalls für andere Zwecke verwendet werden zu können. Anfang 1942 gab es von offizieller Seite zum Ausgleich für die Rohstoffknappheit eine Zuteilung von etwa 70 Tonnen Zucker, um das Bier stärker brauen zu können. An Maschinen wurde eine lange ersehnte Fasswaschmaschine geliefert, weiters ein neuer Kessel für das Sudhaus, der gegen Jahresende, mit einem Fundament versehen, auch aufgestellt werden konnte. Die schon 1939 bestellte Elektrolokomotive kam im Sommer in Zipf an, die für sie benötigte Oberleitung konnte jedoch nicht hergestellt werden. Zwei neue Elektroautos wurden geliefert, allerdings ohne Reifen und Aufbau, die nachträglich besorgt werden mussten. Danach versahen sie ihren Dienst als Bierlieferautos etwa für Lieferungen nach Vöcklabruck. Man setzte daneben ein Holzgasauto ein und benutzte Pferde- und Ochsengespanne, im März 1942 taten bereits zehn Pferde in Zipf ihren Dienst. All diese Schwierigkeiten waren der Grund, warum in Zipf und Wörgl der Absatz zurückging. Im Braujahr 1941/42 sank der Wert um etwa zehn Prozent auf 179.000 Hektoliter, ein Rückgang, der laut den neuen, kritischen Wirtschaftsprüfern aus Weihenstephan um 3,7 Prozentpunkte höher lag als im Durchschnitt der Brauereien des Deutschen Reiches.[115]

Das letzte Braujahr, das die Brauerei Zipf ohne die Probleme mit einem einquartierten Rüstungsbetrieb bestreiten konnte, war 1942/43. Die Biererzeugung war trotzdem von diversen widrigen Faktoren stark behindert. Die ausgezeichnete Obsternte im Absatzgebiet der Brauerei Zipf wirkte sich sehr negativ auf den Bierkonsum aus. Da der Most einen höheren Alkoholgehalt hatte als das in Kriegszeiten dünner als sonst eingebraute Bier, wurde er von den meisten der – kriegsbedingt viel wenigeren – Konsumentinnen und Konsumenten bevorzugt. Die dadurch ausgelösten Absatzeinbrüche machten bis zu 48 Prozent aus, so etwa im November 1942. Durch den geringeren Absatz kam die Brauerei mit den geringen Zuteilungen an Braumaterial aus. Was die Infrastruktur und den Maschinenpark betraf, so zögerte sich die Inbetriebnahme des neuen Kessels hinaus. Einzig die elektrische Lokomotive konnte mit einer neuen Oberleitung in Betrieb genommen werden. Im Sommer 1943 war die Obsternte schlecht, was den Bierverkauf wiederum stärkte. Daneben erhielt die Brauerei Zipf einen größeren Wehrmachtsauftrag, der allerdings im Frühherbst auslief. In diesem Zusammenhang machte sich bemerkbar, dass weiterhin immer mehr Flaschenbier nachgefragt wurde. Die Flaschenproduzenten konnten allerdings den Bedarf nicht mehr decken, und Leergut kam nicht in ausreichender Menge zurück, weswegen dieser Trend nicht zu ungebremstem Wachstum führte. In Summe ergab sich im Braujahr 1942/43 ein Minus von fast 17 Prozent beim Ausstoß: Zipf und Wörgl produzierten in diesem Braujahr knapp über 149.000 Hektoliter.[116]

3.3.2 »Flurbereinigungen«

Der Zweite Weltkrieg wirkte sich auf die Brauindustrie besonders dadurch negativ aus, dass er es immer schwieriger machte, das Bier von der Brauerei zu den Absatzstätten zu bringen. Die Brauereien hatten sich im Laufe ihrer Konkurrenzkämpfe sehr verzahnte, teilweise weit entfernte Liefergebiete gesichert. Zipf war hier keine Ausnahme, und die »Flurbereinigung« zeigt dies deutlich. Vom Zipfer Bierverkauf von 177.000 Hektoliter im Kalenderjahr 1939 wurden 21 Prozent oder 37.500 Hektoliter von der Brauerei direkt geliefert. 14 Prozent der Kundinnen und Kunden – 24.500 Hektoliter – erhielten ihr Bier von Niederlassungen in der näheren Umgebung. Innerhalb der Grenze von 50 Kilometern lieferte die Brauerei Zipf per Auto oder Bahn 59.000 Hektoliter, in weiter entfernte Gebiete gingen 56.000 Hektoliter. Im Frühjahr 1940 kam vom BWVO die Anordnung, die Lieferbeziehungen der Brauereien zu vereinfachen. Diese große, reichsweit erzwungene »Flurbereinigung« wurde damit begründet, dass aufgrund des Krieges nicht nur die Wirtschaftslage angespannt sei, sondern man auch mehr Personal für die Armee freistellen müsse und das Militär außerdem immer mehr Eisenbahnwaggons und Treibstoff brauche. Das Ziel der Brauerei Zipf im Rahmen der »Flurbereinigung« war es, absatzschwache, weit entfernte Kundinnen und Kunden gegen nahe, größere Absatzstätten einzutauschen. Dabei wurden einerseits Liefervereinfachungen auf Kriegsdauer getroffen, andererseits wurden dauerhaft Kundschaften getauscht. Von den Liefervereinbarungen auf Kriegsdauer war die größte eine firmeninterne, Zipf überließ nämlich dem Zweigbetrieb Wörgl 6.570 Hektoliter in Innsbruck und Zell am See zur Belieferung. Die Brauerei Schwechat übernahm die Wiener Kundinnen und Kunden im Wert von 2.100 Hektoliter und gab im Gegenzug Lokale in Ebensee, Gmunden, Salzburg und Wels zur Belieferung an Zipf. Der Brauerei Fohrenburg wurden Abnehmerinnen und Abnehmer in der Höhe von 650 Hektoliter in Bregenz, der Brauereikommune Freistadt ein Kunde in St. Oswald mit 130 Hektoliter gegen eine Entschädigung von vier Reichsmark pro Hektoliter auf Kriegsdauer überlassen. In Bad Gastein erhielt die Ostmärkische Brau-AG 1.000 Hektoliter gegen dieselbe Entschädigung von Zipf. Manche Kundinnen und Kunden tauschte die Brauerei permanent ab. Hier kam es zu einem umfangreichen Übereinkommen mit der Stieglbrauerei: Schwarzach-St. Veit, St. Johann, Bischofshofen, Rüttau, St. Gilgen, Fuschl und Hof bei Salzburg, also ein guter Teil der Salzburger Kundinnen und Kunden mit 5.000 Hektoliter Absatz, gingen an Stiegl. Dafür traten die Salzburger für Zipf nahe Kundinnen und Kunden in Vöcklamarkt, Frankenmarkt, Attersee, Nußdorf, Unterach, St. Georgen, Thomasroith, Ried, Bad Ischl und Ebensee mit gleich hohen Absatzmengen ab. Davon konnten 2.600 Hektoliter direkt aus der Brauerei geliefert werden. Zwar musste die Brauerei Zipf bei einem damit verbundenen Immobilientausch teurere Immobilien übernehmen, als sie an die Stieglbrauerei abgab, aber auf lange Sicht rechnete sich der Tausch. Mit der Brau-AG kam Zipf überein, zahlreiche günstig gelegene Kundinnen und Kunden der Brauereien Gmunden, Kaltenhausen und Linz, beispielsweise in Vöcklamarkt, Frankenburg, Ampflwang, Irrsdorf bei Straßwalchen oder Schwanenstadt, im Ausmaß von 4.500 Hektoliter zu übernehmen. Dafür trat Zipf wiederum weiter entfernte oder ungünstig gelegene Gaststätten etwa in Traunkirchen, Bad Gastein, Schwertberg und im Mühlviertel mit 5.500 Hektoliter ab. Die Differenz wurde über Entschädigungszahlungen abgegolten. Im Sommer 1940 konnte die Brauerei Zipf so ihren Bierabsatz im Hausgebiet der Brauerei um 9.500 Hektoliter oder fünf Prozent des Ausstoßes vergrößern und viele weit entfernte Kundinnen und Kunden loswerden.[117]

Im Frühjahr 1942 zwang die angespannte Situation die Brauereien dazu, Eisenbahnen und Straßenverkehr weiter zu entlasten. Diesmal ging es für Zipf nicht so gut aus. Biertransporte in die absatzstarken Zentren Linz und Steyr mussten aufgegeben werden und wurden von der Brau-AG im »Lohnbauverfahren« für Zipf beliefert: Die Brau-AG stellte somit selbst Bier im Auftrag von Zipf her und vertrieb es nicht unter ihrer eigenen, sondern unter der Zipfer Marke. Zwar erhielt Zipf einige kleinere Absatzstätten, musste aber außerdem den Absatz des Bieres in Ried und Braunau abtreten. In der Folge büßte Zipf allein durch diese Bereinigung über elf Prozent seines Absatzes ein. Ein Jahr später hatte die Brauerei Zipf noch einmal Absatzverluste im Zuge einer Bereinigung im niedrigen zweistelligen Prozentbereich zu gewärtigen. Diese wurden aber ab dem Spätsommer 1943 bereits von den Ereignissen rund um die Einquartierung eines Rüstungsbetriebes überschattet. Im Zuge der »Flurbereinigung« hatten die Zipfer Direktoren noch einmal das zweifelhafte Vergnügen mit dem ehemaligen kaufmännischen Direktor: Moritz Kumpfmiller war »Gebietsbeauftragter« für die »Flurbereinigung« beim BWVO und bei den Sitzungen über die Aufteilung der Bierlieferungsgebiete beteiligt. Im Zuge dessen dehnte Kumpfmiller den Absatzmarkt der Ostmärkischen Brau-AG möglichst aus und schränkte das Gebiet der Brauerei Zipf hingegen ein, wo er konnte. Noch 1944 setzte er sich bei den Sitzungen der Brauereien mit dem BWVO etwa dafür ein, dass die Brauerei Zipf Kundinnen und Kunden in Wels nicht mehr beliefern solle, und stellte den Kundenstock der Brauerei sogar im nahen Ried in Frage. Er drang jedoch nicht immer durch, und die Brauerei Zipf konnte sich Verbündete in den Gremien der zuständigen Verbände und auch bei der Landesbauernführung sowie in der Kreisleitung schaffen, weswegen die endgültigen Regelungen meistens vernünftig waren.[118]

3.3.3 Bierlieferungen an Militär, öffentliche Auftraggeber und NS-Organisationen 1939–1945

Im Zusammenhang mit dem Beginn des Zweiten Weltkrieges ergaben sich für die Brauerei Zipf nicht nur Nachteile, sondern auch Chancen. Eine davon war es, an nahe gelegene Kantinen in Kasernen der Wehrmacht oder Luftwaffe Bier zu liefern. Die Aufzeichnungen der Brauerei Zipf dazu sind leider nicht vollständig erhalten. Außerdem wurden sie im Laufe der Kriegsjahre nicht einheitlich geführt, was ihre Auswertung erschwert. Die folgende Analyse folgt daher der Struktur der Dokumente, die anfangs (aber nicht durchgehend) monatsweise ohne Rücksicht auf das Braujahr angefertigt wurden, ab dem Braujahr 1943/44 sich aber fast gänzlich an dieser Jahreseinteilung orientieren.

Von Juli bis Dezember 1939 lieferte die Brauerei Zipf insgesamt knapp 859 Hektoliter Bier an Wehrmachts- und Luftwaffenformationen. Empfängerinnen waren die Kantinen der 45. Infanterie-Division in Linz, die Lehener Kaserne in Salzburg sowie diverse Militärkantinen in Wels und Steyr. An dieselben Stellen gingen zwischen Juli und Dezember 1940 – Jänner bis Juni fehlen in den Aufzeichnungen – insgesamt fast 938 Hektoliter, dann im Kalenderjahr 1941 noch einmal rund 1.440 Hektoliter. Ab Mai 1942 begann die Brauerei Zipf, neben den erwähnten Abnehmerinnen auch andere militärische Stellen zu beliefern, und zwar etwa Luftwaffenschulungsstellen in Bad Ischl, zwei Lazarette (eines in Linz) sowie einige militärische Einheiten in Vöcklabruck, eine Polizei- und einige Offizierskantinen und diverse andere Einheiten in Wels. Insgesamt setzte man an diesen und einigen anderen militärischen Stellen im Kalenderjahr 1942 3.149 Hektoliter ab. Von Jänner bis August 1943 lieferte die Brauerei Zipf im Wesentlichen an denselben militärischen Kundenkreis 2.662 Hektoliter Bier.[119]

Im Braujahr 1943/44 belieferte die Brauerei weiterhin ihre militärischen Abnehmer, wobei fallweise einzelne Wehrmachts- oder Luftwaffeneinheiten, Lazarette, Kameradschaftsheime und vereinzelt auch wieder Lager des RAD und der HJ (Hitlerjugend) sowie Gefangenenlager hinzukamen. Die Schwerpunkte lagen weiterhin in Linz, Wels, Vöcklabruck, Bad Ischl und Salzburg. Gelegentlich wurde auch nach Wien geliefert. Zwischen September 1943 und August 1944 beliefen sich diese Bierabsätze auf 4.206 Hektoliter. Vom Braujahr 1944/45 liegen nur die Berichte von September 1944 bis Februar 1945 vor. Geliefert wurden mit einigen wenigen Änderungen in diesem Zeitraum in Summe 1.157 Hektoliter.[120]

Für die Monate Juni 1943 bis Februar 1945 sind zusätzlich Aufzeichnungen über Lieferungen für diverse öffentliche Auftraggeber erhalten. Diese waren verschiedene Reichsbahnlager in Linz, der RAD in St. Georgen im Attergau und in Zell am See, das RAD-Arbeitslager in Zipf, die Stadtgemeinde Wels, die Reichsstatthalterei, das Gaupropagandaamt in Linz, mehrere einzelne Arbeitskommandos und diverse weitere Arbeits- und Barackenlager der Deutschen Reichsbahn. Den Löwenanteil dieser Lieferungen konsumierten die Arbeiter der Reichsbahnlager in Linz. Absetzen konnte die Zipfer Brauerei bei diesen Stellen im genannten Zeitraum rund 2.660 Hektoliter Bier. Die stärksten Konsummonate waren dabei Dezember 1943 mit 253 Hektolitern und März 1944 mit 239 Hektolitern, ab November 1944 ging der Konsum radikal zurück und machte in den ersten zwei Monaten von 1945 nur mehr insgesamt 5,5 Hektoliter aus.[121]

Wenngleich Lieferungen an Wehrmachtsformationen und zivile öffentliche Stellen sicherlich eine Verkaufschance für Zipf waren, so machten sie jedoch keinen signifikanten Teil des Absatzes aus. Ein Vergleich verdeutlicht dies: Im Braujahr 1941/42 konnte die Brauerei Zipf einen Ausstoß von etwa 202.000 Hektoliter erreichen. Die Lieferungen an die Wehrmacht zwischen September 1941 und August 1942 machten 2.472 Hektoliter aus. Selbst in einem Braujahr mit sehr absatzstarken Monaten – im Juli 1942 erreichen die Lieferungen Zipfs an das Militär mit knapp 680 Hektoliter den Höhepunkt in den Aufzeichnungen – waren also nur etwa 1,2 Prozent des Absatzes der Wehrmacht zuzurechnen. Ähnlich wenig Ausstoß konsumierten Menschen in zivilen öffentlichen Stellen. Da diesbezüglich Daten nur von Juni 1943 bis Februar 1945 verfügbar sind, kann bestenfalls das Braujahr 1943/44 als Referenzwert herangezogen werden: Insgesamt setzte die Brauerei Zipf mit Wörgl 162.000 Hektoliter ab. Davon entfielen auf Lieferungen an öffentliche Auftraggeber von September 1943 bis August 1944 2.208 Hektoliter. Das ergibt einen Anteil von 1,4 Prozent.[122] Vergessen werden darf dabei nicht, dass es zu deutlichen Absatzsteigerungen der Brauerei kommen konnte, wenn Militäreinheiten im Absatzgebiet von Zipf einquartiert waren. Die Soldaten tranken nicht wenig in privaten Gaststätten. Dieser Konsum außerhalb der Kaserne ist in den obigen Statistiken, die nur direkte Lieferungen enthalten, nicht erfasst.

Eifrige Abnehmerinnen während des Nationalsozialismus waren die Kantinen der SS. Erste Kontakte zwischen der SS und der Brauerei Zipf gab es während der Ära von Direktor Moritz Kumpfmiller: Ende August/Anfang September 1938 korrespondierte die Direktion offenbar mit dem SS-Obersturmführer Albert Breh von der SS-Kantinenverwaltung Dachau, welcher der Brauerei in Aussicht gestellt haben dürfte, eine Kantine im damals gerade neu entstehenden KZ Mauthausen beliefern zu dürfen, da Zipf für eine SS-Kantine angeblich bereits 1.600 Reichsmark aufgewendet hatte. Dazu kam es aber nicht, und die SS-Lagerkantine wurde zunächst durch die Linzer Brauerei beliefert.[123]

Etwa zwei Jahre später, 1940, rückte die SS wieder in das Blickfeld der Brauerei, und zwar diesmal wegen der im Bau befindlichen SS-Kaserne im seit November 1938 in Linz eingemeindeten Ebelsberg.[124] Dort sollten drei Kantinen entstehen, und die Direktion der Brauerei Zipf interessierte sich dafür, diese vermutlich lukrativen Absatzstätten zu beliefern. Grund dafür war auch, dass in der Umgebung von Zipf keine größeren Verkaufsmöglichkeiten neu geschaffen werden konnten und man daher versuchte, von den Entwicklungen in den Zentren Linz und Steyr zu profitieren und die Verluste durch die »Flurbereinigung« auszugleichen. Da wieder Breh von der SS-Kantinenverwaltung zuständig war, wandte sich die Direktion der Brauerei an jemanden, der familiäre Verbindungen zu höchsten SS-Kreisen hatte, nämlich den Aufsichtsratsvorsitzenden Werner Kaltenbrunner. Er bat im September 1940 seinen Bruder Ernst, damals gerade Höherer SS- und Polizeiführer und SS-Gruppenführer, sich der Sache anzunehmen. Dieser war bereit, seinem Bruder und der Brauerei zu helfen, nicht zuletzt auch, weil er wollte, dass SS-Kantinen von Brauereien desselben Abschnittes beliefert wurden. Der wirtschaftliche Vorteil sollte im SS-Oberabschnitt Donau (ab 1939 bestehend aus den ehemaligen Bundesländern Oberösterreich, Niederösterreich und Wien) von Ernst Kaltenbrunner bleiben.[125]

Ernst Kaltenbrunner ließ daher der Brauerei Zipf eine Art Empfehlungsschreiben zukommen. Darin fand er die Überlegungen der Brauerei Zipf, neue Absatzstätten zu erschließen, weil sie an keinem günstigen Ort dafür lag, »begründet«. Er würde »es begrüssen, wenn es SS-Obersturmführer Breh möglich sein wird, ihren Wunsch auf Belieferung der Kantinen des SS-Lagers Ebelsberg entgegenzukommen«. Mit dem besagten SS-Obersturmführer fand im November 1940 eine Besprechung statt, in der ihm dieses Schreiben gezeigt wurde. Die Protektion des hohen SS-Funktionärs wirkte nicht: Breh machte dennoch keine Zusage und ließ der Brauerei danach nur ein etwas kühles Schreiben zukommen, in dem er dem Unternehmen eine »gewisse Beteiligung an der Liefermöglichkeit für das Lager Gusen«, und dies auch nur wegen eines von der Brauerei Zipf »damaligen in Steyr gezeigten Entgegenkommens und der Unterstützung«, in Aussicht stellte.[126]

An dieser Stelle lohnt es sich, einen Blick auf den Hintergrund der geschilderten Korrespondenz zu werfen. Implizit vermittelt der Schriftverkehr mit Albert Breh den Eindruck, dass rund um die Belieferung der SS-Kantinen durch verschiedene Brauereien Korruption eine Rolle spielte. Dies würde ins Bild passen, denn Eugen Kogon bezeichnete die SS-Kantinenverwaltung, die auf die von Theodor Eicke gegründete Kantinengemeinschaft zurückging, als »Korruptionsnest ohnegleichen«. Hermann Kaienburg thematisierte die »schwarzen Kassen« der SS, in denen hochrangige SS-Offiziere mit Hilfe undurchsichtiger Finanzbürokratie »Mittel zur eigenständigen Disposition« abzweigten, und meinte in diesem Zusammenhang: »In weit größerem Maßstab betrieb dies Eicke mit der Kantinengemeinschaft SS-TV/KL, die bei den Konzentrationslagern und anderen Standorten der Totenkopfverbände (TV) Kantinen führte und schon vor Kriegsbeginn Umsätze in Millionenhöhe machte.«[127] Albert Breh war diesbezüglich keine Ausnahme: Er kam einige Male, unter anderem wegen Insubordination, vor SS-Gerichte und wurde schließlich 1942 wegen großangelegten Alkoholschmuggels über die niederländische Grenze zu einer Geldstrafe, Ausschluss aus der SS und zehn Jahren Gefängnis verurteilt. Offenbar war er bei Kriegsende noch eingesperrt.[128]

Nicht ganz klar ist, was Breh mit dem Engagement der Brauerei in Steyr genau meinte, wobei auch Ernst Kaltenbrunner in einem Schreiben 1941 einen »kleinen Aufwand in Steyr« erwähnte, den Zipf geleistet habe, und in einem anderen noch hinzufügte, dass Zipf der SS »bei der Unterbringung der SS-TV in Steyr vielseitig entgegengekommen« sei. Dabei könnte es sich um die bereits oben erwähnte Unterstützung für eine SS-Kantine handeln, denn im Ort gab es seit dem Winter 1941/42 das – ab März 1942 offiziell als Außenlager Mauthausens geführte – KZ Steyr-Münichholz mit bis zu 3.090 Häftlingen, welche für die Steyr-Daimler-Puch A.G. Zwangsarbeit leisten mussten.[129]

Womöglich beteiligte sich die Brauerei auch bei einem anderen Projekt in diesem Ort: In einer Zipfer Aufsichtsratssitzung im Dezember 1940 berichtete der Vorstand Franz Schreiber davon, dass große Arbeitersiedlungen für die Reichswerke Hermann Göring in Linz und für die Industriebetriebe in Steyr geplant seien und es notwendig sei, dort Gaststätten zu errichten. Er wurde vom Aufsichtsrat ermächtigt, in Vorverhandlungen zu treten. Daher kam es Anfang 1941 zu Gesprächen mit der »Wohnungs-AG der Reichswerke ›Hermann Göring‹«. Schließlich ist in einem Bericht des Vorstandes der Brauerei vom August 1941 die Rede von einer »auf den Münichholzgründen in Steyr entstehende[n] Gastwirtschaft«, für welche die Brauerei »einen namhaften Betrag« aufzuwenden habe, ohne dass in den Sitzungen danach noch darüber gesprochen wurde.[130] Die angesprochene Siedlung Münichholz war eine nationalsozialistische Mustersiedlung im Industriezentrum Steyr. Sie sollte im Endausbau 4.500 Wohnungen für 20.000 bis 30.000 Menschen inklusive Repräsentations-, Sport- und Nahversorgungsbauten beinhalten. Baubeginn dafür war im Februar 1939; in sehr kurzer

Zeit, nämlich bis Jänner 1940, waren bereits 900 Wohnungen vollendet. Bis 1944 waren in der Siedlung aber lediglich 2.500 Wohnungen fertiggestellt.[131]

Während das Engagement Zipfs in Steyr teilweise im Unklaren bleibt, gibt die weitere Korrespondenz um Zipfer Bierlieferungen an SS-Kantinen einigen Aufschluss über Absatzmöglichkeiten von lokalen Brauereien in Kantinen des KZ-Komplexes Mauthausen-Gusen. Enttäuscht von Albert Brehs kühlem Verhalten brachte die Leitung der Brauerei Werner Kaltenbrunner Anfang 1941 wieder dazu, seinen Bruder Ernst zu einer Intervention zu bewegen, und zwar diesmal weit oben in der Hierarchie: Kaltenbrunner beschwerte sich bei seinem Freund Oswald Pohl, dass ihm Breh »die größten Schwierigkeiten« mache und »mit anderen Brauereien, darunter auch der gar nicht in Oberdonau liegenden Salzburger Stieglbrauerei Abschlüsse tätigen« würde. Kaltenbrunner betonte, auf die »wirtschaftlichen Gegebenheiten meines Oberabschnittes und die notwendigen Beziehungen des Oberabschnittes zu den Unternehmungen Rücksicht« nehmen zu müssen. Pohl leitete das Schreiben an den für die Kantinenverwaltung zuständigen SS-Gruppenführer Theodor Eicke weiter.[132] Bevor noch eine Antwort von diesem kam, änderte Ernst Kaltenbrunner seine Haltung zur Brauerei Zipf.

Am 4. März 1941 sandte er seinem Bruder einen verbitterten Brief, in dem er seine »Enttäuschung darüber« zum Ausdruck brachte, »dass trotz wiederholter Versicherungen durch Dich die Zipfer Brauerei sich bisher nicht hat entschliessen können, mir für die Zwecke der SS einen nennenswerten Betrag zur Verfügung zu stellen.« Es sei daher von ihm »nicht länger zu erwarten, dass ich [...] die Zipfer Brauerei in solchen Fällen als ein Unternehmen schildere, das sich jederzeit wärmstens für die Schutzstaffeln und ihre kollossalen [sic] volkspolitischen Aufgaben [...] eingesetzt hat«. Das Unternehmen würde die Verwandtschaft der Brüder »weidlich ausnützen«, und für solch eine »Protektion« sei er sich »persönlich zu gut«. Für die Zipfer Brauerei sei es »an der Zeit, sich vom reinen liberalistischen Denken loszulösen und bei den in der Brauindustrie horrenden Gewinnen daran zu denken, dass die Volksgemeinschaft und ihre wegbereitenden Organisationen primär und Brauereidividenden sekundär« seien. Die beiden Hauptkonkurrenten Zipfs bei den SS-Kantinen waren laut Kaltenbrunner deutlich spendabler: »Ausserdem glaube ich, dass in nationalsozialistischer Hinsicht dieses Unternehmen anderen Unternehmungen, wie z.B. der Linzer Brauerei weit nachhängt. Der gewiss nicht überaus nationalsozialistisch orientierte ehemalige Betriebsführer, Generaldirektor S[eiler, Julius, Anm. d. A.], hat allein für Zwecke der Schutzstaffel innerhalb zweier Jahre über RM 100.000.- und vollkommen freiwillig gegeben, wozu noch vielfach Beträge für andere gemeinnützige Zwecke kamen. [...] Wie es bei der Stiegl Brauerei ist, weiss ich nicht, jedenfalls aber kenne ich Kiener hinreichend, um sicher annehmen zu können, dass er dem SS-Oberabschnitt Alpenland in Salzburg seine Unterstützung gibt.«[133]

Anscheinend hatte also jemand Ernst Kaltenbrunner Informationen über das Verhältnis mancher Brauereien zur SS zukommen lassen. An dieser Stelle sei angemerkt, dass es unklar ist, ob er in dem eben zitierten Brief Heinrich Kiener I. oder Heinrich Kiener II. meinte. Letzterer war der Neffe des Ersteren, besuchte die Handelsakademie in Linz und schloss anschließend das Studium des Brauwesens an der Technischen Hochschule in Weihenstephan ab. Er trat 1939 in die Stieglbrauerei ein und wurde bald enger Mitarbeiter seines Onkels. Nach dessen Ableben im Jahr 1950 leitete Heinrich Kiener II. die Brauerei noch bis zu seinem Tod 1990 und brachte den Ausstoß von 130.000 Hektolitern (1950) auf 511.000 Hektoliter (1990).[134]

Was den Zorn Kaltenbrunners über die mangelnden Geldzuwendungen der Brauerei Zipf betrifft, so spendete die Brauerei Zipf tatsächlich nach Abgang des ungeliebten kaufmännischen Direktors Moritz Kumpfmiller im September 1939 offenbar nicht mehr großzügig an NSDAP, SS, SA oder ähnliche Organisationen. Lediglich eine über zwei Jahre abbezahlte Beteiligung am geplanten »Führerhotel« in Linz in der Höhe von 75.000 Reichsmark und Spenden an das WHW, das Deutsche Rote Kreuz und die »Adolf-Hitler-Spende« lassen sich in den Berichten finden, und zwar zwischen Herbst 1939 und Frühjahr 1945 insgesamt 137.000 Reichsmark.[135]

Am 18. März 1941 kam schließlich Albert Breh auf Befehl Eickes zu Ernst Kaltenbrunner nach Wien, um die Sache der Zipfer Bierlieferungen in einer Unterredung abschließend zu klären. Breh hatte drei Gruppen von Lagerkantinen zu beaufsichtigen, nämlich zwei im KZ-Komplex von Mauthausen-Gusen und eine im SS-Lager Ebelsberg. Gusen wurde von Zipf beliefert und hatte nach der Schätzung von Breh einen Absatz von 40 Hektoliter monatlich. Die Kantinen in Mauthausen wurden im Verhältnis von 35 zu 35 zu 30 Prozent von der Linzer Brauerei, von Zipf und der Stieglbrauerei beliefert und verbrauchten 50 bis 60 Hektoliter monatlich. Die Kantinen in Ebelsberg wurden nur vorübergehend von der SS-Kantinenverwaltung bewirtschaftet, weil das Bauvorhaben für die SS eingestellt worden war. Breh versprach Kaltenbrunner, bei eventuellen neuen SS-Kantinen in Ebelsberg die Brauereien Zipf und Linz zum Zug kommen zu lassen. Kaltenbrunner wurde außerdem davon überzeugt, seinen Widerstand gegen Lieferungen der Stieglbrauerei an SS-Kantinen in »Oberdonau« aufzugeben. Die Gründe legte er seinem Bruder Werner wie folgt dar: »Es wurde mir aber von Breh mitgeteilt, dass die kleine Quote aus dem Lager Mauthausen der Stigl-Brauerei [sic] weiterhin gewährt bleiben soll, weil sich diese bei Gründung des Lagers Mauthausen finanziell verdient gemacht hat. Diese Dankbarkeitsbezeugung halte ich für recht und billig und will sie auch nicht beseitigen. Du siehst also, dass es sich für mich – zumal die Linzer-Brauerei und die Stigl-Brauerei [sic] sich sehr entgegenkommend gezeigt haben, […] während die Zipfer Brauerei mit Ausnahme eines kleinen Aufwandes in Steyr und glaube ich eines Eiskastens in Gusen nichts in obigem Sinne geleistet hat – um eine durch nichts gedeckte Forderung der Zipfer-Brauerei auf zusätzliche Unterstützung ihres Bierabsatzes handeln muss.«[136]

Mit dieser Unterredung war das Engagement Ernst Kaltenbrunners für die Brauerei Zipf zu Ende. Eine genaue Klärung der Beziehungen der österreichischen Brauereien muss an dieser Stelle ein Desiderat bleiben, da einschlägige Forschungsarbeiten fehlen. Für die Brauerei Zipf kann folgendes Bild gezeichnet werden: Wenn auch die erhaltenen Aufzeichnungen der Brauerei in Kenntnis der oben geschilderten Interventionen von Ernst Kaltenbrunner für die ersten Jahre des Zweiten Weltkrieges nicht ganz vollständig sein können, so kann man dennoch aus den erhaltenen Dokumenten zwei Phasen der Bierlieferungen von Zipf an die SS unterscheiden. Zunächst kam es in einer ersten Phase ab 1941 bis Ende des Braujahres 1942/43 zu kleineren, aber kontinuierlichen Bierabsätzen. Zwischen Juli und Dezember 1941 sowie im Mai 1942 finden sich nämlich erstmals Lieferungen für das KZ-Außenlager Vöcklabruck-Wagrain mit insgesamt fast 30 Hektoliter. Von Mai bis Juli 1942 setzte die Brauerei Zipf etwa 42 Hektoliter in der Kantine des KZ Gusen ab. Diese Geschäftsbeziehung wurde ab dem Februar 1943 wieder aufgenommen. Ab diesem Monat ging durchgehend bis August 1943 Bier von Zipf an die dortige Kantine, und zwar 111 Hektoliter. Von Dezember 1942 an versorgte außerdem die Zipfer Filialbrauerei Wörgl die Hochgebirgsschule der Waffen-SS mit Bier, und zwar bis zum Ende der Lieferungen mit insgesamt 121 Hektoliter.[137]

In Fahrt kam das Geschäft mit dem Zipfer Bier bei der SS allerdings erst in einer zweiten Phase, und zwar im Braujahr 1943/44 und dem noch in die Zeit des Nationalsozialismus fallenden Teil des Braujahres 1944/45. Interessanterweise korrespondiert dies mit der Zeit, als in Zipf ein Rüstungsbetrieb und ein Außenlager des KZ Mauthausen untergebracht waren, was im Kapitel über die Brauerei in dieser Zeit noch eingehend besprochen wird. Womöglich erlaubten es die dadurch vermehrten Kontakte der Brauerei mit der SS, den Bierabsatz in den dortigen Kantinen zu steigern. Die Abnehmer von Zipfer Bier unter den SS-Stellen wurden bis Kriegsende deutlich zahlreicher. Schon ab September 1943 bis Dezember 1944 wurde die SS-Kantine in Mauthausen beliefert, ab November 1943 bis September 1944 das KZ-Außenlager Ternberg, von Jänner 1944 bis Feb-

Abb. 12: Feiernde SS-Wachmannschaft im Lager Gusen Anfang 1940er Jahre.

ruar 1945 das KZ-Außenlager Redl-Zipf, zwischen März 1944 und Februar 1945 das KZ-Außenlager Ebensee, ab April 1944 bis August 1944 wiederum Gusen, und von September 1944 bis Februar 1945 bezogen auch einige hohe SS-Stäbe, die im Hotel Miramonte in Bad Ischl einquartiert waren, einige wenige Hektoliter von der Zipfer Brauerei. Im Braujahr 1943/44 nahmen diese Stellen in Summe etwa 1.292 Hektoliter Bier ab, im Braujahr 1944/45 noch einmal rund 975. Größter Abnehmer davon war mit Abstand die SS-Kantine im KZ-Außenlager Ebensee mit 548 beziehungsweise 657 Hektolitern in den jeweiligen Braujahren. Vor der eigenen Haustüre in Zipf konnte die Brauerei 1943/44 knapp 170 Hektoliter, 1944/45 fast 146 Hektoliter Bier absetzen. Gegen Kriegsende nahm die Bedeutung des Bierabsatzes bei der SS im Vergleich zur Wehrmacht zu: Im Braujahr 1943/44 lieferte Zipf nur etwa 30 Prozent des Wehrmachts- und Luftwaffenabsatzes an die SS, im Braujahr 1944/45 waren es bereits 84 Prozent.[138] Trotz alledem war die Lieferung von Bier an die Kantinen der SS bei den Konzentrationslagern ein sehr kleines Geschäft der Brauerei Zipf, wie ein Abgleich der Verkaufsziffern mit dem Gesamtausstoß zeigt: Im Braujahr 1943/44 mit einem Absatz von 162.000 Hektolitern waren die 1.292 Hektoliter, welche an die SS gingen, lediglich knapp 0,8 Prozent.

3.3.4 Personalentwicklung im Krieg und Zwangsarbeit

Am 31. August 1939 waren 426 Menschen bei der Brauerei Zipf beschäftigt. 60 davon arbeiteten in der zugehörigen Landwirtschaft. Die Belegschaft der Brauerei bekam den Krieg bald zu spüren: Rund um den Anfang der Feindseligkeiten rückten zehn Angestellte und 40 Arbeiter zur Wehrmacht ein, darunter der Oberbuchhalter Moritz Zinnhobel, den die Brauerei durch Intervention im Dezember wieder zurückholen konnte. Die Arbeitszeit für die Verbliebenen wurde bei einer Lohnerhöhung hinaufgesetzt, Urlaube kaum mehr gewährt. Anfang 1940 rückten weitere sechs Beschäftigte ein, einer konnte zurückkommen, und drei neue Angestellte wurden eingestellt. Danach wurden 1940 erst wieder ab Sommer zahlreiche Arbeiter eingezogen, und im Herbst mussten kontinuierlich mehr Beschäftigte einrücken, als wegen Erreichung der Altersgrenze für den Militärdienst zurückkommen konnten. Die Brauerei reaktivierte erfahrene Pensionisten und stellte Bessarabiendeutsche ein. Ende 1940 führte man ein für die Belegschaft vorteilhafteres Gehaltsschema ein, das sich an anderen Brauereien orientierte. 1942 wurden immer wieder einige wenige Brauereimitarbeiter eingezogen, im Winter 1941/42 holte man zur Bewältigung großer Schneemassen wieder »rüstige Pensionisten« in den Personalstand. Derselbe Trend wiederholte sich im Braujahr 1942/43. Einige Mitarbeiter wurden eingezogen, Pensionisten blieben als Ersatz angestellt.[139]

Die Zeit von September 1943 bis Februar 1945, also das gesamte Braujahr 1943/44 sowie der in die Zeit des Nationalsozialismus fallende Teil des folgenden Braujahres 1944/45, stand im Zeichen eines einquartierten Rüstungsbetriebes, der den Brauereibetrieb räumlich einschränkte. Eingezogen wurde zwischen September 1943 und Februar 1944 niemand, allerdings befanden sich im Winter 1943/44 einige Dutzend Beschäftigte im Krankenstand, was es schwierig machte, den relativ hohen Ausstoß zu bewältigen. Ab März kam es wieder vermehrt zu Einrückungen von Mitarbeitern, in einem solchen Maße, dass der Vorstand sich »wundern [musste], wie damit die Arbeit noch bewältigt werden« konnte. Er bemühte sich um Ersatzkräfte vom Arbeitsamt, konnte aber keine erhalten.[140]

Ab Sommer 1944 begann sich die Gesamtsituation so zu verschlechtern, dass hingegen weitgehende Entlassungen vorbereitet wurden. Im Zuge von radikalen, von hohen Staats- und Parteistellen verordneten Einschränkungen für Brauereien in den letzten Monaten des Jahres 1944 und den ersten des Jahres 1945 brauchte das Unternehmen schließlich kaum mehr Personal. Die Direktoren bauten schrittweise die Belegschaft ab. Zumeist fanden diese Menschen beim ab 1943 einquartierten Rüstungsbetrieb eine neue Arbeit, eine Lösung, welche die

Brauereileitung bevorzugte, denn so konnte man sie im Bedarfsfall leicht zurückholen. Letztlich sollte zu Kriegsende nach Reinigungs- und Reparaturarbeiten die Belegschaft im technischen Betriebsteil auf 30 Beschäftigte sinken.[141]

Eine Bilanz der Kriegsjahre soll nicht unerwähnt bleiben: In den Geschäftsberichten der Brauerei von Braujahr 1939/40 bis 1944/45 sind insgesamt 31 in den nationalsozialistischen Angriffskriegen gefallene Mitarbeiter der Brauerei ausgewiesen. Die ersten sechs Toten der Brauerei waren im Braujahr 1940/41 zu beklagen, 1941/42 verloren zwei weitere Mitarbeiter ihr Leben. Der Großteil aber fiel während der Braujahre 1942/43 (neun Tote) und 1943/44 (zehn Tote). Im Braujahr 1944/45 starben weitere vier Beschäftigte an der Front.[142] Darunter befand sich auch der NSDAP-Ortsgruppenleiter Peter Spielbauer. Er rückte Anfang Jänner 1941 ein und fiel am 26. März 1945 in Oberschlesien.[143]

Ein zentrales Thema in Zusammenhang mit dem Themenkreis Beschäftigung und Arbeit im Nationalsozialismus sind Zwangsarbeiter. Während des Zweiten Weltkrieges waren im Deutschen Reich rund 13,6 Millionen ausländische Arbeitskräfte eingesetzt, auf dem Gebiet des heutigen Österreich waren es etwas mehr als eine Million. Sie können wie folgt kategorisiert werden: »Angeworbene und verschleppte Zivilisten (sogenannte ›zivile Zwangsarbeiter‹), zur Arbeit eingesetzte Kriegsgefangene, zum Arbeitseinsatz herangezogene KZ-Häftlinge, und, als quantitativ kleinere Gruppe, die ins ›Dritte Reich‹ verschleppten und hier zur Arbeit eingesetzten ›ungarischen Juden‹.«[144]

Die Gründe für diesen Arbeitseinsatz von vielen verschiedenen sogenannten »Fremdarbeitern«[145], der eigentlich in Widerspruch mit der NS-Rassenideologie stand, waren vielfältig: Die auf den Krieg ausgerichtete Ausweitung der Industrieproduktion hatte die inländischen Arbeitslosen faktisch zum Verschwinden gebracht, und es machten sich 1939 bereits Engpässe an Arbeitskräften bemerkbar, weswegen teilweise freiwillige Arbeiterinnen und Arbeiter aus anderen Ländern beschäftigt wurden. Dies änderte sich mit Ausbruch des Zweiten Weltkrieges, da das Konzept des rasch beendeten »Blitzkrieges« bald nicht mehr aufging und eine große Anzahl von Einberufenen für lange Zeit ihren Arbeitsstätten entzogen wurde. Abhilfe schaffte das nationalsozialistische Regime, indem es dazu überging, die Bevölkerung von besetzten Gebieten zur Arbeit zu zwingen. Schon nach dem Überfall auf Polen begann die »Mobilisierung« ausländischer Arbeitskräfte für die NS-Diktatur. Mit Terror und Zwangsmaßnahmen griff man Menschen in Polen, Frankreich, den Niederlanden, Belgien, Griechenland sowie auf dem Gebiet Jugoslawiens und der Sowjetunion auf und verschleppte sie zur Zwangsarbeit nach Deutschland und Österreich.[146] Innerhalb dieser Gruppen wurde von den Nationalsozialisten differenziert: »Das Gefälle von höherwertigen zu niederen ›Rassen‹ verlief nach der Herkunft von Nord- und West- über Süd- nach Osteuropa. […] Am schlechtesten erging es den sogenannten ›Ostarbeitern/innen‹ aus der Sowjetunion und den Polen«[147].

Von dieser sehr diversen Gruppe von Zwangsarbeiterinnen und Zwangsarbeitern waren während des Zweiten Weltkrieges auf dem Gebiet des heutigen Österreich rund 580.000 eingesetzt. Neben den zivilen Arbeitern beutete das Deutsche Reich Kriegsgefangene beispielsweise aus Polen, Frankreich, der Sowjetunion und anderen Ländern aus. 260.000 davon standen im Arbeitseinsatz in den Wehrkreisen XVII und XVIII, also im heutigen Österreich. Dazu kamen die etwa 200.000 KZ-Häftlinge, welche im System des KZ Mauthausen und seiner Außenlager gefangen gehalten und innerhalb desselben zur Arbeit gezwungen oder an (Rüstungs-)Unternehmen vermietet wurden. Gegen Kriegsende wurden zusätzlich zumindest 55.000 ungarische Jüdinnen und Juden zur Zwangsarbeit nach Ostösterreich verschleppt und zur Arbeit am »Südostwall« angehalten, bevor sie in den berüchtigten »Todesmärschen« Richtung Mauthausen getrieben und mehrheitlich dabei umgebracht wurden.[148]

Auch die Brauerei Zipf setzte zwischen 1939 und 1945 Zwangsarbeiterinnen und Zwangsarbeiter ein, wenn auch nicht im großen Stil. In den Berichten des Vorstandes der Brauerei erwähnte man im Dezember 1940 erstmals, dass die Brauerei »vorübergehend […] Kriegsgefangene beschäftigt« habe; im März 1941 schrieb man von »9 Franzosen […], die teils in der Landwirtschaft, teils in der Brauerei beschäftigt« wurden.[149] Dazu sei eine Präzisierung angebracht: Die ausgedehnten landwirtschaftlich genutzten Flächen aus dem Erbe Wilhelm Schaups waren bei Gründung der Aktiengesellschaft im Familienbesitz geblieben und über Marie Kretz schließlich an Alfred Kretz gekommen. Von diesem pachtete die Brauerei regelmäßig diese Flächen und auch die zugehörige Meierei. Diese Pacht sorgte wegen ihrer geringen Wirtschaftlichkeit oft für Diskussionen im Verwaltungs- beziehungsweise Aufsichtsrat. Nach einigen Debatten wurde sie im November 1938 für monatlich 600 Reichmark auf drei Jahre gepachtet. Als dieser Vertrag 1941 auslief, entschied man sich zu einer weiteren Verlängerung. Grund dafür war, dass man so Arbeitskräfte zur Hand hatte, die man gegebenenfalls auch in der Brauerei einsetzen konnte. Wichtiger waren jedoch die Lebens- und Futtermittel. In einer Zeit, als Treibstoff immer knapper wurde, stieg die Brauerei wieder auf Fuhrwerke um, um ihr Bier auszuliefern. Dafür brauchte es Wagen, Tiere und Futter. Dies stellte die Landwirtschaft, wenn auch nicht im Überfluss, aber dennoch in einem gewissen Ausmaß, zur Verfügung.[150]

Im Rahmen dieser Landwirtschaft waren für die Brauerei Zipf die meisten Zwangsarbeiterinnen und Zwangsarbeiter tätig, worauf schon ein Nebensatz im

Bericht des Vorstandes aus dem Jahr 1942 hinweist: »Der Ertrag dürfte heuer auch günstiger sein, weil wir seit längerer Zeit Russen, die nur einen niedrigen Lohn erhalten, beschäftigen.«[151] Ein Blick in die Personalkartei der Brauerei Zipf fördert zunächst nur sechs Personen zu Tage, die explizit als »Ostarbeiter« vermerkt sind. Alle waren zwischen 1942 und 1945 in der Landwirtschaft der Brauerei eingesetzt und zweifellos Zwangsarbeiterinnen und Zwangsarbeiter. Daneben sind noch insgesamt zehn Personen aus Bessarabien, vier aus Kroatien, zwei aus Russland und eine aus der Tschechoslowakei in der Kartei erhalten – alle beschäftigt zu teils verschiedenen Zeiten zwischen 1940 und 1944 –, Vermerke auf den Karteikarten und die Zusammenschau mit den Vorstandsberichten deuten jedoch in diesen Fällen darauf hin, dass es sich um freiwillige, teils sogenannte »volksdeutsche« Arbeiterinnen und Arbeiter handelte.[152]

Etwas mehr Aufschluss geben die noch erhaltenen Berichte der zur Brauerei gehörenden Landwirtschaft an die zuständigen Krankenkassen. Ab April 1942 waren Zwangsarbeiterinnen und Zwangsarbeiter (in den späteren Kriegsjahren explizit als »Ostarbeiter« vermerkt) in der Landwirtschaft beschäftigt. Insgesamt waren es zwischen 1942 und 1945 38 verschiedene Personen, die sich wie folgt auf die Jahre verteilen: 1942 arbeiteten 21, 1943 und 1944 18 und 1945 noch 13 solcher Zwangsarbeiterinnen und Zwangsarbeiter in der Landwirtschaft der Brauerei. Sie kamen größtenteils aus dem Gebiet der Sowjetunion, einige aus Polen und Rumänien. Ihr Anteil an der Gesamtarbeitskraft ist wegen der aufgrund von Saisonarbeit stark wechselnden Anstellungsverhältnisse in der Landwirtschaft schwierig darzustellen. Als Annäherung dennoch aufgezeigt, wie viele der insgesamt in den Krankenkassenberichten angeführten Individuen Zwangsarbeiterinnen und Zwangsarbeiter waren: 1942 waren es 21 von 114 und damit etwas über 18 Prozent, im Jahr 1943 scheinen von insgesamt 84 verschiedenen in der Landwirtschaft beschäftigten Personen 18 als Zwangsarbeiterinnen und Zwangsarbeiter auf, somit also 27 Prozent. 1944 sank der Anteil der zwangsweise arbeitenden Menschen nur relativ, da unverändert 18, nun aber von insgesamt 98 Landarbeiterinnen und Landarbeitern – und somit wiederum leicht über 18 Prozent – dieser Gruppe zuzuordnen waren. Die entsprechenen Zahlen für 1945 sind 13 von 114, also mehr als elf Prozent.[153]

3.3.5 Aktivitäten der NSDAP-Ortsgruppe in Zipf und die Brauerei

Die Ortsgruppe Neukirchen-Zipf der NSDAP entfaltete während der NS-Zeit eine rege Tätigkeit. Ein Höhepunkt noch vor Beginn des Zweiten Weltkrieges war die Hochzeit des Ortsgruppenleiters Peter Spielbauer am 16. April 1939. Sie

Abb. 13 NS-Formationen und -Funktionäre bei der Hochzeit des Ortsgruppenleiters im April 1939.

wurde zu einem Aufmarsch verschiedener NS-Formationen wie der SA, der HJ und des BDM genutzt, bei dem es zahlreiche Ansprachen von lokalen NS-Funktionären und Musikdarbietungen im Saal des Braugasthofes gab. Der Gasthof war generell ein beliebter Treffpunkt für Parteiveranstaltungen. Dort fanden Dienstbesprechungen der Funktionäre der Ortsgruppe sowie »Zellenabende« statt, bei KdF-Abenden traten dort Künstler auf, es gab Vorträge zu wissenschaftlichen Themen, Veranstaltungen zum Zwecke der Geldsammlung für das WHW. In Zipf fanden außerdem von der NSDAP organisierte Kinderbastelkurse, Gemeinschaftsabende der NS-Frauenschaft und Schulungen zum Verhalten bei Luftangriffen statt.[154]

Nachdem der umtriebige Ortsgruppenleiter Peter Spielbauer Anfang 1941 eingerückt war und weil sich der Krieg ab 1941 intensivierte, dünnte sich das bis dato rege Veranstaltungsprogramm der NSDAP in den Jahren 1942 und 1943 zunehmend aus und kam ab 1944 fast ganz zum Erliegen. Die Zusammenkünfte dienten nun auch öfter dem Zweck, Geld zu sammeln, und nicht mehr der

Abb. 14 NS-Veranstaltung vor dem Sporthaus. Links neben dem Pult stehend der Direktor und »Betriebsführer« Franz Schreiber.

Unterhaltung allein. Vereinzelt gab es noch aktuelles Unterhaltungsprogramm wie etwa am 10. Februar 1941, als der Film »Das Ekel« mit Hans Moser gezeigt wurde. Ideologische Vorträge blieben auf dem Programm, beispielsweise sprach eine Funktionärin der NS-Frauenschaft aus Seewalchen in Zipf Ende November 1941 über »Rassepolitik«.[155] Sportveranstaltungen der NSDAP und ihrer Teilorganisationen fanden auf dem neu errichteten Sportplatz statt. Waldläufe starteten beim Sporthaus, »Sportappelle« und Sporttage für die Brauereibelegschaft, Wettkämpfe zur Erlangung des »SA-Wehrabzeichens«, Vorträge über Leibesübungen wurden dort abgehalten.[156]

Keine Parteiveranstaltungen, aber dennoch von der Ideologie des NS-Regimes getragen waren die periodischen Betriebsappelle der Brauerei. Bei einem Appell am 27. Juli 1939 sprach Direktor Franz Schreiber vom sogenannten »Leistungskampf der Betriebe« der DAF in »Oberdonau« im Jahre 1939. Er verwies auf den Bau des Sportplatzes mit Sporthaus und der Arbeitersiedlung durch die Brauerei. Dadurch erlangte die Brauerei Zipf beim Leistungskampf, mit dem die

NS-Machthaber die Produktivität der Wirtschaft steigern wollten, als einer von 18 Betrieben ein »Gaudiplom für hervorragende Leistungen«.[157]

3.3.6 Die Abstammung der Zipfer Eigentümerfamilie und die NS-Rassenideologie

Ein Aspekt der Familiengeschichte der Zipfer Nachkommen des Brauereigründers sollte nicht unerwähnt bleiben: Während der NS-Zeit hätte einigen Familienmitgliedern Unheil wegen der NS-Rassenideologie drohen können. Die Frau des Wiener Bankiers und Käufers der Zipfer Brauerei Franz Schaup war Sophie Maria Anna Bobella (1798–1875). Sie war die Mutter von Wilhelm Schaup und stammte aus einer jüdischen Wiener Familie, die sich bis hin zu den Nachkommen des »Hofjuden« des sächsischen Kurfürsten und Herzogs (sowie späteren Königs von Polen) August des Starken, dem Händler und Bankier Berend Lehmann (1661–1730), zurückverfolgen lässt. Dessen Tochter Sara (1700–1763) heiratete nämlich in die bekannte Familie Wertheimer, deren Mitglieder Hoffaktor Löb (1698–1763) und dessen Sohn Wollhändler Samson (1736–1787) ebenso zu den Vorfahren von Wilhelm Schaup zählen. Die Tochter von Samson, Maria Viktoria Antonia Wertheimer (1767–1806), heiratete schließlich den aus Böhmen stammenden Händler Franz Wolf Bobella (*1770). Die Tochter der beiden, Sophie Maria Anna Bobella, wurde 1802 zusammen mit den Eltern in St. Stephan nach römisch-katholischen Ritus in Wien getauft. Somit war die Familie zum katholischen Glauben konvertiert.[158]

Ihre Enkel waren daher nach den »Nürnberger Gesetzen«, konkret nach dem auf dem Nürnberger »Reichsparteitag der Freiheit« 1935 beschlossenen rassistischen Gesetz zum »Schutze des deutschen Blutes und der deutschen Ehre«, das zusammen mit dem »Reichsbürgergesetz« die jüdische Bevölkerung Deutschlands im Sinne der NS-Rassenlehre entrechtete, sogenannte »Mischlinge zweiten Grades«.[159] In diese Kategorie fielen nach dem »Anschluss« noch drei der ehemals fünf Kinder Wilhelm Schaups. Sein ältester Sohn Alfred Schaup war bereits 1885 verunglückt; die älteste Tochter Marie Schaup, verheiratete Kretz, war am 24. Jänner 1925 im 60. Lebensjahr verstorben. Somit waren, neben dem als Brauereierben ausgeschiedenen Otto Schaup, Emilie Schaup und Sophie Limbeck-Lilienau betroffen.[160]

Beunruhigt durch diese Tatsache wandte sich Wilhelm Loderer Mitte 1940 an den Münchner Anwalt Herbert Schmid, um die zwei großen Aktionärinnen Zipfs abzusichern. Schmid schlug vor, dass die Brauerei die Initiative ergreifen und eine Stellungnahme vom zuständigen Ministerium einholen solle, um einer möglichen Entdeckung zuvorzukommen und wegen der Eigeninitiative auf Wohlwollen hoffen zu können. Außerdem sollten die Schwestern ihre Aktien in

»rein arische« Hände übertragen. Diese lehnten aber ab. Einerseits wollten sie ihre Aktien nicht aufgeben, und andererseits wäre ihnen die Schenkungssteuer von 300.000 bis 400.000 Reichsmark zu hoch gewesen. Obwohl das Faktum ihrer Abstammung offenbar in der Region nicht ganz unbekannt war, sind aus der Zeit des Nationalsozialismus keine diesbezüglichen Repressionen gegen die Familie bekannt. Zu tun hat das nicht zuletzt damit, dass Anfang der 1940er Jahre die Generation der Kinder Wilhelm Schaups nach und nach von der Bühne abtrat: Am 2. Juni 1941 starb Max Limbeck-Lilienau. Einige Monate später, am 27. Oktober 1941, starb seine Frau Sophie Limbeck-Lilienau. Am 20. März 1942 wiederum verschied Emilie Schaup. Mit dem Tod von Otto Schaup am 28. April 1942 war diese Generation schließlich Geschichte.[161]

Wie knapp die betroffenen Familienmitglieder zuvor Problemen entgingen, zeigt eine Episode: Ende 1938, also zu der Zeit, als der Zipfer Verwaltungsrat aufgelöst war und einige seiner Mitglieder in Haft waren, wandte sich Ferdinand Falkensammer an die Vermögensverkehrsstelle in Wien. Er wollte herausfinden, ob die (damals noch »Österreichische«) Brau-AG Zipfer Aktien »aus jüdischem Eigentum« erwerben könne. Dort antwortete man, offenbar in Unkenntnis der oben beschriebenen Situation, dass in Zipf keine Aktien »in jüdischem Eigentum« vorhanden seien. Somit ging dieser etwas hinterhältige Versuch der Brau-AG, die NS-Rassenideologie zu nutzen, um in der Brauerei eine bessere Stellung zu erlangen, ins Leere.[162]

3.3.7 Entwicklungen in der Unternehmensorganisation 1939–1945

Während der ersten Monate des Zweiten Weltkrieges arbeiteten Vorstand und Wirtschaftsprüfer der Brauerei Zipf zusammen mit der eigens herangezogenen »Landesbuchstelle für Brauerei Weihenstephan G.m.b.H.« intensiv an der Reichsmark-Eröffnungsbilanz des Unternehmens. Nach Prüfung durch den Aufsichtsrat konnte diese am 4. Mai 1940 präsentiert werden. Das Unternehmen hatte eine Bilanzsumme von fast 7,78 Millionen Reichsmark aufzuweisen. Das Grundkapital wurde mit vier Millionen Reichsmark angesetzt. Mit dieser Bilanz hing noch ein unternehmensrechtlich relevantes Ereignis der Kriegszeit zusammen: Im Laufe der folgenden drei Jahre verlief die wirtschaftliche Entwicklung des Unternehmens günstiger, als bei Erstellung der Eröffnungsbilanz angenommen worden war. Die stillen und offenen Rücklagen vermehrten sich, wodurch die Gesellschaft schließlich unterkapitalisiert war. Da eine Verordnung 1941 eine Kapitalberichtigung bei Gesellschaften mit Sitz in den dem Deutschen Reich eingegliederten Gebieten ermöglichte, beschloss der Aufsichtsrat im Jänner 1943,

Abb. 15 Aktie der Brauerei Zipf aus dem Jahr 1940.

das Grundkapital der Zipfer Aktiengesellschaft von vier auf fünf Millionen zu erhöhen. Aktionärinnen und Aktionäre erhielten pro 400 Reichsmark Nennwert kostenfrei Zusatzaktien von 100 Reichsmark.[163]

Nach den Turbulenzen um die Betriebsordnung, den kaufmännischen Direktor und der Umstellung auf das neue Aktienrecht kehrte für zwei Jahre Stabilität in den Aufsichtsrat und den Vorstand von Zipf ein. Im Vorstand waren von 1939 bis zu ihren Pensionierungen in der frühen Nachkriegszeit Direktor Franz Schreiber und Prokurist Josef Petters tätig. Was den Aufsichtsrat betrifft, so waren in den Braujahren 1939/40 und 1940/41 Werner Kaltenbrunner der Vorsitzende, Kurt Galle der Stellvertreter, Wilhelm Limbeck-Lilienau, Fritz Kretz senior, Gustav Eder und Max Krackowizer Mitglieder. Zeitweise verhindert wegen ihrer Einziehung zum Militärdienst waren Kaltenbrunner, Galle, Limbeck-Lilienau und Eder. Anfang Juli 1943 legte Max Krackowizer sein Aufsichtsratsmandat nach einem Streit mit Peter Spielbauer zurück; bis Kriegsende wurde von der NSDAP kein Ersatz mehr gefunden, sodass der Aufsichtsrat auf sieben Mitglieder beschränkt blieb. Bei gewissen Abstimmungen im Aufsichtsrat der Brauerei kam es nach dem Abgang von Moritz Kumpfmiller jahrelang zu einer Pattstellung, weil die Ostmärkische Brau-AG den zweiten ihr zustehenden Posten mit ihm besetzen wollte und die Familiengruppe dies ablehnte. Die Brau-AG wollte aber niemanden anderen nominieren. Bei der turnusmäßig vorzunehmenden Wahl des Vorsitzenden und des Stellvertreters enthielt sich der Vertreter der Brau-AG außerdem regelmäßig der Stimme, als es darum ging, Kurt Galle zum Stellvertreter zu wählen. Die Brau-AG beanspruchte ihrerseits, diese Stelle mit einem ihrer Vertrauten besetzen zu können. Anfang 1942 stand die Berufung eines Vertrauten der Familie Limbeck-Lilienau, Ernst Hoffmann, in den Aufsichtsrat an. Das so erweiterte Gremium sollte bei weiteren Einberufungen dadurch die Handlungsfähigkeit behalten. Im Zuge dessen verlangte der Gauwirtschaftsberater Oskar Hinterleitner von Werner Kaltenbrunner, dass diese Kooptierung nicht erfolge, solange die Brau-AG nur ein Mandat besetzt halte. Bei der nächsten Hauptversammlung wurden dann Ernst Hoffmann für die Familiengruppe und Hans Richter für die Brau-AG in den Aufsichtsrat gewählt. Ersterer nahm danach das Amt des Stellvertreters des Vorsitzenden an.[164]

Seitdem der ungeliebte kaufmännische Direktor Zipf verlassen hatte, gab es Bestrebungen von Fritz Kretz senior, in den Vorstand des Unternehmens zu kommen, damit der Familie des Brauereigründers wieder ein bestimmender Einfluss auf das Unternehmen zukam. Im Aufsichtsrat hatte man ja das Problem, dass immer eine Abstimmung mit der etwas unberechenbaren NSDAP notwendig war, wenn auch der größte lokale Unruhestifter, der Ortsgruppenleiter und Betriebsobmann Peter Spielbauer, eingerückt und somit faktisch ausgeschaltet war. Er wurde danach von Buchhalter Moritz Zinnhobel (als Ortsgruppenleiter) und Maschinenmeister Alois Lenz (als Betriebsobmann) vertreten, die beide gegenüber der Brauerei weniger angriffslustig waren.[165] Den Versuchen, ein Mitglied der Familiengruppe in den Vorstand zu bekommen, erteilte der Gauwirtschaftsberater Hinterleitner im Februar 1942 eine klare Absage: Kretz senior sei wegen der Affäre um den nie wirklich angestellten Direktor Franz Roth sowie wegen der »Haltung der Brau A.G.« und »teilweise immer noch bestehender Bedenken von Parteidienststellen« untragbar. Kretz senior ließ dennoch nicht locker. Bei einer Besprechung im September 1943 mit dem Anwalt Schmid in München, den die Familie bereits in anderen heiklen Dingen zu Rate gezogen hatte und der in Parteikreisen sehr gut informiert war, teilte ihm Schmid jedoch mit, dass der mittlerweile zum Außenstellenleiter des Sicherheitsdienstes (SD, der Geheimdienst der NSDAP beziehungsweise SS)[166] in Vöcklabruck avancierte August Dellacher zwei Betriebsangehörige, und zwar den besagten Alois Lenz und den Kfz-Mechaniker Felix Wegleitner, auf ihn angesetzt habe. Sie sollten Kretz senior überwachen und gegebenenfalls Belastendes weitermelden. Schmid riet Kretz, sich zurückzuziehen und bis zum »Zusammenbruch der Parteiherrschaft [...] klein zu machen«, und lud den Zipfer Aufsichtsrat ein, »die kurz vorher gebombten Stadtteile anzusehen, um von den [...] bevorstehenden Ereignissen einen Vorgeschmack zu bekommen«. Kretz zog sich bis kurz vor Kriegsende im Wesentlichen auf ein Forstgut zurück.[167]

Innerhalb des Syndikats der Erbinnen und Erben des Brauereigründers erfolgte ein Generationenwechsel, der zur Folge hatte, dass die Position der Familie Limbeck-Lilienau gestärkt wurde. Am 20. März 1942 verstarb Emilie Schaup. Sie hatte ihren Neffen Wilhelm Limbeck-Lilienau als Erben eingesetzt, da sie eine Zersplitterung des Immobilien- und Aktienbesitzes vermeiden wollte. Daher ging – unbeschadet einiger kleinerer Vermächtnisse an Mitglieder der Familie Kretz – ihr Vermögen im Wesentlichen auf diesen Familienzweig über.[168] Für das Unternehmen bedeutete dies keine wesentliche Änderung. Die Nachkommen des Brauereigründers hatten sich 1941 in einem erneuerten Syndikat zusammengeschlossen. Es war zur »Aufrechterhaltung der Brauerei Zipf als dem Heimatboden unlösbar verbundene Betriebsstätte und Lebensunterhalt für viele Familien« gegründet worden. Die Aktien wurden in einem gemeinsamen Depot verwaltet, an der Spitze stand eine dreiköpfige Syndikatsleitung. Beschlüsse fasste eine Syndikatsversammlung. Bei Hauptversammlungen der Aktiengesellschaft stimmte ein Bevollmächtigter des Syndikats für alle. Aktien durften bei Androhung einer Konventionalstrafe ohne Zustimmung von zwei Drittel der Mitglieder nicht an syndikatsfremde Personen veräußert oder vererbt werden, es sei denn in der engsten Familie. Das Syndikat war bis 1945 abgeschlossen.[169] Den im Familiensyndikat Zusammengeschlossenen und auch den Aktionären der Minderheit konnte das Unternehmen übrigens, weil sich das Geschäft während des Zweiten Weltkrieges gut gestaltete, stets Dividenden auszahlen. Deren Höhe betrug 1939/40 und 1940/41 jeweils fünf Prozent plus ein Prozent Zusatzdividende sowie 4,8 Prozent in den drei Braujahren 1941/42, 1942/43 und 1943/44. Erst im Braujahr 1944/45, das vom Kriegsende geprägt war, gab es keine Dividende mehr.[170]

Der für das Deutsche Reich immer ungünstiger verlaufende Krieg wirkte sich schließlich auf die Tätigkeit von Gesellschaftsorganen aus. Per 1. Mai 1943 wurden bei Genossenschaften und Vereinen Mitgliederversammlungen beschränkt, ab Dezember 1943 auch für Aktiengesellschaften: Hauptversammlungen wurden für das Jahr 1944 ausgesetzt, es sei denn, es standen wichtige Entscheidungen wie beispielsweise Änderungen des Kapitals oder Verschmelzungen an. Die Amtsdauer der Aufsichtsratsmitglieder wurde dementsprechend verlängert, über den Jahresabschluss entschieden Vorstand und Aufsichtsrat gemeinsam. Solch eine gemeinsame Sitzung fand in Zipf am 30. März 1944 statt. Bei ihr wurde über die Verteilung des Gewinns entschieden, wurden Abschlussprüfer gewählt und der Bericht des Vorstandes erstattet. Danach kam es während des Zweiten Weltkrieges nur mehr zu einer weiteren Sitzung, am 28. März 1945. Dabei wurde im Einklang mit einer 1945 erlassenen diesbezüglichen Verordnung beschlossen, 1945 ebenfalls keine Hauptversammlung abzuhalten, dann wie der Gewinn zu verteilen sei und dass man Dinge wie die endgültige Entlastung des Vorstandes bei der nächsten Hauptversammlung nachholen würde.[171]

3.4 Die Brauerei Zipf und die Raketenrüstung 1943–1945

3.4.1 Die Raketenrüstung des Deutschen Reiches

Seit den frühen 1920er Jahren war die Faszination für Weltraumraketen eine Modeerscheinung in Deutschland. Wesentlichen Anteil daran hatte das Buch »Die Rakete zu den Planetenräumen«[172] des Physikers Hermann Oberth. Darin beschrieb der aus Siebenbürgen stammende Wissenschaftler theoretische Möglichkeiten, wie man Menschen mit Raketen ins All schicken könne. Er formulierte die grundlegende mathematische Gleichung für die Raketentechnik: »Der Antrieb einer Rakete ist gleich der Ausströmgeschwindigkeit der Verbrennungsgase multipliziert mit dem natürlichen Logarithmus des Massenverhältnisses.«[173] Feste Treibstoffe waren für ausreichenden Antrieb zu schwer und wenig ergiebig. Oberth trat deswegen dafür ein, in Raketen flüssigen Treibstoff wie Alkohol, Benzin oder Petroleum zusammen mit flüssigem Sauerstoff zu verwenden. Breitenwirkung erlangten die für Laien nicht leicht zugänglichen Ideen Oberths durch die Publikationen und Auftritte von Max Valier, einem Südtiroler Schriftsteller, Astronomen und Experimentator mit raketengetriebenen Gefährten. 1927 war Valier zudem Mitbegründer des »Vereins für Raumschiffahrt« im damals deutschen Breslau (heute Wrocław in der Republik Polen), der bald als Auffangbecken für Raumfahrtbegeisterte werden sollte. Dessen Präsident Johannes Winkler gab eine Zeitschrift (»Die Rakete«) heraus. Ein Höhepunkt der öffentlichen Begeisterung war der 1929 in Berlin uraufgeführte Film »Frau im Mond« von Fritz Lang, bei dem Hermann Oberth beratend mitwirkte. Mit Hilfe seines Assistenten Rudolf Nebel hatte Oberth an einer Rakete gearbeitet, die zur Premiere gezündet werden sollte. Zwar entwickelte er dabei eine brauchbare Kegeldüse mit konstantem Schub, die Rakete wurde aber nicht rechtzeitig fertig.[174]

Um 1930 arbeitete eine Gruppe von Raketenenthusiasten aufbauend auf Oberths Entwicklungen an privaten Raketenversuchen mit Treibstoff aus Alkohol (60–70 Prozent), die bald von Nebel federführend geleitet wurden. Dazu stieß zur selben Zeit auch der junge Abiturient (Maturant) Wernher von Braun, der einer wohlhabenden und politisch bestens vernetzten preußischen Junkerfamilie entstammte und als Schüler Oberths Bücher gelesen hatte.[175]

Während es den Raketenbegeisterten vornehmlich um Raumfahrt ging, hatten manche Akteure im Deutschland der 1920er Jahre ganz andere Ideen. Im Vertrag von Versailles war Deutschland verboten worden, schwere Artillerie mit Kalibern von über 105 Millimetern Durchmesser zu besitzen. Daher suchten die Militärs nach Alternativen, welche den Vertrag nicht verletzten, aber dennoch hohe Feuerkraft aufwiesen und vielleicht sogar Giftgas über weite Strecken schießen könnten.[176] Maßgeblich engagiert in dieser Hinsicht war der Leiter der Abteilung I für Ballistik und Munition im Heereswaffenamt (HWA), Karl Emil Becker. Er begann 1929, also zum Zeitpunkt großer Medienöffentlichkeit, zur Raketentechnologie zu forschen. Im Kreis seiner Mitarbeiter befanden sich einige junge Teilnehmer des Weltkrieges, darunter Walter Dornberger, ein Artillerieveteran, der an der Westfront gedient hatte. Er sollte bald zu einer der zentralen Personen des Raketenprogramms werden.[177] Zunächst hatte die Abteilung des Heereswaffenamts die privaten Raketenversuche der Gruppe um Nebel interessiert beobachtet und 1932 ihre Forschungen bei einer Vorführung begutachtet. Becker schlug den Amateuren vor, für das HWA zu arbeiten, dies nahm jedoch nur Wernher von Braun an. Er studierte rasch Physik, promovierte mit einer Arbeit über Flüssigkeitsraketen und leitete bald eine Versuchsstation. Nachdem die Nationalsozialisten 1933 an die Macht gekommen waren, unterbanden sie die Kontakte der Wissenschaftler ins Ausland, und wer sich für Raketenentwicklung interessierte, musste für das HWA arbeiten, welches auf Befehl Adolf Hitlers für die Raketentechnik exklusiv zuständig war. In den folgenden Jahren führten die Forschergruppen Versuche mit verschiedenen Raketenmodellen, genannt »Aggregat« 1–3 und 5 durch, wobei hauptsächlich technische Probleme mit dem leicht überhitzenden und explodierenden Triebwerk (genauer gesagt der »Brennkammer«[178]), dem Treibstoff, dem Leitwerk beziehungsweise der Steuerungsanlage und der Aerodynamik zu überwinden waren. 1936 begannen die Planungen für eine ballistische Kriegsrakete, welche das am weitesten feuernde Geschütz des Ersten Weltkrieges, die »Pariskanone« mit über 100 Kilometer Reichweite, übertreffen sollte. Diese Kriegsrakete erhielt die Bezeichnung »Aggregat 4« (A4), und sie sollte einen Sprengkopf von etwa einer Tonne über eine Entfernung von 250 Kilometer verschießen.[179]

Da die entwickelten Raketen in den 1930er Jahren immer höher stiegen (1934 stieg eine A2 auf 2.200 Meter Höhe), wurde ein geeignetes Testgelände notwendig, das fernab von gefährdeten Gebieten lag. Von Braun fand ein solches in Peenemünde auf Usedom. Dort errichtete das Heereswaffenamt ab 1936 in Zusammenarbeit mit der ebenfalls an Versuchsgeländen interessierten, neu errichteten Luftwaffe einen großen Komplex zu diesem Zweck, der »Heeresversuchsanstalt Peenemünde« genannt wurde. Sie sollte das große Zentrum der Raketenentwicklung und frühen Fertigung werden. 1936 arbeiteten dort 80 Menschen, 1943 waren es bereits fast 15.000. Die Kosten für den Bau der weitläufigen Anlage und die Forschungen in den Kriegsjahren dürften insgesamt 1,1 Milliarden Reichsmark ausgemacht haben. Ende 1938 ordnete der Oberbefehlshaber des Heeres, Walther von Brauchitsch – ein Förderer, der später auch einmal die Gesamteinstellung des Projekts verhindern sollte –, zudem an, dass in Peenemünde eine Fertigungsstelle für einige Hundert Raketen jährlich errichtet werden sollte.[180]

Der Beginn des Zweiten Weltkrieges war dem Raketenprojekt zunächst nicht unbedingt förderlich. Hitler hatte einige Monate vor Kriegsbeginn einen Versuchsplatz besichtigt, aber zunächst keinerlei Interesse an einer militärisch zu verwendenden Rakete bezeugt. Kurz nach dem Überfall auf Polen ordnete er zudem an, dass die Fertigung von unmittelbar für den Kampf notwendiger Munition, Waffen und Gerät Vorrang habe. Zwar erhielt das Vorhaben in Peenemünde innerhalb der Rüstung eine hohe Dringlichkeitsstufe, Hitler verfügte jedoch, nur mehr die Entwicklung voranzutreiben und nicht die Produktion vorzubereiten, und drosselte die Stahlzuteilung. Der ab 1940 amtierende Reichsminister für Bewaffnung und Munition Fritz Todt hatte ebenso wenig Interesse an den Raketen und kürzte einschlägige Bauvorhaben. Mehrere Faktoren änderten die Haltung von Entscheidungsträgern der NS-Führung zum Raketenprogramm. Die Luftschlacht um England im Sommer 1940 ging für das Deutsche Reich desaströs aus, nach einigen Monaten wurde sie nach hohen Verlusten für die Luftwaffe mit 1.733 verlorenen Flugzeugen gegenüber 915 abgeschossenen der Royal Air Force (RAF) beendet. Im Gegenzug begannen im Mai 1940 britische Bombenangriffe östlich des Rheins mit vielen Dutzend Bombern.[181]

Dornberger und von Braun konnten Hitler bei einem Treffen im August 1941 überzeugen, die Entwicklung und Fertigung von Raketen in Peenemünde zu forcieren. Hitler schwärmte bei dieser Gelegenheit von Hunderttausenden von Raketen, die gebaut und abgefeuert werden sollten – eine utopische Zahl. Die Einstufung auf eine hohe Dringlichkeitsstufe geschah tatsächlich im September 1941, die Arbeiten galten als »absolut vorrangig«. Kurz nach dem tödlichen Flugzeugabsturz von Todt im Februar 1942 wurde außerdem Albert Speer neuer Reichsminister für Bewaffnung und Munition. Damit war der bisherige oberste Bauleiter von Peenemünde zum Verantwortlichen der deutschen Kriegswirtschaft geworden, der zudem als »Generalbauinspektor für die Reichshauptstadt«

genügend Einfluss bei Hitler besaß, um ihn für die Raketenentwicklung positiv zu stimmen.[182]

Ende März 1942 begann die RAF mit dem systematischen Flächenbombardement deutscher Städte. Das erste Ziel war Lübeck, welches durch den Abwurf von 400 Tonnen Bomben aus 234 Maschinen in der Nacht vom 28. auf den 29. März in Flammen aufging, mit 320 Toten und fast 1.500 komplett zerstörten Häusern.[183] Wütend über diesen Angriff, aber auch im seit 1941 zunehmenden Bewusstsein, dass die »Blitzkriegsstrategie« der Wehrmacht am Boden keinen Erfolg mehr hatte, befahl Hitler unter anderem Vergeltung durch 5.000 Raketen und eine Jahresproduktion von 50.000 Raketen: eine nicht zu schaffende Anzahl. Laut Dornberger überstiegen diese Planungen beziehungsweise Forderungen die ressourcentechnischen Möglichkeiten Deutschlands um ein Zehnfaches. Inzwischen begann auch die Luftwaffe, eine düsengetriebene Flugbombe zu bauen, um den ebenfalls an sie gerichteten Forderungen nach »Vergeltungs- und Terrorangriffen« auf England entsprechen zu können. Das Ergebnis war ein früher Marschflugkörper, die Flugbombe »Fi 103« (von der Propaganda genannt »Vergeltungswaffe 1«, kurz »V1«), welche das Reichsluftfahrtministerium in Zusammenarbeit mit privaten Firmen entwickelte. Sie war im Vergleich zur A4 relativ billig und hatte einen fast gleich großen Sprengkopf, den sie über ähnliche Entfernungen transportierte. Die schwierige Entwicklung dauerte ähnlich lange und auch die Massenproduktion der Fi 103 konnte erst gegen Kriegsende aufgenommen werden.[184]

Anfang des Jahres 1942 war die A4 technisch noch lange nicht ausgereift. Ein neuralgischer Punkt waren die Brennkammern, da sie sich stark erhitzten und kleinste Fehler oder Beschädigungen dazu führen konnten, dass sie explodierten. So geschah es etwa am 18. März 1942, als das erste Versuchsmuster der A4 noch bei Brennkammerversuchen explodierte. Erhöhte Dringlichkeit erhielt das Projekt nach dem nächsten aufsehenerregenden Angriff der RAF: In der Nacht vom 30. auf den 31. Mai 1942 führte sie die »Operation Millennium« durch, bei der sie über 1.000 Bomber einsetzte, rund 1.450 Tonnen Bomben abwarf und damit 480 Menschen tötete und 3.300 Häuser zerstörte. Trotzdem waren die Raketenversuche am 13. Juni und 16. August Fehlschläge. Angesichts dieser musste Dornberger feststellen, dass Hitler nicht mehr an die Treffsicherheit glaubte, Speer den Erfolg nun ganz anzweifelte und der wichtige Freund der Forschungen, von Brauchitsch, vermutete, man könne die Rakete nicht mehr rechtzeitig fertigstellen. In dieser prekären Situation glückte am 3. Oktober 1942 schließlich der erste Abschuss der A4, die in kaum fünf Minuten Flugzeit auf 60 Kilometer Höhe aufstieg und 190 Kilometer weit flog. Der Erfolg beflügelte die Fantasie der

NS-Führung, und Hitler sprach im Oktober vom gleichzeitigen Einsatz von 5.000 Raketen.[185]

Speer konnte Hitler nun überzeugen, sich für den Einsatz im Krieg zu entscheiden, und um die Jahreswende 1942/43 befahl Letzterer die Serienproduktion. Speer bewilligte dafür auf Antrag des damaligen Leiters des Heereswaffenamtes Emil Leeb den »Sonderausschuss A4« mit Gerhard Degenkolb als Leiter. Degenkolb genoss einen guten Ruf, weil er als fanatischer Nationalsozialist und rücksichtsloser Manager die Produktion von Lokomotiven wesentlich angekurbelt hatte. Unter seiner Leitung sollte der Ausschuss alle Schwierigkeiten beseitigen, welche einer massenhaften Produktion entgegenstanden. Rohstoffe, Teile und Arbeitskräfte mussten beschafft werden, um die aus tausenden Einzelteilen bestehende Rakete zu fertigen. Anschließend sollte die Serienproduktion organisiert werden. Der Sonderausschuss A4 war dem Reichsministerium für Bewaffnung und Munition (RMfBuM) unterstellt, womit die Raketenproduktion nun zu dessen Kompetenzen gehörte.[186] Für die deutsche Industrie war das A4-Projekt spätestens seit dem Beschluss zur Serienfertigung interessant, und im Sonderausschuss A4 mit seinen 21 Unterausschüssen waren Manager von Privatunternehmen, vor allem aus der Lokomotivindustrie, vertreten. Die somit eng involvierte Industrie erhoffte sich nicht nur Rohstoffe, Maschinen und mehr Personal, sondern auch kostenlosen Zugang zu neuer Technologie. Außerdem war der nationalsozialistisch bestens vernetzte Generaldirektor der Allgemeinen Elektrizitätsgesellschaft (AEG) Aktiengesellschaft, Waldemar Petersen, ab Februar 1943 Leiter der »Kommission für Fernschießen«. Sie bestand aus leitenden Persönlichkeiten aus dem Reichsluftfahrtministerium, dem RMfBuM und dem Stab des Chefs der Heeresrüstung und sollte alle Maßnahmen zur Entwicklung und Produktion von Fernwaffen (also etwa A4 und Fi 103) bündeln.[187]

Die Mitglieder des Ausschusses A4 erstellten ab Februar 1943 Produktionsplanungen und wollten in der Versuchsanstalt Peenemünde und bei der Luftschiffbau Zeppelin GmbH in Friedrichshafen bis Ende 1943 5.150 Raketen bauen lassen. Dies war aus mehreren Gründen illusorisch. Erstens war die Rakete noch nicht einmal ausgereift: Auf den erfolgreichen Test Anfang Oktober 1942 waren Rückschläge gefolgt, und bis zum ersten tatsächlichen Abschuss einer Rakete gegen England mussten rund 65.000 technische Änderungen vorgenommen werden, was zu beträchtlichen Verzögerungen führte.[188] Zweitens zwangen die alliierten Bombardements die deutsche Rüstungsindustrie zwischen Sommer 1942 und Mitte 1943 immer mehr, ihre Produktionsstätten zu verlagern und von zentralen Standorten abzugehen. Man verstreute kleinere Industrieeinheiten dezentral im ganzen Reich und setzte darüber hinaus darauf, Betriebe unter meterdicken Betondächern zu schützen oder gleich in unterirdische Anlagen zu verlegen. Von den Angriffen waren auch Peenemünde und Friedrichshafen bedroht, also suchte man nach einem geeigneten dritten Standort, eventuell in Polen. Im Zuge dieser Entwicklung gab der Leiter des Sonderausschusses »Fertigungsplanung« bekannt, dass im April 1943 ein drittes Werk für die A4-Produktion ins Auge gefasst wurde, die laut dem sogenannten »Degenkolb-Programm« ab Dezember 1943 300 Raketen monatlich betragen sollte. Dieser neue Standort war die seit dem 19. Jahrhundert unter verschiedenen Namen bestehende, zeitweise stillgelegte Wiener Neustädter Lokomotivfabrik. Sie war 1938 von der Henschel & Sohn GmbH übernommen worden, und seit 1942 bestand dort der Rüstungsbetrieb Rax-Werke GmbH, Wiener Neustadt. In ihm fertigte man Tender für Lokomotiven unter massivem Einsatz von aus der Sowjetunion verschleppten und zur Arbeit gezwungenen »Ostarbeitern« sowie Zwangsarbeiterinnen und Zwangsarbeitern aus anderen Ländern. Dafür hatte man in Serbien eine Industriehalle abmontiert und auf dem Industriegelände unter anderem von sowjetischen Kriegsgefangenen aufstellen lassen.[189]

Nachdem am 26. Mai eine A4 etwa 265 Kilometer weit geflogen war und ihr Ziel nur um zirka fünf Kilometer verfehlt hatte, erhielt das Raketenprogramm für alle Aufträge im elektronischen Bereich eine hohe Dringlichkeitsstufe. Am 7. Juli 1943 trafen Dornberger und von Braun wieder auf Hitler. Sie zeigten ihm einen Film, in dem eine Rakete erfolgreich startete. Der Diktator wollte eine Monatsproduktion von 2.000 Stück. Am 25. Juli unterzeichnete er dann unter dem Eindruck der sich verschärfenden Angriffe der RAF einen »Erlaß über den Ausstoß von A4 Geräten«, der Speer Zugriff auf die Rüstungskapazitäten aller Wehrmachtsteile gab und allen Werken, die mit der A4 zu tun hatten, eine Versorgung mit »Facharbeitern, Rohstoffen, Werkzeugmaschinen und Strom« garantierte. Dies wirkte sich zum Nachteil des erwähnten Luftwaffenprogramms (»V1«) aus. Zwar regte sich zur gleichen Zeit bereits grundlegende Kritik an der komplizierten Waffe, und dies ausgerechnet in einem Gutachten, das Speer selbst in Auftrag gegeben hatte. Die darin enthaltenen Anmerkungen blieben aber unbeachtet.[190]

In den Monaten Juni und August 1943 machten alliierte Bombenangriffe dem Raketenprogramm einen Strich durch die Rechnung: Am 21. Juni 1943 bombardierte die RAF Friedrichshafen und traf die Fertigungsanlagen der Zeppelin-Werke. Am 13. August folgte der erste große Bombenangriff auf Wiener Neustadt, um die dortigen Flugzeugwerke zu treffen. 134 Menschen starben dabei, Hunderte wurden verwundet. Der schwerste Treffer gegen die deutsche Raketenrüstung erfolgte schließlich in der Nacht vom 17. auf den 18. August. Im Rahmen der »Crossbow«-Kampagne, die zur Abwehr der deutschen Raketengefahr diente, warfen 520 Bomber der RAF rund 2.000 Tonnen Spreng- und Brandbomben auf Peenemünde ab. Der materielle Schaden dieser bereits lange vorbereiteten Aktion war zwar gering, es starben aber 732 Menschen, neben 120 Deutschen überwiegend russische und polnische Zwangsarbeiterinnen und Zwangsarbeiter. SS-Obergruppenführer Ernst Kaltenbrunner kam nach dem Angriff als Chef der Sicherheitspolizei und des SD nach Peenemünde, um herauszufinden, ob Spione hinter dem Luftangriff steckten. Über das Ergebnis seiner Nachforschungen ist nichts bekannt, der Besuch sollte vor allem die Bedeutung der SS für die Sicherheit des Raketenprogramms zeigen.[191]

Die obigen Ausführungen liefern zwei Stichworte: Zwangsarbeit und SS. Zwangsarbeit wurde im Zusammenhang mit der Raketenrüstung schon bald eingesetzt, und zwar nicht nur, um Infrastruktur und Werke aufzubauen, sondern auch zur Raketenmontage, wie beispielsweise KZ-Häftlinge in Peenemünde vor der Verlagerung des Versuchsserienwerkes. Nur zum Entwicklungswerk hatten sie aus Gründen der Geheimhaltung keinen Zugang. Eingeplant wurde der Einsatz von Zwangsarbeit in großem Stil jedenfalls dann bei der Serienfertigung der Raketen.[192] Die SS hatte erstes Interesse an dem Raketenprogramm bereits am 11. Dezember 1942 bekundet, als Heinrich Himmler Peenemünde besucht und den (erfolglosen) Start einer A4 mitangesehen hatte. Himmler war Ende 1941 bei Gesprächen darüber, ob KZ-Häftlinge in der Raketenrüstung eingesetzt werden sollten, zunächst zurückhaltend, weil er in den Konzentrationslagern eine eigene Rüstungsindustrie aufbauen wollte. Im September 1942 einigte man sich schließlich über den Arbeitseinsatz von KZ-Häftlingen außerhalb der Konzentrationslager in der Rüstungsindustrie, und der Weg war frei für deren Einsatz im Raketenprogramm.[193] Dieser wurde ab dem Frühjahr 1943 von den Planern des Programms und Technikern wie dem technischen Direktor des Versuchsserienwerks in Peenemünde, Arthur Rudolph, und Wernher von Braun ernsthaft vorbereitet. Sie traten an die SS mit konkreten Forderungen nach KZ-Häftlingen und eigens zu errichtenden Konzentrationslagern heran. Am 17. Juni 1943 trafen die ersten 200 KZ-Häftlinge in Peenemünde ein, viele weitere Hundert sollten folgen. In den Wiener Neustädter Rax-Werken kam der erste Transport von etwa 500 Häftlingen aus dem KZ Mauthausen Ende Juni 1943 an. Nachdem im Sommer 1943 klar geworden war, dass trotz Führerbefehl nicht genug deutsche Arbeiter für das Raketenprogramm frei gemacht werden konnten, entschieden sich die Verantwortlichen bei einer Besprechung am 4. August 1943 grundsätzlich dafür, die Fertigung in allen Serienwerken durch KZ-Häftlinge durchführen zu lassen.[194] Nach den Bombenangriffen auf Friedrichshafen, Wiener Neustadt und Peenemünde befahl Hitler, die gesamte Produktion in unterirdische Fertigungsstätten zu verlegen. Speer musste demzufolge gemeinsam mit Himmler Fertigungsanlagen in »Höhlen und sonstige[n] geeignete[n] Bunkerstellungen« bauen. Dies weitete den Einfluss der SS enorm aus.[195]

Der Reichsführer-SS Heinrich Himmler bot nun an, die notwendigen Arbeitskräfte zur Verfügung zu stellen. Daraufhin entwickelte sich 1943 bis 1945 eine Arbeitsteilung zwischen der Wehrmacht (Oberkommando des Heeres/HWA: technische Entwicklung), dem ab 1943 Reichsministerium für Rüstung und Kriegsproduktion (RMfRuK) genannten Ministerium Albert Speers (Sonderausschuss A4: Durchführung des Fertigungsprogramms), der SS (Sonderbeauftragter für Baufragen der A4-Fertigung: Bau der Fertigungsstätten, Bereitstellung und Bewachung von KZ-Häftlingen) und den beteiligten Industriebetrieben (diverse Zuliefer- und Fertigungsdienste). Himmler zentralisierte alle Kompetenzen bezüglich der Raketenproduktion bei Hans Kammler, dem bisherigen Chef der Amtsgruppe C (Bauwesen) des Wirtschafts-Verwaltungshauptamtes (WVHA) der SS. Kammler war fortan als »Sonderbeauftragter für Baufragen der A4-Fertigung« zuständig. Kernstück des neuen Komplexes von dezentralisierten, meist unterirdischen Anlagen waren die Anhydritstollen im Kohnstein in Niedersachswerfen nahe Nordhausen in Thüringen. Dort hatte die Wirtschaftliche Forschungsgesellschaft in einem aufgelassenen Bergwerk mit über 100.000 Quadratmeter Fläche ein Depot für Chemikalien wie etwa Benzin oder Wasserstoffperoxid errichtet.[196]

Organisatorisch lagen die Leitung und die Koordination beim RMfRuK, dem zwei verschiedene Instanzen untergeordnet waren. Einerseits war dies der direkt Himmler unterstellte »Sonderstab Kammler«, also die Maschinerie der SS für die Zwecke der Bauleitung. Andererseits gab es eine eigens gegründete Gesellschaft für die unternehmerische Gesamtleitung, die »Mittelwerk G.m.b.H.«. Sie wurde am 7. Oktober 1943 im Handelsregister beim Amtsgericht Berlin eingetragen. Hauptgesellschafter war die »Rüstungskontor G.m.b.H.«, deren alleiniger Gesellschafter wiederum das Deutsche Reich war, welches Speer vertrat. Generaldirektor der Mittelwerk GmbH war Georg Rickhey, der außerdem Direktor der »Fahrzeugwerke Falkensee G.m.b.H.«, Teil der »Deutschen Maschinenbau-Aktiengesellschaft« (Demag), war.[197]

Ende August verlegte die SS die ersten Häftlinge in das am Kohnstein provisorisch errichtete Lager »Dora« als Außenlager des KZ Buchenwald. Sie mussten neue Zugänge zum unterirdischen System bauen, die Stollen selbst erweitern und Fertigungstrassen errichten. Das Klima in den Stollen, in denen sie untergebracht waren, war feucht und kalt, Nahrung und medizinische Versorgung erhielten sie von der SS kaum. Dies und die primitive unterirdische Unterkunft der vielen

Häftlinge führte dazu, dass diese aufgrund der schlechten Lebensbedingungen starben. Von den im KZ-Komplex Buchenwald im ersten Quartal 1944 verstorbenen Inhaftierten kamen ganze 60 Prozent bei den Arbeiten im Kohnstein um. Der Leiter des Baustabes, Kammler, soll seinen SS-Stäben und Bauführern folgende Devise mitgegeben haben: »Kümmern Sie sich nicht um die menschlichen Opfer. Die Arbeit muß von statten gehen, und in möglichst kurzer Zeit.« Weil mehr KZ-Häftlinge starben als neu ankamen, gab man die Unterbringung im Stollen auf und errichtete ab Dezember 1943 ein Lager außerhalb des Berges, das im Herbst 1944 ein eigenständiges KZ (»Mittelbau«)[198] unter dem Kommandanten Otto Förschner wurde. Für die Wehrmacht, die SS und das RMfRuK und ihr Raketenprogramm war der schnelle Ausbau des Kohnstein-Stollensystems ein Erfolg. Speer richtete Kammler seine »höchste Anerkennung« dafür aus, dass er in kurzer Zeit die unterirdischen Stollen in eine Fabrik verwandelt hatte.[199]

Das Mittelwerk war prinzipiell als Montagewerk gedacht, zu dem etwa 450 Vertragsunternehmen, die wiederum von Zulieferbetrieben abhängig waren, 200 vorgefertigte Komponenten lieferten. In Summe war die A4-Rakete aus 450.000 Einzelteilen zusammengesetzt. Die Endabnahme erfolgte zunächst im Werk der Demag in Falkensee, dann im Mittelwerk selbst. Die Produktionszahlen blieben weit hinter den Erwartungen zurück, erst ab September 1944 bis Februar 1945 verließen monatlich mehr als 600 Raketen das Mittelwerk.[200] In der Nähe konnte offenbar kein günstiger Standort gefunden werden, um die A4-Brennkammern zu testen. Dies musste wegen der starken Brennwirkung im Freien in »Vorwerken« passieren. Kammler ließ in einiger Entfernung, bei Lehesten im Thüringer Wald (»Vorwerk Mitte«, KZ-Außenlager »Laura«), Prüfstände errichten. Dort und im ebenfalls ins Auge gefassten Zipf in »Oberdonau« war außerdem die Produktion von Flüssigsauerstoff vorgesehen.[201]

Bevor nun näher auf die Geschichte des »Vorwerks« in Zipf eingegangen wird, soll noch kurz ein Blick auf die weitere Geschichte und die Bilanz der deutschen Raketenrüstung in Bezug auf die A4-Rakete oder, wie die Propagandamaschinerie des Deutschen Reiches sie nannte, »Vergeltungswaffe 2« (»V2«) geworfen werden. Erprobt wurden die zusammengestellten A4-Raketen zwischen Ende Oktober 1943 und Juni 1944 beim polnischen Dorf Blizna am SS-Truppenübungsplatz »Heidelager« etwa 100 Kilometer östlich von Krakau (Kraków). Sehr zum Verdruss der SS-Bedienungsmannschaften und vor allem der Techniker waren die meisten Versuche Fehlschläge: 70 Prozent der 161 insgesamt bis Oktober 1944 getesteten Raketen brachen zwei bis drei Kilometer vor dem Aufschlagspunkt auseinander. Unbeobachtet ging dies nicht vor sich: Die polnische Heimatarmee (Armia Krajowa) dokumentierte dort 139 der Raketenstarts, sammelte Teile auf und konnte einmal sogar eine ganze Rakete sicherstellen, die dann im Untergrund untersucht wurde. Teile davon wurden zu den Alliierten ausgeflogen. Bei der Aufklärung der A4-Starts starben 150 Polinnen und Polen.[202]

Den Einsatz der Raketen riss nach Vorbereitungen durch die Wehrmacht Hans Kammler an sich, der dafür die SS-Division z.V. (»zur Vergeltung«) aufbaute. Sie schoss ab Anfang September 1944 die per Bahn aus den Lagern gelieferten A4-Raketen in mobilen Stellungen meist von der holländischen Nordseeküste gegen Belgien, England, Frankreich, die Niederlande und auch gegen Ziele in Deutschland ab. Das Mittelwerk produzierte rund 5.800 Raketen, davon starteten bis Ende März 1945 3.170 im Kriegseinsatz, 2.438 davon schlugen auch im Zielgebiet ein. Die anderen explodierten in der Luft. Für einen klassischen artilleristischen Zweck war die Rakete ungeeignet. Bei der Beschießung von Antwerpen – mit dem taktischen Ziel, den Hafen zu besetzen – wurden die Alliierten nicht wesentlich behindert, und die Brücke von Remagen, die man im März 1945 beschoss, wurde von der präzisesten Rakete dennoch um 300 Meter verfehlt. Der erwünschte Zweck, bei den Alliierten, insbesondere in Großbritannien, Kriegsmüdigkeit zu erzeugen (Stichwort: »Terrorwaffe«) und in Deutschland die Hoffnung auf einen Sieg aufrechtzuerhalten, stellte sich trotz der – individuell natürlich fürchterlichen – Gefährdung von Leib und Leben durch die Rakete ebenfalls nicht ein. Der Blutzoll war dennoch beträchtlich: Die auf feindlichem Gebiet eingeschlagenen Raketen töteten 8.000 Menschen. Dazu kommen die ermordeten KZ-Häftlinge: Von mindestens 40.000 für das Programm an allen beteiligten Standorten bei Bau und Fertigung herangezogenen dürften 15.000 bis 20.000 nicht überlebt haben.[203]

Bei der retrospektiven Beurteilung der A4-Rakete dürfte ihre Rolle als wesentlicher Schritt in der Entwicklung, die später zu der berühmten dreistufigen, 110 Meter hohen Mondrakete »Saturn V« führte, mitunter den Blick auf die militärische Nutzlosigkeit verstellen. Entsprechende Illusionen wurden indes von der Aussage des US-Generals Dwight D. Eisenhower befeuert, die Invasion in der Normandie wäre nicht geglückt, wenn NS-Deutschland die Rakete sechs Monate vorher eingesetzt hätte. Schon der britische Premierminister Winston Churchill nannte diese Aussage angesichts der kilometerweiten Streuung der Rakete übertrieben. Bei Weitem verheerender waren während des Zweiten Weltkrieges die großangelegten Bombenangriffe, bei denen in kurzer Zeit viele Tausend Tonnen Bomben mit desaströsem Resultat auf ein Ziel abgeworfen wurden.[204] Niklas Reinke führte den Aspekt des Vergleichs mit dem Luftkrieg näher aus: »Mit gut zwei Milliarden Reichsmark initiierte das Heer in Peenemünde das bedeutendste militärische Forschungsprojekt der NS-Diktatur, ohne jedoch mehr als vage Hoffnungen mit der unerprobten Raketenwaffe verbinden zu können. Nach einer amerikanischen Schätzung hätte man mit dem allein in den letzten beiden Kriegsjahren betriebenen Aufwand 24.000 Jagdflugzeuge zusätzlich bauen können – und das in einer Kriegsphase, in welcher der jährliche Gesamtausstoß der deutschen Flugzeugindustrie gerade eine Höhe von 36.000 Einheiten erreichte.«[205]

3.4.2 Die Anfänge der »Steinbruch-Verwertungs G.m.b.H. Betrieb Schlier« und die Wahl des Standortes Zipf

Über die Frage, warum gerade Zipf mit seiner Brauerei als Standort für ein Vorwerk des Mittelwerks ausgewählt wurde, hat man sich bereits einige Gedanken gemacht. Günther Engelbert Sturm sah mehrere Gründe dafür, dass sich die NS-Machthaber Zipf mit seiner Brauerei als Standort entschieden: »Günstig an einer großen Bahnlinie zwischen Linz und Salzburg gelegen, befindet sich Zipf doch abseits der großen Industriezentren und Fliegerangriffsräume. Das sehr dünn besiedelte Gebiet kann auch relativ leicht abgeriegelt und unerwünschten Einblicken entzogen werden. Die in einen Berghang gegrabenen, unterirdischen Keller der Brauerei bieten zudem idealen Schutz vor eventuellen Bombentreffern. Darüber hinaus ist die hügelige Landschaft mit ihren vielen kleinen Wäldchen einer Luftaufklärung äußerst hinderlich.«[206] Ähnlich argumentierte Fritz Kretz junior, der den Schutz der benachbarten Hügel herausstreicht: »Die Lagerkeller der Brauerei waren von mächtigen Schichten des zähelastischen und somit gegen Bombentreffer sehr widerstandsfähigen Schliersandes überdeckt. Die Brauerei lag in einer stillen Gegend, weitab von gefährdeten Bereichen, aber doch nahe neben der als Transportweg benötigten Westbahn.«[207] Dem oberösterreichischen Geologen Kurt Vohryzka zufolge ist Schlier ein besonders dankbarer Boden für unterirdische Anlagen: »Für die Anlage von unterirdischen Hohlräumen ist diese Bodenart bestens geeignet, da sie mit Werkzeug händisch oder mit Schrämmhammer gelöst werden kann, dabei aber kaum Klüfte aufweist und somit bei entsprechend rundem oder ovalem Stollenquerschnitt weitgehend frei von Einsturzereignissen ist. [...] Durch die relative Weichheit des Gesteins ist auch mit einer guten Dämmkraft gegen Bomben mittlerer Gewichtsklassen zu rechnen.«[208] Florian Freund und Bertrand Perz betonten zudem den technischen Aspekt, denn es ging nicht zuletzt um die Verlagerung der in Wiener Neustadt geplanten Produktion: »Eine schnell zu realisierende Möglichkeit, die Produktion von Sauerstoff geschützt vor Luftangriffen durchzuführen, boten Brauereikeller, die von ihrer technischen Ausrüstung geradezu prädestiniert schienen, eine chemische Produktion aufzunehmen.« Nach solch einem Ort suchten offenbar die Direktoren der Rax-Werke im Spätsommer und Frühherbst 1943.[209] Auch steht fest, dass Zipf den Verantwortlichen für die Verlegung von Rüstungsbetrieben und Vorräten im »Gau Oberdonau« ein Begriff war. Vor dem 18. März 1942 waren bereits die Malztennen dem Ersatzverpflegungsmagazin der Wehrmacht in Linz überlassen worden, deren zugeteilte Soldaten einmal der Brauerei bei dringenden Arbeiten halfen. In der ersten Jahreshälfte 1943 kam ein Gaubeauftragter bei einer Reise durch das Land nach Zipf und untersuchte die Brauerei auf Möglichkeiten, einen Rüstungsbetrieb unterzubringen. Damals zerstreute der gerade als Kreisleiter fungierende Gaupersonalamtsleiter Matthäus Mittermair jedoch die Bedenken der Brauereileitung. Dann besuchte Anfang September 1943 ein Landrat die Brauerei und inspizierte das Gelände, um Lagerräume für Vorräte zu finden, die man wegen der Bombardements aus Städten wie Linz entfernen wollte. Vorerst kam es aber ebenfalls zu keiner Einlagerung.[210]

Wie dem auch sei, den ersten Kontakt zwischen den Repräsentanten des Raketenprogramms und der Brauerei Zipf dürfte es am 26. September 1943 gegeben haben. Laut Aussage der Pächterin des Braugasthauses, Anna Salzer, seien an diesem Abend fünf Personen, vorwiegend Techniker, in Zipf gewesen und hätten die Keller inspiziert. Über die letztlich entscheidende Besprechung am 30. September 1943 im Beisein von Gauleiter August Eigruber berichtete am 5. Oktober Ernst Hoffmann, der stellvertretende Vorsitzende des Aufsichtsrates der Brauerei: »Man hat festgestellt, dass die Zipfer Schlierkeller die Möglichkeit bieten, eine dringliche Fertigung für das Reichsministerium Speer in kürzester Zeit aufzunehmen. Die Abwehrversuche der Brauerei-Direktion waren erfolglos. Am Donnerstag der Vorwoche fand die entscheidende Aussprache statt, an der auch der Gauleiter teilnahm, wobei uns eröffnet wurde, dass die Sache in Zipf gemacht wird, und die baldige Aufnahme des Betriebes nach besten Kräften zu fördern ist. Der Brauereibetrieb muss, trotzdem man uns nahezu ⅔ der Lagerkeller nimmt, daneben fortgesetzt werden, wofür die Voraussetzungen über die Wintermonate zu schaffen sind.« Paul Kretz hatte die Mitglieder des Syndikats über die Vorgänge bereits am 4. Oktober informiert. Er führte zur entscheidenden Sitzung näher aus, dass die Einquartierung auf »Wunsch der Gauleitung« erfolgt sei, der Gauleiter jedoch versichert habe, dass die Brauerei weiter betrieben werden würde. Eine Syndikatssitzung zu dem Thema wurde nicht abgehalten, weil »keine Entscheidungsmöglichkeiten« bestanden.[211]

Am 28. September hatte Hans Kammler bereits den aus den Rax-Werken kommenden Kurt Breuer zum Bauherrn des »Werkes Schlier« ernannt. Er war der erste Direktor des Rüstungsbetriebes. Mit der dortigen Planung und Bauleitung waren gleichzeitig Karl Fiebinger und sein Ingenieurbüro in Wien beauftragt worden. Der ihm genannte Baudurchführungstermin war »unter allen Umständen einzuhalten«.[212] Fiebinger war bis 1938 Assistent an der Technischen Hochschule in Wien gewesen, sein Ingenieurbüro expandierte nach dem »Anschluss« rasch, da er einen guten Ruf als Statiker und Stahlbetonfachmann hatte. Er war bei beinahe allen großen Industriebauten in Österreich während der NS-Zeit involviert, vor seiner Arbeit in Schlier war vor allem sein Engagement beim Ausbau der Rax-Werke in Wiener Neustadt sehr wichtig. Aufgrund seiner Tätigkeit für große unterirdische Rüstungsvorhaben und das Raketenprogramm, in deren Rahmen er aufwändige Bauten realisierte, wurde er 1947 im Zuge der Operation »Paperclip« in die USA gebracht. Dort setzte er seine Arbeit fort und baute für das US-Militär. In den 1960er und 1970er Jahren beteiligte er sich zudem an Bauprojekten in Mexiko.[213]

Ursprünglich war geplant, die Vorwerke unter die Kontrolle der Demag zu stellen. Noch im November 1943 wurde bei einem Treffen des Sonderausschusses A4, der SS und des Mittelwerkes besprochen, die beiden Vorwerke vom Demag-Werk in Falkensee aus einzurichten und zu führen. Im Dezember 1943 beschloss der Beirat der Mittelwerk GmbH, sich das Vorwerk direkt zu unterstellen.[214] Man entschied sich bei einer Besprechung im Jänner 1944 schließlich dafür, die Vorwerke nicht als Abteilungen in die Mittelwerk GmbH einzubeziehen, sondern sie mit der »Steinbruch-Verwertungs G.m.b.H.« mit den Zusätzen »Betrieb Schlier« (Zipf) und »Betrieb Schiefer« (Lehesten) selbständig zu führen. Das Mittelwerk sollte als 100-Prozent-Eigentümerin und Dachgesellschaft fungieren. Die faktische rechtliche Übernahme der Geschäftsanteile der Tochtergesellschaft erfolgte wohl erst nach dem 12. Mai 1944, weil Albert Speer sie erst zu diesem Zeitpunkt anordnete. Als »Abteilung« des Mittelwerkes tauchte die Steinbruch-Verwertungs GmbH im März 1944 in einem Organisationsplan auf.[215]

Anfangs gab es Probleme mit den großen Geldsummen, die das Vorwerk zum Aufbau benötigte. Die Rüstungskontor GmbH, von der das Geld kam, benutzte zeitweise das Konto der Brauerei Zipf bei der Länderbank in Salzburg, etwa um dem entstehenden Rüstungsbetrieb (in den ersten Wochen noch als »Betriebsstätte Linz« bezeichnet) unter Breuer Ende November 1943 200.000 Reichsmark zur Bezahlung der Baufirmen zukommen zu lassen.[216]

3.4.3 Das KZ-Außenlager Redl-Zipf (»Schlier«)

Am 30. September[217] 1943 wurden beim Abendappell im KZ Mauthausen um die hundert Häftlinge für einen Transport ausgewählt. Sie empfingen am nächsten Tag neue Bekleidung sowie Verpflegung und wurden in Viehwaggons verfrachtet. Am 1. Oktober 1943 traf der Häftlingstransport in Zipf ein. Kurz nach dessen Ankunft wurden die ersten Fertigteile für Baracken abgeladen, und man begann damit, das Lager zu errichten. Die dafür auserkorene Wiese lag einige Hundert Meter nordwestlich des Ortes an einem Fahrweg nach Frankenburg in Blickweite der Siedlung und der Brauerei. Die Häftlinge errichteten vier große Häftlingsbaracken für jeweils etwa 500 Insassen, zwei weitere für eine Küche und ein Krankenrevier sowie zwei Verschläge für Werkstätten und Magazine. In der Mitte zwischen den Baracken befand sich ein Appellplatz. Darüber hinaus baute man Baracken für die SS-Lagerleitung und Wachmannschaft, umzäunte das Lagerareal mit elektrisch geladenem Stacheldraht und stellte ein Wachhäuschen beim Eingang sowie vier Wachtürme an den Ecken auf. In den über drei Wochen bis zur Fertigstellung waren Häftlinge und ihre Bewacher im zuvor beschlagnahmten Betriebskindergarten der Brauerei einquartiert. Dieser war im wenige Jahre zuvor errichteten Sporthaus neben der Brauerei untergebracht. Am 11. Oktober 1943 wurde das KZ-Außenlager Redl-Zipf offiziell eröffnet, und es bestand ohne Unterbrechung bis zum 3. Mai 1945. Die Kommandanten des Lagers waren bis 18. November 1943 Georg Bachmayer, danach Karl Schöpperle bis 3. Juni 1944 und schließlich Alfons Bentele bis zum 3. Mai 1945. Ihnen unterstanden 60 bis 100 SS-Angehörige, von denen 15 stets das Lager bewachten und andere die Häftlinge auf den Baustellen und Wegen überwachten: »Die Leitung des Lagers oblag seitens der SS dem Lagerführer, dem Rapportführer und dem Blockführer; die Aufsicht bei der Arbeit erfolgte durch die Kommandoführer und die SS-Bewachungsorgane; auf fünf bis zehn Häftlinge kam ein Bewachungsorgan. Die Ausweitung des KZ-Systems und die Errichtung von Nebenlagern seit 1942/43 bewirkte überall eine Aufstockung der Wachmannschaften […].«[218] Untergebracht waren die SS-Männer (teilweise) in der Zipfer Volksschule, wogegen sich die Schulleitung erfolglos wehrte.[219] Wie auch in anderen Außenlagern und KZs üblich, gab es im KZ Redl-Zipf eine Häftlingsselbstverwaltung, die »diabolische Einteilung von Oben und Unten«[220], wie Leon Zelman es nannte. Sie war durch eine starre Hierarchie geprägt, an deren Spitze der Lagerälteste stand, welcher das ganze Lager gegenüber der SS vertrat. Daneben gab es den Posten des Lagerschreibers, der für die Häftlingsverwaltung, Zählung und Abrechnung der »Häftlingsentgelte« mit Privatfirmen zuständig war, einen Lagerfriseur und einen Lagerarzt. Auf Ebene der Baracken (»Blocks«) waren die Blockältesten für Organisation, Ordnung und Essensverteilung zuständig, und es gab Blockschreiber und -friseure. Darunter, in den Abteilungen der Baracken, versahen Stubenälteste mit ihren Gehilfen den »Stubendienst«. Bei den verschiedenen Arbeitskommandos überwachten zahlreiche sogenannte »Kapos« die Häftlinge und sorgten für die von der SS gewünschte Arbeitsgeschwindigkeit und -leistung. Brutale Behandlung durch die Funktionshäftlinge war an der Tagesordnung. Die SS bevorzugte zur Verschärfung der Lage Kriminelle unter den Häftlingen gegenüber Personen, die aus politischen Gründen im KZ gelandet waren, weil Kriminelle oft rücksichtsloser handelten.[221]

Im Laufe des Oktobers und Novembers 1943 trafen in kurzer Zeit weitere Transporte mit Häftlingen im KZ-Außenlager Redl-Zipf ein. Beispielsweise kamen aus dem Außenlager des KZ Mauthausen in Wien-Schwechat 48, aus Mauthausen selbst mit mehreren Transporten rund 400 und am 30. Oktober 600 Häftlinge aus dem KZ-Außenlager Wiener Neustadt an. Im November folgten dann nach Luftangriffen auf Wiener Neustadt insgesamt 700 Häftlinge. Somit waren im Spätherbst 1943 bereits über 1.900 KZ-Insassen in das Außenlager deportiert worden. In der weiteren Folge schwankte die Belegung aufgrund verschiedener Faktoren, auf die gleich einzugehen sein wird, stark. Ein Höchststand dürfte rund 2.000 bis 2.300 betragen haben, wobei sich zu manchen Zeiten nur einige Hundert Menschen im KZ-Außenlager Redl-Zipf befanden. So waren im Sommer 1944 nur etwa 260, im Winter 1944 wiederum 1.000 und knapp vor Kriegsende gegen 360 Häftlinge im Lager.[222]

In der Geschichte des KZ-Außenlagers Redl-Zipf kann man nach dem Lagerbau während der ersten Wochen zwei Phasen unterscheiden: Zwischen Mitte/Ende Oktober 1943 und Mai 1944 arbeiteten die anfangs sehr vielen Häftlinge daran, die Keller der Brauerei einerseits zu erweitern und andererseits für die Erzeugung von flüssigem Sauerstoff umzubauen. Gleichzeitig errichteten sie nach Planungen durch das Ingenieurbüro Karl Fiebinger in Zusammenarbeit mit zahlreichen Unternehmen wie der AEG, Rella & Co., Mayreder & Co., Wertheim, Wagner-Biro und Ferro Betonit Werke AG einen großen Bunker (»Objekt 10«) mit zwei Prüfanlagen für die Brennkammern der A4-Rakete auf dem Hügel neben der Brauerei. Zusätzlich errichtete man unweit davon eine Auswertebaracke auf einer bombensicheren Betonüberdeckung für den darunterliegenden Keller, eine etwa 1,6 Kilometer lange Normalspurstrecke von den Westbahngleisen zur Brauerei sowie einen großen Transformatorbunker einige Hundert Meter entfernt in Kappligen in der Nähe der Bahnlinie. Außerdem mussten sie den Mühlbach neben der Brauerei unterirdisch umleiten, eine Kläranlage errichten und zahlreiche Erdarbeiten ausführen, beispielsweise einen Graben für Telefon- und Stromleitungen graben. Das Lager war damit eines von mehreren »Baulagern« im Komplex des Stammlagers Mauthausen, die Florian Freund folgendermaßen beschrieb: »Der Typ Baulager, insbesondere bei der Errichtung von unterirdischen Anlagen, hatte Arbeitsbedingungen zur Folge, die der Arbeit im Steinbruch äh-

Abb. 16 Luftbild vom April 1945. Zu sehen ist links unten das Brauereigelände, darüber neben dem Hügel das Areal des Rüstungsbetriebes; im Waldstück rechts davon der Testbunker »Objekt 10«; ganz rechts oben das KZ-Außenlager.

nelten. Körperlich war die Arbeit besonders anstrengend, die Häftlinge waren der Witterung ausgesetzt oder dem naßkalten Klima von Stollen, was entsprechende Todesraten zur Folge hatte. Sabotage war praktisch unmöglich. [...] Beim Bau von unterirdischen Anlagen dürfte die Sterblichkeit ca. 30 Prozent erreicht haben.«[223]

Da einige zentrale Organisatoren des Raketenprogramms einen möglichst schnellen Fortschritt verlangten, waren die Arbeitsbedingungen in dieser »Aufbauphase« entsprechend schlecht. Es wurde ausnahmslos täglich gearbeitet, und zwar in Zwölfstundenschichten (mit Wechsel jeweils um sieben Uhr morgens und abends) und zwar bei jedem Wetter im schneereichen Winter 1943/44. Besonders kräfteraubend waren die Betonarbeiten für die neu zu errichtenden Bunkeranlagen: Stundenlang mussten Sand und Zement geschleppt und in die Mischmaschine eingefüllt werden. Den Häftlingen wurde dabei kaum Erholung gegönnt, sie mussten bis zur völligen Erschöpfung arbeiten und bekamen weder geeignete Bekleidung noch Nahrung. Zeitzeugen wie der junge französische Widerstandskämpfer Paul Le Caër und der dalmatinisch-kroatische Diakon Živan Bezić berichten außerdem ausführlich von brutalen Misshandlungen und Schikanen durch Kapos und SS-Wachpersonal. Beide Gruppen trieben die Häftlinge unnachgiebig zur gefährlichen, ohne Sicherheitsvorkehrungen oder angemessene Maschinen ausgeführten Bauarbeit an, verletzten oder töteten sie mitunter und hatten kaum Mitleid für Kranke und Verwundete.[224] Mit dieser Brutalität korrespondierte eine hohe Sterblichkeit: In dem von Paul Le Caër geretteten Totenbuch des KZ-Außenlagers scheinen für November 1943 13, im Dezember 93 und im Jänner 1944 80 Tote auf. Erst danach ging die Zahl der Opfer zurück. Im Februar starben 29, im März 19 und im April sechs Menschen im Bereich des Lagers und seiner Arbeitsstätten. Eine von Hermann Langbein durchgeführte Auswertung der Zipfer Totenlisten gibt Aufschluss über die verschiedenen Nationalitäten, welche im Lager präsent waren: Unter den registrierten Opfern waren (in der Reihenfolge der Häufigkeit) vor allem Russen, Franzosen, Polen, Jugoslawen, Griechen und Deutsche.[225]

Mehrere Aspekte machten das Leben im KZ-Außenlager Redl-Zipf im Winter 1943/44 besonders schwer: Nur wenige Öfen heizten die nicht isolierten Baracken. Ihre Fenster wurden oft in den eisigen Winternächten offen gelassen. Die Häftlinge hatten in ihren je zu zweit oder dritt belegten Stockbetten kaum ausreichendes Bettzeug. Die Bekleidung bestand meist nur aus dem einfachen Häftlingsgewand mit Mütze, zum Teil aus Mänteln. »Verbesserungen« desselben mit Papier waren verboten und wurden bei Entdeckung bestraft. Die Sanitäranlagen waren vollkommen unzureichend, Zeit zur Körperpflege hatten die Insassen kaum. Die Verpflegung bestand oft nur aus einem kleinen Stück Brot mit höchstens einem

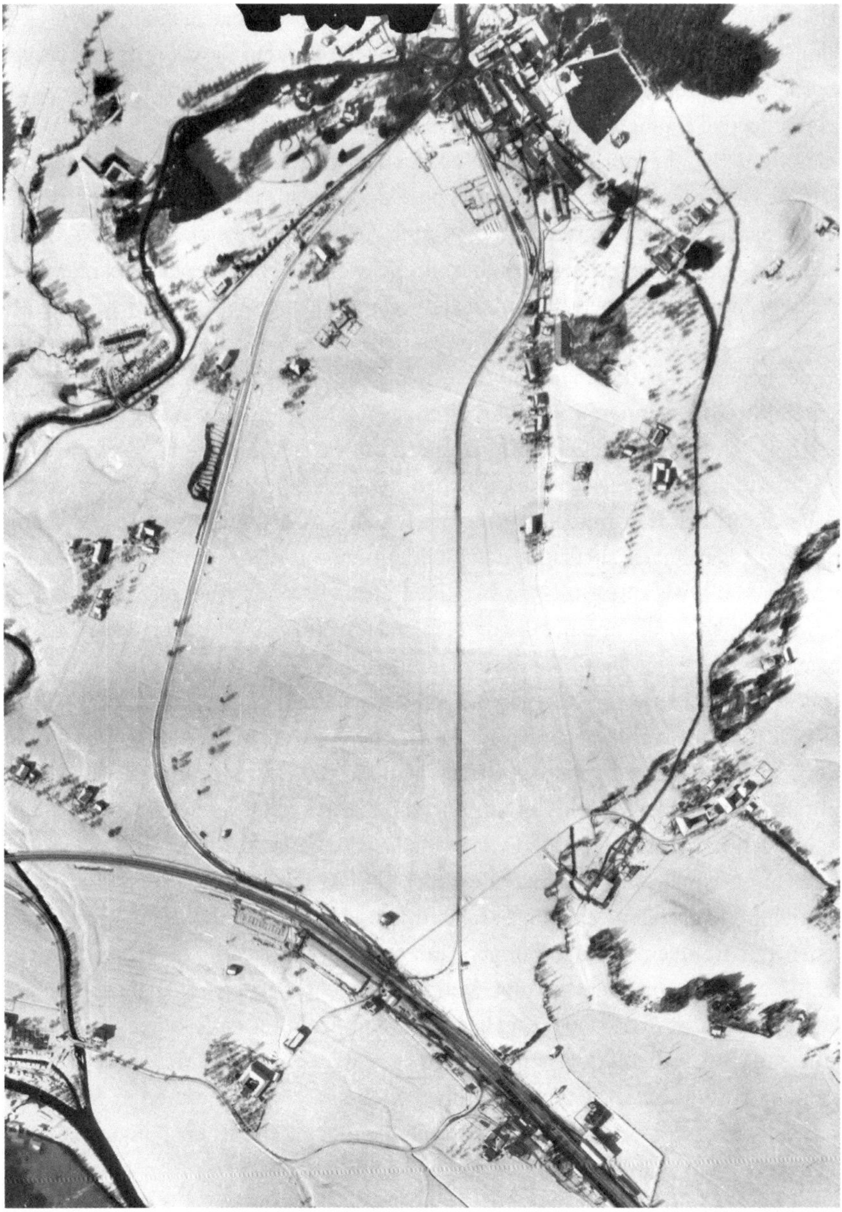

Abb. 17 Luftbild vom März 1944, am unteren Bildrand der Bahnhof Redl-Zipf; links das Normalspurgleis, in der Mitte das alte Schmalspurgleis und rechts der Transformatorbunker mit einer gut sichtbaren Leitung zum Rüstungsbetrieb.

kleinen Stück Margarine, einer Scheibe Wurst, Karottenmarmelade und Frischkäse – falls davon nicht etwas von Mithäftlingen oder den Bewachern abgezweigt worden war – oder einer dünnen Wassersuppe mit einigen Krautstücken. Beim Morgenappell standen die Häftlinge fast immer eine halbe Stunde oder länger mit »aus Respekt« abgenommener Kopfbedeckung in der Kälte. Dies alles hatte zusammen mit der schweren Arbeit zur Folge, dass fast alle Häftlinge an Krankheiten litten. Sehr verbreitet waren Durchfall und Phlegmonen. Letztere sind bakteriell bedingte Entzündungen des Gewebes mit Schwellungen, in denen sich Eiter und Wasser sammelt. Dies betraf besonders die geschundenen Beine der Insassen.[226]

Die zweite Phase, die »Betriebsphase« des KZ-Außenlagers Redl-Zipf begann in der ersten Maihälfte 1944 und dauerte bis zum Kriegsende. Die zivilen technischen Mitarbeiterinnen und Mitarbeiter des Rüstungsbetriebes begannen zu dieser Zeit damit, die Raketenbrennkammern in den Prüfständen zu testen. Da die erforderlichen Anlagen im Wesentlichen fertiggestellt waren, brauchte man die Arbeitskraft der Häftlinge kaum mehr. Dementsprechend gingen ab Mai Transporte mit Häftlingen zurück in das KZ Mauthausen oder in andere Nebenlager: Anfang Mai etwa einer mit 500 bis 600 Häftlingen nach Ebensee, Anfang Juni ein Zug mit 400 ins aufzubauende Nebenlager Linz III. An ihren neuen Lagerorten erwartete die Häftlinge oft eine ähnliche Hölle wie zuvor.[227] Eine der vier Häftlingsbaracken wurde abgebaut. Die Lebensbedingungen der im KZ-Außenlager Redl-Zipf verbliebenen wenigen Hundert waren in dieser zweiten Phase deswegen besser, weil man die Insassen nicht mehr zwang, mitten im Winter mit unzulänglichen Mitteln umfangreiche Bauarbeiten zu verrichten. Sie wurden hauptsächlich zu Hilfsdiensten wie Verladearbeiten, Rohstoffzerkleinerung, der Bedienung von Kompressoren oder anderen kleinen Arbeiten beim Rüstungsbetrieb herangezogen. Zeugen berichten von einem etwas entspannteren Lagerleben mit weniger Misshandlungen, mit (geringfügig) mehr Essen und einem Häftlingszirkus zur Unterhaltung. Von Mai bis September 1944 gab es im Lager keine Todesfälle. Erst wieder im Herbst 1944 und Winter 1945 kam es zu einigen Dutzend Todesfällen, sodass im Außenlager Redl-Zipf bis Kriegsende laut Totenbuch zumindest 267 Menschen ums Leben kamen.[228] Zu diesen in Redl-Zipf registrierten Toten muss man jedoch auch die nicht mehr arbeitsfähigen, zurücktransportierten Häftlinge zählen, die mit ziemlicher Sicherheit in Mauthausen oder der Tötungsanstalt Hartheim rasch ermordet wurden.[229]

Einige Häftlinge versuchten aus dem Lager zu fliehen. Eine Untersuchung der Zugänge und Abgänge in Redl-Zipf ergab eine Differenz von 26 Häftlingen, die wohl geflohen sind. Wie oft die Fluchtversuche von Erfolg gekrönt waren, ist nicht restlos geklärt. Im Falle zweier Kapos, welche die ruhigere Phase des KZ-Außenlagers zur Flucht benützten, während ihr Außenkommando von einem Bauern bewirtet wurde, glückte sie zunächst. Auch als die beiden zwei Wochen später wieder bei einer Bäuerin entdeckt wurden, konnten sie neuerlich entkommen. Einer der beiden überlebte laut einer Todesmeldung jedoch nicht. Ein deutsch sprechender polnischer Häftling, der für den SS-Rapportführer arbeitete und in dessen gestohlener Uniform einfach aus dem Lager ging, wurde hingegen wieder kurz vor dem rettenden Partisanengebiet, auf das er zugesteuert war, eingefangen. Ein Mithäftling hatte ihm die Adresse seiner Frau in Wien gegeben und Hilfe in Aussicht gestellt. Dies wurde den zwei Männern zum Verhängnis: Die SS folterte den Polen, bis er alles erzählte. Ihn und den Häftling, der ihm geholfen hatte, hängten sie danach auf.[230]

Unter der Bevölkerung der Umgebung gab es einige, die den Häftlingen trotz strenger Verbote und Drohungen der SS halfen, wie es Berichte dokumentieren. So wagten Hausfrauen, den Häftlingen Essen und Getränke zukommen zu lassen, stellten heimlich einen Suppentopf für Häftlinge auf, schneiderten Schals und gaben Kindern gekochte Kartoffeln oder Brot, die diese für die KZ-Insassen an geeigneten Orten liegen lassen oder ihnen heimlich zustecken sollten. Eine Familie lud die SS-Wächter auf einen Trunk ein und versorgte Häftlinge währenddessen mit Brot. Die 16-jährige Theresia Schausberger aus der Familie, deren Grund für den Transformatorbunker in Kappligen verwendet wurde, kam durch ihre Dienstverpflichtung in die Nähe der Häftlinge und gab ihnen Brot, worauf sie laut ihren Erinnerungen von einem SS-Bewacher mit der Einweisung ins KZ bedroht wurde. Siegwald Ganglmair versuchte die Motive für solch ein recht risikoreiches Verhalten zu ergründen: »Diese Hilfeleistung war der Freiraum für ein Individuum, das sonst über keine Bewaffneten, organisierten Widerstandsmöglichkeiten verfügte und sich mit den Normen des NS-Staates nicht oder nicht mehr identifizieren konnte. Die Motivation zu solchen Schritten ist aus Befragungen – so lange nach der Tat – im einzelnen nur mehr schwer zu erfahren beziehungsweise zu extrapolieren. Da gab es sicher den Mitleidseffekt: Man sah das Äußere der KZler, die ungenügende Ausrüstung mit Arbeitsgerät, die forsche bis brutale Behandlung durch die Kapos. Christliche Nächstenliebe, politische Solidarität spielten vereinzelt gewiß auch eine Rolle.«[231]

3.4.4 Die Tätigkeit des Rüstungsbetriebes »Schlier« 1943–1945

Ab Anfang Oktober 1943 baute Kurt Breuer den Rüstungsbetrieb mit der Bezeichnung »Steinbruch-Verwertungs G.m.b.H. Betrieb Schlier« (kurz »Rüstungsbetrieb« oder »Schlier«) in Zipf (unter einer Tarnadresse in Attnang-Puchheim) mit Hilfe des Ingenieurbüros Fiebinger, einiger bereits erwähnter Baufirmen und der SS auf.[232] Der für Zipf zuständige Verbindungsmann des Sonderstabes Kammler war der (damalige) SS-Untersturmführer Werner Eckermann und später zusätzlich SS-Obersturmführer Arthur Knaust. Untergebracht wurden die Kanzleien der Baufirmen und der SS-Baustab in zwei Etagen des Bürogebäudes der Brauerei.[233] Über seinen Eindruck vom Handeln der betreffenden Personen schrieb Fritz Kretz senior einige Monate nach Kriegsende: »Im Herbst 1943 tauchte in Zipf Dr. Kurt Breuer in Begleitung des Ing. Karl Fiebinger auf. Er wies sich mit einem Auftrage des Reichsführers SS aus, der dahin lautete, die Raxwerke aus Wr. Neustadt nach Zipf zu verlegen und dies mit allen Mitteln raschest durchzuführen. Er befand sich in dauerhafter Begleitung von SS-Funktionären und brachte zu Verhandlungen mit der Brauerei den Kommandanten des Lagers Mauthausen [Franz] Ziereis mit. Um seinen unverschämten Forderungen den notwendigen Nachdruck zu verleihen, [u]m den Widerstand der Brauerei zu brechen, griff dann Gauleiter [August] Eigruber ein, der die Verlegung des V2 Werkes nach Zipf anordnete. […] Wenn Breuer und Fiebinger ihre Wünsche nicht im ersten Anhieb durchsetzen konnten, erschien sofort ein Funktionär der SS und ordnete an.«[234]

Allein schon die räumlichen Ansprüche des Rüstungsbetriebes an die Brauerei und die Bewohner des Ortes waren sehr hoch. Unter der Leitung Breuers beanspruchte er Grundstücke von sechs Hektar Fläche und neun Lagerkeller (die Nummern 10–17 und 20) mit rund 2.200 Quadratmeter Grundfläche sowie Büro- und Lagerräume von 1.800 Quadratmetern. Das Eigentum der Familie des Brauereigründers wurde stark in Anspruch genommen: Alfred Kretz musste über vier Hektar, der Nachlassverwalter von Emilie Schaup mehr als zwei Hektar zur Verfügung stellen. Anderen Familien wurden in Summe 1,2 Hektar Land für den Rüstungsbetrieb entzogen. Die Volksschule in Zipf wurde für die Angehörigen des »Werkschutzes« requiriert. Das technische und administrative Personal des Rüstungsbetriebes, zunächst etwa 30, zu Kriegsende etwa doppelt so viele Menschen, war im 1912 errichteten Versorgungsheim einquartiert. Die darin wohnenden Pfleglinge brachte man in umliegenden Ortschaften unter. Der Rest der insgesamt rund 350 Betriebsangestellten wohnte in verschiedenen Häusern der Umgebung, darunter war die Villa von Wilhelm Limbeck-Lilienau. Erst Mitte 1944 schlossen die Verantwortlichen des Rüstungsbetriebes Verträge mit den Eigentümern ab. Sie liefen auf unbestimmte Zeit und konnten vor Kriegsende nur von Schlier gekündigt werden. Als Miete sicherte man für das Versorgungsheim beispielsweise 465 Reichsmark monatlich zu. Zur Tarnung spritzte man sämtliche Häuser in Zipf mit einer dunkelgrauen Tarnfarbe an und hängte

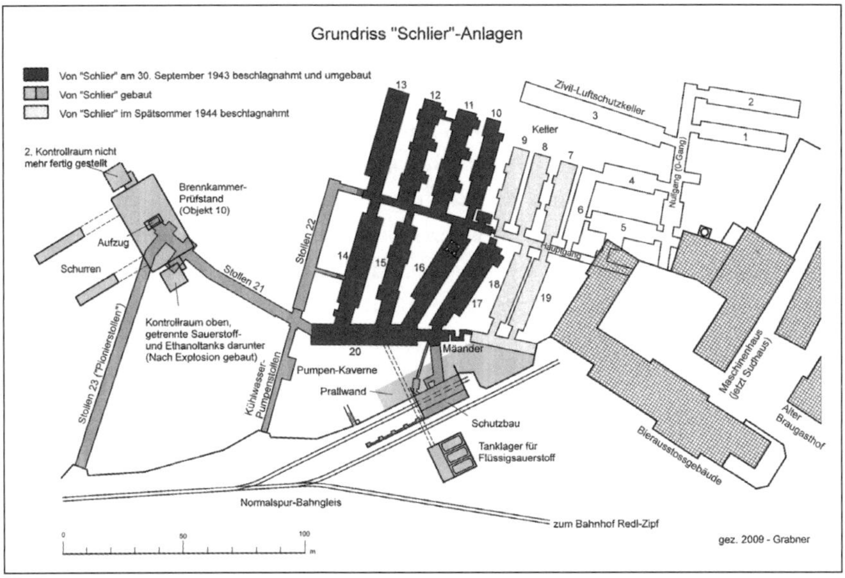

Abb. 18 Grundriss der vom Rüstungsbetrieb »Schlier« requirierten Keller und Neubauten.

später Netze aus Maschendraht und grauen und grünen Tarnflecken über die Bauten von Schlier.[235]

Es wurden umfangreiche Betriebsanlagen für die zwei Aufgaben, nämlich einerseits die Erzeugung von flüssigem Sauerstoff als Treibstoffkomponente für die A4-Rakete und andererseits das Testen der Brennkammern, in zwei Betriebsteilen eingerichtet. Im Prinzip waren es zwei voneinander getrennte Funktionen, wobei die Sauerstofferzeugung unabhängig von den Tests vorgenommen werden konnte – was später auch geschah –, die Tests jedoch ohne die Produktion nur unter großem logistischem Aufwand, da der Transport des sehr kalten Flüssigsauerstoffs schwierig und mit Verlusten verbunden war. Räumlich waren die zwei Funktionseinheiten sehr nahe beieinander angesiedelt, und die Ausstattung des Betriebes erforderte aufwändige Arbeiten.[236]

Für die Einrichtung beider Teilbetriebe war es notwendig, die Zufuhr von Strom und Gütern sicherzustellen. Für Ersteres mussten die KZ-Häftlinge einen Bunker für einen Transformator bauen. In einiger Entfernung in Kappligen errichtete man das große Gebäude. Die Stromanlage transformierte den Hochspannungsstrom aus Leitungen (gebaut von »italienischen Militärinternierten«) vom Kraftwerk Timelkam, bevor der Strom mit niedriger Spannung in Überlandleitungen weiter zu Schlier geleitet wurde. Sie war offenbar so groß, dass ihr größtes Stück von einem 16-achsigen Spezialwaggon der deutschen Reichsbahn angeliefert werden musste. Man überdachte den Bunkerbau und malte Fenster und Türen an die Seiten, um ihn als Wohnhaus zu tarnen. Zunächst transportierte man die benötigten Materialien vom Bahnhof Redl-Zipf mit der elektrischen Schmalspurbahn der Brauerei zur Baustelle. Da deren Kapazität bald nicht mehr ausreichte, mussten die KZ-Häftlinge unter großem Druck rund um die Uhr ein neues Vollspurgleis zur Westbahn legen. Für den Bahndamm wurde der Schliersand vom Stollenausbau verwendet, der auf provisorischen Feldschienen mit händisch betriebenen Loren aufgebracht wurde. Die Verbindungsbahn bestand aus zwei Übergabsgleisen im Stationsbereich von Redl-Zipf, ein etwa 1,6 Kilometer langes Zufahrtsgleis führte zu einem Lokomotivschuppen auf dem Brauereigelände. Vom Zufahrtsgleis zweigten zwei Nebengleise mit drei Stumpfgleisen ab. Zum Rüstungsbetrieb beziehungsweise seiner Baustelle rollten zu Spitzenzeiten täglich viele volle Güterwaggons.[237]

Die requirierten Keller der Brauerei bauten die KZ-Häftlinge und Zivilarbeiter für den Rüstungsbetrieb weitgehend um. Sie errichteten Fundamente und nahmen tiefe Ausschachtungen vor, denn in der unterirdischen Anlage mussten neben einer Schaltzentrale meterhohe Trennanlagen sowie Luft-, Sauerstoff- und Stickstoffkompressoren aufgestellt werden. Man legte auch Gleise und einen Luftansaugschacht an und brachte einen Gasometer in die Keller. In anschließend an die Brauereikeller neu gebauten Abschnitten namens Keller 21 und 22 waren ein Luftschutzkeller, eine Telefon- und Fernschreiberanlage, ein Pumpenstollen für das nötige Kühlwasser, Gleise und ein Aufzug untergebracht. An der Oberfläche wurde bei einem Kellereingang ein massiver bombensicherer Verladebunker hochgezogen. Davor entstand ein unterirdisches Lager für den flüssigen Sauerstoff. Auf dem Hügel errichtete man den großen Doppelprüfstand »Objekt 10«, in dem die Brennkammern der A4-Rakete getestet (Fachausdruck: »gebrannt«) wurden. Er wies zwei getrennte Räume mit Aufhängevorrichtungen für die Brennkammern auf, unter die zwei große Betonwannen (»Schurren«) zur Ablenkung des Feuerstrahls nach außen gebaut waren. Daneben gab es später einen Beobachtungsbunker und einige Tanks.[238]

Der Teilbetrieb zur Herstellung von Flüssigsauerstoff funktionierte nach dem von Carl von Linde entwickelten Verfahren zur Gastrennung: Luft wurde verdichtet, dann gekühlt und verflüssigt. Danach trennte man die beiden Komponenten Sauerstoff und Stickstoff voneinander. Der Sauerstoff wurde für die Tests der Brennkammern verwendet oder er kam in einen unterirdischen Tank, von wo er in spezielle Tankwaggons gefüllt und wegtransportiert wurde.[239] Die Planer des Fertigungsausschusses A4 sahen für den Rüstungsbetrieb in Zipf fünf Aggre-

Abb. 19 Verladebunker und Treibstofflager (links) am Fuße des Hügels auf dem requirierten Brauereigelände; auf dem Hügel die Auswertebaracke (Nachkriegsaufnahme).

Abb. 20 Waggons zum Transport von flüssigem Sauerstoff (Nachkriegsaufnahme).

gate zur Sauerstoffherstellung vor. Sie rechneten Anfang November damit, dass der Betrieb ab 26. Dezember 1943 schon 100 Brennkammern im Monat testen und dass die Kapazität ab 30. Dezember um weitere 150 erhöht werden könne.[240] Dazu kam es nicht, denn erst Ende Februar näherte sich das Werk der Vollendung. Dann passierte ein folgenschweres Unglück. Gegen 23:00 Uhr am Montag, dem 28. Februar 1944, verständigten vorbeilaufende Beschäftigte des Rüstungs-

Abb. 21 Keller 17 mit Ausschachtungen für die Maschinen des Rüstungsbetriebes (Nachkriegsaufnahme).

Abb. 22 Keller 20 mit Ausschachtungen, Altmetall und Gleise zur Beförderung der Brennkammern (Nachkriegsaufnahme).

betriebes den Garagenmeister der Brauerei, der auch Mitglied der Betriebsfeuerwehr war, dass es in den Kellern brenne. Dieser alarmierte seine Kollegen, welche zum Löschangriff ansetzten:

»Es wurde vorerst eine Leitung durch den Hauptgang der Brauereikeller in die Verbindungsgänge zu den Kellern der erwähnten Firma gelegt und dort auf den ersten Brandherd in einem kleinen Zwischengang gestoßen. Es brannten dort anscheinend Wandverschalungen, Werkzeugtische und anderes Holzgerät. Nach Niederkämpfung wurden die ebenfalls dort liegenden bereits sehr heißen Sauerstofflaschen zur Seite geräumt und gegen die rechte Fortsetzung des Hauptganges vorgedrungen. Hier war ursprünglich alles mit Rauch und Qualm erfüllt, welcher jedoch mit der Zeit aller Voraussicht nach oben abströmte. Ein weiterer Brandherd befand sich am äußersten hinteren Ende des 2. Hauptganges. Dort wurden auch die meisten Verbrannten, schätzungsweise ca. 8–10, gefunden. Die mittlerweile eingetroffene Feuerwehr aus Vöcklabruck sollte eine 2. Leitung direkt in den Hauptkeller der Steinbruch-Verwertungs Ges.m.b.H. legen, trat aber, weil sie infolge Versagens der Pumpe kein Wasser bekam, dort ganz wenig mehr in Tätigkeit. Durch Ingenieure der Steinbruch-Verwertungs Ges.m.b.H. wurde die Feuerwehr sodann auf einen ausgebrochenen Brand in dem Werk am Berge aufmerksam gemacht. Hier wurde die mittlerweile eingetroffene Feuerwehr Redl eingesetzt, die diesen Brand, bei dem es sich lediglich um durch eine Stichflamme hervorgerufenen [sic] Entzündung von Isoliermaterial wie Holzteilen handelte, in kurzer Zeit lokalisierte. Die Vöcklabrucker Feuerwehr rückte sodann wieder ein, die hiesige Betriebsfeuerwehr hielt Brandwache im Hauptstollen, die Feuerwehr Redl am Berg. Letztere verließ den Brandplatz am Dienstag um ½ 6 Uhr morgens, die Zipfer Feuerwehr konnte eine Stunde später ihre Tätigkeit einstellen.« Als Brandursache wurde zunächst ausströmender Sauerstoff, der sich entzündet hatte, vermutet. 14 Personen, meist technisches Personal, kamen ums Leben. Zahlreiche Gerätschaften verbrannten, und zwar eine Luftkältetrockeneinrichtung im Wert von 60.000 Reichsmark und Messinstrumente im Wert von 180.000 Reichsmark. Am nächsten Morgen stellte die SS sogleich Aufräumtrupps von Häftlingen zusammen, welche die verbrannten Reste entfernen mussten.[241]

Der Pfarrer von Frankenburg schilderte in der Pfarrchronik, welche Posse sich später um das Begräbnis der Opfer entwickelte: »Unsere hiesige Parteileitung nahm das Begräbnis in die Hand. Es wurde groß angelegt und die Frankenburger sollten einmal etwas sehen. Im Pfarrheim wurden die Särge aufgebahrt und für Sonntag d[en] 5.3. war das Parteibegräbnis angesetzt. Angehörige frugen, wann die Einsegnung sei, ich mußte ihnen sagen, daß wir Priester von vornherein dabei nichts zu suchen haben, weil es die Partei nicht zuläßt. Nachher werden alle, die es wünschen, eingesegnet. Viele Angehörige wollten die Toten daheim bestatten und nicht hier. Als der Gauleiter am Sonntag hier ankam, setzten ihn [sic] die Angehörigen d[er] Toten derart zu, daß er die Überführung gestattete. Weil aber so viele Formationen hier waren, wurde das Begräbnis zum Schein gehalten. Nach einer Stunde wurden die Särge wieder herausgenommen u[nd] i[n] d[er] Friedhofskirche bis zur Überführung aufgestellt. Sie landeten letzten Endes doch in der Kirche und die ganze Aufmachung fand ein stilles Ende.«[242]

Die möglichen Hintergründe des Brandes klärte man erst nach Ende des Zweiten Weltkrieges, als die Liquidatoren des ehemaligen Rüstungsbetriebes einen Rechtsstreit wegen einer Forderung der Firma »Aumann, Keller und Pichler« ausfochten. Laut Aussagen von Personen, die sich zum Unfallzeitpunkt in den Kellern des Rüstungsbetriebes aufhielten, soll der Monteur Rudolf Fiala, der mit einer offenen Karbidlampe im Pumpenstollen arbeitete, als Erster in Brand geraten sein und dann mit brennenden Kleidern umherlaufend den Brand weiter verbreitet haben, bevor er tot zusammenbrach.[243] Für die NS-Machthaber gab es andere Gründe für den Unfall: Die Gestapo und der SD begannen nach dem Unglück mit Untersuchungen. Man fand einen Sündenbock, nämlich den KZ-Häftling Ivan Godec. Ein Kapo sagte aus, dass Godec an dem betreffenden Abend zu spät zur Essensausgabe gekommen sei. Der Verdächtigte wurde am 16. März 1944 in einer Kohlebaracke schwer misshandelt und getötet. Um einen Selbstmord vorzutäuschen, legte man ihm eine Schlinge um den Hals und machte ein Foto.[244] Konsequenzen gab es auch für den Direktor Kurt Breuer: Ihm machte man 1944 den Prozess. Laut Aussage des Gendarmeriepostenkommandos Redl-Zipf wurde er wegen des Unfalls und wegen Verschiebung kriegswichtiger Güter zu zweieinhalb Jahren Haft verurteilt und nach sechs Monaten auf Bewährung entlassen. Aus Zipf entfernte man ihn jedenfalls. Im Sommer 1944 wurde Zipf auf Befehl des Gauleiters August Eigruber aus Sicherheitsgründen evakuiert. Die NSV half, die Bevölkerung in umliegenden Orten unterzubringen.[245]

Der Rüstungsbetrieb bekam neue Direktoren, der Schaden wurde behoben, und etwas mehr als zwei Monate später, Anfang Mai 1944, geschah die Inbetriebnahme des Testbunkers. Paul Le Caër beschrieb das Schauspiel aus Sicht eines Häftlings: »An diesem Tag im Mai 1944 erhalten die Arbeiter der Brauerei den Befehl, zu Hause zu bleiben. Die Fabrik wird von allem zivilen und militärischen Personal evakuiert, ebenso die umliegenden Häuser und Büros. Die versklavten Häftlinge werden am Appellplatz versammelt und die Posten auf den Wachtürmen verdoppelt. Ein Dutzend Ingenieure und Techniker schließt sich im Versuchsstand ein. Pünktlich um elf Uhr beginnt die Erde vor einer Gruppe von

Generälen, regionalen und nationalen Nazi-Größen, die auf der Tribüne versammelt sind, zu beben. Mit einem fürchterlichen Brüllen speit der Hügel einen Feuerstrahl aus, der die Vögel in der Luft verbrennt. Das Nazi-Publikum applaudiert und gratuliert sich zu diesem Sieg. Die Vergeltungswaffe ist bereit.«[246]

Die Anlage zur Herstellung des flüssigen Sauerstoffs stand mit dem Versuchsbunker auf dem Berg durch einen Schacht mit eingebautem Lift für Personen und Lasten in Verbindung. Durch den Schacht liefen auch mehrere Leitungen für die zwei Treibstoffflüssigkeiten, Alkohol und Flüssigsauerstoff. Im Versuchsbunker auf dem Berg testete man jede Brennkammer der A4-Rakete einzeln. Die auch »Tuben« genannten Antriebselemente waren etwa 1,8 Meter hoch, wogen 450 Kilogramm und wurden aus den Fertigungsstätten per Eisenbahn nach Zipf geliefert. Man entlud sie im Schutzbunker und brachte sie auf Rollwagen in den Keller, von wo sie nach einer kurzen Erstinspektion mit dem Aufzug zum Testbunker gelangten. Dort wurden sie an großen Eisentraversen so montiert, dass die Öffnung der Düse in einem Winkel von etwa 30 Grad in den betonierten Austrittskanal zeigte. Dann zündete man elektrisch über kleine Zündsätze (wie bei einem Feuerwerk) ein Gemisch aus 1.900 Kilogramm hochprozentigem Alkohol und etwa 2.450 Kilogramm Sauerstoff, welches von unter Druck stehenden Lagertanks zugeführt wurde. Die Brennkammer brannte für zirka 30 Sekunden unter lautem Getöse. In gesicherten Unterständen hinter Panzerglasscheiben beobachtete das technische Personal den Vorgang, maß den Druck in der Brennkammer und protokollierte den Treibstoffverbrauch. Danach kam die Brennkammer wieder in den Keller, wo sie gekühlt wurde und nach weiteren Dichtheitsprüfungen mit einem Stempel versehen mit der Eisenbahn zum Einbau in eine Rakete geschickt wurde. Noch vorhandene Prüfzettel des Rüstungsbetriebes lassen laut Zeitzeugen und Lokalhistoriker Adolf Grabner darauf schließen, dass in Zipf insgesamt 500 bis 550 Brennkammern getestet wurden.[247]

Die Tests waren für die Bevölkerung in weitem Umkreis weder zu übersehen noch zu überhören. Der damals 16-jährige Rudolf Walchetseder erinnert sich an die Tests wie folgt: »Zuerst war immer ein Pfeifton als Warnsignal zu hören, dann begann dieses Brodeln. Das hat sich gesteigert bis zu einem Knall. Uns ist das immer durch Mark und Bein gefahren.«[248] »Das Schlimmste jedoch«, so ein anderer Zeitzeuge von damals, »war die gewaltige Lärmbelastigung. Das Getöse war nämlich 20 Kilometer weit zu hören«[249]. Ein weiterer Augenzeuge war der aus Niederösterreich stammende Wehrmachtssoldat Franz Schweiger. Er berichtete über eine weitere Facette solcher Brennkammertests: »Jeder dieser Zündversuche war von einem ohrenbetäubenden Dröhnen begleitet, und eine turmhohe Stichflamme stieg empor.«[250]

Kurz bevor man mit den Brennkammertests begann, wurde aus Wehrmachtssoldaten einer Erholungseinrichtung für Verwundete in Amstetten eine Wehrmachtskompanie gegründet, die den Rüstungsbetrieb bewachen sollte. Sie stand unter dem Kommando des Leutnants Karl Guschlbauer, war zu Beginn 160 Mann stark und bezog eine Baracke in der Nähe der Brauerei. Die Wehrmachtssoldaten sicherten die Eingänge, hoben Schützenlöcher aus und legten Stellungen rund um die Brauerei und den Rüstungsbetrieb an, um diese vor Sabotage zu schützen. Mit dem KZ-Außenlager hatte diese Wacheinheit laut Guschlbauer organisatorisch kaum Berührungspunkte, da sie zur Objektsicherung des in die Brauerei eingezogenen Werkes diente. Weil die Soldaten nach und nach in ihre alten Einheiten zurück mussten, zählte diese Einheit bei Kriegsende nur mehr rund 60 Mann.[251] Ein Angehöriger der Wachkompanie erinnerte sich nach dem Krieg an seinen Dienst: »Unsere Aufgabe bestand ausschließlich in der Sicherung des Werkes vor Sabotage und Spionage. Jeder Eingang ins Werk war mit einem Posten besetzt, ebenso neuralgische Punkte außerhalb desselben. Auch im Werksinneren patrouillierten Posten, die mit Pistolen ausgerüstet waren. Für den Fall einer feindlichen Luftlandung wurden im Gelände Stellungen gebaut. Der Dienst dauerte jeweils 24 Stunden, dann war wieder ebensolange frei.«[252] Schlier in Zipf wurde während seines Bestehens von mehreren Seiten beobachtet. Es gab nicht nur die Wehrmachtskompanie, welche den Rüstungsbetrieb nach außen bewachte. Ein »Abwehrbeauftragter« wachte über die Geheimhaltung. Daneben waren als Werksmitarbeiter getarnte Mitglieder des SD präsent, angeblich sechs Mann. Diese sind nur teilweise namentlich bekannt: Abwehrbeauftragter während des Unglücks im Februar war ein gewisser Franz Schwetz. Außerdem gab es einen Werkschutz, über den allerdings kaum Informationen vorliegen, und es inspizierten Vertreter des Rüstungskommandos die Anlagen von Schlier. Am 30. Juni 1944 nahmen dessen Vertreter und Gauleiter August Eigruber an einem Betriebsappell teil, bei dem der Gauleiter Auszeichnungen an dortige Beschäftigte verlieh.[253]

Das Ende für die Brennkammertests kam im August 1944. Mitte August 1944 war Erik Kiefer, ein Studienfreund des Mittelwerk-Direktors Georg Rickhey, in Zipf eingetroffen. Man wollte unter seiner Leitung die Tests intensivieren. Wohl wegen übergangener technischer Probleme und Überlastung der Anlage – angeblich hatte Kiefer von »Feiglingen« gesprochen, weil man eine Sicherheitspause einlegen wollte – kam es am 29. August zu Mittag zu zwei Explosionen. Die zweite Explosion war so heftig, dass sie selbst im Umkreis von fünf Kilometern noch als kleines Erdbeben spürbar war. 35 Feuerwehren wurden zum Einsatz gerufen, um den Brand zu löschen.[254]

Gauleiter August Eigruber meldete am 30. August per Telegramm Minister Speer den Unfall: »Gestern, den 29. August um 12.29 Uhr – ca. 3 Minuten nach Verfahren eines Versuches – erfolgte im Werk ›Schlier‹ ein Betriebsunfall durch Explusion [sic]. Die Produktion fällt bis auf weiteres aus. Der Prüfstand ist zufolge Brand- und Hitzeentwicklung bis jetzt noch nicht betretbar. Er dürfte innen total zerstört sein. Der Aufzugschach [sic] ist ebenfalls zerstört. Weitere Explusionszerstörungen [sic] im Stollen 20, Zuleitungen geborsten, bauliche Schäden. Der Maschinenpark in den Seitenstollen ist unbeschädigt. Die Produktion dürfte voraussichtlich bald wieder aufgenommen werden, während die Prüfung auf Monate ausfallen wird. Bisher geborgen, 7 Schwerverletzte, davon eine im Krankenhaus verstorben, und 2 Tote. In dem bisher nicht betretbaren Werksteil befinden sich weitere 21 Vermisste. Lebendbergung so viel wie ausgeschlossen. Unter den Vermissten befindet sich der Betriebsführer [Erik, Anm. d. A.] Kiefer sowie das gesamte technische Personal des Prüfstandes. […] Die Fachmänner haben festgestellt, dass grundsätzliche Fehler beim Bau der Anlagen erfolgten. Insbesonders gilt dies für die Verlegung der Zuleitungen. Die mutmaßliche Explusion [sic] dürfte zwischen Aufzug und Prüfstand zufolge Undichtwerden eines Ventieles [sic] erfolgt sein. Diese Annahme bestätigt die Aussage eines Monteurs. Vermutlich befand sich zufolge dieses Tatbestandes die Betriebsführung und die leitenden Ingenieure[,] die vermisst sind, in der Anlage.«[255]

Wehrmachtssoldat Schweiger war in sicherer Entfernung, als er Zeuge des Unglücks wurde: »Es war gerade Schnittzeit, ich hatte meinen freien Tag und war auf Erntehilfe. Plötzlich heulte die Werkssirene Alarm. Im Laufschritt zur Unterkunft, melde ich mich beim wachhabenden Ufz. [Unteroffizier, Anm. d. A.], und wir besetzen sofort unsere Planstellen. Was war passiert? [A]uf der Rampe wurde ein Versuch gestartet. Hinter meterdicken Betonwänden steuern und beobachten die Techniker und Wissenschaftler den Zündvorgang. Die enorme Kälte von weit unter –100°C läßt sofort die Sperrventile einfrieren. Um das zu verhindern, bläst ständig heißer Dampf darauf. Diese Leitung dürfte schadhaft gewesen sein, das Sperrventil ließ sich nicht mehr schließen, und infolge der enormen Hitze explodierte der gelagerte Sauerstoff und der Sprit. Die Kräfte, die nun frei wurden, sind unvorstellbar. Erst nach zwei Tagen konnten wir in diesen Raum vordringen. Es gibt 17 Tote, zum Teil geschrumpft wie Puppen.«[256]

Alarmiert von dem Unglück besuchte Wernher von Braun unmittelbar danach Zipf. Man stellte fest, dass Sicherheitsvorkehrungen außer Acht gelassen worden waren. Im offiziellen Bericht wurden 28 Tote erwähnt (nach späteren Erkenntnissen waren es 29), deren teils spärliche Überreste man in – wenn notwendig mit Ballast beschwerte – Särge legte. Prominentestes Todesopfer war Ilse Oberth, die Tochter des Raketenpioniers. Sie hatte beim Prüfstand gearbeitet. Den Toten wurde am 2. September 1944 ein Staatsbegräbnis in Vöcklabruck zuteil. Nach diesem Unfall begann die Belegschaft des Rüstungsbetriebes den Prüfstand wieder auf- und umzubauen. Tests fanden unter dem neuen Direktor Hermann Weidner nicht mehr statt. Nur der Teilbetrieb produzierte noch Treibstoff für die A4-Rakete.[257]

3.4.5 Die Brauerei Zipf während der Einquartierung des Rüstungsbetriebes

Von Anfang an rangen die Vertreter der Brauerei Zipf mit dem Direktor des Rüstungsbetriebes darum, eine rechtlich einwandfreie Beziehung herzustellen und damit auch eine Garantie zu haben, dass für die ökonomischen Belastungen der Einquartierung jemand geradestünde. Da Ernst Hoffmann für die Brauerei auf einen Verlegungsbescheid drängte, der die rechtliche Situation klargestellt hätte, wandte sich Breuer im November 1943 an die Mittelwerk GmbH und die wiederum an die Rüstungskontor GmbH. Es entstand eine Diskussion darüber, ob die von Albert Speer 1943 erlassenen Grundsätze für die Verlegung von Rüstungsbetrieben hier anwendbar waren, was letztendlich verneint wurde. In Verhandlungen mit Vertretern des Oberkommandos des Heeres (OKH) und des Rüstungsbetriebes mussten die Vorstände und Aufsichtsräte der Brauerei Zipf einsehen, dass Schlier als neuer Betrieb behandelt wurde und daher der einzige gangbare Weg ein zivilrechtlicher Vertrag war. Durch eine zusätzliche Genehmigung des OKH sollte es möglich sein, das Deutsche Reich zur Zahlung von eventuell von Schlier nicht beglichenen Forderungen zu bringen. Bei den Gesprächen wurde außerdem von der Brauerei angefragt, ob das OKH der Brauerei bei der Belieferung von Wehrmachtskantinen und der Akquise von neuen Absatzmöglichkeiten behilflich sein könnte. Inwieweit diese Wünsche Berücksichtigung erfuhren oder wie diese Verhandlungen mit dem Bierabsatz der Zipfer Brauerei an staatliche und NS-Stellen gegen Kriegsende in Verbindung stehen, bleibt mangels Quellen offen.[258]

Am 30. März wurde der Vorstand vom Aufsichtsrat in einer gemeinsamen Sitzung ermächtigt, den ausgehandelten Vertrag mit dem Rüstungsbetrieb abzuschließen, den daraufhin die Vertreter des Rüstungsbetriebes und der Brauerei Zipf am 3. April 1944 unterzeichneten. Er galt »prinzipiell als Geheimsache« und sah vor, dass der Rüstungsbetrieb die bereits besetzten Grundstücke und Räume als Pacht übernahm. Dafür verpflichtete sich Schlier, einen (jährlichen) Pachtzins von 7,1 Prozent des Wertes der Gebäude und Keller von 735.390 Reichsmark sowie 5,1 Prozent des nicht näher bezifferten Wertes der Grundstücke zu zahlen.

Zusätzlich vermietet wurden das Ambulatorium der Brauerei und die Schmalspurgleisanlage für 4.000 beziehungsweise 3.000 Reichsmark jährlich. Als Entschädigung für den höheren Aufwand, den die Brauerei in dieser Situation hatte, standen ihr zusätzlich 4.560 Reichsmark zu. Der Rüstungsbetrieb durfte laut Vertrag auch die Betriebe der Brauerei benutzen sowie vom Unternehmen Dampf, Strom, Wasser und sonstige Leistungen beziehen. Die dafür anfallenden Extrakosten wurden separat abgerechnet. Schlier konnte »zur Durchführung der [...] von höherer Stelle erteilten Aufgaben« bauliche Veränderungen an den Pachtobjekten vornehmen, musste aber die Wasserversorgung der Brauerei weiterhin gewährleisten, allfällige Schäden ersetzen und die Brauerei dabei unterstützen, eine monatliche Braukapazität von bis zu 18.000 Hektoliter aufrechtzuerhalten. Eine Kündigung war vor Kriegsende nur von Seiten des Rüstungsbetriebes möglich, bei Streitfragen musste ein Schiedsgericht angerufen werden. Der Vertrag erlangte gemäß einer Klausel nur durch die Zustimmung des OKH Wirksamkeit. Diese wurde am 26. Mai 1944 erteilt.[259]

Eine vermutlich nicht endgültig zu klärende Frage, die sich in Zusammenhang mit dem im Vertrag dargelegten engen Verhältnis zwischen Rüstungsbetrieb und Brauerei stellt, ist, ob KZ-Häftlinge für den Betrieb der Brauerei eingesetzt wurden. Aufgrund der vorliegenden Unterlagen der Brauerei ist auszuschließen, dass dies in großem Stil zur Aufrechterhaltung des Braubetriebes nötig war oder geschehen ist. Das Unternehmen griff, wie bereits bei den Ausführungen über die Personalentwicklung erwähnt, auf andere Personengruppen zurück. In einem vertraulichen Bericht an die Syndikatsmitglieder vom Juni 1944 wurde etwa ausgeführt, dass die Aufrechterhaltung der Produktion trotz Personalmangels mit »alten und halbinvaliden« Beschäftigten aufgrund von deren »musterhafte[r] Betriebstreue« noch gut möglich sei. Der Rückgriff auf erfahrene Menschen ist deshalb logisch, weil der industrialisierte Brauprozess Fachpersonal oder zumindest kundige angelernte Arbeiter voraussetzte. Ein Vertrag mit der SS zur Überlassung von Häftlingen – dessen Nichtexistenz freilich nicht bewiesen werden kann – ist nicht belegt und besonders in der ersten Phase, als die Bauten des Rüstungsbetriebes hochgezogen wurden, auch nicht wahrscheinlich. Mit Sicherheit hat jedoch wegen der großen räumlichen Nähe der Einsatz von KZ-Häftlingen für die Baufirmen und den Rüstungsbetrieb außerhalb von dessen Betriebsgelände vereinzelt auch auf dem Areal der Brauerei stattgefunden. Ein Zeitzeuge erinnerte sich an bei den Eisteichen der Brauerei arbeitende Häftlinge, und eine Einsatzliste führte elf Häftlinge an, die am 28. März 1944 im Bereich des Brauhauses tätig waren. Wofür genau bleibt offen, die Eisteiche wurden seit dem Einbau der industriellen Kühlung in der Brauerei nur mehr zur Belieferung von

Wirten mit Eiskästen verwendet und waren für den Brauprozess nicht mehr essenziell. Im Fall des Häftlingseinsatzes beim Brauhaus liegt die Vermutung nahe, dass der Einsatz für eine Baufirma erfolgte.[260]

Vor diesem Hintergrund der Präsenz des Rüstungsbetriebes spielten sich für die Zipfer Brauerei die letzten etwa eineinhalb Braujahre während des Zweiten Weltkrieges ab. Die flächenmäßigen Einschränkungen waren eine Herausforderung, laut Vorstand war der Brauerei dennoch die Möglichkeit geblieben, allen ihren Aufgaben nachzukommen. Neben den requirierten Immobilien war der größte Verlust der Brauerei 528 Holzfässer mit über 27.000 Hektoliter Inhalt. Sie waren zu Beginn der Bauarbeiten von KZ-Häftlingen aus den requirierten Kellern ins Freie gebracht und danach der Witterung ausgesetzt worden. Ein guter Teil davon wurde dadurch und später durch mutwillige Beschädigungen vernichtet. Das Braujahr 1943/44 war von Anfang an von Mangel bestimmt. Von 25 Waggons Gerste der Ernte von 1943, welche die Brauerei vermälzen wollte, wurden zehn nicht geliefert, und mit der Verarbeitung des Rests musste man vorerst warten. Hopfen konnte zwar in ausreichender Menge, aber nicht in guter Qualität besorgt werden. Dies alles machte sich nur deshalb im Ausstoß wenig bemerkbar, weil gleichzeitig der Gehalt der Biere immer mehr gedrosselt wurde, weswegen man weniger Braumaterial brauchte. Bei den Transportbehältern herrschte ebenfalls Mangel. Rund 1.200 Fässer waren von den Lieferungen an die Wehrmacht nicht zurückgekehrt, man schrieb sie als Verlust ab. Bei Flaschen war die Situation prekär. Es fehlte an den nötigen Gebinden, weil die Glasfabriken zuerst nicht mehr liefern konnten und dann die nötigen Eisenbahnwaggons nicht freigegeben wurden. Kronenkorken waren ebenfalls Mangelware. Flaschenbierauslieferungen musste man daher ab Frühjahr 1944 deutlich einschränken. Die Monate März bis August 1944 zeichneten sich durch einen sehr guten Absatz von Bier aus, weil in diesem Jahr kaum Most als Konkurrenz vorhanden war. Das trug dazu bei, dass der Ausstoß im Braujahr 1943/44 letztendlich 162.000 Hektoliter ausmachte, also deutlich mehr als im Jahr zuvor. Schwierigkeiten bei der Produktion durch den Rüstungsbetrieb ergaben sich, wenn überhaupt, eher zwischen Oktober 1943 und März 1944. In diesen Monaten lag die monatliche Erzeugung nämlich bei 8.000 bis 10.000 Hektolitern. Zwischen April und August hingegen bewegten sich die Produktionsziffern zwischen 13.000 und 21.000 Hektolitern Bier pro Monat.[261]

Im Herbst 1944 gab es (vermutlich von Rüstungsstellen) Planungen, die Brauerei Zipf gänzlich stillzulegen und weitere Betriebe in den verbliebenen Kellern unterzubringen. Offenbar konnten die Vertreter der Brauerei diesen Extremfall verhindern. Ein Bericht der Brauereidirektion aus dem Herbst gibt Einblick darin, wie beliebig die befassten Stellen der Gauleitung mit dem Betrieb umgingen: »Es wurde uns schon vor Wochen mitgeteilt, dass der Rüstungsbetrieb auch die Lagerkeller Nr. 7, 8, 9, 18 und 19 benötigt. Unsere gegen die Inanspruchnahme erhobenen Vorstellungen blieben erfolglos. Die Entwicklung der Verhältnisse schien im Gegenteil dazu zu führen, dass uns auch die Keller 1–6 zur Unterbringung eines aus dem Westen verlagerten zweiten Betriebes weggenommen werden. Im Zuge dieser Planungen wollten die Linzer Gaustellen ursprünglich die Brauerei Gmunden stillegen und uns dort einweisen, um uns nicht zu hart zu treffen.«[262] Zur Schließung der Brauerei Gmunden und der Verlegung von Zipf dorthin kam es nicht, denn große rechtliche und technische Probleme standen dem entgegen. Stattdessen schloss die Zipfer Brauerei ein Übereinkommen mit der Ostmärkischen Brau-AG. Letztere sollte während der Einschränkungen der Produktion durch den Rüstungsbetrieb Bier zu vergünstigten Konditionen liefern, damit der Zipfer Kundenstock zumindest weiter beliefert werden könne. Mit diesem Schachzug wäre die Bau-AG in dieser heiklen Situation als scharfer Konkurrent weggefallen und die Brauerei Zipf hätte keine Absatzeinbußen gehabt.[263] Dies war bald überholt.

Letztendlich kam nämlich nicht nur die Brauerei Zipf, sondern die gesamte Brauindustrie um den Jahreswechsel 1944/45 fast zum Erliegen. Dies hatte sich schon abgezeichnet, da im Braujahr 1943/44 um etwa 57 Prozent weniger Gerste geliefert wurde. Im neuen Braujahr 1944/45 verfügte man ab Oktober eine generelle Einschränkung des Bierabsatzes auf 50 Prozent des Vorjahres bei einer verringerten Gradhältigkeit von rund drei Grad Plato. Wegen der Absatzbeschränkung konnte die Brauerei Zipf nur mehr einen Teil des Kundenstocks beliefern. Dies schloss das Salzkammergut und den Welser Raum ein. Die Großhändler erhielten aus Zipf kein Bier mehr. Für die Zipfer Brauerei bedeutete dies, dass im gesamten Braujahr 1944/45 nur knapp 45.000 Hektoliter Ausstoß erzielt werden konnten. Da im Jahr 1945 nicht gebraut werden konnte, wurden diese Hektoliter noch zum überwiegenden Teil vor Kriegsende abgesetzt.[264]

Je mehr sich die Situation gegen Kriegsende zuspitzte, desto weniger Bierausstoß hatte die Brauerei zu verzeichnen. Der Gesamtausstoß inklusive Lohnbraubier anderer Brauereien für Zipf und exklusive Produktion auf fremde Rechnung sank von über 14.600 Hektolitern im September auf rund 5.000 im Dezember. Damit wurden beinahe die letzten Vorräte aufgebraucht. Gauleiter Eigruber verfügte bald darauf, dass ab 1. Jänner 1945 im Gau Oberdonau kein Bier mehr gebraut werden dürfe und die Brauereien ihren Vorrat abzuverkaufen hätten. Er begründete dies mit dem Mangel an Kohle. Infolgedessen legte auch die Brauerei Zipf ihren Betrieb still. Im Jänner und Februar 1945 verkaufte sie nur noch bereits gebrautes Bier, 3.100 Hektoliter im Jänner und 4.800 im Februar. Der Absatz war aber nur mehr lokal: Es gab keine Eisenbahnwaggons zum Transport mehr. Die Wirte in der Umgebung holten das Bier daher mit selbst organisierten Fuhrwerken ab. Ein Problem in dieser Situation war es, dass man die Hefe erhalten musste, um zukünftig dieselbe Pilzkultur zum Brauen zur Verfügung zu haben. Kurzfristig war es erlaubt, einen Sud zu brauen, um die Hefe darauf anzusetzen und somit zu erhalten. Die Brauerei machte davon Gebrauch und kochte ihren letzten Sud im Krieg mit dem verbliebenen Malz.[265] In der Brauerei putzte, reparierte und verstaute die verbliebene Belegschaft die Geräte, Maschinen, Fässer und Gebrauchsmaterialien. Mit den Autos führte man gegen Entgelt Transportdienste durch, Büroräume bot man zur Vermietung an, und Bierdepots an anderen Orten wurden möglichst aufgegeben. Der Rüstungsbetrieb fiel als Abnehmer von Dienstleistungen aus: Er benötigte Anfang 1945 den Dampf aus der brauereieigenen Kesselanlage nicht mehr, und die Anlage wurde stillgelegt. Auch an Transportdiensten durch Brauereiautos zeigte sich der Rüstungsbetrieb nicht mehr interessiert.[266]

3.4.6 Das Kriegsende in Zipf

Als sich der Krieg dem Ende zuneigte, erhielten US-amerikanische Geheimdienst- und Armeestellen immer mehr Hinweise darauf, dass in Zipf Geheimwaffen produziert würden. Anfangs war der genaue Zweck des dortigen Rüstungsbetriebes wohl nicht bekannt. Es gab einige Fehlinformationen, wie zum Beispiel, dass dort ein »Flammenwerfer mit einer sehr langen Reichweite« hergestellt würde – offenbar hatte ein Zeuge der Brennkammertests vom Feuerstrahl erzählt, der zu sehen war. Eine umfangreiche Zielinformation für Bomber über Zipf lag spätestens ab 11. September 1944 vor. Darin wurde Zipf als »Rüstungsbetrieb« bezeichnet, den man teilweise in der Brauerei und teilweise unterirdisch verortete. Die Hinweise wurden gegen Ende 1944 präziser: Im Oktober berichtete ein Kriegsgefangener dem US-amerikanischen Militärgeheimdienst von einem Flüssigsauerstoffwerk in Zipf, spätestens im April 1945 hatten die Amerikaner zusätzliche Informationen und eine grobe Skizze der Keller.[267]

Dennoch nahmen US-amerikanische Bomber Zipf nicht ins Visier. Der Ort blieb vom massiven Bombenkrieg, wie ihn die Industriezentren »Oberdonaus« erlebten, verschont. Ab Februar 1945 begannen im Raum Vöcklabruck lediglich Tieffliegerangriffe, bei denen alliierte Jäger mit den Bordkanonen Ziele wie Züge und Bahnhöfe beschossen. Dies geschah etwa am 23. Februar 1945, als zwei US-amerikanische Jagdflugzeuge einen stehenden Güterzug zwischen Attnang-Puchheim und Vöcklabruck beschossen. Am 2. März griffen zwei Jäger den

Bahnhof Redl-Zipf an und beschädigten einen Güterzug und eine Hütte, weitere Angriffe auf Bahnhof und Züge erfolgten mit leichtem Schaden am 31. März sowie am 2. und 8. April. Beim Angriff Ende März wurde ein US-amerikanisches Flugzeug abgeschossen, der Pilot kam ums Leben.[268]

Kurz vor Kriegsende drohte der Ort Zipf ein Schauplatz der Politik der »verbrannten Erde« zu werden. Gauleiter Eigruber und Kaltenbrunner in seiner Eigenschaft als SS-Obergruppenführer dürften den Befehl gegeben haben, den Rüstungsbetrieb zu sprengen. Eine Baufirma errichtete Sprengkammern, und Mitte April 1945 traf ein Eisenbahnwaggon mit etwa 15 Tonnen Sprengstoff in Zipf ein. Arbeiter des Werkes entluden und lagerten ihn in einer Hütte am Redlbach nahe der Brauerei, die dann von Wehrmachtssoldaten bewacht wurde. Der Kommandant des Sprengkommandos, Hauptmann Rudolf Kortschik, hatte jedoch vom Ortskommandanten des Unterkunftsbereiches Vöcklamarkt den Befehl erhalten, keine Sprengung vorzunehmen. Kortschik und Angehörige von anwesenden Baufirmen verzögerten trotz des Drängens des SS-Obersturmführers Werner Eckermann das Vorbereiten der Kammern, bis die US-amerikanischen Truppen zu nahe für eine Sprengung waren. Dieser hinhaltende Widerstand geschah mit Hilfe von einigen Gruppen von Menschen, die sich im Ort zuerst unabhängig voneinander, dann koordiniert zum Widerstand zusammengefunden hatten. Diese Gruppen bestanden aus Brauereimitarbeitern, Wehrmachtsangehörigen und Mitarbeitern der Baufirmen. Sie entwaffneten mit Hilfe des Kommandanten des örtlichen Gendarmeriepostens auch den zur Verteidigung angetretenen Volkssturm.[269]

Eine Episode in der Geschichte Zipfs im Nationalsozialismus ist zweifellos die Anwesenheit des »Unternehmens Bernhard«, des Fälscherkommandos für Dokumente und Banknoten, geleitet vom SS-Sturmbannführer Bernhard Krüger. Es stellte vor allem hervorragend gefälschte Pfundnoten her, mit denen die Nationalsozialisten die britische Währung destabilisieren wollten. Am 13. April 1945 trafen die 141 Häftlinge aus Sachsenhausen nach einer Zwischenstation in Mauthausen in Zipf ein. Sie bezogen einen separaten Bereich innerhalb des KZ-Außenlagers Redl-Zipf, luden rasch die Maschinen aus und schafften sie in eine der Baracken. Danach stellte man die Maschinen auf, legte Leitungen und bereitete den Raum für die Nutzung als Fälscherwerkstatt vor. Zur Produktion kam es in Zipf aber nicht. Stattdessen mussten die Häftlinge in einer eigens ausgehobenen Grube in Zipf sämtliche Unterlagen und Fälschungen des Kommandos verbrennen. Einige Häftlinge wurden in die Brauereistollen geführt und mussten die besten Pfundnoten aussortieren, die danach auf Lastwagen geladen und weggebracht wurden. Am 2. Mai 1945 brachte die SS die Häftlinge des Fälscherkommandos nach Ebensee. Dort wurden sie in weiterer Folge von US-amerikanischen Truppen befreit. Zuvor allerdings war noch ein erkrankter Häftling, der Zeichner Karl Sussmann aus Wien, in Zipf getötet worden.[270]

Das KZ-Außenlager Redl-Zipf wurde am 3. Mai 1945 auf Befehl des letzten Kommandanten Alfons Bentele nach Ebensee »evakuiert«. Einen Teil der Häftlinge transportierte man auf Lastwagen, andere mussten zu Fuß dorthin gehen. Danach brannte der Kommandant das Lager nieder und versuchte, alle Spuren zu verwischen. Augenzeuge dieser letzten Periode war Wilhelm Limbeck-Lilienau. Er war im November 1944 über Antrag der Gauleitung zum »langfristigen Notdienst« herangezogen, dem KZ Mauthausen zugewiesen worden und konnte im Jänner 1945 seine Versetzung nach Zipf erreichen. Er notierte am 4. Mai in sein Tagebuch: »Vormittag löste der Lagerkommandant Obersturmführer Bentele das restl[iche] Lager auf und die restlichen Posten und deren Vorgesetzte zerstreuten sich in alle Winde.« Die meisten verbliebenen Häftlinge aus dem Zipfer Lager wurden in Ebensee von den US-amerikanischen Truppen befreit.[271]

Am 5. Mai 1945 stießen einige wenige Soldaten des 3. Bataillons des 317. US-Infanterieregiments nach Zipf vor. Sie gehörten der 80. Division der 3. Armee von General George S. Patton an. Die 3. Armee war im Zuge der Operationen der Amerikaner im Frühjahr im süddeutschen Raum aktiv. Ihre Einheiten hatten am 3. Mai den Inn bei Braunau überquert und waren in der Folge in Richtung Vöcklabruck vorgestoßen. Der befehlshabende Offizier 1st Lieutenant G.B. Guston setzte Fritz Kretz senior als Polizeichef ein und meldete die Entdeckung eines »V2-Werks« an sein Regimentskommando.[272]

In den ersten Tagen nach dem Kriegsende in Zipf gelang es Kretz senior nur mit Mühe, mit dem neu organisierten Werkschutz Ruhe und Ordnung herzustellen. Viele Menschen, sei es aus der lokalen Bevölkerung, seien es entlassene Soldaten oder ehemalige Gefangene, begannen, die diversen Lager in der und um die Brauerei zu plündern. Erst nach einiger Zeit wurden US-amerikanische Soldaten in Zipf einquartiert und bewachten zeitweise einige Gebäude. In Zipf gab es seit den letzten Monaten des Zweiten Weltkrieges einiges zu holen: Es waren in den letzten Wochen des Konfliktes das SS-Verpflegungsmagazin Straubing und das Heeresbekleidungsamt des Wehrkreises XVII hierher verlegt worden. Daneben bestand das bereits erwähnte Verpflegungslager des Heeres, in dem Lebensmittel gelagert wurden. Im Gedächtnis der Zeitzeugen blieb außerdem ein Gebäude voller Schmalz, das geplündert wurde. Es gab aber noch viel Wertvolleres, das zu Kriegsende in Zipf landete: Vor dem Einmarsch sowjetischer Truppen transportierte man beispielsweise aus dem »Nibelungenwerk« der Steyr-Daimler-Puch A.G. in St. Valentin zahlreiche Maschinen nach Zipf. Diese 200 modernen Ge-

Abb. 23 Blick auf die Brauerei im Dezember 1945.

räte lagerte man in den Kellern, über die der Rüstungsbetrieb »Schlier« verfügen konnte. Aber auch wertvolle Ölgemälde aus dem Eigentum der Universität Wien fanden in den Wirren des Kriegsendes ihren Weg nach Zipf. Sie wurden größtenteils von Plünderern aus dem Rahmen geschnitten. Bewahrt werden konnte nur ein Madonnenbild und die Rahmen selbst. 1947 fanden Beamte der Universität einen Großteil der restlichen Kunstwerke in der Umgebung von Zipf.[273]

Anmerkungen

1 ABG, Abschrift eines Schreibens des Generalsekretärs des Schutzverbandes alpenländischer Brauereien Theodor Trobeć an den Hauptgeschäftsführer der Wirtschaftsgruppe Brauerei Rudolf Dührssen vom 3.2.1939; Gesetz zur Vorbereitung des organischen Aufbaues der deutschen Wirtschaft vom 27. Februar 1934, dRGBl. I 1934 S. 185; *Bernecker*, Der Ordnungsgedanken, 10–22.

2 ABG, Abschrift eines Memorandums über »Information und Klarstellung der durch die Schaffung der Hauptvereinigung der Deutschen Brauwirtschaft (Hauptvereinigung) und ihrer Unterverbände (Wirtschaftsverbände) und deren Einbau in den Reichsnährstand gegebenen organisatorischen Verhältnisse«, ohne Titel, Ort und Autor, Zl. pi, 3. Bei diesem paginierten Manuskript handelt es sich um eine teils kritische, im Wesentlichen jedoch zustimmende Abhandlung über die Natur und die Auswirkungen der nationalsozialistischen Brauwirtschaftspolitik. Die Urheberschaft dürfte im Kreis von deutschen und/oder österreichischen Brauexperten zu suchen sein, denn eine Zusammenschau mit der zeitgenössischen Literatur ergab, dass dieses Manuskript mit sehr viel detaillierter Sachkenntnis abgefasst wurde. Zeitlich ist es aller Wahrscheinlichkeit nach zwischen dem Anschluss Österreichs und Kriegsbeginn anzusiedeln. *Kahn*, Die Steuerung der Wirtschaft durch Recht, 173, 316; *Schmidt*, »Die Kraft der deutschen Erde«, 26, das Zitat 27.

3 *Jensen*, Reichsnährstand, 750; *Münkel*, Nationalsozialistische Agrarpolitik, 100.

4 Gesetz über den vorläufigen Aufbau des Reichsnährstandes und Maßnahmen zur Markt- und Preisregelung für landwirtschaftliche Erzeugnisse vom 13. September 1933, dRGBl. I 1933 S. 626.

5 Dritte Verordnung über den vorläufigen Aufbau des Reichsnährstandes vom 16. Februar 1934, dRGBl. I 1934 S. 100; *Exel*, Der Reichsnährstand in Österreich, 12–19.

6 Eingeführt mit der Verordnung über den Zusammenschluss der deutschen Brauwirtschaft vom 18. April 1935, dRGBl. I 1935 S. 556; *Klein*, Die Konzentration, 125; ABG, Franz *Schwarz*, Die Satzungen der Hauptvereinigung und der Brauwirtschaftsverbände. In: Ohne Autor, Hauptvereinigung der deutschen Brauwirtschaft. Berlin W 35, Standartenstraße 10 (ohne Ort ohne Jahr), 18–19, hier 18; ebd., Abschrift eines Memorandums über »Information und Klarstellung der durch die Schaffung der Hauptvereinigung der Deutschen Brauwirtschaft (Hauptvereinigung) und ihrer Unterverbände (Wirtschaftsverbände) und deren Einbau in den Reichsnährstand gegebenen organisatorischen Verhältnisse«, ohne Titel, Ort und Autor, Zl. pi, 4; *Bernecker*, Der Ordnungsgedanken, 24; *Schmidt*, »Die Kraft der deutschen Erde«, 25.

7 ABG, Abschrift eines Memorandums über »Information und Klarstellung der durch die Schaffung der Hauptvereinigung der Deutschen Brauwirtschaft (Hauptvereinigung) und ihrer Unterverbände (Wirtschaftsverbände) und deren Einbau in den Reichsnährstand gegebenen organisatorischen Verhältnisse«, ohne Titel, Ort und Autor, Zl. pi, 2, 4; ebd., Ohne Autor, Hauptvereinigung der deutschen Brauwirtschaft. Berlin W 35, Standartenstraße 10 (ohne Ort ohne Jahr), 6 f.; *Bernecker*, Der Ordnungsgedanken, 23, 26 f.; *Hohensinn*, Geschichte, 173 f.; *Kretz*, Die Entwicklung der österreichischen Brauwirtschaft, 71.

8 ABG, Abschrift eines Memorandums über »Information und Klarstellung der durch die Schaffung der Hauptvereinigung der Deutschen Brauwirtschaft (Hauptvereinigung) und ihrer Unterverbände (Wirtschaftsverbände) und deren Einbau in den Reichsnährstand gegebenen organisatorischen Verhältnisse«, ohne Titel, Ort und Autor, Zl. pi, 3; ebd., Franz *Schwarz*, Die Brauwirtschaft in der Marktordnung. In: Ohne Autor, Hauptvereinigung der deutschen Brauwirtschaft. Berlin W 35, Standartenstraße 10 (ohne Ort ohne Jahr), 26–27, hier 26.

9 ÖStA AdR, Zivilakten der NS-Zeit (ZNS), Reichskommissar für die Wiedervereinigung Österreichs mit dem Deutschen Reich (1938–1940), Materie 2100 Staat und Wirtschaft, 2230/2 Brauindustrie in der Ostmark, Band 1 und 2, Schreiben der Landesbauernschaft Donauland an Fritz Schittinger [sic] vom 8.11.1938, Zl. HA-Leiter III mit Beilage Aktennotiz betreffend Vorgänge in der Brauwirtschaft vom 28.9.1938, Zl. II 23/Bk/Str., 1–4. Auch die »nahezu uneingeschränkten Befugnisse« des Vorsitzenden wurden von den Betroffenen insgeheim durchaus kritisch gesehen, siehe zu den Kritikpunkten ABG, Abschrift eines Memorandums über »Information und Klarstellung der durch die Schaffung der Hauptvereinigung der Deutschen Brauwirtschaft (Hauptvereinigung) und ihrer Unterverbände (Wirtschaftsverbände) und deren Einbau in den Reichsnährstand gegebenen organisatorischen Verhältnisse«, ohne Titel, Ort und Autor, Zl. pi, 1, 4, 13; *Schmidt*, »Die Kraft der deutschen Erde«, 24, 84.

10 ABG, Abschrift eines Memorandums über »Information und Klarstellung der durch die Schaffung der Hauptvereinigung der Deutschen Brauwirtschaft (Hauptvereinigung) und ihrer Unterverbände (Wirtschaftsverbände) und deren Einbau in den Reichsnährstand gegebenen organisatorischen Verhältnisse«, ohne Titel, Ort und Autor, Zl. pi, 1; *Schobersberger*, Das Absatzproblem, 79.

11 *Reiter*, Empirie und Methode, 105.

12 Anordnung Nr. 37 der Hauptvereinigung des deutschen Brauwirtschaft betreffend Herstellung neuer Geschäftsbeziehungen zum Zwecke der Bier- oder Malzlieferung in das Land Österreich

vom 1. April 1938, RNVbl. S. 109. Bei der – nicht allzu bekannten – Fundstelle handelt es sich um das »Verkündungsblatt des Reichsnährstandes«.

13 *Hohensinn*, Geschichte, 174f.; *Klein*, Die Konzentration, 126.

14 Er leitete zusammen mit seinem Bruder Wolfgang Bachofen-Echt, dem Ehemann von Elisabeth Lederer, die Nußdorfer Brauerei. Dazu siehe *Lillie*, Feindliche Gewalten, 70f.; *Lillie*, Was einmal war, 145f.; *O'Connor*, The Lady in Gold, 152–154. Zur Nußdorfer Brauerei: *Springer*, *Paleczny*, *Ladenbauer*, Wiener Bier-Geschichte, 150–163.

15 ÖStA AdR, ZNS, Reichskommissar für die Wiedervereinigung Österreichs mit dem Deutschen Reich (1938–1940), Materie 2100 Staat und Wirtschaft, 2230/2 Brauindustrie in der Ostmark, Band 1 und 2, Schreiben der Landesbauernschaft Donauland an Fritz Schittinger [sic] vom 8.11.1938, Zl. HA-Leiter III mit Beilage Aktennotiz betreffend Vorgänge in der Brauwirtschaft vom 28.9.1938, Zl. II 23/Bk/Str., 1; *Kretz*, Die Entwicklung der österreichischen Brauwirtschaft, 71.

16 Erster Großdeutscher Brauertag in Wien (17. und 18. Juni 1938). In: Brauer- und Hopfen-Zeitung Gambrinus, Jg. 65, Nr. 6 (Ende Juni 1938), 1f. Diese traditionsreiche Brauereizeitschrift wurde übrigens »arisiert«, vgl. An unsere Freunde und Leser! In: Brauer- und Hopfen-Zeitung Gambrinus, Jg. 65, Nr. 3 (1.3.1938), 1.

17 Kundmachung des Reichsstatthalters in Österreich, wodurch die Verordnung zur Einführung der landwirtschaftlichen Marktordnung im Lande Österreich vom 17. August 1938 bekanntgemacht wird, GBlÖ. 391/1938; Kundmachung des Reichsstatthalters in Österreich, wodurch die in der Verordnung zur Einführung der landwirtschaftlichen Marktordnung im Lande Österreich vom 17. August 1938 angeführten Vorschriften verlautbart werden, GBlÖ. 474/1938.

18 *Kretz*, Die Entwicklung der österreichischen Brauwirtschaft, 71.

19 ABG, Abschrift eines Schreibens des Generalsekretärs des Schutzverbandes alpenländischer Brauereien Theodor Trobeć an den Hauptgeschäftsführer der Wirtschaftsgruppe Brauerei Rudolf Dührssen vom 3.2.1939; ebd., Anordnung Nr. 1 des Brauwirtschaftsverbandes Ostmark vom 17. November.

20 Siehe dazu etwa ABG, Abschrift eines Schreibens des Hauptgeschäftsführers der Wirtschaftsgruppe Brauerei Rudolf Dührssen an den Generalsekretär des Schutzverbandes alpenländischer Brauereien Theodor Trobeć vom 6.2.1939.

21 ABG, Schreiben des Brauwirtschaftsverbandes Ostmark an die Gösser Brauerei-Aktiengesellschaft vom 23.11.1938.

22 *Butschek*, Die österreichische Wirtschaft 1938 bis 1945, 46f.

23 Dazu grundlegend *Rathkolb* (Hg.), NS-Zwangsarbeit: Der Standort Linz der Reichswerke Hermann Göring.

24 *Butschek*, Die österreichische Wirtschaft 1938 bis 1945, 53; *Sandgruber*, Ökonomie und Politik, 406–411; *Schausberger*, Rüstung in Österreich 1938–1945, 13, 32; siehe auch *Weber*, Zwischen abhängiger Modernisierung und Zerstörung, 326–347.

25 *Sandgruber*, Ökonomie und Politik, 407.

26 *Kretz*, Die Entwicklung der österreichischen Brauwirtschaft, 36f.

27 ÖStA AdR, Zivilakten der NS-Zeit, Reichskommissar für die Wiedervereinigung Österreichs mit dem Deutschen Reich (1938–1940), Materie 2100 Staat und Wirtschaft, 2230/2 Brauindustrie in der Ostmark, Band 1 und 2, Gedächtnisstütze über eine allgemeine Aussprache ohne Autor [vermutlich von Fritz Schiettinger] betreffend Brauindustrie in der Ostmark vom 3.9.1938, Zl. III/B, er/G, 2.

28 *Hohensinn*, Geschichte, 176–178; *Schobersberger*, Das Absatzproblem, 83.

29 ABG, Anordnung Nr. 4 des Brauwirtschaftsverbandes Ostmark vom 22. Dezember 1938. Sie basierte auf Anordnung Nr. 5 der HVdB.

30 PACLL, Josef *Dinzl*, Sachverständigen-Gutachten über die Mängel der technischen, bzw. brautechnischen Einrichtungen der Mitgliedsbrauereien der Bezirksgruppe Wirtschaftsgruppe Brauerei und Mälzerei. In: *Wirtschaftsgruppe Brauerei und Mälzerei, Bezirksgruppe Ostmark* (Hg.), Denkschrift über die Aufbauprobleme des ostmärkischen Braugewerbes (Wien 1940), 11–20; *Bernecker*, Der Ordnungsgedanken, 29–31.

31 *Bernecker*, Der Ordnungsgedanken, 30 f.

32 ABG, Anordnung Nr. 5 des Brauwirtschaftsverbandes Ostmark vom 22. Dezember 1938. Sie basierte auf Anordnung Nr. 9 der HVdB.

33 *Bernecker*, Der Ordnungsgedanken, 33; *Hohensinn*, Geschichte, 177.

34 ABG, Rundschreiben des Brauwirtschaftsverbandes Ostmark an die Brauereien und Biergroßverteiler des Brauwirtschaftsverbandes Ostmark betreffend Aufhebung der Gebietsschutzanordnung 37, Erlass und Neuerlass der Anordnungen 51 und 52 der Hauptvereinigung der deutschen Brauwirtschaft vom 4. April 1939.

35 ÖStA AdR, ZNS, Reichskommissar für die Wiedervereinigung Österreichs mit dem Deutschen Reich (1938–1940), Materie 2100 Staat und Wirtschaft, 2230/2 Brauindustrie in der Ostmark, Band 1 und 2, Memorandum des Vorsitzenden des Brauwirtschaftsverbandes Ostmark betreffend Entwicklung seit der Aufhebung der Anordnung Nr. 37, ohne Datum, 1, 3; Anordnung Nr. 51 der Hauptvereinigung des deutschen Brauwirtschaft betreffend Aufhebung der Anordnung Nr. 37 der Hauptvereinigung der deutschen Brauwirtschaft vom 1. April 1938 (RNVbl. S. 109) vom 29. März 1939, RNVbl. S. 187; Anordnung Nr. 52 der Hauptvereinigung des deutschen Brauwirtschaft betreffend Regelung des Wettbewerbs zwischen Brauereien und Biergroßverteilern des Altreichs und der Ostmark vom 29. März 1939, RNVbl. S. 187.

36 ABG, Rundschreiben des Brauwirtschaftsverbandes Ostmark an die Brauereien und Biergroßverteiler des Brauwirtschaftsverbandes Ostmark betreffend Behebung vorübergehender Lieferschwierigkeiten vom 30.8.1939; ebd., Rundschreiben des Brauwirtschaftsverbandes Ostmark an die Brauereien und Biergroßverteiler des Brauwirtschaftsverbandes Ostmark betreffend Betriebseinstellungen vom 28.11.1939; *Dobner-Dobenau*, Marktlage, 58; *Hohensinn*, Geschichte, 179; *Schobersberger*, Das Absatzproblem, 83 f.

37 *Bernecker*, Der Ordnungsgedanken, 46 f.; *Dobner-Dobenau*, Marktlage, 58.

38 ABG, Anordnung des Brauwirtschaftsverbandes Ostmark an alle ostmärkischen Brauereien und Biergroßverteiler betreffend Regelung der Inverkehrbringung von Bier mit einer Stammwürze von 9–10,3% [sic] vom 5. Dezember 1939; ebd., Rundschreiben des Brauwirtschaftsverbandes Ostmark an alle ostmärkischen Brauereien und Biergroßverteiler betreffend Kriegswirtschaftliche Massnahmen in der Brauwirtschaft vom 5.12.1939; *Dobner-Dobenau*, Marktlage, 59.

39 ABG, Rundschreiben der Hauptvereinigung der deutschen Brauwirtschaft Nr. 2/40 an alle Brauereien und Biergroßverteiler betreffend Durchführung der Rationierung im Monat März 1940 vom 28.2.1940, Zl. Bd/800/40; ebd., Einzelanordnung des Vorsitzenden der Hauptvereinigung der deutschen Brauwirtschaft an alle Brauereien und Biergroßverteiler betreffend I Durchführung der Rationierung im Monat April 1940 und II Einführung des Sommerbieres mit 6% [sic] Stammwürzegehalt, ohne Datum [Ende März 1940]; ebd., Rundschreiben der Hauptvereinigung der deutschen Brauwirtschaft Nr. 9/40 an alle Brauereien betreffend Stammwürzegehalte der Einfachbiere, Schankbiere und obergärigen Vollbiere; Biersteuer und Preisfestsetzung vom 11.5.1940, Zl. Bd 800; *Hohensinn*, Geschichte, 180.

40 ABG, Rundschreiben der Hauptvereinigung der deutschen Brauwirtschaft Nr. 15/40 an alle Brau-

ereien und Biergroßverteiler betreffend Einzelanordnung der Hauptvereinigung der deutschen Brauwirtschaft vom 27. Juni 1940 betreffend Wiedereinführung von Bieren mit einem Stammwürzegehalt von 9–10% [sic] vom 27. Juni 1940, Zl. Bd 800/40; ebd., Rundschreiben des Brauwirtschaftsverbandes Ostmark an alle Brauereien und Biergroßverteiler der Ostmark betreffend zusätzliche Richtlinien über Einschränkung des Bierabsatzes vom 3.12.1941; ebd., Schreiben der Hauptvereinigung der deutschen Brauwirtschaft an alle deutschen Brauereien betreffend Richtlinien zur Einzelanordnung betreffend »Regelung des Stammwürzegehaltes für Bier« vom 15.12.1941 vom 10.2.1942; ebd., Rundschreiben des Brauwirtschaftsverbandes Ostmark Nr. 12/42 an alle Brauereien und Biergroßverteiler der Ostmark betreffend Bierabsatz im Mai 1942 vom 22.4.1942, Zl. Bb/K/344.

41 ABG, Rundschreiben des Brauwirtschaftsverbandes Ostmark Nr. 27/40 an die ostmärkischen Brauereien betreffend Genehmigung zur Aufnahme von Bierlieferungen an bisher nicht belieferte Absatzstätten vom 22.3.1940; ebd., Schreiben des Brauwirtschaftsverbandes Ostmark an die Gösser Brauerei AG betreffend Ausschaltung unwirtschaftlicher Lieferbedingungen vom 27.4.1940, Zl. Bb 342/D; *Dobner-Dobenau*, Marktlage, 58f.; *Hohensinn*, Geschichte, 179; *Kolar*, Konzentrations- und Kartellpolitik, 88; *Schobersberger*, Das Absatzproblem, 84.

42 ABG, Rundschreiben des Brauwirtschaftsverbandes Ostmark Nr. 34 an alle Brauereien und Biergroßverteiler der Ostmark betreffend Bierversorgung der Kantinen des Ersatzheeres und der Marketendereien der im Heimatkriegsgebiet untergebrachten Einheiten des Feldheeres vom 19.11. 1942, Zl. Bb/K/345 (Ba); ebd., Schreiben des Brauwirtschaftsverbandes Ostmark an alle Brauereien und Bierverleger betreffend Rationierung des Bierabsatzes im Monat Juni 1942 vom 23. 5.1942, Zl. Bb/K/345; ebd., Rundschreiben des Brauwirtschaftsverbandes Alpen- und Donauland Nr. 14/43 an alle nach Wien und Niederdonau liefernden Brauereien und Bierverleger betreffend Kontingentierung des Bierabsatzes in Wien und Niederdonau vom 27.5.1943, Zl. Bb/K/345; ebd., Rundschreiben des Brauwirtschaftsverbandes Alpen- und Donauland Nr. 14/43 an alle nach Wien und Niederdonau liefernden Brauereien und Bierverleger betreffend Kontingentierung des Bierabsatzes in Wien und Niederdonau vom 27.5.1943, Zl. Bb/K/345; ebd., Rundschreiben des Brauwirtschaftsverbandes Alpen- und Donauland Nr. 21/43 an alle nach Wien und Niederdonau liefernden Brauereien und Bierverleger betreffend Ausstoßregelung Juli, August, September 1943 vom 28.6.1943, Zl. Bb/K/345; ebd., Rundschreiben des Brauwirtschaftsverbandes Alpen- und Donauland ohne Nr. an alle Brauereien und Bierverleger betreffend Aushilfslieferungen im Notstandsfall vom 13.7.1944, Zl. OMV/Lu; *Dobner-Dobenau*, Marktlage, 59; *Hohensinn*, Geschichte, 180f.; *Kolar*, Konzentrations- und Kartellpolitik, 89; *Schobersberger*, Das Absatzproblem, 87.

43 ABG, Schreiben des Brauwirtschaftsverbandes Ostmark an die Gösser Brauerei AG betreffend Direktlieferungen an Wehrmachtsteile vom 4.10.1939; ebd., Verfügung des Vorsitzenden des Brauwirtschaftsverbandes Ostmark an alle Brauereien und Bierverleger des Wehrkreises XVIII betreffend Bierversorgung der Kantinen des Ersatzheeres und der Marketendereien der in Heimatkriegsgebiet untergebrachten Einheiten des Feldheeres vom 6.1.1942, Zl. Bb/K/345 (Ba); *Schmidt*, »Die Kraft der deutschen Erde«, 63.

44 Siehe dazu ABG, Schreiben des Brauwirtschaftsverbandes Ostmark an alle Brauereien und Bierverleger des Arbeitsgaues XXIII Alpenland des Reichsarbeitsdienstes betreffend Versorgung der Kantinen der Reichsarbeitsdienstabteilungen in Steiermark, Kärnten, Tirol, Vorarlberg und Salzburg mit Bier vom 28.2.1942, Zl. Bb/K/345 Ba.

45 *Georg*, Die wirtschaftlichen Unternehmungen der SS, 73f., 143.

46 *Langbein*, Menschen in Auschwitz, 337; *Kogon*, Der SS-Staat, 210, 362; *Schmidt*, »Die Kraft der deutschen Erde«, 65f. Der Alkohol- und insbesondere Bierkonsum der SS in den Konzentrati-

onslagern ist wenig erforscht. Man ist auf die Suche nach der sprichwörtlichen »Stecknadel im Heuhaufen« angewiesen. Zu Bier bei der Weihnachtsfeier im 1940 im KZ Mauthausen siehe etwa *Matyus*, Das Fotoalbum, 234.

47 *Kremer*, Tagebuch, 160.

48 *Kogon*, Der SS-Staat, 336.

49 ABG, Rundschreiben des Brauwirtschaftsverbandes Alpen- und Donauland Nr. 20 an alle Brauereien und Bierverleger betreffend Bier für Kriegsgefangene vom 3.7.1944; *Schmidt*, »Die Kraft der deutschen Erde«, 65.

50 *Kretz*, Die Entwicklung der österreichischen Brauwirtschaft, 36–41; *Tálos*, Von der Liquidierung der Eigenstaatlichkeit, 69.

51 PAFKj, Schreiben Wilhelm Loderers an Wilhelm Limbeck-Lilienau vom 10.5.1938; ebd., Protokoll über die Sitzung des Verwaltungsrates der Brauerei Zipf Aktiengesellschaft vorm. Wm. Schaup in Zipf am 6.8.1938, vor Punkt 1 der Tagesordnung; ebd., Tabelle von Verwaltungsratsmitgliedern vom Geschäftsjahr 1921/22 bis 1936/37, ohne Datum; *Feldman*, Austrian Banks, 22; *Zimmerl*, Comradery, 166.

52 PAStW, Geschäfts-Bericht der Brauerei Zipf Aktiengesellschaft vorm. Wm. Schaup über das siebzehnte Geschäftsjahr (1937/38) vorgelegt in der siebzehnten ordentlichen Generalversammlung vom 28. Feber 1939 (Vöcklabruck [1939]), unpaginiert; PAFKj, Protokoll über die Sitzung des Verwaltungsrates der Brauerei Zipf Aktiengesellschaft vorm. Wm. Schaup in Zipf am 6.8.1938, Punkt 1 der Tagesordnung.

53 ÖStA AdR, ZNS, Reichskommissar für die Wiedervereinigung Österreichs mit dem Deutschen Reich (1938–1940), Materie 2100 Staat und Wirtschaft, 2230/2 Brauindustrie in der Ostmark, Band 1 und 2, Gutachten über Selbstkostenrechnungen bei vier Brauereien in der Ostmark von Werner Horn, Helmut Burg und Helmut Manit, 9 (untere Paginierung); PAFKj, Protokoll über die Sitzung des Verwaltungsrates der Brauerei Zipf Aktiengesellschaft vorm. Wm. Schaup in Zipf am 6.8.1938, Punkt 3 der Tagesordnung.

54 OÖLA, Landesgericht (LG) Linz Sondergerichte (SG) VgVr 1948, Zl. 257–303, Nr. 418, Strafsache gegen Dr. Moritz Kumpfmiller, Zl. Vg 11 Vr 257/48, Abschrift der Beilage 2 eines Schreibens der Brauerei Zipf Aktiengesellschaft an das Gendarmeriepostenkommando Zipf vom 19.12.1946, Zl. St/M; PAFKj, Protokoll über die 6. Syndikatsversammlung, abgehalten in Wien III. Reisnerstrasse 57 am 18. Juni 1938, 17 Uhr; ebd., Protokoll über die Sitzung des Verwaltungsrates der Brauerei Zipf Aktiengesellschaft vorm. Wm. Schaup in Zipf am 6.8.1938, Punkt 6 der Tagesordnung; ebd., Schreiben von Georg Hofer, Franz Thalhammer, Franz Enzinger und Peter Spielbauer an den Verwaltungsrat der Brauerei Zipf A.G. vorm. Wm. Schaup vom 22.7.1938; PAStW, Geschäfts-Bericht der Brauerei Zipf Aktiengesellschaft vorm. Wm. Schaup über das siebzehnte Geschäftsjahr (1937/38) vorgelegt in der siebzehnten ordentlichen Generalversammlung vom 28. Feber 1939 (Vöcklabruck [1939]), unpaginiert. Zum Schutzkorps (in den Quellen »Schuko«) siehe *Bauer*, Der Februaraufstand, 16; *Höbelt*, Die Erste Republik, 127.

55 OÖLA, LG Linz SG VgVr 1948, Zl. 257–303, Nr. 418, Strafsache gegen Dr. Moritz Kumpfmiller, Zl. Vg 11 Vr 257/48, Abschrift der Beilage 2 eines Schreibens der Brauerei Zipf Aktiengesellschaft an das Gendarmeriepostenkommando Zipf vom 19.12.1946, Zl. St/M.

56 Gesetz über das Winterhilfswerk des Deutschen Volkes vom 1. Dezember 1936, dRGBl. I 1936 S. 995; OÖLA, LG Linz SG VgVr 1948, Zl. 257–303, Nr. 418, Strafsache gegen Dr. Moritz Kumpfmiller, Zl. Vg 11 Vr 257/48, Abschrift der Beilage 2 eines Schreibens der Brauerei Zipf Aktiengesellschaft an das Gendarmeriepostenkommando Zipf vom 19.12.1946, Zl. St/M; *Vorländer*, NS-Volkswohlfahrt, 341–380.

57 OÖLA, LG Linz SG VgVr 1948, Zl. 257–303, Nr. 418, Strafsache gegen Dr. Moritz Kumpfmiller, Zl. Vg 11 Vr 257/48, Abschrift des Bescheides der Wirtschaftssäuberungskommission beim Landesarbeitsamt Salzburg vom 6.3.1947, Zl. WSK 89/1946.
58 PAFKj, Protokoll über die Sitzung des Verwaltungsrates der Brauerei Zipf Aktiengesellschaft vorm. Wm. Schaup in Zipf am 5.11.1938, Punkt 4 der Tagesordnung; ebd., Niederschrift über die Sitzung des Aufsichtsrates der Brauerei Zipf Aktiengesellschaft vorm. Wm. Schaup in Zipf am 27.6.1939, Punkt 8e der Tagesordnung; ebd., Schreiben von Moritz Kumpfmiller und Josef Petters im Namen der Brauerei Zipf Aktiengesellschaft vorm. Wm. Schaup an Wilhelm Loderer vom 20.10.1938.
59 Gesetz zur Ordnung der nationalen Arbeit vom 20. Januar 1934, dRGBl. I 1934 S. 41; Zweite Verordnung über die Einführung sozialrechtlicher Vorschriften im Lande Österreich vom 9. Juli 1938, dRGBl. I 1938 S. 851.
60 *Moser*, Oberösterreichs Wirtschaft 1938 bis 1945, 188.
61 *Moser*, Oberösterreichs Wirtschaft 1938 bis 1945, 188–190.
62 *Dietz*, Gesetz zur Ordnung der nationalen Arbeit, 3.
63 *Moser*, Oberösterreichs Wirtschaft 1938 bis 1945, 190.
64 *Dietz*, Gesetz zur Ordnung der nationalen Arbeit, 4–7; *Moser*, Oberösterreichs Wirtschaft 1938 bis 1945, 191 f.; *Weber*, Die sozialpolitische und sozialrechtliche Entwicklung, 595.
65 Gesetz zur Ordnung der nationalen Arbeit vom 20. Januar 1934, dRGBl. I 1934 S. 41, §§ 2 f.; *Dietz*, Gesetz zur Ordnung der nationalen Arbeit, 8–10, 52–57; *Moser*, Oberösterreichs Wirtschaft 1938 bis 1945, 191 f. Juden waren von der Position des Betriebsführers kategorisch ausgeschlossen.
66 Gesetz zur Ordnung der nationalen Arbeit vom 20. Januar 1934, dRGBl. I 1934 S. 41, §§ 5–16; *Dietz*, Gesetz zur Ordnung der nationalen Arbeit, 8–10, 59–76; *Moser*, Oberösterreichs Wirtschaft 1938 bis 1945, 194.
67 Gesetz zur Ordnung der nationalen Arbeit vom 20. Januar 1934, dRGBl. I 1934 S. 41, §§ 18–25; Verordnung über die Arbeitseinsatz-, die Reichstreuhänder- und die Gewerbeaufsichtsverwaltung in der Ostmark vom 7. März 1940, dRGBl. I 1940 S. 522; *Dietz*, Gesetz zur Ordnung der nationalen Arbeit, 8–10, 59–76; *Moser*, Oberösterreichs Wirtschaft 1938 bis 1945, 194 f.
68 Gesetz zur Ordnung der nationalen Arbeit vom 20. Januar 1934, dRGBl. I 1934 S. 41, §§ 35–55; *Dietz*, Gesetz zur Ordnung der nationalen Arbeit, 105–125; *Moser*, Oberösterreichs Wirtschaft 1938 bis 1945, 195.
69 Gesetz zur Ordnung der nationalen Arbeit vom 20. Januar 1934, dRGBl. I 1934 S. 41, §§ 26–36; *Dietz*, Gesetz zur Ordnung der nationalen Arbeit, 28–32, 90–105; *Frerich, Frey*, Handbuch der Geschichte der Sozialpolitik, 277; *Moser*, Oberösterreichs Wirtschaft 1938 bis 1945, 192–194. Daneben gab es auch sogenannte »Tarifordnungen«, auf die hier aus Platzgründen nicht eingegangen werden kann.
70 OÖLA, LG Linz SG VgVr 1948, Zl. 257–303, Nr. 418, Strafsache gegen Dr. Moritz Kumpfmiller, Zl. Vg 11 Vr 257/48, Protokoll der Zeugenvernehmung von Franz Schreiber vor dem Bezirksgericht in Vöcklabruck vom 23.5.1950; ebd., Niederschrift aufgenommen mit Franz Schreiber vor dem Gendarmeriepostenkommando Zipf vom 15.5.1950.
71 OÖLA, LG Linz SG VgVr 1948, Zl. 257–303, Nr. 418, Strafsache gegen Dr. Moritz Kumpfmiller, Zl. Vg 11 Vr 257/48, Abschrift des Meldeblattes zur Registrierung der Nationalsozialisten im Sinne des Art. II des Verfassungsgesetzes vom 8. Mai 1945, St.G.Bl. Nr. 13, über das Verbot der NSDAP (Verbotsgesetz) von Moritz Kumpfmiller vom 6.5.1946, Zl. 475; ebd., Abschrift des Personal-Fragebogens der NSDAP zum Antragsschein auf Ausstellung einer vorläufigen Mitgliedskarte und zur Feststellung der Mitgliedschaft im Lande Österreich von Moritz Kumpfmiller vom 27.5.1938, Zl. 1457225.

72 OÖLA, LG Linz SG VgVr 1948, Zl. 257–303, Nr. 418, Strafsache gegen Dr. Moritz Kumpfmiller, Zl. Vg 11 Vr 257/48, Schreiben von Sophie Limbeck-Lilienau und Emilie Schaup an Moritz Kumpfmiller vom 12.1.1938; ebd., Abschrift des Erhebungsberichtes des Gendarmeriepostenkommandos Redl-Zipf an die Wirtschaftssäuberungskommission beim Arbeitsamte in Salzburg vom 20.12.1946, Zl. 1449/1946; ebd., Schreiben des Gendarmeriepostenskommandos Redl-Zipf an das Landesgericht-Volksgericht in Linz vom 8.8.1949.

73 OÖLA, LG Linz SG VgVr 1948, Zl. 257–303, Nr. 418, Strafsache gegen Dr. Moritz Kumpfmiller, Zl. Vg 11 Vr 257/48, Anzeige von Moritz Kumpfmiller wegen Verbrechen nach dem Kriegsverbrechergesetz und Verdacht der Falschregistrierung durch das Gendarmeriepostenkommando Redl-Zipf vom 11.3.1947, Zl. 114/47; ebd., Niederschrift der Aussage von Franz Andorfer als Zeuge durch das Gendarmeriepostenkommando Redl-Zipf vom 16.12.1946, Zl. zu E.Nr. 1449/1946.

74 OÖLA, LG Linz SG VgVr 1948, Zl. 257–303, Nr. 418, Strafsache gegen Dr. Moritz Kumpfmiller, Zl. Vg 11 Vr 257/48, Protokoll der Zeugenvernehmung von Fritz Kretz vor dem Bezirksgericht in Vöcklabruck vom 19.1.1949; ebd., Protokoll der Zeugenvernehmung von Franz Neyder vor dem Bezirksgericht in Vöcklabruck vom 24.5.1950; ebd., Niederschrift aufgenommen mit Franz Schreiber vor dem Gendarmeriepostenkommando Zipf vom 15.5.1950; ebd., Niederschrift aufgenommen mit Fritz Kretz vor dem Gendarmeriepostenkommando Zipf vom 15.5.1950; PAFKj, Protokoll über die Sitzung des Verwaltungsrates der Brauerei Zipf Aktiengesellschaft vorm. Wm. Schaup in Zipf am 6.8.1938, Abschnitt vor Punkt 1 der Tagesordnung.

75 OÖLA, LG Linz SG VgVr 1948, Zl. 257–303, Nr. 418, Strafsache gegen Dr. Moritz Kumpfmiller, Zl. Vg 11 Vr 257/48, Abschrift eines Schreibens von Betriebsführer Moritz Kumpfmiller und Betriebsobmann Peter Spielbauer an die NSDAP-Kreisleitung Vöcklabruck betreffend Vorschlag zur Ernennung von Vertrauensratsmitgliedern und deren Stellvertreter vom 1.1.1939; ebd., Abschrift eines Schreibens des NSDAP-Kreisleiters Franz Neyder in Vöcklabruck an den Betriebsführer der Brauerei Zipf A.G. betreffend Ernennung von Vertrauensratsmitgliedern und deren Stellvertreter, ohne Datum; ebd., Bericht des Gendarmeriepostenkommandos Redl-Zipf an das Landesgericht Linz als Volksgericht betreffend Aufenthalt der ehem. Mitglieder des Vertrauensrates der Brauerei Zipf AG. Vom 15.9.1948, Zl. 1163/1948. Zu den Mitgliedern der Kreisleitung unmittelbar nach dem Anschluss siehe NSDAP Kreisleitung Vöcklabruck. In: Oberösterreichischer Gebirgsbote, Jg. 58, Nr. 12 (17.3.1938), 3.

76 PAFKj, Protokoll über die Sitzung des Verwaltungsrates der Brauerei Zipf Aktiengesellschaft vorm. Wm. Schaup in Zipf am 5.11.1938, Abschnitt vor Punkt 3 der Tagesordnung; PAHK, teilweise Abschrift eines Schreibens der Gestapo Linz an den Oberbürgermeister in Linz zu Handen des Untersuchungskommissärs vom 16.2.1939; ebd., Schreiben der Rechtsanwaltskanzlei Fritz Ruckensteiner, Ernst Postel und Fritz Ruckensteiner d.J. an Karl Kaser vom 8.12.1938; ebd., Antrag von Johannes Kretz an die Staatsanwaltschaft beim Landesgericht Linz vom 9.9.1949, Zl. 369/49-II/Zu; ebd., Gedächtnisnotiz von Johannes Kretz zu den Vorgängen 1938/39, ohne Datum, jedoch nach 1947.

77 PAHK, Antrag von Johannes Kretz an die Staatsanwaltschaft beim Landesgericht Linz vom 9.9.1949, Zl. 369/49-II/Zu.

78 OÖLA, LG Linz SG VgVr 1948, Zl. 257–303, Nr. 418, Strafsache gegen Dr. Moritz Kumpfmiller, Zl. Vg 11 Vr 257/48, Protokoll der Zeugenvernehmung von Franz Neyder vor dem Bezirksgericht in Vöcklabruck vom 24.5.1950; ebd., Protokoll der Zeugenvernehmung von August Dellacher vor dem Bezirksgericht in Vöcklabruck vom 23.5.1950; ebd., Beweisantrag von Moritz Kumpfmiller an das Landesgericht in Linz vom 24.4.1950; siehe außerdem: ebd., Protokoll der Zeugenvernehmung von Werner Kaltenbrunner vor dem Bezirksgericht in Vöcklabruck vom 30.11.1949.

79 OÖLA, LG Linz SG VgVr 1948, Zl. 257–303, Nr. 418, Strafsache gegen Dr. Moritz Kumpfmiller,

Zl. Vg 11 Vr 257/48, Protokoll der Zeugenvernehmung von Johannes Kretz vor dem Landesgericht (Volksgericht) in Linz vom 10.10.1949; ebd., Protokoll der Zeugenvernehmung von Arthur Sixl vor dem Landesgericht für Strafsachen in Graz vom 24.12.1949; PAHK, Antrag von Johannes Kretz an die Staatsanwaltschaft beim Landesgericht Linz vom 9.9.1949, Zl. 369/49-II/Zu; ebd., Schreiben von Johannes Kretz an Paul Kretz vom 8.10.1946; ebd., Schreiben von Arthur Sixl an Johannes Kretz vom 8.12.1946; Das ist der Loderer. In: Österreichischer Beobachter, Jg. 3, 1. und 2. Dezemberfolge (Dezember 1938), 11; Gesetz gegen heimtückische Angriffe auf Staat und Partei und zum Schutz der Parteiuniformen vom 20. Dezember 1934, dRGBl. I 1934 S. 1269.

80 Zu Hinterleitner siehe *Tweraser*, Wirtschaftspolitik.

81 *Black*, Kaltenbrunner, 98; *Goldberger*, *Sulzbacher*, Oberdonau, 147–156; *Houston*, Ernst Kaltenbrunner, 6. Der Anwaltsberuf hatte in der Familie Kaltenbrunner Tradition und dürfte manches Netzwerken in regionalen politischen Kreisen erleichtert haben: So war etwa der Vater der beiden, Hugo Kaltenbrunner, ab Ende 1918 in der Rechtsanwaltskanzlei von Carl Beurle in Linz tätig: *Black*, Kaltenbrunner, 44.

82 PAFKj, Protokoll über die Sitzung des Verwaltungsrates der Brauerei Zipf Aktiengesellschaft vorm. Wm. Schaup in Zipf am 5.11.1938, Abschnitt vor Punkt 1 der Tagesordnung; NS-Rechtsbetreuung. In: Oberösterreichischer Gebirgsbote, Jg. 58, Nr. 44 (27.10.1938), 10.

83 PAFKj, Schreiben von Werner Kaltenbrunner an Fritz Kretz senior vom 23.3.1939; ebd., Memorandum von Hermann Auer betreffend Österreichische Brau-A.G. – Brauerei Zipf, Darstellung der Vorgänge aus den Akten vom 3. bzw. 8.9.1962.

84 PAFKj, Protokoll über die Sitzung des Verwaltungsrates der Brauerei Zipf Aktiengesellschaft vorm. Wm. Schaup in Zipf am 9.1.1939, Punkt 2 der Tagesordnung; ebd., Schreiben von Fritz Kretz senior an Kurt Galle vom 6.4.1939; NSDAP Kreisleitung Vöcklabruck. In: Oberösterreichischer Gebirgsbote, Jg. 58, Nr. 12 (17.3.1938), 3.

85 Siehe für die folgende Zusammenfassung ABZ, Betriebsordnung der Brauerei Zipf Aktiengesellschaft vorm. Wm. Schaup (Vöcklabruck ohne Jahr) mit 1. Nachtrag vom 1. November 1940 und Satzung des Unterstützungsfonds für die Gefolgschaft der Brauerei Zipf Aktiengesellschaft vorm. Wm. Schaup.

86 *Spohn*, Betriebsgemeinschaft, 170–189.

87 *Kranig*, Lockung und Zwang, 42.

88 *Rauscher*, Steyr im Nationalsozialismus, 136 f.

89 *Karner*, Zur NS-Sozialpolitik, 255.

90 *Bauer*, Die soziale Lage, 489.

91 Betriebsappell und Kameradschaftsabend. In: Oberösterreichischer Gebirgsbote, Jg. 59, Nr. 24 (15.6.1939), 10.

92 Siehe dazu *Tálos*, Arbeits- und Sozialrecht, 239–242.

93 *Karner*, Zur NS-Sozialpolitik, 259 f.; *Kepplinger*, Nationalsozialistische Wohnbaupolitik, 272 f.; *Recker*, Nationalsozialistische Sozialpolitik, 128–154.

94 PAFKj, Protokoll über die Sitzung des Verwaltungsrates der Brauerei Zipf Aktiengesellschaft vorm. Wm. Schaup in Zipf am 5.11.1938, Punkt 4 der Tagesordnung; *Kepplinger*, Nationalsozialistische Wohnbaupolitik, 277 f., 286.

95 ABZ, Bericht über die Pflichtprüfung des Hauptabschlusses per 31.8.1940 der Brauerei Zipf Aktiengesellschaft, vormals Wm. Schaup, Zipf/Oberdonau von der Donauländischen Treuhand- und Organisations-Gesellschaft m.b.H. Wirtschaftsprüfungsgesellschaft vom 28.2.1941, Zl. Dr.F./Sr/Dr.M/Ed/Ku/258/3; PAFKj, Niederschrift über die Sitzung des Aufsichtsrates der Brauerei Zipf Aktiengesellschaft vorm. Wm. Schaup in Zipf am 27.6.1939, Punkt 6 der Tagesordnung sowie Bei-

lage 1; PAStW, Geschäfts-Bericht der Brauerei Zipf Aktiengesellschaft vorm. Wm. Schaup über das achtzehnte Geschäftsjahr (1938/39) vorgelegt in der achtzehnten ordentlichen Hauptversammlung vom 25. Mai 1940 (Vöcklabruck [1940]), 8; ebd., Geschäfts-Bericht der Brauerei Zipf Aktiengesellschaft vorm. Wm. Schaup über das zwanzigste Geschäftsjahr (1940/41) vorgelegt in der zwanzigsten ordentlichen Hauptversammlung vom 28. März 1942 (Vöcklabruck [1942]), 8. Es handelt sich dabei um die noch heute bestehenden Häuser Zipf 28 bis 41.

96 PAFKj, Protokoll über die Sitzung des Verwaltungsrates der Brauerei Zipf Aktiengesellschaft vorm. Wm. Schaup in Zipf am 5.11.1938, Punkt 4 der Tagesordnung; ebd., Protokoll über die Sitzung des Verwaltungsrates der Brauerei Zipf Aktiengesellschaft vorm. Wm. Schaup in Zipf am 6.8.1938, Punkt 6 der Tagesordnung; ebd., Niederschrift über die Sitzung des Aufsichtsrates der Brauerei Zipf Aktiengesellschaft vorm. Wm. Schaup in Zipf am 27.6.1939, Punkt 8e der Tagesordnung; PAStW, Geschäfts-Bericht der Brauerei Zipf Aktiengesellschaft vorm. Wm. Schaup über das achtzehnte Geschäftsjahr (1938/39) vorgelegt in der achtzehnten ordentlichen Hauptversammlung vom 25. Mai 1940 (Vöcklabruck [1940]), 7 f.

97 Zweite Verordnung zur Einführung handelsrechtlicher Vorschriften im Lande Österreich vom 2. August 1938, dRGBl. I 1938 S. 988; Verordnung über Reichsmarkeröffnungsbilanzen und Umstellungsmaßnahmen im Lande Österreich (Umstellungsverordnung) vom 2. August 1938, dRGBl. I 1938 S. 982; *Kalss*, *Burger*, *Eckert*, Die Entwicklung des österreichischen Aktienrechts, 328–331.

98 OÖLA, LG Linz SG VgVr 1948, Zl. 257–303, Nr. 418, Strafsache gegen Dr. Moritz Kumpfmiller, Zl. Vg 11 Vr 257/48, Schreiben von Fritz Kretz senior über die Vorfälle mit Moritz Kumpfmiller auf Aufforderung der Gendarmerie vom 14.12.1946; ebd., Protokoll der Zeugenvernehmung von Kurt Galle vor dem Bezirksgericht Vöcklabruck vom 5.8.1949; ebd., Protokoll der Zeugenvernehmung von Fritz Kretz senior vor dem Bezirksgericht Vöcklabruck vom 19.7.1949; ebd., Schreiben der Österreichischen Brau-Aktiengesellschaft an das Landesgericht Linz – Volksgericht vom 18.10.1949, Zl. a/Pf; PAFKj, Niederschrift über die Sitzung des Aufsichtsrates der Brauerei Zipf Aktiengesellschaft vorm. Wm. Schaup in Zipf am 27.6.1939, Punkt 3 der Tagesordnung; ebd., Schreiben von Otto Foltz an Fritz Kretz senior vom 10.2.1939; ebd., Schreiben von Fritz Kretz senior an Otto Foltz vom 1.3.1939; ebd., Situationsbericht an die Leitung des Zipfer Syndikates über die Entwicklung der gegenwärtigen Lage von Fritz Kretz senior vom 4.12.1940. Die Betonung des Nachnamens von Kurt Galle erfolgt Zeitzeugen zufolge auf der letzten Silbe. Der Name «Ostmärkische Brau-Aktiengesellschaft» erschien ab dem Bericht für das Braujahr 1938/1939 in den Geschäftsberichten: ABUÖ, Geschäfts-Bericht der Ostmärkischen Brau-Aktiengesellschaft für das Jahr 1938/39. Bestimmt zur Vorlage in der XIX. ordentlichen Hauptversammlung der Aktionäre in Linz am 29. April 1940 (Linz 1940).

99 PAFKj, Beurkundung der Verhandlungsschrift über die außerordentliche Hauptversammlung der Aktionäre der Brauerei Zipf Aktiengesellschaft vorm. Wm. Schaup durch Notarsubstitut Erwin Teichgraber vom 27.6.1939, Zl. 1782 sowie dessen Beilagen 1 und 2. Eine Geschäftsordnung des Vorstandes konkretisierte außerdem dessen Wirkungskreis und bestimmte gewisse Geschäfte als der Zustimmung des Aufsichtsrates bedürftig, wie etwa Prokura-Management, Grundgeschäfte, Aufnahme und Einräumung von Krediten mit gewissen Höhen und Laufzeiten, Niederlassungsmanagement und Bierpreise: PAFKj, Geschäftsordnung für den Vorstand der Brauerei Zipf Aktiengesellschaft vorm. Wm. Schaup.

100 PAFKj, Niederschrift über die Sitzung des Aufsichtsrates der Brauerei Zipf Aktiengesellschaft vorm. Wm. Schaup in Zipf am 27.6.1939, Punkt 2a der Tagesordnung; ebd., Niederschrift über die Sitzung des Aufsichtsrates der Brauerei Zipf Aktiengesellschaft vorm. Wm. Schaup in Zipf am 26.8.1939, Punkt 2 der Tagesordnung.

101 PAFKj, Abschrift eines Schreibens von Fritz Kretz senior an Wilhelm Loderer vom 13.11.1938; ebd., Schreiben von Fritz Kretz senior an Kurt Galle vom 11.7.1939.

102 PAFKj, Schreiben von Fritz Kretz senior an Otto Foltz vom 22.1.1939; ebd., Schreiben von Fritz Kretz senior an Kurt Galle vom 11.7.1939; ebd., Schreiben der Österreichischen Brau-A.G. an Kurt Galle vom 2.8.1939, Zl. d/K.; ebd., Verhandlungsschrift über die am Samstag, den 26. August 1939, im Verwaltungsgebäude in Zipf abgehaltene ausserordentliche Hauptversammlung der Brauerei Zipf Aktiengesellschaft vorm. Wm. Schaup.

103 PAFKj, Schreiben der Österreichischen Brau-A.G. an Kurt Galle vom 2.8.1939, Zl. d/K; ebd., Abschrift eines Schreibens von Kurt Galle an Werner Kaltenbrunner vom 8.8.1939, Zl. G/F; ebd., Abschrift eines Schreibens der Brauerei Zipf Aktiengesellschaft vorm. Wm. Schaup an die Österreichische Brau-A.G.; ebd., Abschrift eines Schreibens der Österreichischen Brau-A.G. an Kurt Galle vom 9.8.1939, Zl. d/J; ebd., Schreiben von Kurt Galle an Fritz Kretz senior vom 21.8.1939; ebd., Abschrift eines Schreibens der Brauerei Zipf Aktiengesellschaft vorm. Wm. Schaup an den Staatskommissar in der Privatwirtschaft vom 21.8.1939, Zl. G/F; *Witek*, »Arisierungen«, 800.

104 PACLL. Abschrift eines Schreibens der Kreisleitung Vöcklabruck an Werner Kaltenbrunner vom 1.6.1939, Zl. K/39; ebd., Aktennotiz der Brauerei Zipf A.G. vorm. Wm. Schaup über eine Besprechung von Kurt Galle mit Oskar Hinterleitner vom 6.6.1940; PAFKj, Niederschrift über die Sitzung des Aufsichtsrates der Brauerei Zipf Aktiengesellschaft vorm. Wm. Schaup in Zipf am 27.1.1940, Punkt 3 der Tagesordnung; ebd., Niederschrift über die Sitzung des Aufsichtsrates der Brauerei Zipf Aktiengesellschaft vorm. Wm. Schaup in Wien am 15.4.1940, Punkt 4 der Tagesordnung; ebd., Situationsbericht an die Leitung des Zipfer Syndikates über die Entwicklung der gegenwärtigen Lage von Fritz Kretz senior vom 4.12.1940; ebd., Abschrift eines Schreibens von Fritz Kretz senior an Werner Kaltenbrunner vom 15.12.1939.

105 *Benz*, Geschichte des Dritten Reiches, 161 f.; *Brandes*, Die Sudetendeutschen, 259–310; *Krieger*, Sudetenkrise 822; *Smelser*, Das Sudetenproblem, 130–148

106 PAFKj, Geschäftsbericht der Brauerei Zipf Aktiengesellschaft vorm. Wm. Schaup vom 10.10.1938. Dabei handelt es sich um ein internes Schreiben, nicht um den Bericht für die Generalversammlung.

107 PAFKj, Bericht mit unleserlicher Unterschrift über Bierlieferungen ins Sudetendeutsche Gebiet vom 8.11.1938.

108 ABZ, Bericht über die Pflichtprüfung des Hauptabschlusses per 31.8.1939 der Brauerei Zipf Aktiengesellschaft, vormals Wm. Schaup, Zipf/Oberdonau von der Donauländischen Treuhand- und Organisations-Gesellschaft m.b.H. Wirtschaftsprüfungsgesellschaft vom 4.5.1940, Zl. St/He/Ai/258.

109 PAFKj, Tabellenmäßige Aufstellung der Dividenden, Anlagen-Investitionen, des Kapitals und Erwerbungen zwischen 1921/22 und 1958 mit handschriftlichen Ergänzungen, vermutlich von Fritz Kretz senior.

110 PAFKj, Niederschrift über die Sitzung des Aufsichtsrates der Brauerei Zipf Aktiengesellschaft vorm. Wm. Schaup in Zipf am 27.6.1939, Beilage 2, Investitions-Programm bis Ende 1940; ebd., Niederschrift über die Sitzung des Aufsichtsrates der Brauerei Zipf Aktiengesellschaft vorm. Wm. Schaup in Zipf am 30.4.1940, Beilage Bericht des Aufsichtsrates an die Hauptversammlung über das Geschäftsjahr 1938/39; ebd., Protokoll über die Sitzung des Verwaltungsrates der Brauerei Zipf Aktiengesellschaft vorm. Wm. Schaup in Zipf am 9.1.1939, Beilage Anschaffungen bis Ende Dezember 1938 und Beilage Für 1939 vorgesehene Investitionen.

111 PAStW, Geschäfts-Bericht der Brauerei Zipf Aktiengesellschaft vorm. Wm. Schaup über das achtzehnte Geschäftsjahr (1938/39) vorgelegt in der achtzehnten ordentlichen Hauptversamm-

lung vom 25. Mai 1940 (Vöcklabruck [1940]), 4; PAFKj, Protokoll über die Sitzung des Verwaltungsrates der Brauerei Zipf Aktiengesellschaft vorm. Wm. Schaup in Zipf am 6.8.1938, Punkt 4 der Tagesordnung; ebd., Niederschrift über die Sitzung des Aufsichtsrates der Brauerei Zipf Aktiengesellschaft vorm. Wm. Schaup in Zipf am 27.6.1939, Punkt 5 der Tagesordnung; ebd., Niederschrift über die Sitzung des Aufsichtsrates der Brauerei Zipf Aktiengesellschaft vorm. Wm. Schaup in Wien am 10.11.1939, Punkt 5 der Tagesordnung.

112 PAFKj, Bericht des Vorstandes über die Entwicklung des Geschäftes im 1. Quartal des Geschäftsjahres 1939/40 an den Aufsichtsrat der Brauerei Zipf Aktiengesellschaft vorm. Wm. Schaup vom 9.1.1940; ebd., Bericht des Vorstandes über die Entwicklung des Geschäftes im 2. Quartal des laufenden Geschäftsjahres [1939/40] an den Aufsichtsrat der Brauerei Zipf Aktiengesellschaft vorm. Wm. Schaup vom 2.4.1940; ebd., Bericht des Vorstandes über die Entwicklung des Geschäftes im 3. Quartal des Geschäftsjahres 1939/40 an den Aufsichtsrat der Brauerei Zipf Aktiengesellschaft vorm. Wm. Schaup vom 10.7.1940; ebd., Bilanzbericht über das Geschäftsjahr 1939/40 (bestimmt für die Aufsichtsratssitzung) vom 16.12.1940.

113 ABZ, Bericht über die Pflichtprüfung des Hauptabschlusses per 31.8.1940 der Brauerei Zipf Aktiengesellschaft, vormals Wm. Schaup, Zipf/Oberdonau von der Donauländischen Treuhand- und Organisations-Gesellschaft m.b.H. Wirtschaftsprüfungsgesellschaft vom 28.2.1941, Zl. Dr.F./Sr/Dr.M/Ed/Ku/258/3.

114 ABZ, Bericht der Donauländischen Treuhand- und Organisations-Gesellschaft m.b.H. Wirtschaftsprüfungsgesellschaft Wien/Linz über die Pflichtprüfung des Jahresabschlusses per 31.8.1941 der Brauerei Zipf Aktiengesellschaft, vormals Wm. Schaup Zipf/Oberdonau vom 28.2.1942, Zl. 258/4/Dr.F/Sr/Dr.M/Schl/Ku; PAFKj, Bericht des Vorstandes über die Entwicklung des Geschäftes im 1. Quartal des Geschäftsjahres 1940/41 an den Aufsichtsrat der Brauerei Zipf Aktiengesellschaft vorm. Wm. Schaup vom 10.12.1940; ebd., Bericht des Vorstandes über die Entwicklung des Geschäftes im 2. Quartal des Geschäftsjahres 1940/41 an den Aufsichtsrat der Brauerei Zipf Aktiengesellschaft vorm. Wm. Schaup vom 11.3.1941; ebd., Bericht des Vorstandes über die Entwicklung des Geschäftes im 3. Quartal des Geschäftsjahres 1940/41 an den Aufsichtsrat der Brauerei Zipf Aktiengesellschaft vorm. Wm. Schaup vom 20.6.1941.

115 ABZ, Wirtschaftsprüfungsbericht für das Geschäftsjahr 1941/42 der Firma Brauerei Zipf Aktiengesellschaft vorm. Wm. Schaup Zipf/Oberdonau der Landesbuchstelle für Brauerei Weihenstephan G.m.b.H. Wirtschaftsprüfgesellschaft vom 12.1.1943, Zl 20/28; PAFKj, Bericht des Vorstandes über die Entwicklung des Geschäftes im 1. Quartal des Geschäftsjahres 1941/42 an den Aufsichtsrat der Brauerei Zipf Aktiengesellschaft vorm. Wm. Schaup vom 15.12.1941; ebd., Bericht des Vorstandes über die Entwicklung des Geschäftes im 2. Quartal des Geschäftsjahres 1941/42 an den Aufsichtsrat der Brauerei Zipf Aktiengesellschaft vorm. Wm. Schaup vom 18.3.1942; ebd., Interimsbericht des Vorstandes über die Entwicklung des Geschäftes bis zum 31. Juli des Geschäftsjahres 1941/42 an den Aufsichtsrat der Brauerei Zipf Aktiengesellschaft vorm. Wm. Schaup vom 24.8.1942.

116 ABZ, Wirtschaftsprüfungsbericht für das Geschäftsjahr 1942/43 der Firma Brauerei Zipf Aktiengesellschaft vorm. Wm. Schaup Zipf/Oberdonau der Landesbuchstelle für Brauerei Weihenstephan G.m.b.H. Wirtschaftsprüfgesellschaft vom 17.3.1944, Zl 20/44/46; PAFKj, Bericht des Vorstandes über die Entwicklung des Geschäftes im 1. Quartal des Geschäftsjahres 1942/43 an den Aufsichtsrat der Brauerei Zipf Aktiengesellschaft vorm. Wm. Schaup vom 18.12.1942; ebd., Bericht des Vorstandes über die Entwicklung des Geschäftes im 2. und 3. Quartal des Geschäftsjahres 1942/43 an den Aufsichtsrat der Brauerei Zipf Aktiengesellschaft vorm. Wm. Schaup vom 11.6.1943; ebd., Bericht des Vorstandes über die Entwicklung des Geschäftes anschliessend an

den Bericht vom 11. Juni [Geschäftsjahr 1942/43] an den Aufsichtsrat der Brauerei Zipf Aktiengesellschaft vorm. Wm. Schaup vom 26.10.1943.

117 PAFKj, Dossier der Brauerei Zipf Aktiengesellschaft vorm. Wm. Schaup zur Flurbereinigung und Abbau unwirtschaftlicher Lieferbeziehungen vom 15.7.1940, Zl. 6/a.

118 OÖLA, LG Linz SG VgVr 1948, Zl. 257–303, Nr. 418, Strafsache gegen Dr. Moritz Kumpfmiller, Zl. Vg 11 Vr 257/48, Schreiben von Fritz Kretz senior über die Vorfälle mit Moritz Kumpfmiller auf Aufforderung der Gendarmerie vom 14.12.1946; PACLL, Abschrift eines Schreibens von Fritz Kretz senior an Herbert Schmid vom 15.8.1942; PAFKj, Aktenvermerk über die am 10. Juli 1944 stattgefundene Aussprache wegen einer erweiterten Flurbereinigung vom 12.7.1944; ebd., Aktenvermerk über die Auswirkungen der totalen Flurbereinigung auf die Brauerei Zipf vom 23.3.1943; ebd., Aktennotiz von Fritz Kretz senior vom 10.7.1943.

119 PAFKj, handschriftliche paraphierte monatliche Aufstellungen von Bierlieferungen der Brauerei Zipf an das Militär und die SS, Monatsübersichten Juli bis Dezember 1939, Juli bis Dezember 1940, Jänner bis Dezember 1941, Jänner bis Dezember 1942 sowie Jänner bis August 1943. Bei diesen Berichten handelt es sich vermutlich um die Aufzeichnungen, welche die Brauereien für die BWV zum gelegentlichen Nachweis zu führen hatten. Bei einem Teil dieser Lieferungen ab Mai 1942 ist »indirekt« vermerkt, was wohl eine Belieferung im Lohnbrauverfahren bedeutet.

120 PAFKj, handschriftliche paraphierte monatliche Aufstellungen von Bierlieferungen der Brauerei Zipf an das Militär und die SS, Monatsübersichten für das Braujahr 1943/44 von September 1943 bis August 1944 sowie Monatsübersichten für das Braujahr 1944/45 von September 1944 bis Februar 1945.

121 PAFKj, handschriftliche paraphierte monatliche Aufstellungen von Bierlieferungen der Brauerei Zipf an öffentliche Auftraggeber, Monatsübersichten von Juni bis Dezember 1943, Jänner bis Dezember 1944 sowie Jänner und Februar 1945.

122 ABZ, Wirtschaftsprüfungsbericht für das Geschäftsjahr 1943/44 der Firma Brauerei Zipf Aktiengesellschaft vorm. Wm. Schaup Zipf/Oberdonau der Landesbuchstelle für Brauerei Weihenstephan G.m.b.H. Wirtschaftsprüfgesellschaft vom 24.1.1945, Zl 20/28.

123 DÖW, Signatur 20333/24, Schreiben von Werner Kaltenbrunner an Ernst Kaltenbrunner vom 16.1.1941; *Maršálek*, Die Geschichte des Konzentrationslagers Mauthausen, 26–31, 137; *Slapnicka*, Oberösterreich – als es »Oberdonau« hieß, 226.

124 *Carrington*, *Reiter*, Der Süden von Linz, 387; *Rittenschober*, Die Hillerkaserne, 99. Die SS gab die noch nicht fertiggestellte Kaserne bald als Truppenstandort auf, und die Gebäude wurden von anderen NS-Organisationen als Wohnungen für Umsiedler genutzt.

125 DÖW, Signatur 20333/24, Schreiben von Werner Kaltenbrunner an Ernst Kaltenbrunner vom 23.9.1940; ebd., paraphierte Abschrift eines Schreibens von Ernst Kaltenbrunner an Werner Kaltenbrunner vom 26.9.1940; *Jagschitz*, Von der »Bewegung« zum Apparat, 107; *Slapnicka*, Oberösterreich – als es »Oberdonau« hieß, 35, 352.

126 DÖW, Signatur 20333/24, Abschrift eines Schreibens von Ernst Kaltenbrunner an den Vorstand der Brauerei Zupf A.G. vom 28.9.1940; ebd., Abschrift eines Schreibens von Albert Breh an den Vorstand der Brauerei Zipf A.G. vom 4.1.1941; ebd., Abschrift eines Schreibens der Brauerei Zipf Aktiengesellschaft vorm. Wm. Schaup an Werner Kaltenbrunner vom 6.1.1941; ebd., Schreiben von Werner Kaltenbrunner an Ernst Kaltenbrunner vom 16.1.1941.

127 *Kaienburg*, Die Wirtschaft der SS, 247; *Kogon*, Der SS-Staat, 361. Zum großen Bedauern des Autors des vorliegenden Buches fehlen die einschlägigen Akten zur Kantinengemeinschaft im deutschen Bundesarchiv (Bundesarchiv Außenstelle Dahlwitz-Hoppegarten, Signatur ZM 1482, A.6),

die Hermann Kaienburg für sein 2003 erschienenes Buch noch verwenden konnte, seit der im selben Jahr durchgeführten Revision und stehen der Forschung wohl nicht mehr zur Verfügung.

128 *Emmett*, Strafvollzugslager, 93–95.

129 DÖW, Signatur 20333/24, paraphierte Abschrift eines Schreibens von Ernst Kaltenbrunner an Werner Kaltenbrunner vom 18.3.1941; ebd., paraphierte Abschrift eines Schreibens von Ernst Kaltenbrunner an Oswald Pohl vom 17.2.1941; *Perz*, Steyr-Münichholz, 60 f.; *Rauscher*, Steyr im Nationalsozialismus, 128 f.; *Retzl*, *Rammersdorfer*, Steyr Münichholz, 47.

130 PAFKj, Schreiben der Brauerei Zipf Aktiengesellschaft vorm. Wm. Schaup an die Aufsichtsräte und Wilhelm Limbeck-Lilienau vom 22.8.1941, Zl. 9/p; ebd., Niederschrift über die Sitzung des Aufsichtsrates der Brauerei Zipf Aktiengesellschaft vorm. Wm. Schaup in Wien am 16.12.1939, Punkt 2 der Tagesordnung; ebd., Niederschrift über die Sitzung des Aufsichtsrates der Brauerei Zipf Aktiengesellschaft vorm. Wm. Schaup in Wien am 21.2.1941, Punkt 2 der Tagesordnung.

131 *Kepplinger*, Nationalsozialistische Wohnbaupolitik, 279 f.; *Kepplinger*, Aspekte, 229; *Retzl*, *Rammersdorfer*, Steyr Münichholz, 34 f.

132 DÖW, Signatur 20333/24, paraphierte Abschrift eines Schreibens von Ernst Kaltenbrunner an Oswald Pohl vom 17.2.1941; ebd., Schreiben von Oswald Pohl an Ernst Kaltenbrunner vom 22.2.1941; ebd., paraphierte Abschrift eines Schreibens von Ernst Kaltenbrunner an Werner Kaltenbrunner vom 4.3.1941.

133 DÖW, Signatur 20333/24, paraphierte Abschrift eines Schreibens von Ernst Kaltenbrunner an Werner Kaltenbrunner vom 4.3.1941.

134 *Waitzbauer*, 525 Jahre Salzburger Stiegl-Bier, 114.

135 PAFKj, Bericht des Vorstandes über die Entwicklung des Geschäftes im 1. Quartal des Geschäftsjahres 1939/40 an den Aufsichtsrat der Brauerei Zipf Aktiengesellschaft vorm. Wm. Schaup vom 9.1.1940; ebd., Bericht des Vorstandes über die Entwicklung des Geschäftes im 1. Quartal des Geschäftsjahres 1940/41 an den Aufsichtsrat der Brauerei Zipf Aktiengesellschaft vorm. Wm. Schaup vom 10.12.1940; PAStW, Geschäfts-Bericht der Brauerei Zipf Aktiengesellschaft vorm. Wm. Schaup über das achtzehnte Geschäftsjahr (1938/39) vorgelegt in der achtzehnten ordentlichen Hauptversammlung vom 25. Mai 1940 (Vöcklabruck [1940]), 4; ebd., Geschäfts-Bericht der Brauerei Zipf Aktiengesellschaft vorm. Wm. Schaup über das neunzehnte Geschäftsjahr (1939/40) vorgelegt in der neunzehnten ordentlichen Hauptversammlung vom 22. März 1941 (Vöcklabruck [1941]), 4; ebd., Geschäfts-Bericht der Brauerei Zipf Aktiengesellschaft vorm. Wm. Schaup über das zwanzigste Geschäftsjahr (1940/41) vorgelegt in der zwanzigsten ordentlichen Hauptversammlung vom 28. März 1942 (Vöcklabruck [1942]), 7.

136 DÖW, Signatur 20333/24, paraphierte Abschrift eines Schreibens von Ernst Kaltenbrunner an Theodor Eicke vom 18.3.1941; ebd., paraphierte Abschrift eines Schreibens von Ernst Kaltenbrunner an Werner Kaltenbrunner vom 18.3.1941.

137 PAFKj, handschriftliche paraphierte monatliche Aufstellungen von Bierlieferungen der Brauerei Zipf an das Militär und die SS, Halbjahresübersicht für Juli bis Dezember 1939 und 1941, Monatsübersicht für Mai, Juni, Juli und Dezember 1942, Jänner bis Dezember 1943 sowie Jänner und Februar 1944. Die Brauerei Zipf belieferte im Juli 1943 auch in Linz eine nicht näher bezeichnete »SS-Kantine« mit rund vier Hektolitern. Zum Lager Wagrain siehe *Obermair*, Das Lager in Vöcklabruck.

138 PAFKj, handschriftliche paraphierte monatliche Aufstellungen von Bierlieferungen der Brauerei Zipf an das Militär und die SS, Monatsübersichten für das Braujahr 1943/44 von September 1943 bis August 1944 sowie Monatsübersichten für das Braujahr 1944/45 von September 1944 bis Fe-

bruar 1945. Ternberg wurde fast während der gesamten Dauer des Bestehens beliefert: *Maršálek*, Die Geschichte des Konzentrationslagers Mauthausen, 82.

139 ABZ, Bericht über die Pflichtprüfung des Hauptabschlusses per 31.8.1939 der Brauerei Zipf Aktiengesellschaft, vormals Wm. Schaup, Zipf/Oberdonau von der Donauländischen Treuhand- und Organisations-Gesellschaft m.b.H. Wirtschaftsprüfungsgesellschaft vom 4.5.1940, Zl. St/He/Ai/258; PAFKj, Bericht des Vorstandes über die Entwicklung des Geschäftes im 1. Quartal des Geschäftsjahres 1939/40 an den Aufsichtsrat der Brauerei Zipf Aktiengesellschaft vorm. Wm. Schaup vom 9.1.1940; ebd., Bericht des Vorstandes über die Entwicklung des Geschäftes im 2. Quartal des laufenden Geschäftsjahres [1939/40] an den Aufsichtsrat der Brauerei Zipf Aktiengesellschaft vorm. Wm. Schaup vom 2.4.1940; ebd., Bericht des Vorstandes über die Entwicklung des Geschäftes im 3. Quartal des Geschäftsjahres 1939/40 an den Aufsichtsrat der Brauerei Zipf Aktiengesellschaft vorm. Wm. Schaup vom 10.7.1940; ebd., Bericht des Vorstandes über die Entwicklung des Geschäftes im 1. Quartal des Geschäftsjahres 1940/41 an den Aufsichtsrat der Brauerei Zipf Aktiengesellschaft vorm. Wm. Schaup vom 10.12.1940; ebd., Bericht des Vorstandes über die Entwicklung des Geschäftes im 2. Quartal des Geschäftsjahres 1940/41 an den Aufsichtsrat der Brauerei Zipf Aktiengesellschaft vorm. Wm. Schaup vom 11.3.1941; ebd., Bericht des Vorstandes über die Entwicklung des Geschäftes im 3. Quartal des Geschäftsjahres 1940/41 an den Aufsichtsrat der Brauerei Zipf Aktiengesellschaft vorm. Wm. Schaup vom 20.6.1941; ebd., Bericht des Vorstandes über die Entwicklung des Geschäftes im 1. Quartal des Geschäftsjahres 1941/42 an den Aufsichtsrat der Brauerei Zipf Aktiengesellschaft vorm. Wm. Schaup vom 15.12.1941; ebd., Bericht des Vorstandes über die Entwicklung des Geschäftes im 2. Quartal des Geschäftsjahres 1941/42 an den Aufsichtsrat der Brauerei Zipf Aktiengesellschaft vorm. Wm. Schaup vom 18.3.1942; ebd., Interimsbericht des Vorstandes über die Entwicklung des Geschäftes bis zum 31. Juli des Geschäftsjahres 1941/42 an den Aufsichtsrat der Brauerei Zipf Aktiengesellschaft vorm. Wm. Schaup vom 24.8.1942; ebd., Bericht des Vorstandes über die Entwicklung des Geschäftes im 1. Quartal des Geschäftsjahres 1942/43 an den Aufsichtsrat der Brauerei Zipf Aktiengesellschaft vorm. Wm. Schaup vom 18.12.1942; ebd., Bericht des Vorstandes über die Entwicklung des Geschäftes im 2. und 3. Quartal des Geschäftsjahres 1942/43 an den Aufsichtsrat der Brauerei Zipf Aktiengesellschaft vorm. Wm. Schaup vom 11.6.1943; ebd., Bericht des Vorstandes über die Entwicklung des Geschäftes anschliessend an den Bericht vom 11. Juni [Geschäftsjahr 1942/43] an den Aufsichtsrat der Brauerei Zipf Aktiengesellschaft vorm. Wm. Schaup vom 26.10.1943.

140 PAFKj, Bericht des Vorstandes über die Geschäftsentwicklung im 1. Quartal des Geschäftsjahres 1943/44 an den Aufsichtsrat der Brauerei Zipf Aktiengesellschaft vorm. Wm. Schaup vom 17.12.1943; ebd., Bericht des Vorstandes über die Entwicklung des Geschäftes im 2. Quartal des Jahres 1943/44 an den Aufsichtsrat der Brauerei Zipf Aktiengesellschaft vorm. Wm. Schaup vom 24.3.1944; ebd., Bericht des Vorstandes über die wichtigsten Vorfälle im 3. Quartal des Geschäftsjahres 1943/44 an den Aufsichtsrat der Brauerei Zipf Aktiengesellschaft vorm. Wm. Schaup vom 26.6.1944.

141 PAFKj, Bericht des Vorstandes über die Entwicklung des Geschäftes im 4. Quartal des Geschäftsjahres 1943/44 an den Aufsichtsrat der Brauerei Zipf Aktiengesellschaft vorm. Wm. Schaup vom 1.10.1944; ebd., Bericht des Vorstandes über die Entwicklung des Geschäftes im 1. Quartal des Geschäftsjahres 1944/45 an den Aufsichtsrat der Brauerei Zipf Aktiengesellschaft vorm. Wm. Schaup vom 20.12.1944; ebd., Bericht des Vorstandes über die Entwicklung des Geschäftes im 2. Quartal des laufenden Geschäftsjahres [1944/45] an den Aufsichtsrat der Brauerei Zipf Aktiengesellschaft vorm. Wm. Schaup vom 30.3.1945.

142 PAStW, Geschäfts-Bericht der Brauerei Zipf Aktiengesellschaft vorm. Wm. Schaup über das zwanzigste Geschäftsjahr (1940/41) vorgelegt in der zwanzigsten ordentlichen Hauptversamm-

lung vom 28. März 1942 (Vöcklabruck [1942]), 3; ebd., Geschäftsbericht der Brauerei Zipf Aktiengesellschaft vorm. Wm. Schaup für das Jahr 1941/42 vorgelegt in der 21. Ordentlichen Hauptversammlung der Aktionäre in Zipf am 20. März 1943 (Vöcklabruck [1943]), unpaginiert; ebd., Geschäftsbericht der Brauerei Zipf Aktiengesellschaft vorm. Wm. Schaup für das Jahr 1942/43 bestimmt zum Vortrage in der gemeinsamen Sitzung des Vorstandes und des Aufsichtsrates der Gesellschaft am 30. März 1944 (Vöcklabruck [1944]), unpaginiert; ebd., Geschäftsbericht der Brauerei Zipf Aktiengesellschaft vorm. Wm. Schaup für das Jahr 1943/44 (Vöcklabruck [1945]), unpaginiert; ebd., Geschäfts-Bericht der Brauerei Zipf Aktiengesellschaft vorm. Wm. Schaup über das Wirtschaftsjahr 1944/45 (1. September 1944 bis 31. August 1945) bestimmt für die Ordentliche Hauptversammlung am 24. Januar 1947 (Vöcklabruck [1947]), 4.

143 OÖLA, LG Linz SG VgVr 1951, Strafsache gegen Peter Spielbauer, Zl. 275/51, Erhebungsresultat des Gendarmeriepostenkommandos Redl-Zipf an die Staatsanwaltschaft Linz vom 26.2.1951; ebd., Erhebungsresultat des Gendarmeriepostenkommandos Redl-Zipf an das Landesgericht Linz vom 21.6.1951; ebd., Erhebungsresultat des Gendarmeriepostenkommandos Redl-Zipf an das Gendarmeriepostenkommando in Frankenburg vom 26.9.1951. Ebenfalls im Krieg, am 20. August 1944, fiel der NSDAP-Organisations- und Kassenleiter Gottfried Huemer: ABZ, Kartei »Angestellte entlassen«, Versicherten-Karte Gottfried Huemer.

144 *Bacher*, Zwangsarbeit in Österreich, 25.

145 Zur Begrifflichkeit der verschiedenen nichtreichsdeutschen Arbeiter siehe *Amenda*, *Rass*, Fremdarbeiter sowie *Freund*, *Perz*, Die Zahlenentwicklung der ausländischen Zwangsarbeiter, 24–26.

146 *Bacher*, Zwangsarbeit in Österreich, 23–29; *Moser*, Oberösterreichs Wirtschaft 1938 bis 1945, 309–313.

147 *John*, Zwangsarbeit und NS-Industriepolitik, 46–59; *Moser*, Oberösterreichs Wirtschaft 1938 bis 1945, 313.

148 *Bacher*, Zwangsarbeit in Österreich, 28–36; *Freund*, Mauthausen: Zu Strukturen (generell zum System der Außenlager); *Freund*, *Perz*, Die Zahlenentwicklung der ausländischen Zwangsarbeiter, 157f., 217, 219.

149 PAFKj, Bericht des Vorstandes über die Entwicklung des Geschäftes im 1. Quartal des Geschäftsjahres 1940/41 an den Aufsichtsrat der Brauerei Zipf Aktiengesellschaft vorm. Wm. Schaup vom 10.12.1940; ebd., Bericht des Vorstandes über die Entwicklung des Geschäftes im 2. Quartal des Geschäftsjahres 1940/41 an den Aufsichtsrat der Brauerei Zipf Aktiengesellschaft vorm. Wm. Schaup vom 11.3.1941.

150 PAFKj, Protokoll über die Sitzung des Verwaltungsrates der Brauerei Zipf Aktiengesellschaft vorm. Wm. Schaup in Zipf am 5.11.1938, Punkt 2 der Tagesordnung; ebd., Schreiben der Brauerei Zipf Aktiengesellschaft vorm. Wm. Schaup an die Aufsichtsräte und Wilhelm Limbeck-Lilienau vom 22.8.1941, Zl. 9/p.

151 PAFKj, Interimsbericht des Vorstandes über die Entwicklung des Geschäftes bis zum 31. Juli des Geschäftsjahres 1941/42 an den Aufsichtsrat der Brauerei Zipf Aktiengesellschaft vorm. Wm. Schaup vom 24.8.1942.

152 ABZ, Personalkartei; ebd., Aktennotiz von Fritz Kretz junior für die Herren Dr. Brandl und Dr. Büche vom 31.8.1988 sowie Beilage Gemäß Mitarbeiterkartei in der Brauerei Zipf beschäftigte Ostarbeiter.

153 ABZ, Pendelliste 1942 der Ökonomieverwaltung der Brauerei Zipf A.G. vorm. Wm. Schaup Konto-Nr. 430052 für die Landkrankenkasse für Oberdonau in Linz; ebd., Pendelliste 1943 der Ökonomieverwaltung der Brauerei Zipf A.G. vorm. Wm. Schaup Konto-Nr. 430052 für die Landkran-

kenkasse für Oberdonau in Linz; ebd., Pendelliste 1944 der Ökonomieverwaltung der Brauerei Zipf A.G. vorm. Wm. Schaup Konto-Nr. 430052 für die Landkrankenkasse für Oberdonau in Linz; ebd., Pendelliste 1945 der Ökonomieverwaltung der Brauerei Zipf A.G. vorm. Wm. Schaup Konto-Nr. 430052 für die Landkrankenkasse für Oberdonau in Linz; ebd., Aktennotiz zu einem Gespräch mit Herrn Seiler von der Sozialversicherungsanstalt der Bauern, Landesstelle Linz am 18.12.1998 von F. Scheibl vom 22.12.1998, Zl. scf sowie Beilage gemäß Pendellisten von 1942–1947 und der Landwirtschaft (Meierei) der Brauerei Zipf beschäftigten [sic] Ostarbeiter.

154 Bezirksnachrichten. Zipf. Trauungsfeier. In: Gebirgsbote, Jg. 59, Nr. 16 (20.4.1939), 14; Bezirksnachrichten. Zipf. NSDAP-Besprechung. KdF-Abend. In: Gebirgsbote, Jg. 60, Nr. 3 (18.1.1940), 10; Bezirksnachrichten. Neukirchen-Zipf. Zellenabend. Vortrag. In: Gebirgsbote, Jg. 60, Nr. 12 (21.3.1939), 7; Bezirksnachrichten. Neukirchen-Zipf. Von der NSDAP. Ein »Bunter Abend«. In: Gebirgsbote, Jg. 60, Nr. 14 (4.4.1940), 8; Bezirksnachrichten. Neukirchen-Zipf. Zellenabend. In: Gebirgsbote, Jg. 60, Nr. 20 (16.5.1940), 9; Bezirksnachrichten. Neukirchen-Zipf. Ein Bastel- und Erziehungskurs. In: Gebirgsbote, Jg. 60, Nr. 20 (13.6.1940), 8; Bezirksnachrichten. Zipf. In einer Gemeinschaftsstunde. In: Gebirgsbote, Jg. 60, Nr. 25 (20.6.1940), 8; Kreisnachrichten. Neukirchen-Zipf. Von der NSDAP. In: Gebirgsbote, Jg. 60, Nr. 35 (29.8.1940), 7; Kreisnachrichten. Neukirchen-Zipf. Beim Zellenabend. In: Gebirgsbote, Jg. 60, Nr. 38 (19.9.1940), 7. Die sich zuvor »Oberösterreichischer« Gebirgsbote nennende Zeitung ließ das Adjektiv nach dem »Anschluss« fallen und nannte sich nur mehr Gebirgsbote. In Zipf waren auch sogenannte »Hollandkinder« untergebracht: Bezirksnachrichten. Neukirchen-Zipf. Hollandkinder. In: Gebirgsbote, Jg. 60, Nr. 30 (25.7.1940), 4 und spätere Ausgaben mit weiteren Erwähnungen.

155 Kreisnachrichten. Zipf. Von der NSDAP. In: Gebirgsbote, Jg. 61, Nr. 4 (23.1.1941), 7; Kreisnachrichten. Neukirchen-Zipf. Die Veranstaltung. In: Gebirgsbote, Jg. 61, Nr. 5 (30.1.1941), 7; Kreisnachrichten. Neukirchen-Zipf. Verschiedenes. In: Gebirgsbote, Jg. 61, Nr. 7 (13.2.1941), 9; Kreisnachrichten. Neukirchen-Zipf. Bei einem Gemeinschaftsabend. In: Gebirgsbote, Jg. 61, Nr. 47 (20.11.1941), 6; Kreisnachrichten. Zipf. Zu Gunsten des WHW. In: Gebirgsbote, Jg. 62, Nr. 10 (12.3.1942), 5; Kreisnachrichten. Zipf-Neukirchen. Von der NSDAP. In: Gebirgsbote, Jg. 62, Nr. 42 (22.10.1942), 6; Kreisnachrichten. Neukirchen-Zipf. Als klingende Werbung. In: Gebirgsbote, Jg. 62, Nr. 43 (29.10.1942), 6; Kreisnachrichten. Neukirchen-Zipf. Zellenabend. In: Gebirgsbote, Jg. 63, Nr. 13 (1.4.1943), 6; Kreisnachrichten. Zipf-Neukirchen. Das Ergebnis. In: Gebirgsbote, Jg. 63, Nr. 15 (15.4.1943), 6; Kreisnachrichten. Neukirchen-Zipf. WHW-Sammlungen. In: Gebirgsbote, Jg. 64, Nr. 1 (6.1.1944), 4.

156 Bezirksnachrichten. Neukirchen-Zipf. Verschiedene Nachrichten. In: Gebirgsbote, Jg. 60, Nr. 16 (18.4.1940), 8; Bezirksnachrichten. Neukirchen-Zipf. Bezirksappell [sic]. In: Gebirgsbote, Jg. 60, Nr. 18 (2.5.1940), 8; Bezirksnachrichten. Neukirchen-Zipf. Reges Treiben. In: Gebirgsbote, Jg. 60, Nr. 26 (27.6.1940), 8; Kreisnachrichten. Neukirchen-Zipf. Waldlauf. In: Gebirgsbote, Jg. 61, Nr. 20 (15.5.1941), 8; Kreisnachrichten. Zipf. Sporttag. In: Gebirgsbote, Jg. 62, Nr. 41 (15.10.1942), 6; Kreisnachrichten. Zipf-Neukirchen. 210 Teilnehmer. In: Gebirgsbote, Jg. 63, Nr. 20 (20.5.1943), 6.

157 Bezirksnachrichten. Zipf. Betriebsappell. In: Gebirgsbote, Jg. 59, Nr. 31 (3.8.1939), 14; *Angerer, Ecker*, Nationalsozialismus in Oberösterreich, 84.

158 PAHK, Manuskript Hans *Kretz*, Die Vorfahren der Sophie Bobella (Hinterbrühl 1996); ebd., Tauf-Schein (Zeugnis) aus dem Taufbuch Tom. 103 Fol. 167 von Maria Anna Sofia Bobela [sic] des Datums 28. Juli 1802, ausgestellt vom Dom- und Metropolitanpfarramt St. Stephan vom 10. Mai 1938, Zl. 2724; *Strobach*, Der Hofjude Berend Lehmann, 426.

159 Gesetz zum Schutze des deutschen Blutes und der deutschen Ehre vom 15. September 1935, dRGBl I 1935 S. 1146; Reichsbürgergesetz vom 15. September 1935, dRGBl I 1935 S. 1146.

160 PAFKj, Manuskript Peter *Schaup*, Stammtafeln der Nachkommen von Franz und Sophie Schaup (Graz 2016); PAHK, Redemanuskript Susanne *Schaup*, Wer sie waren, wie sie lebten. Vom Bauernsohn Franz Schaup zum ausgedehnten Stamm (Referat anläßlich des Familientreffens am 31. Mai 2008 in Zipf) (ohne Ort 2008); ebd., Ahnenpaß von Johannes Kretz.

161 PAFKj, Abschrift eines Schreibens von Herbert Schmid an Kurt Galle vom 3.7.1940, Zl. S./R.; ebd., Schreiben von Herbert Schmid an Wilhelm Loderer vom 22.8.1940, Zl. S/R; ebd., Manuskript Peter *Schaup*, Stammtafeln der Nachkommen von Franz und Sophie Schaup (Graz 2016); PACLL, Brauerei Zipf Aktiengesellschaft vorm. Wm. Schaup. Geschäftsbericht für das Jahr 1941/42 vorgelegt in der 21. ordentlichen Hauptversammlung der Aktionäre in Zipf am 20. März 1943 (Vöcklabruck [1943]), unpaginiert; PAStW, Geschäfts-Bericht der Brauerei Zipf Aktiengesellschaft vorm. Wm. Schaup über das zwanzigste Geschäftsjahr (1940/41) vorgelegt in der zwanzigsten ordentlichen Hauptversammlung vom 28. März 1942 (Vöcklabruck [1942]), 3.

162 PAFKj, Memorandum von Hermann Auer betreffend Österreichische Brau-A.G. – Brauerei Zipf, Darstellung der Vorgänge aus den Akten vom 3. bzw. 8.9.1962.

163 PAFKj, Niederschrift über die Sitzung des Aufsichtsrates der Brauerei Zipf Aktiengesellschaft vorm. Wm. Schaup in Zipf am 28.1.1943, Punkt 3 der Tagesordnung Kundmachung der Brauerei Zipf Aktiengesellschaft vorm. Wm. Schaup an die Aktionäre vom 14.2.1943; PAStW, Geschäfts-Bericht der Brauerei Zipf Aktiengesellschaft vorm. Wm. Schaup über das achtzehnte Geschäftsjahr (1938/39) vorgelegt in der achtzehnten ordentlichen Hauptversammlung vom 25. Mai 1940 (Vöcklabruck [1940]), 14–16; Verordnung zur Begrenzung von Gewinnausschüttungen (Dividendenabgabeverordnung) vom 12. Juni 1941, dRGBl. I 1941 S. 323; Erste Verordnung zur Durchführung der Dividendenabgabeverordnung (1. DADV) vom 18. August 1941, dRGBl. I 1941 S. 493.

164 PAFKj, Schreiben von Fritz Kretz senior an Wilhelm Limbeck-Lilienau und Paul Kretz vom 25.2.1942; ebd., Niederschrift über die Sitzung des Aufsichtsrates der Brauerei Zipf Aktiengesellschaft vorm. Wm. Schaup in Zipf am 22.3.1941, Punkt 1 der Tagesordnung; ebd., Niederschrift über die Sitzung des Aufsichtsrates der Brauerei Zipf Aktiengesellschaft vorm. Wm. Schaup in Zipf am 27.1.1940, vor Punkt 1 der Tagesordnung; ebd., Niederschrift über die Sitzung des Aufsichtsrates der Brauerei Zipf Aktiengesellschaft vorm. Wm. Schaup in Zipf am 1.3.1942, vor Punkt 1 der Tagesordnung; ebd., Niederschrift über die Sitzung des Aufsichtsrates der Brauerei Zipf Aktiengesellschaft vorm. Wm. Schaup in Zipf am 28.1.1943, Punkt 1 der Tagesordnung; ebd., Schreiben von Fritz Kretz junior an Kurt Galle vom 10.7.1943; PACLL, Brauerei Zipf Aktiengesellschaft vorm. Wm. Schaup. Geschäftsbericht für das Jahr 1941/42 vorgelegt in der 21. ordentlichen Hauptversammlung der Aktionäre in Zipf am 20. März 1943 (Vöcklabruck [1943]), unpaginiert; PAStW, Geschäfts-Bericht der Brauerei Zipf Aktiengesellschaft vorm. Wm. Schaup über das neunzehnte Geschäftsjahr (1939/40) vorgelegt in der neunzehnten ordentlichen Hauptversammlung vom 22. März 1941 (Vöcklabruck [1941]); ebd., Geschäfts-Bericht der Brauerei Zipf Aktiengesellschaft vorm. Wm. Schaup über das zwanzigste Geschäftsjahr (1940/41) vorgelegt in der zwanzigsten ordentlichen Hauptversammlung vom 28. März 1942 (Vöcklabruck [1942]); ebd., Geschäftsbericht der Brauerei Zipf Aktiengesellschaft vorm. Wm. Schaup für das Jahr 1942/43 bestimmt zum Vortrage in der gemeinsamen Sitzung des Vorstandes und des Aufsichtsrates der Gesellschaft am 30. März 1944 (Vöcklabruck [1944]), unpaginiert; ebd., Geschäftsbericht der Brauerei Zipf Aktiengesellschaft vorm. Wm. Schaup für das Jahr 1943/44 (Vöcklabruck [1945]), unpaginiert; ebd., Geschäfts-Bericht der Brauerei Zipf Aktiengesellschaft vorm. Wm. Schaup über das Wirtschaftsjahr 1944/45 (1. September 1944 bis 31. August 1945) bestimmt für die Ordentliche Hauptversammlung am 24. Januar 1947 (Vöcklabruck [1947]). Ernst Hoffmann war selbst

Nationalsozialist und als Kanzleikollege von Arthur Seyß-Inquart bestens vernetzt, siehe *Bundschuh*, »Gau Schweiz – Anschluss erwünscht«, 190–195.

165 OÖLA, LG Linz SG VgVr 1947, Zl. 3201–3234, Nr. 267, Strafsache gegen Alois Lenz, Zl. Vg 8 Vr 3214/47, Nationale und Tatgeschichte von Alois Lenz gesandt vom Gendarmeriepostenkommando Redl-Zipf an das Bezirksgericht in Vöcklabruck vom 4.4.1947, Zl. E.Nr. 432/47; ebd., Niederschrift der Vernehmung von Alois Lenz als Beschuldigter des Gendarmeriepostenkommandos Redl-Zipf vom 14.8.1947, Zl. zu E.Nr. 432/1947; ebd., LG Linz SG VgVr, Strafsache gegen Moritz Zinnhobel, Zl. VgVr 738/47, Zeugenvernehmung von Franz Neyder vor dem Landesgericht Linz vom 7.7.1947; ebd., Zeugenvernehmung von Fritz Kretz senior vor dem Bezirksgericht Vöcklabruck vom 23.4.1947. Zinnhobel soll laut dem eben zitierten Gerichtsakt außerhalb der Brauerei sehr wohl aggressiv aufgetreten sein; so soll er bei einer Versammlung die Hörer von »Auslandssendern« mit »Genickschuss« bedroht haben.

166 *Boberach*, Sicherheitsdienst, 793; *Safrian*, Die Eichmann-Männer, 25 f.

167 OÖLA, LG Linz (Volksgericht), Strafsache gegen August Dellacher-Rieger, Zl. Vg 8 Vr 3050/47, Protokoll über die Vernehmung des Beschuldigten August Dellacher-Riger [sic] vor dem Landesgericht Linz vom 28.7.1947; PAFKj, Schreiben von Oskar Hinterleitner an Kurt Galle vom 20.2.1942, Zl. No/W.7981; ebd., Schreiben von Herbert Schmid an Fritz Kretz senior vom 16.9.1943, auf der Rückseite handschriftliche Gedächtnisnotiz von Fritz Kretz senior vom 2.7.1946.

168 PAFKj, notariell am 3.3.1942 beglaubigtes Testament von Emilie Schaup vom 25.9.1940; ebd., notariell am 19.4.1942 beglaubigtes Begleitschreiben zum Testament von Emilie Schaup an Wilhelm Limbeck-Lilienau vom 25.9.1940; ebd., notariell am 3.3.1942 beglaubigter Nachtrag zum Testament von Emilie Schaup vom 23.2.1942.

169 PAFKj, Abschrift des Syndikatsübereinkommens zwischen Emilie Schaup, Sophie Limbeck-Lilienau, der Verlassenschaft nach Max Limbeck-Lilienau, Wilhelm Limbeck-Lilienau, Rudolf Limbeck-Lilienau, Bertha Nüchtern, Mathilde Kretz, Alfred Kretz, Fritz Kretz senior, Paul Kretz und Wilhelm Loderer vom 20.7.1941 mit Zusatz vom 3.8.1941.

170 PAStW, Geschäfts-Bericht der Brauerei Zipf Aktiengesellschaft vorm. Wm. Schaup über das neunzehnte Geschäftsjahr (1939/40) vorgelegt in der neunzehnten ordentlichen Hauptversammlung vom 22. März 1941 (Vöcklabruck [1941]).

171 PAFKj, Niederschrift aufgenommen in der auf Grund der im Reichsgesetzblatt Folge 106 vom 29. Dezember verlautbarten Zweiten Verordnung über die Einschränkung von Mitgliederversammlungen einberufene gemeinsame Sitzung des Aufsichtsrates und Vorstandes unserer Gesellschaft, abgehalten im Direktionsgebäude der Brauerei Zipf am 30.3.1944; ebd., Niederschrift aufgenommen in der auf Grund des § 4 der Verordnung zur Vereinfachung der Verwaltung von Personenvereinigungen vom 8. Jänner 1945 (RGBl. 2/45) einberufenen gemeinsamen Sitzung des Aufsichtsrates und des Vorstandes der Brauerei Zipf Aktiengesellschaft vorm. Wm. Schaup im Direktionsgebäude der Brauerei in Zipf am 28.3.1945; Verordnung über die Einschränkung von Mitgliederversammlungen vom 19. April 1943, dRGBl. I 1943 S. 263; Zweite Verordnung über die Einschränkung von Mitgliederversammlungen vom 23. Dezember 1943, dRGBl. I 1943 S. 686; Verordnung zur Vereinfachung der Verwaltung von Personenvereinigungen vom 8. Januar 1945, dRGBl. I 1945 S. 5.

172 *Oberth*, Die Rakete.

173 *Gartmann*, Träumer. Forscher. Konstrukteure, 101.

174 *Bode*, *Kaiser*, Raketenspuren, 11 f.; *Gartmann*, Träumer. Forscher. Konstrukteure, 120–126.

175 *Neufeld*, Die Rakete und das Reich, 18–21.

176 *Dornberger*, Peenemünde, 29; *Longmate*, Hitler's Rockets, 16.

177 *Neufeld*, Die Rakete und das Reich, 31–38.

178 *Bode*, *Kaiser*, Raketenspuren, 55.

179 *Hölsken*, Die V-Waffen, 14–17.

180 *Freund*, Arbeitslager Zement, 23; *Hölsken*, Die V-Waffen, 18 f.; *Neufeld*, Die Rakete und das Reich, 58–90.

181 *Boog*, Der strategische Bombenkrieg, 23; *Hölsken*, Die V-Waffen, 20; *Kettenacker*, Die britische Bevölkerung, 89; für einen Überblick siehe *Deighton*, Die Luftschlacht um England.

182 *Freund*, Arbeitslager Zement, 23; *Hölsken*, Die V-Waffen, 29–31; *Moser*, Oberösterreichs Wirtschaft 1938 bis 1945, 310.

183 *Bölsche*, »So muss die Hölle aussehen«, 32 f.; *Friedrich*, Der Brand, 86 f.

184 *Freund*, Arbeitslager Zement, 23 f.; *Koch*, Geschehen. Vergessen. Verdrängen, 571; *Hölsken*, Die V-Waffen, 32–36. Zur Geschichte der Fi 103, auf welche hier nicht eingegangen werden kann, siehe unter anderem die entsprechenden Abschnitte in *Engelmann*, Raketen; *Hölsken*, Die V-Waffen; *Aumann*, *Köhler*, Vernichtender Fortschritt.

185 *Bölsche*, »So muss die Hölle aussehen«, 29; *Freund*, Arbeitslager Zement, 24; *Friedrich*, Der Brand, 88 f.; *Hölsken*, Die V-Waffen, 32–36; *Liddell Hart*, Geschichte, 744.

186 *Freund*, Arbeitslager Zement, 26; *Hölsken*, Die V-Waffen, 38 f.; *Neufeld*, Die Rakete und das Reich, 206–209.

187 *Freund*, Arbeitslager Zement, 27–29; *Hölsken*, Die V-Waffen, 40.

188 *Hölsken*, Die V-Waffen, 37, 40; *Maršálek*, Die Geschichte des Konzentrationslagers Mauthausen, 22.

189 *Freund*, Arbeitslager Zement, 29; *Freund*, *Perz*, Das KZ in der Serbenhalle, 15–52; *Aumann*, *Köhler*, Vernichtender Fortschritt, 51.

190 *Freund*, Arbeitslager Zement, 32–35; *Hölsken*, Die V-Waffen, 46 f.

191 *Eisfeld*, Mondsüchtig, 110; *Freund*, *Perz*, Das KZ in der Serbenhalle, 75–78; *Hölsken*, Die V-Waffen, 50; *Neander*, Das Konzentrationslager »Mittelbau«, 174 (insbesondere zur Datierung des Angriffs auf Friedrichshafen); *Williams*, Operation Crossbow, 135–137.

192 *Wagner*, Zwangsarbeit, 343–347.

193 *Wachsmann*, KL, 469 f.

194 *Eisfeld*, Mondsüchtig, 90; *Freund*, Arbeitslager Zement, 39–47; *Freund*, Die Entscheidung, 65–68; *Neufeld*, Die Rakete und das Reich, 211.

195 *Eisfeld*, Mondsüchtig, 16; *Freund*, Arbeitslager Zement, 52; *Hölsken*, Die V-Waffen, 50; *Neander*, Das Konzentrationslager »Mittelbau«, 172 f.; *Speer*, Der Sklavenstaat, 289; *Wagner*, Zwangsarbeit, 345. Die Forschung und Entwicklung sollte von Peenemünde in ein unterirdisches Werk bei Ebensee verlagert werden. Dort errichteten KZ-Häftlinge eine riesige Stollenanlage, die aber wegen des für Deutschland ungünstigen Kriegsverlaufes nur für die vordringlichere Produktion von Panzerteilen und Benzin verwendet wurde. Ende 1944 gab man die Idee, die Forschungseinrichtungen von Peenemünde dorthin zu verlagern, auf: *Freund*, Arbeitslager Zement, 450 f.

196 *Aumann*, *Köhler*, Vernichtender Fortschritt, 53; *Freund*, Arbeitslager Zement, 53; *Neander*, Das Konzentrationslager »Mittelbau«, 187; *Orth*, Das System, 243–246; *Perz*, Unsichtbare NS-Architektur, 46; vgl. *Karlsch*, Hitlers Bombe, 182 f. Kammler war seit Februar 1942 Chef der Amtsgruppe C, welche zahlreiche Baudienststellen unter sich hatte. Durch Sonderaufgaben wuchs das SS-Bauwesen enorm an. Zu Kriegsende beschäftigte die Amtsgruppe C etwa 50.000 KZ-Häftlinge auf ihren Baustellen: *Georg*, Die wirtschaftlichen Unternehmungen der SS, 37 f. Zu Kammler

siehe auch *Döbert*, Über das Wirken von Hans Kammler in den letzten Kriegswochen; *Quatember*, Der »Hatschek-Steinbruch«.

197 BArch Berlin-Lichterfelde, R 121/457, fol. 1, Notiz des Amtsgerichts Berlin Abt. 565/HRB. 59645 Hb. 4; ebd., R 121/457, fol. 152 f., Schreiben des Notar Adolf Schnurre an das Amtsgericht Berlin Handelsregister Berlin-Charlottenburg vom 5.10.1943; *Aumann*, *Köhler*, Vernichtender Fortschritt, 54 f.; *Bornemann*, Geheimprojekt Mittelbau, 71; *Orth*, Das System, 244; *Wagner*, Produktion des Todes, 180 f.

198 Zur Geschichte des KZ Mittelbau-Dora, die hier nicht weiterverfolgt werden kann, siehe eingehend *Dieckmann*, Existenzbedingungen; *Neander*, Das Konzentrationslager »Mittelbau«; *Wagner*, Produktion des Todes.

199 *Aumann*, *Köhler*, Vernichtender Fortschritt, 56–58; *Freund*, Arbeitslager Zement, 56; *Orth*, Das System, 245.

200 *Wagner*, Produktion des Todes, 185 f.

201 *Bornemann*, Geheimprojekt Mittelbau, 64, 69 f.; *Gropp*, Außenkommando Laura; *Hölsken*, Die V-Waffen, 53; *Petersen*, Engineering Consent, 292. Bei Dernau im Ahrtal südlich von Bonn (»Vorwerk West«, KZ-Außenlager »Rebstock« vom KZ Natzweiler) wurden außerdem die benötigten Fahrzeuge für die A4-Rakete produziert: *Neander*, Das Konzentrationslager »Mittelbau«, 175.

202 *Aumann*, *Köhler*, Vernichtender Fortschritt, 92–96, 102; *Bode*, *Kaiser*, Raketenspuren, 77–84.

203 *Aumann*, *Köhler*, Vernichtender Fortschritt, 120–130, 150–168; *Wagner*, Zwangsarbeit, 351; ältere Literatur mit andern Zahlen: *Freund*, Arbeitslager Zement, 49; *Lusar*, Die deutschen Waffen, 122.

204 *Eisfeld*, Mondsüchtig, passim; *Hölsken*, Die V-Waffen, 207.

205 *Reinke*, Geschichte der deutschen Raumfahrtpolitik, 34.

206 *Sturm*, Geheimprojekt »Schlier«, 48 f.

207 *Kretz*, Ein Betrieb der NS-Raketenrüstung in Zipf, 382.

208 PAStW, Manuskript Kurt *Vohryzka*, Schlier (ohne Ort 2020), 2 f.

209 *Freund*, *Perz*, Fremdarbeiter und KZ-Häftlinge in der »Ostmark«, 333.

210 PAFKj, Schreiben von Fritz Kretz an Herbert Schmid vom 4.9.1943; ebd., Aktennotiz von Fritz Kretz senior vom 10.7.1943; ebd., Bericht des Vorstandes über die Entwicklung des Geschäftes im 2. Quartal des Geschäftsjahres 1941/42 an den Aufsichtsrat der Brauerei Zipf Aktiengesellschaft vorm. Wm. Schaup vom 18.3.1942; *Zellinger*, Vöcklabruck, 165. Über das bei der Brauerei einquartierte Magazin sind kaum Quellen auffindbar. Siegwald Ganglmair erfuhr von Zeitzeugen, dass offenbar als Nachfolger ein großes Heeresverpflegungslager in der Brauerei einquartiert war: ABZ, Manuskript Siegwald *Ganglmair*, Rüstungsbetrieb und Konzentrationslager Schlier 1943–1945. Zipf, Oberösterreich (ohne Ort ohne Jahr), 101 f.

211 ABZ, Manuskript Siegwald *Ganglmair*, Rüstungsbetrieb und Konzentrationslager Schlier 1943–1945. Zipf, Oberösterreich (ohne Ort ohne Jahr), 18 f.; PAFKj, Schreiben von Ernst Hoffmann an den Aufsichtsrat der Brauerei Zipf Aktiengesellschaft vorm. Wm. Schaup vom 5.10.1943, Zl. 9/p; ebd., Schreiben von Paul Kretz an die Syndikatsmitglieder vom 4.10.1943.

212 BArch Berlin-Lichterfelde, R 121/457, fol. 236, Abschrift eines Schreibens von Hans Kammler an Kurt Breuer vom 28.9.1943, Zl. D-Ld/Sei; ebd., fol. 237, Abschrift eines Schreibens von Hans Kammler an Karl Fiebinger vom 28.9.1943, Zl. D-Ld/Sei.

213 *Perz*, Das Projekt »Quarz«, 221; *Perz*, Unsichtbare NS-Architektur, 49–52.

214 BArch Berlin-Lichterfelde, R121/373, Abschrift der Abschrift eines Schreibens von Gerhard Degenkolb an Karl Hettlage vom 2.11.1943, Zl. DirD/Spa; ebd., Abschrift der Abschrift eines Schreibens von Karl Hettlage an Gerhard Degenkolb vom 10.11.1943; ebd., Niederschrift über die 1.

Sitzung des Beirates der Mittelwerk GmbH am Freitag d. 10. Dezember 1943 vom 14.12.1943, Zl. Dir.K/S; *Petersen*, Engineering Consent, 292.

215 *Bornemann*, Geheimprojekt Mittelbau, 69 f.; *Wagner*, Produktion des Todes, 193.

216 BArch Berlin Lichterfelde, R 121/457, fol. 210, Abschrift eines Schreibens der Rüstungskontor GmbH an die Mittelwerk GmbH vom 2.12.1943, Zl Rü-SB/Dr.Sch/Ar; ebd., fol. 215, Notiz Oscha. Schürmann bezw. Frl. Seidel (Amtsgruppe C) vom 29.11.[1943]; ebd., R121/373, Schreiben der Mittelwerk G.m.b.H. an die Rüstungskontor G.m.b.H. vom 14.11.1943, Zl. Dir.Dr.Ke/Mü.

217 Siehe zum Datum *Perz*, Verwaltete Gewalt, 184.

218 ABZ, Manuskript Siegwald *Ganglmair*, Rüstungsbetrieb und Konzentrationslager Schlier 1943–1945. Zipf, Oberösterreich (ohne Ort ohne Jahr), 125.

219 PACLL, Flugblatt betreffend 100 Jahre Volksschule Zipf 1904–2004.

220 *Zelman*, Vorwort, 10.

221 ABZ, Manuskript Siegwald *Ganglmair*, Rüstungsbetrieb und Konzentrationslager Schlier 1943–1945. Zipf, Oberösterreich (ohne Ort ohne Jahr), 29, 117 f., 125 f., 130; *Bernt-Koppensteiner*, Evakuierungsmärsche von KZ-Häftlingen, 359–361; *Freund*, Redl-Zipf (»Schlier«), 416 f.; *Koch*, Geschehen. Vergessen. Verdrängen, 439, 444; *Kriechbaum*, *Limbeck-Lilienau*, Zipf – »Schlier«, 67–69; *Mallet*, Le camp de concentration de Redl-Zipf, 69–72, 75, 87 f. Das Werk ist leider mit einem inhaltlich irreführenden Titel in deutscher Übersetzung erschienen: »V2-Raketen im Brauereikeller. Das Konzentrationslager Redl-Zipf 1943–1945« – in Zipf waren jedoch nie ganze Raketen. Weiters: *Sturm*, Geheimprojekt »Schlier«, 50 f., 57. Für die Frühphase des KZ Redl-Zipf dient vor allem das Tagebuch von Drahomír Bárta als Quelle. Der junge Tscheche erlebte den Beginn und den Aufbau des Lagers, bevor er im November 1943 nach Ebensee überstellt wurde: *Bárta*, Tagebuch, 40–42. Zu Georg Bachmayer siehe *Holzinger*, Kurzbiografien, 51–55.

222 ABZ, Manuskript Siegwald *Ganglmair*, Rüstungsbetrieb und Konzentrationslager Schlier 1943–1945. Zipf, Oberösterreich (ohne Ort ohne Jahr), 119 f.; PANK, Chronik der Pfarre Neukirchen, Band 2, 1894–1955, Eintrag Rüstungswerk Schlier in Zipf 1944; *Bernt-Koppensteiner*, Evakuierungsmärsche von KZ-Häftlingen, 359; *Freund*, Redl-Zipf (»Schlier«), 417; *Koch*, Geschehen. Vergessen. Verdrängen, 441 f.; *Kriechbaum*, *Limbeck-Lilienau*, Zipf – »Schlier«, 66 f.; *Perz*, *Freund*, Konzentrationslager in Oberösterreich 1938 bis 1945, 160; *Sturm*, Geheimprojekt »Schlier«, 62.

223 ABZ, Manuskript Siegwald *Ganglmair*, Rüstungsbetrieb und Konzentrationslager Schlier 1943–1945. Zipf, Oberösterreich (ohne Ort ohne Jahr), 24; DÖW, Signatur 20298, Bericht d. ehem. KZ-Häftlings Boedrich Heinz Ing. über KZ-Aufenthalte in KZ-Mauthausen, Aussenkom. Wr. Neustadt (bei Rax-Werke, Bauleitung Wiener Firma Hoffman & Maculan), KZ Redl-Zipf (Baufirma H. Rella & Co., Wien); *Freund*, Mauthausen: Zu Strukturen, 267 f.; *Freund*, Redl-Zipf (»Schlier«), 417; *Koch*, Geschehen. Vergessen. Verdrängen, 446; *Sturm*, Geheimprojekt »Schlier«, 63–65. Einige Hinweise deuten darauf hin, dass in den Betonbauten ein oder mehrere Häftlinge verschüttet und einbetoniert worden sein könnten: *Le Caër*, Ein junger Europäer in Mauthausen, 69 f. und *Sturm*, Geheimprojekt »Schlier«, 183 erwähnen einen Unfall, bei dem Häftlinge in eine Verschalung stützten, als ein Hang zu rutschen begann, und dann einbetoniert wurden. Ein Betroffener soll André Beslot gewesen sein. Dagegen spricht, dass die SS alle toten Häftlinge abliefern musste und nicht einfach verschwinden lassen konnte. Dafür spricht die Aussage eines Zeugen, nämlich des französischen Zwangsarbeiters Joseph Delhuvenne. Er behauptete eidesstattlich, dass ein Häftling »bei der Abschussrampe« gerade Beton verdichtete, als ein Erdrutsch ihn verschüttete und er vom Beton eingeschlossen wurde: ABZ, Abschrift und deutsche Übersetzung einer eidesstattlichen Erklärung von Joseph Delhuvenne vom 10.4.1984 mit Kommentaren von Paul Le Caër. Außerdem existiert ein Brief der Frau von Johann Krautgartner (einem Mit-

arbeiter einer in Zipf tätigen Baufirma), die ihren Kindern Anfang Jänner 1944 berichtete, laut Krautgartner sei bei Tauwetter ein Teil des Berges abgerutscht und habe 46 Arbeiter unter sich begraben, von denen nur sechs geborgen worden seien: *Koch*, Geschehen. Vergessen. Verdrängen, 604. Eine endgültige Klärung dieser Frage gab es bisher jedoch nicht, vgl. zuletzt *Mallet*, V2-Raketen im Brauereikeller, 208.

224 *Bezić*, U sjeni krematorija, eine deutsche Übersetzung befindet sich in der Bibliothek des DÖW; *Le Caër*, Ein junger Europäer in Mauthausen; *Freund*, Redl-Zipf (»Schlier«), 417; *Koch*, Geschehen. Vergessen. Verdrängen, 446; *Sturm*, Geheimprojekt »Schlier«, 63–65.

225 ABZ, Manuskript Siegwald *Ganglmair*, Rüstungsbetrieb und Konzentrationslager Schlier 1943–1945. Zipf, Oberösterreich (ohne Ort ohne Jahr), 24 f.; *Freund*, Arbeitslager Zement, 59; *Koch*, Geschehen. Vergessen. Verdrängen, 446–453; *Kriechbaum*, *Limbeck-Lilienau*, Zipf – »Schlier«, 71–85; *Mallet*, Le camp de concentration de Redl-Zipf, 81; *Sturm*, Geheimprojekt »Schlier«, 63.

226 *Koch*, Geschehen. Vergessen. Verdrängen, 445–454; *Mallet*, Le camp de concentration de Redl-Zipf, 83–112; eingehende Schilderungen bei *Sturm*, Geheimprojekt »Schlier«, 64–100.

227 ABZ, Manuskript Siegwald *Ganglmair*, Rüstungsbetrieb und Konzentrationslager Schlier 1943–1945. Zipf, Oberösterreich (ohne Ort ohne Jahr), 122.

228 ABZ, Manuskript Siegwald *Ganglmair*, Rüstungsbetrieb und Konzentrationslager Schlier 1943–1945. Zipf, Oberösterreich (ohne Ort ohne Jahr), 152 f.; *Kriechbaum*, *Limbeck-Lilienau*, Zipf – »Schlier«, 71 f.; *Le Caër*, Ein junger Europäer in Mauthausen, 166; *Mallet*, Le camp de concentration de Redl-Zipf, 125; *Sturm*, Geheimprojekt »Schlier«, 64–100; für eine Reproduktion des Totenbuchs siehe *Le Caër*, K.L. Mauthausen. Schlier Redl-Zipf, 75–93.

229 *Koch*, Geschehen. Vergessen. Verdrängen, 452; *Mallet*, V2-Raketen im Brauereikeller, 189.

230 *Koch*, Geschehen. Vergessen. Verdrängen, 454–458; *Sturm*, Geheimprojekt »Schlier«, 124–126.

231 ABZ, Manuskript Siegwald *Ganglmair*, Rüstungsbetrieb und Konzentrationslager Schlier 1943–1945. Zipf, Oberösterreich (ohne Ort ohne Jahr), 165–168, das Zitat 166; PAStW, Manuskript Adolf *Grabner*, Der Rüstungsbetrieb »Schlier« in Zipf, Oberösterreich, und seine Zusammenhänge mit »V2«-Raketen und dem »Unternehmen Bernhard« ([Vöcklabruck] 2020), 3; *Kriechbaum*, *Limbeck-Lilienau*, Zipf – »Schlier«, 76 f.; *Sturm*, Geheimprojekt »Schlier«, 99 f.

232 Zur Tätigkeit des Rüstungsbetriebes gibt es leider wenige Quellen. Korrespondenzen, Buchhaltungsunterlagen und Personalakten wurden nämlich (vermutlich gänzlich) bei Kriegsende von den Mitarbeitern des Betriebes «Schlier» und der Gestapo vernichtet: NARA, RG 260, Records of the Property Control Branch of the U.S. Allied Commission for Austria (USACA), 1945–1950, 07.0041 Vö Steinbruch Vertungs [sic] Gmbh Betrieb »Schlier« (n.d.; April 1944–May 1946), Prüfungsbericht (Accountant's Report) verfaßt anläßlich der Übernahme der Treuhandverwaltung der Firma Steinbruch-Verwertungs G.m.b.H. Betrieb Schlier durch Dr. Fritz Kretz.

233 BArch Berlin-Lichterfelde, R121/1200, Mappe Schlier 625, Aktenvermerk betreffend Bauvorhaben Schlier vom 30.1.1945, Zl. In-Ma-2625-Bl; OÖLA, Landesregierung (LR), Präsidium (Präs.) 286/1946, Lebensbeschreibung von Karl Fiebinger vom 14.8.1945; Ohne Autor, Bericht über die Firma »Schlier«, 52.

234 PAFKj, Information von Fritz Kretz sen. an den österreichischen Sicherheitsdienst in Vöcklabruck vom 16.7.1945.

235 ABZ, Manuskript Siegwald *Ganglmair*, Rüstungsbetrieb und Konzentrationslager Schlier 1943–1945. Zipf, Oberösterreich (ohne Ort ohne Jahr), 23, 32, 56; PAStW, Manuskript Adolf *Grabner*, Der Rüstungsbetrieb »Schlier« in Zipf, Oberösterreich, und seine Zusammenhänge mit »V2«-Raketen und dem »Unternehmen Bernhard« ([Vöcklabruck] 2020), 31, 49, 58; PAFKj, Übersichtsplan über die Flächen, welche von der Steinbruchsverwertungsgenossenschaft »Schlier« bean-

spruchtwerden des Amtsgerichts Vöcklabruck vom 27.4.1944, Zl. 2241/44; PACLL, Mietvertrag zwischen Wilhelm Limbeck-Lilienau und der Steinbruch-Verwertungs G.m.b.H. Betrieb »Schlier« über die Villa Zipf Nr. 17 vom 18.7.1944; ebd., Mietvertrag zwischen Wilhelm Limbeck-Lilienau und der Steinbruch-Verwertungs G.m.b.H. Betrieb »Schlier« über das Haus Zipf Nr. 15 (Versorgungsheim) vom 18.7.1944; *Kretz*, Ein Betrieb der NS-Raketenrüstung in Zipf, 382; *Kriechbaum*, *Limbeck-Lilienau*, Zipf – »Schlier«, 78.

236 *Kretz*, Ein Betrieb der NS-Raketenrüstung in Zipf, 382.

237 ABZ, Manuskript Siegwald *Ganglmair*, Rüstungsbetrieb und Konzentrationslager Schlier 1943–1945. Zipf, Oberösterreich (ohne Ort ohne Jahr), 28, 40 f.; OÖLA, Politische Akten (PA), Schachtel 49, Manuskript Richard *Kutschera*, Schlier: Geheimwaffen-Teilfertigung (ohne Ort ohne Jahr), 3. Dieses 13-seitige Manuskript des bekannten Lokalhistorikers trägt den Vermerk »bis auf weiteres für jede Benützung gesperrt« und ist im oder bald nach dem Jahr 1967 entstanden, wie aus den Daten der in den Fußnoten zitierten Briefen an den Verfasser ersichtlich ist. Es ist wohl die früheste ansatzweise wissenschaftliche Auseinandersetzung mit dem Thema des Rüstungsbetriebes in Zipf. Es basiert zu einem überwiegenden Großteil auf Aussagen von Zeitzeugen und in zweiter Linie auf den lokalen Pfarrchroniken. PAStW, Manuskript Adolf *Grabner*, Der Rüstungsbetrieb »Schlier« in Zipf, Oberösterreich, und seine Zusammenhänge mit »V2«-Raketen und dem »Unternehmen Bernhard« ([Vöcklabruck] 2020), 35 f.; *Aschauer*, Oberösterreichs Eisenbahnen, 131; *Kretz*, Ein Betrieb der NS-Raketenrüstung in Zipf, 383; *Sturm*, Geheimprojekt »Schlier«, 64. Die beiden eingegrabenen zusätzlichen Unterflurkabel kamen offenbar nicht in Betrieb.

238 ABZ, Manuskript Siegwald *Ganglmair*, Rüstungsbetrieb und Konzentrationslager Schlier 1943–1945. Zipf, Oberösterreich (ohne Ort ohne Jahr), 30 f.; PAStW, Manuskript Adolf *Grabner*, Der Rüstungsbetrieb »Schlier« in Zipf, Oberösterreich, und seine Zusammenhänge mit »V2«-Raketen und dem »Unternehmen Bernhard« ([Vöcklabruck] 2020), 39–54; OÖLA, PA, Schachtel 49, Manuskript Richard *Kutschera*, Schlier: Geheimwaffen-Teilfertigung (ohne Ort ohne Jahr), 4; *Sturm*, Geheimprojekt »Schlier«, 63 f.; *Kretz*, Ein Betrieb der NS-Raketenrüstung in Zipf, 382 f.

239 PAStW, Manuskript Adolf *Grabner*, Der Rüstungsbetrieb »Schlier« in Zipf, Oberösterreich, und seine Zusammenhänge mit »V2«-Raketen und dem »Unternehmen Bernhard« ([Vöcklabruck] 2020), 55; OÖLA, PA, Schachtel 49, Manuskript Richard *Kutschera*, Schlier: Geheimwaffen-Teilfertigung (ohne Ort ohne Jahr), 4; *Kretz*, Ein Betrieb der NS-Raketenrüstung in Zipf, 384.

240 BArch MA Freiburg, RH 8/1966, Niederschrift über die erste Lagebesprechung am Montag, d. 1.11.1943 des Sonderausschuss A4 des Reichsministers für Rüstung und Kriegsproduktion, Zl. 23/43 g.Rs.

241 ÖStA AdR, Bundesministerium für Finanzen und Vermögenssicherung (BMF-VS), Sonderlegung 18 Schlier, Ktn. 6677, Zusammenstellung des Schadens, der durch die Explosion am 28. Feber 1944 entstanden ist, ohne Datum; ebd., Liste über die Personen, welche sind [sic] am 28. Feber 1944 durch Explosion tödlich verunglückt vom 27.5.1956; ABZ, Protokoll-Buch der Freiwilligen Betriebsfeuerwehr der Brauerei Zipf A.G. Zipf, O.Ö., Bericht Montag, den 28. Feber 1944, Brand in den Kellern der Steinbruch-Verwertungs Ges.m.b.H.; ebd., Manuskript Siegwald *Ganglmair*, Rüstungsbetrieb und Konzentrationslager Schlier 1943–1945. Zipf, Oberösterreich (ohne Ort ohne Jahr), 67; PAStW, Manuskript Adolf *Grabner*, Der Rüstungsbetrieb »Schlier« in Zipf, Oberösterreich, und seine Zusammenhänge mit »V2«-Raketen und dem »Unternehmen Bernhard« ([Vöcklabruck] 2020), 47; OÖLA, PA, Schachtel 49, Manuskript Richard *Kutschera*, Schlier: Geheimwaffen-Teilfertigung (ohne Ort ohne Jahr), 6; *Kretz*, Ein Betrieb der NS-Raketenrüstung in Zipf, 383; *Koch*, Geschehen. Vergessen. Verdrängen, 458 f.; *Sturm*, Geheimprojekt »Schlier«, 102.

242 DAL, Pfarrchronik Frankenburg am Hausruck, 2. Band, 1925–1976, 146f.

243 ÖStA AdR, BMF-VS, Sonderlegung 18 Schlier, Ktn. 6677, Abschlussbericht betreffend die mittels Klage geltend gemachte Forderung der Firma Aumann, Keller & Pichler von Karl Kaser an die öffentliche Verwaltung des Sondervermögens der Steinbruch-Verwertungs G.m.b.H., Betrieb »Schlier« vom 8.6.1960.

244 Die bisher kritischste Analyse der Quellen dazu findet sich bei *Koch*, Geschehen. Vergessen. Verdrängen, 460f.; vgl. *Sturm*, Geheimprojekt »Schlier«, 103f. sowie ABZ, Manuskript Siegwald *Ganglmair*, Rüstungsbetrieb und Konzentrationslager Schlier 1943–1945. Zipf, Oberösterreich (ohne Ort ohne Jahr), 79–82.

245 ÖStA AdR, BMF-VS, Sonderlegung 18 Schlier, Ktn. 6677, Abschrift eines Schreibens der Bundespolizeidirektion Linz an die öffentliche Verwaltung des Sondervermögens der Steinbruch-Verwertungs G.m.b.H., Betrieb »Schlier« vom 3.5.1960, Zl. I/1851/60; ABZ, Manuskript Siegwald *Ganglmair*, Rüstungsbetrieb und Konzentrationslager Schlier 1943–1945. Zipf, Oberösterreich (ohne Ort ohne Jahr), 70, 105f.; PANK, Chronik der Pfarre Neukirchen, Band 2, 1894–1955, Eintrag Evakuierung von Zipf 1944; PAStW, Manuskript Adolf *Grabner*, Der Rüstungsbetrieb »Schlier« in Zipf, Oberösterreich, und seine Zusammenhänge mit »V2«-Raketen und dem »Unternehmen Bernhard« ([Vöcklabruck] 2020), 47f., 58.

246 *Le Caër*, Ein junger Europäer in Mauthausen, 73.

247 OÖLA, PA, Schachtel 49, Manuskript Richard *Kutschera*, Schlier: Geheimwaffen-Teilfertigung (ohne Ort ohne Jahr), 4f.; PAStW, Manuskript Adolf *Grabner*, Der Rüstungsbetrieb »Schlier« in Zipf, Oberösterreich, und seine Zusammenhänge mit »V2«-Raketen und dem »Unternehmen Bernhard« ([Vöcklabruck] 2020), 55; *Kretz*, Ein Betrieb der NS-Raketenrüstung in Zipf, 384.

248 Markus *Rohrdorfer*, Die »Wunderwaffe« hinter Bierfässern. In: Der Standard (25.8.2008), 9.

249 *Wagner*, Ein bieriges Jahrhundert, 162.

250 BIK, Manuskript Franz *Schweiger*, Stalingrad. Meine »feld«-grauen Jahre ([Rotheau] [1992]), 44.

251 OÖLA, PA, Schachtel 49, Manuskript Richard *Kutschera*, Schlier: Geheimwaffen-Teilfertigung (ohne Ort ohne Jahr), 5; PAFKj, Kopie eines Schreibens von Karl Guschlbauer an Paul Le Caër vom 29.3.1996; *Le Caër*, Ein junger Europäer in Mauthausen, 160–162.

252 BIK, Manuskript Franz *Schweiger*, Stalingrad. Meine »feld«-grauen Jahre ([Rotheau] [1992]), 44.

253 BArch MA Freiburg, RW 21/38 13, Kriegstagebuch Nr. 19 des Rüstungskommandos Linz des Reichsministers für Rüstung und Kriegsproduktion vom 1.4.1944 bis 30.6.1944, Einträge 1.4.1944 und 30.6.1944; ABZ, Manuskript Siegwald *Ganglmair*, Rüstungsbetrieb und Konzentrationslager Schlier 1943–1945. Zipf, Oberösterreich (ohne Ort ohne Jahr), 445; PAStW, Manuskript Adolf *Grabner*, Der Rüstungsbetrieb »Schlier« in Zipf, Oberösterreich, und seine Zusammenhänge mit »V2«-Raketen und dem »Unternehmen Bernhard« ([Vöcklabruck] 2020), 31; OÖLA, PA, Schachtel 49, Manuskript Richard *Kutschera*, Schlier: Geheimwaffen-Teilfertigung (ohne Ort ohne Jahr), 5; *Koch*, Geschehen. Vergessen. Verdrängen; *Sturm*, Geheimprojekt »Schlier«, 111; *Kretz*, Ein Betrieb der NS-Raketenrüstung in Zipf, 383.

254 ABZ, Manuskript Siegwald *Ganglmair*, Rüstungsbetrieb und Konzentrationslager Schlier 1943–1945. Zipf, Oberösterreich (ohne Ort ohne Jahr), 82; PAStW, Manuskript Adolf *Grabner*, Der Rüstungsbetrieb »Schlier« in Zipf, Oberösterreich, und seine Zusammenhänge mit »V2«-Raketen und dem »Unternehmen Bernhard« ([Vöcklabruck] 2020), 58; *Koch*, Geschehen. Vergessen. Verdrängen, 464f.; *Sturm*, Geheimprojekt »Schlier«, 129–130. Der Grund für die Explosionen könnte ein geplatztes Sauerstoffrohr gewesen sein.

255 BArch Berlin-Lichterfelde, R3/1577, Reichsministerium für Rüstung und Kriegsproduktion, Mi-

nisterbüro Speer fol. 50f., Fernschreiben des Gauleiters und Reichsstatthalters in Oberdonau an den Reichsminister für Bewafffnung und Munition vom 30.8.1944, 9:00 Uhr, Zl. 915/44.

256 BIK, Manuskript Franz *Schweiger*, Stalingrad. Meine »feld«-grauen Jahre ([Rotheau] [1992]), 45; vgl. PANK, Chronik der Pfarre Neukirchen, Band 2, 1894–1955, Eintrag 2 Katastrophen 1944.

257 ABZ, Manuskript Siegwald *Ganglmair*, Rüstungsbetrieb und Konzentrationslager Schlier 1943–1945. Zipf, Oberösterreich (ohne Ort ohne Jahr), 67, 89; PAStW, Manuskript Adolf *Grabner*, Der Rüstungsbetrieb »Schlier« in Zipf, Oberösterreich, und seine Zusammenhänge mit »V2«-Raketen und dem »Unternehmen Bernhard« ([Vöcklabruck] 2020), 59f.; Ohne Autor, Bericht über die Firma »Schlier«, 52; *Koch*, Geschehen. Vergessen. Verdrängen, 465f.; *Kretz*, Ein Betrieb der NS-Raketenrüstung in Zipf, 384; *Sturm*, Geheimprojekt »Schlier«, 131–133.

258 BArch Berlin-Lichterfelde, R121/373, Schreiben der Mittelwerk G.m.b.H. an die Rüstungskontor G.m.b.H. vom 14.11.1943, Zl. Dir.Dr.Ke/Mü; ebd., R 121/457, fol. 217, Fernschreiben von Kurt Breuer an Friedrich Schulte-Langforth vom 18.11.1943; ebd., fol. 223, Schreiben des Reichsministers für Rüstung und Kriegsproduktion WF-Fin 1 an das Heereeswaffenamt Wa Z 2 vom 11.11.1943; ebd., fol. 232, Abschrift eines Vermerkes von Karl Hettlage über eine Besprechung mit Hans Kammler vom 15.10.1943; PAFKj, Aktennotiz zu einer Besprechung zwischen Vertretern des OKH, des Betriebes Schlier, der Brauerei und der Landesbuchstelle Weihenstephan zur Vertragsgesteltung vom 14.1.1944; *Kohl*, *Bessel*, Auto Union, 225.

259 PAFKj, Vertrag zwischen der Steinbruch-Verwertungs G.m.b.H. und der Brauerei Zipf A.G. vom 3.4.1944; ebd., Schreiben der Steinbruch-Verwertungs G.m.b.H. an die Brauerei Zipf Aktiengesellschaft vorm. Wm. Schaup vom 15.6.1944; ebd., Niederschrift aufgenommen in der zum Zwecke der gemeinsamen Beschlussfassung über den Jahresabschluss und die Verteilung des Reingewinnes aus dem Geschäftsjahr 1942/43 einberufenen Sitzung des Aufsichtsrates und Vorstandes am 30.3.1944, Punkt 4 Allfälliges. Eine Kopie des Vertrages befindet sich im Archiv der Brauerei Zipf.

260 ABZ, Aktennotiz von Fritz Kretz junior für Dr. Brandl und Dr. Büche vom 31.8.1998; ebd., Manuskript Siegwald *Ganglmair*, Rüstungsbetrieb und Konzentrationslager Schlier 1943–1945. Zipf, Oberösterreich (ohne Ort ohne Jahr), 33; PAFKj, Nachtrag zum Bericht der Syndikatsleitung vom 26.4.1944 über Vorkommnisse der letzten Zeit vom 20.6.1944; *Freund*, Was »kostet« ein Häftling? (generell zu Verträgen der SS mit Unternehmen über Häftlinge); *Kriechbaum*, *Limbeck-Lilienau*, Zipf – »Schlier«, 79 (mit weiteren Nachweisen).

261 ABZ, Wirtschaftsprüfungsbericht für das Geschäftsjahr 1943/44 der Firma Brauerei Zipf Aktiengesellschaft vorm. Wm. Schaup Zipf/Oberdonau der Landesbuchstelle für Brauerei Weihenstephan G.m.b.H. Wirtschaftsprüfgesellschaft vom 24.1.1945, Zl 20/28; PAFKj, Bericht des Vorstandes über die Geschäftsentwicklung im 1. Quartal des Geschäftsjahres 1943/44 an den Aufsichtsrat der Brauerei Zipf Aktiengesellschaft vorm. Wm. Schaup vom 17.12.1943; ebd., Bericht des Vorstandes über die Entwicklung des Geschäftes im 2. Quartal des Jahres 1943/44 an den Aufsichtsrat der Brauerei Zipf Aktiengesellschaft vorm. Wm. Schaup vom 24.3.1944; ebd., Memorandum über Regressanspruch aus Aufwendungen der Brauerei Zipf gegen die Steinbruch-Verwertungs Gmbh vom 30. Juni 1949; ebd., Bericht des Vorstandes über die wichtigsten Vorfälle im 3. Quartal des Geschäftsjahres 1943/44 an den Aufsichtsrat der Brauerei Zipf Aktiengesellschaft vorm. Wm. Schaup vom 26.6.1944; ebd., Bericht des Vorstandes über die Entwicklung des Geschäftes im 4. Quartal des Geschäftsjahres 1943/44 an den Aufsichtsrat der Brauerei Zipf Aktiengesellschaft vorm. Wm. Schaup vom 1.10.1944; ebd., Geschäftsbericht der Brauerei Zipf Aktiengesellschaft vorm. Wm. Schaup für das Jahr 1943/44 (Vöcklabruck [1945]), unpaginiert.

262 PAFKj, Bericht des Vorstandes über die Entwicklung des Geschäftes im 4. Quartal des Geschäfts-

jahres 1943/44 an den Aufsichtsrat der Brauerei Zipf Aktiengesellschaft vorm. Wm. Schaup vom 1.10.1944.

263 PAFKj, Bericht von Wilhelm Limbeck-Lilienau an die Mitglieder des Familiensyndikates vom 7.2.1945.

264 ABZ, Bericht über die bei der Brauerei Zipf Aktiengesellschaft vorm. Wm. Schaup Zipf, Ober Österreich durchgeführte Prüfung des Jahresabschlusses zum 31. August 1945 der Treuhand-Aktiengesellschaft vom November 1946; PAFKj, Bericht des Vorstandes über die Entwicklung des Geschäftes im 1. Quartal des Geschäftsjahres 1944/45 an den Aufsichtsrat der Brauerei Zipf Aktiengesellschaft vorm. Wm. Schaup vom 20.12.1944; ebd., Bericht des Vorstandes über die Entwicklung des Geschäftes im 2. Quartal des laufenden Geschäftsjahres [1944/45] an den Aufsichtsrat der Brauerei Zipf Aktiengesellschaft vorm. Wm. Schaup vom 30.3.1945.

265 PAFKj, Bericht des Vorstandes über die Entwicklung des Geschäftes im 1. Quartal des Geschäftsjahres 1944/45 an den Aufsichtsrat der Brauerei Zipf Aktiengesellschaft vorm. Wm. Schaup vom 20.12.1944; ebd., Bericht des Vorstandes über die Entwicklung des Geschäftes im 2. Quartal des laufenden Geschäftsjahres [1944/45] an den Aufsichtsrat der Brauerei Zipf Aktiengesellschaft vorm. Wm. Schaup vom 30.3.1945; ebd., Bericht von Wilhelm Limbeck-Lilienau an die Mitglieder des Familiensyndikates vom 7.2.1945.

266 PAFKj, Bericht des Vorstandes über die Entwicklung des Geschäftes im 2. Quartal des laufenden Geschäftsjahres [1944/45] an den Aufsichtsrat der Brauerei Zipf Aktiengesellschaft vorm. Wm. Schaup vom 30.3.1945.

267 NARA, Record Group (RG) 226, Records of the Office of Strategic Services, Research and Analysis Branch Divisions, Intelligence Reports Regular Series 1941-45, 99407–99575, Box 1134, Office of Strategic Services Report über eine Secret Weapon Factory vom 27.9.1944, Zl 99508; ebd., 93702–93771, Box 1076, Dossier Secret Weapon Production in Austria des Headquarters Mediterranean Allied Air Forces vom 11.8.1944, Zl. 93721; ebd., RG 243, United States Strategic Bombing Survey, European War G-2 Target Damage File, IIIA (3176)–IIIA (3199), Box 171, Target Information Sheet über Zipf near Salzburg vom 11.9.1944, Zl. GN.5061; ebd., IIIA (2324)–IIIA (2349), Box 134, Secret Extract Underground Liquid Oxygen Plant, Redl-Zipf, Zl. A.D.I.(K) Report No. 297/1945.

268 OÖLA, Landwirtschaftsamt, Fernschrift zur Luftschadensmeldung des Kommandeurs der Gendarmerie bei dem Reichsstatthalter in Oberdonau an den Befehlshaber der Ordnungspolizei in Wien vom 4.3.1945, Zl. 97/45(g); ebd., Fernschrift zur Luftschadensmeldung des Kommandeurs der Gendarmerie bei dem Reichsstatthalter in Oberdonau an den Befehlshaber der Ordnungspolizei in Wien vom 31.3.1945, Zl. 147/45(g); ebd., Fernschrift zur Luftschadensmeldung des Kommandeurs der Gendarmerie bei dem Reichsstatthalter in Oberdonau an den Befehlshaber der Ordnungspolizei in Wien vom 1.4.1945, Zl. 147/45(g); ebd., Fernschrift zur Luftschadensmeldung des Kommandeurs der Gendarmerie bei dem Reichsstatthalter in Oberdonau an den Befehlshaber der Ordnungspolizei in Wien vom 9.4.1945, Zl. 155/45(g); PAStW, Manuskript Adolf *Grabner*, Der Rüstungsbetrieb »Schlier« in Zipf, Oberösterreich, und seine Zusammenhänge mit »V2« Raketen und dem »Unternehmen Bernhard« ([Vöcklabruck] 2020), 62; *Strobl*, Bomben auf Oberdonau, 182–197, 376–408.

269 PAStW, Manuskript Adolf *Grabner*, Der Rüstungsbetrieb »Schlier« in Zipf, Oberösterreich, und seine Zusammenhänge mit »V2«-Raketen und dem »Unternehmen Bernhard« ([Vöcklabruck] 2020), 70; Ein V-2 Werk in Österreich. In: Das kleine Blatt, Jg. 10, Nr. 39 (25.9.1948), 10f.; *Kretz*, Ein Betrieb der NS-Raketenrüstung in Zipf, 385.

270 DÖW, Signatur Abschrift 19429/2, Erinnerungen von Kurt Lewinsky über die letzten Tage

des Fälscherkommandos, Zl. AMM/B/36/13; *Bernt-Koppensteiner*, Evakuierungsmärsche von KZ-Häftlingen, 359 f.; *Burger*, Des Teufels Werkstatt, 222–227; *Koch*, Geschehen. Vergessen. Verdrängen, 467–469; *Malkin*, Hitlers Geldfälscher, 201–205; *Wagner*, Der Hölle entronnen, 146. Zum möglichen Schicksal der Lastwagen siehe *Hagen*, Unternehmen Bernhard, 8–12 und *Mallet*, V2-Raketen im Brauereikeller, 154 f.; vgl. dazu außerdem das spannende Werk *Krüger*, Mein Großvater.

271 PACLL, Abschrift des Tagebuchs von Wilhelm Limbeck-Lilienau vom 1.1.1945–9.5.1945, Eintrag 4.5.1945; ebd., Schreiben des Landrates des Kreises Vöcklabruck an Wilhelm Limbeck-Lilienau vom 6.11.1944, Zl. VII/1/203/44; ebd., Schreiben von Wilhelm Limbeck-Lilienau an das CIC [Counter Intelligence Corps] in Vöcklabruck vom 2.8.1946; *Bernt-Koppensteiner*, Evakuierungsmärsche von KZ-Häftlingen, 360 f.; *Koch*, Geschehen. Vergessen. Verdrängen, 469–471; *Mallet*, V2-Raketen im Brauereikeller, 164; *Sturm*, Geheimprojekt »Schlier«, 147–155. Zur Behauptung Paul Le Caërs, er habe US-amerikanische Truppen nach Lenzing geführt, siehe *Sandgruber*, Lenzing, 280.

272 NARA, RG 407, Records of the Adjutant General's Office, WWII Operations Reports 1940–48, 380-Inf(317)-3.4 Apr 1945 to 380-Inf(317)-3.9, Box 10297, Nachricht vom Kommandanten des 3. Bataillons an das Kommando der 317. Infanterie vom 5.5.1945, 14:22; ebd., 80th Infantry Division 380-Inf(317)-1,2 to 380-Inf(317)-2, Box 10287, After Action Report des Headquarters 317th Infantry APO› 80, U.S. Army vom 5.6.1945; PAFKj, Betrauungsschreiben für Fritz Kretz senior von G.B. Guston vom 5.5.1945; PAStW, Manuskript Adolf *Grabner*, Der Rüstungsbetrieb »Schlier« in Zipf, Oberösterreich, und seine Zusammenhänge mit »V2«-Raketen und dem »Unternehmen Bernhard« ([Vöcklabruck] 2020), 71–75; *Slapnicka*, Oberösterreich – Als es »Oberdonau« hieß, 321–340.

273 NARA, RG 260, United States Occupation Headquarters, World War II, Records of the Reparations and Restitutions Branch of the U.S. Allied Commission for Austria (USACA) Section, 1945–1950, M(icrofilm)1926, Hungarian Claim #354, Übersetzung eines Schreibens von Fritz Kretz senior an die American Military Government Property Control Restitution Section vom 6.9.1947; OÖLA, LR, Präs. 62/1 1945 (Mikrofilm MF516), Schreiben des Landeshauptmannes von Oberösterreich an den Bezirkshauptmann von Vöcklabruck vom 29. Mai 1945; ebd., PA, Schachtel 49, Manuskript Richard *Kutschera*, Schlier: Geheimwaffen-Teilfertigung (ohne Ort ohne Jahr), 12; ABZ, Manuskript Siegwald *Ganglmair*, Rüstungsbetrieb und Konzentrationslager Schlier 1943–1945. Zipf, Oberösterreich (ohne Ort ohne Jahr), 100–103; PAStW, Manuskript Adolf *Grabner*, Der Rüstungsbetrieb »Schlier« in Zipf, Oberösterreich, und seine Zusammenhänge mit »V2«-Raketen und dem »Unternehmen Bernhard« ([Vöcklabruck] 2020), 75; PAFKj, Schreiben des Rektors der Universität Wien an Fritz Kretz senior vom 20.5.1947, Zl. 452 aus 1943/44; ebd., Schreiben von Fritz Kretz senior an das CIC [Counter Intelligence Corps] in Vöcklabruck vom 18.5.1945; Ohne Autor, Bericht über die Firma »Schlier«, 53; *Koch*, Geschehen. Vergessen. Verdrängen, 470; *Perz*, Das Projekt »Quarz«, 183; *Sturm*, Geheimprojekt »Schlier«, 152.

4 Zipf und Österreichs Brauindustrie nach 1945

4.1 Allgemeine Entwicklung der Brauindustrie

4.1.1 Probleme der unmittelbaren Nachkriegszeit

So wie die Brauerei Zipf wurde mit 1. Jänner 1945 der Großteil der Brauereien stillgelegt, in Oberösterreich beispielsweise in Schärding, Gmunden, Grieskirchen und die Linzer Brauerei.[1] Im Gegensatz zum Ersten Weltkrieg wurden im Zuge der Kampfhandlungen viele Brauereien teilweise schwer beschädigt. Die in den Industriestädten gelegenen Braustätten litten besonders, nicht nur wegen der Kämpfe am Boden, sondern auch wegen des Luftkrieges. Besonders betroffen waren Brauereien in und um Wien, Linz und Innsbruck. Dazu kam, dass in vielen Brauereien Rüstungsbetriebe untergebracht und/oder Brauereigrundstücke und Gebäude für militärische Zwecke genutzt worden waren. Nach dem Ende der Kampfhandlungen mussten viele Brauereien daher zunächst für das Wiederanlaufen ihrer Produktion sorgen.[2]

Ein weiterer Unterschied zur Situation 1918 war, dass 1945 die Brauereien nicht aus einer jahrelangen Phase der Produktionseinschränkung kamen oder ihre Tätigkeit auf Ersatzstoffe oder überhaupt andere Produkte verlegt hatten. Im Zweiten Weltkrieg waren die Kapazitäten der Brauereien durch die bessere, wenn auch nicht optimale Rohstoffversorgung gut und kontinuierlich ausgenutzt worden. Betriebsstilllegungen kamen daher meist nur in den ersten Monaten des Jahres 1945 für eine relativ kurze Zeit vor.[3] In der unmittelbaren Nachkriegszeit wirkten sich einige Faktoren stark hemmend auf die Bierproduktion aus. Die Grenzen zwischen den Besatzungszonen waren oft unpassierbar und führten dazu, dass manche Brauereien ihre Absatzgebiete nicht mehr bedienen konnten. Zwischen den Brauunternehmen wurden punktuelle Vereinbarungen abgeschlossen, um die jeweils unerreichbaren Absatzgebiete zu beliefern.[4]

Ein großes Problem war hingegen die Versorgung mit den notwendigen Rohstoffen. Die zum Bierbrauen essenzielle Gerste wurde von der österreichischen Regierung bald nach Kriegsende zum Brotgetreide erklärt und so weitgehend der Brauindustrie entzogen. Zunächst erzeugten die Brauereien in Österreich entsprechend dünnes Bier, das kaum mehr als ein Durstlöscher war. Der Stammwürzegehalt der ersten Nachkriegsbiere bewegte sich zwischen 2,5 und 3,5 Grad Plato. Staatliche Beschränkungen bestimmten noch jahrelang die Bierproduktion. Anfangs durften den Wirten nur 20 Prozent der Liefermenge des Jahres 1944 geliefert werden, Gerste verteilte man mit einem Verteilungsschlüssel, der auf der

Durchschnittserzeugung der Brauereien der letzten vier Jahre beruhte. Ab 1. September 1948 genehmigten die Behörden wieder Bier mit 7,5 Grad Stammwürze, und ein Jahr später konnte wieder das übliche zwölfgrädige Lagerbier hergestellt werden.[5]

Ab 1948 flossen die staatlichen Hilfen und vor allem die Gelder des »European Recovery Program« (nach dem US-Außenminister George C. Marshall »Marshallplan« genannt), dem Österreich am 1. Juli 1948 beigetreten war, der Wirtschaft zu. Insgesamt erhielt Österreich bis 1953 962 Millionen Dollar Hilfsgelder aus dem Programm. Von diesem beginnenden Aufschwung profitierten auch die Bierbrauer, und so konnten in der Brauindustrie dringend nötige Reparaturarbeiten ausgeführt werden. Man ergänzte beziehungsweise erneuerte die technische Ausrüstung, welche in der stark industrialisierten Branche stets ein neuralgischer Punkt war. Im Wesentlichen konnten die Unternehmen solche Arbeiten mit den höheren Gewinnen während der dynamischen Entwicklung finanzieren und mussten selten Kredite aufnehmen oder Kapitalerhöhungen bei Aktiengesellschaften durchführen.[6]

4.1.2 Die Phase der Hochkonjunktur

Ein Blick auf den Bierausstoß Österreichs seit Ende des Zweiten Weltkrieges verdeutlicht, dass es wie in der Gesamtwirtschaft zwischen 1945 und Anfang der 1970er Jahre zwei verschiedene Phasen gab, nämlich den mühsamen Wiederaufbau und die anschließende Hochkonjunktur. Im Braujahr 1945/46 wurden in der wiedererstandenen Republik fast 1,9 Millionen Hektoliter Bier produziert. In den folgenden zwei Geschäftsjahren hielt sich die Gesamtmenge wegen der Rohstoffknappheit bei etwas über 1,5 Millionen. Erst 1948/49 stieg sie zunächst auf 2,1 und 1949/50 dann auf 2,7 Millionen Hektoliter. Danach ging es mit satten Wachstumsraten jährlich stetig bergauf. Im Braujahr des Österreichischen Staatsvertrages 1954/55 produzierte die Brauindustrie insgesamt 4,2 Millionen Hektoliter, fünf Jahre später 1959/60 waren es sogar 5,3 Millionen. Damit hatte sich der Ausstoß innerhalb von zehn Jahren fast verdoppelt. Der Trend hielt – nicht ohne kurzfristige Rückschläge durch Konjunkturdämpfungen – an, bis 1972/73 ein vorläufiges Maximum von knapp über acht Millionen Hektolitern erreicht war, also fast dreimal soviel Bier in Österreich erzeugt wurde wie 1949/50. Es waren vor allem die westlichen Bundesländer Vorarlberg und Tirol sowie Oberösterreich und Niederösterreich, auf denen der Aufschwung der Bierindustrie ruhte: Vorarlberg trug wegen der dort angesiedelten Industrien und dem Fremdenverkehr bei. Touristen, vornehmlich aus Westdeutschland, Belgien, den Niederlanden, Luxemburg und Großbritannien, waren genauso im benachbarten Tirol ein wichtiger Faktor für die Nachfrage nach Bier. In Oberösterreich und Niederösterreich wirkte sich zwar die Konkurrenz von Wein und Apfelmost negativ aus, die Industrien in den beiden Bundesländern und die bessere Versorgungssituation bei Gerste glichen den Nachteil jedoch aus. In Kärnten wurde nur wenig mehr Bier getrunken, in Salzburg und der Steiermark stagnierte der Bierkonsum 1950 bis 1970, und in Wien, dem Ort starker Konkurrenz zwischen den Bieren und dem Wein der umliegenden Gebiete, ging er leicht zurück.[7]

Während dieser Phase waren einige Entwicklungen zu beobachten, welche in der Geschichte der österreichischen Brauindustrie schon seit langer Zeit vor sich gingen, andere hingegen waren den veränderten Umständen der (gesellschaftlichen) Entwicklung der Zweiten Republik geschuldet. Der Konzentrationsprozess der Brauereien, ein Dauerthema der österreichischen Biergeschichte, war schon während des Zweiten Weltkrieges stark verlangsamt worden und auch zur Zeit der Zweiten Republik schritt er nur mehr gemächlich fort, da die Produktion dem Gesamtbedarf durchaus entsprechend war und es den großen Brauereien immer weniger Zugewinne brachte, Klein- und Mittelbrauereien zu schlucken. 1946 bestanden in Österreich 103 Brauereien, im Braujahr 1949/50 waren es 97, 1954/55 90, fünf Jahre später 86, 1964/65 noch 83 und 1969/70 gab es nur mehr 77.[8]

Der Markt in Österreich wurde zudem bald nach dem Krieg durch einen gesamtösterreichischen Kundschaftsversicherungsvertrag geregelt, der nun eine staatlich-rechtliche Grundlage hatte. Mit dem Kartellgesetz von 1951 erkannte der österreichische Staat an, dass Kartelle ein unvermeidlicher Bestandteil des Wirtschaftslebens seien, und erlaubte sie prinzipiell. Staatlich genehmigte, angemeldete Kartelle stellte er aber unter die Aufsicht (»Verwaltung«) des Kartellgerichts. Ab 1954 war daher der »Kundschaftsversicherungsvertrag österreichischer Brauereien« im Kartellregister eingetragen, und die Interessen der Mitglieder dieses Kartells wurden vom »Schutzverband der Brauereien« mit Sitz in Graz wahrgenommen. Der Vertrag baute auf dem Grundgedanken der bewährten Übereinkommen der Zwischenkriegszeit auf und enthielt im Wesentlichen gleichlautende Bestimmungen. Ein Unterschied zu den früheren Übereinkommen war, dass sich die Brauereien ab den späten 1940er Jahren österreichweit verständigten. Zwar gehörten 17 Brauereien den letztlich recht dauerhaften Vereinbarungen nicht an, es waren jedoch 98 Prozent des Bierausstoßes solcherart geregelt, womit faktisch der gesamte Markt erfasst wurde.[9]

Ein Bereich wurde damit freilich nicht abgedeckt, nämlich der Import und Export von Bier. Zwischen 1950 und 1975 stiegen die Bierimporte nach Österreich von 3.000 Hektoliter auf insgesamt 307.000 Hektoliter an, die Bierexporte von

1.100 Hektoliter auf 153.000 Hektoliter. Damit war Österreich zum Importland geworden. Das meiste Bier kam aus Westdeutschland, daneben traten in Österreich nur Brauereien aus der Tschechoslowakei und aus Dänemark als wesentliche Produzenten auf. Brauereien aus Tirol hingegen konnten in Italien wesentliche Mengen Bier absetzen, und die Wiener Brauereien exportierten zuweilen in den »Osten«, vor allem nach Ungarn.[10]

Nach 1945 trat das Flaschenbier seinen Siegeszug an. Seit die Einheitsflasche im Jahr 1928 eingeführt worden war, hatte sich der Flaschenbieranteil zuerst gemächlich entwickelt. Im Zweiten Weltkrieg stieg die Nachfrage nach Flaschenbier aus praktischen Gründen, weil das Bier dadurch leichter in den diversen Kantinen wie etwa von Wehrmacht und RAD ausgeschenkt werden konnte. In der Nachkriegszeit änderten sich vor allem die Lebensgewohnheiten der Menschen. Radio und Fernsehen führten dazu, dass das Bier immer öfter daheim getrunken wurde, und mehr und mehr Familien hatten einen Kühlschrank in der Wohnung. Unter diesen Rahmenbedingungen ist das Flaschenbier viel praktischer. Kleinere Gaststätten, Buffets und Bars stellten ebenfalls gerne auf Flaschenbier um, da es sich für sie nicht lohnte, komplizierte Fassbieranlagen zu betreiben. Zu guter Letzt konnten die Gastronomen der Skigebiete dem Flaschenbier viel abgewinnen, da sich für sie wegen des Witterungsrisikos und oft langer, schwieriger Transportwege eine Fassanlage nicht rentierte. Der Anteil des Flaschenbieres am gesamten Ausstoß stieg von 45 Prozent im Jahr 1949/50 schon Anfang der 1960er Jahre auf drei Viertel, erreichte 1968/69 fast 80 Prozent und pendelte sich in den 70er Jahren bei 75 Prozent ein. Entsprechende Flaschenbier-Kontingentierungsverträge ergänzten diesbezüglich die Kundschaftsversicherungsverträge. Zunehmend stellten jedoch Supermärkte die Kartellregelungen in Frage, da sie sich mit ihrer steigenden wirtschaftlichen Macht nicht in dieses enge Korsett zwingen ließen. Dort regelte der Preis den Marktanteil.[11]

Die Brauereien entwickelten in der zweiten Hälfte des 20. Jahrhunderts zahlreiche »Spezialbiere«, die sich in Geschmack und Komposition vom herkömmlichen Lagerbier deutlich unterschieden. Da mit steigendem Einkommen auch die Nachfrage nach Spezialbier stieg, waren diese Sorten hauptsächlich für einen kleinen Kundenkreis gedacht und nicht für das breite Publikum, das zu Hause oder in einer Gaststätte stets »sein Bier«, also in Österreich das helle, dezent hopfige untergärige (Lager-)Bier mit rund vier bis fünf Prozent Alkohol und einer gut balancierten Malznote, haben wollte. Im Wesentlichen handelte es sich bei den neuen Spezialbieren um helle, untergärige hopfenbetonte Biere, die sich zum bereits gängigen, tendenziell ähnlichen »Pils« gesellten. Sie blieben jedoch eine Randerscheinung des gesamtösterreichischen Bierkonsums, der laut einer Erhebung 1967 übrigens fast 103 Liter pro Kopf und Jahr ausmachte. Damit lag Österreich im internationalen Spitzenfeld, wobei man in der Tschechoslowakei (133 Liter pro Kopf und Jahr), in der Bundesrepublik Deutschland (126 Liter) und in Belgien (117 Liter) am meisten Bier trank.[12]

4.2 Die Brauerei Zipf 1945–1958

4.2.1 Die langwierige Abwicklung des Rüstungsbetriebes

Mit dem Ende des Zweiten Weltkrieges hörte die »Steinbruch-Verwertungs G.m.b.H. Betrieb Schlier« nicht zu existieren auf. Etwa die ersten zehn Jahre nach dem Ende des Krieges standen in Zipf im Zeichen der langwierigen und mühsamen Liquidierung dieses Rüstungsbetriebes, der als »deutsches Eigentum« galt. Er hatte mehrere verschiedene Verwalter. Vom 16. Mai 1945 bis zum 4. April 1946 war Fritz Kretz senior kommissarischer Verwalter, ernannt von der US-amerikanischen Militärregierung in Linz. Er legte sein Amt wegen Unvereinbarkeit zurück, als er Vorstand der Brauerei wurde. Ab 5. April 1946 bis 1. Juli 1947 übernahm Eduard Hlouschek zunächst als ebenfalls von der Besatzungsmacht bestellter Verwalter. Nach der Übergabe des Unternehmens an die Österreicher wirkte er weiter bis zum 31. Dezember 1951, bestellt vom Bundesministerium für Vermögenssicherung und Wirtschaftsplanung. Sein Nachfolger war Heribert Wolf, vom 1. Jänner 1952 bis zum 15. März 1954. Schon davor übernahm sein Nachfolger Egon Pullmann, und zwar vom 1. März 1954 an.[13]

Der geschätzte Wert des Unternehmens war 1945/46 etwa 3,7 bis vier Millionen Reichsmark. Davon machte das Bankguthaben rund 1,6 Millionen aus, der große Rest war in Immobilien investiert. In den ersten Monaten wurde vor allem Personal abgebaut, und zwar wurde die Belegschaft von 68 Angestellten und 265 Arbeitern am 30. April 1945 auf 20 Angestellte und 65 Arbeiter am 1. Oktober reduziert. 1947 hatte der ehemalige Rüstungsbetrieb nur mehr 30 Beschäftigte. Die Verwalter legten den Behörden in der Nachkriegszeit verschiedene mögliche Projekte vor, um den Betrieb weiterzuführen, zum Beispiel die Erzeugung von Kalkstickstoff. Diese Tätigkeiten kamen aber nicht zustande. Daher war der ehemalige Rüstungsbetrieb in Zipf seit Kriegsende eine reine Verwaltung und Liquidierung des vorhandenen Vermögens ohne eigene Produktion. Man verkaufte hauptsächlich das bewegliche Vermögen des Unternehmens, um an Geld zu kommen.[14]

Die wertvollsten Vermögenswerte des ehemaligen Rüstungsbetriebes nahmen die US-Besatzungsbehörden allerdings von der selbständigen Verwertung aus: Maschinen mit einem (später) geschätzten Gesamtwert von sieben Millionen

Schilling, sieben große Luftkompressoren mit den dazugehörigen Trennanlagen, mit denen man den flüssigen Sauerstoff für die Brennkammertests hergestellt hatte, wurden zu »Beutegut« erklärt. Zwei davon wurden im Herbst 1946 abgebaut und in die Niederlande transportiert. Sie waren der niederländischen Regierung als Entschädigung für zwei während des Zweiten Weltkrieges bei einem Düngeproduzenten im Ort Sluiskil geplünderte Maschinen zugesprochen worden. Da die niederländischen Maschinen inzwischen bei den Stickstoffwerken in Linz standen und dort unentbehrlich waren, hatte man die überflüssig gewordenen Maschinen in Zipf angeboten. Die restlichen fünf Maschinen kaufte die Republik Österreich von der US-Besatzungsmacht. Die Republik wiederum veräußerte eine an die Vereinigten Österreichische Eisen- und Stahlwerke (VOEST) und vier an die Stickstoffwerke in Linz. Der Erlös aus diesen Verkäufen floss nicht an die Liquidatoren des ehemaligen Rüstungsbetriebes zurück.[15]

Zwischen den Verwaltern des ehemaligen Rüstungsbetriebes und dem Vorstand der Brauerei Zipf entbrannte ein jahrelanger, auch vor Gericht geführter Kleinkrieg. Dabei trafen die manchmal etwas großzügig berechneten Forderungen der Brauerei – man verlangte punktuell Entschädigung für Schäden der NS-Zeit ohne Zusammenhang mit dem Rüstungsbetrieb – auf eine verschleppende Hinhaltetaktik von Seiten der Schlier, die sich im Laufe der Jahre nur schrittweise aus der Brauerei zurückzog. Interventionen der Brauerei beim zuständigen Finanzminister für eine schnelle Abwicklung fruchteten kaum; die US-Behörden sorgten ebenfalls für einige Verzögerungen, weil sie ein Auge auf die Angelegenheit behielten. In den ersten Jahren nach Kriegsende machte der ehemalige Rüstungsbetrieb einige der baulichen Maßnahmen auf Brauereigelände rückgängig – so wurden etwa Grundstücke am Hügel wiederaufgeforstet, die benutzten Liegenschaften planiert, Baracken entfernt, Böschungen saniert, Wasserleitungen instandgesetzt und Verkehrswege erneuert. Aus dem Brauereigelände zog sich der ehemalige Rüstungsbetrieb aber nur sehr langsam zurück, obwohl er für die beanspruchten Immobilien Miete zahlen musste. Bis Dezember 1945 waren vier Keller geräumt, weitere folgten mitunter einzeln im Abstand von jeweils einigen Monaten zwischen Juli 1946 und Juni 1951. Wiederherstellungsarbeiten konnten erst 1948 begonnen werden, da US-amerikanische Truppen davor den Zutritt einschränkten. Im Jahr 1950 ging das Zufahrtsgleis zum ehemaligen Rüstungsbetrieb auf dem Grund der Brauerei gegen Aufrechnung der Schulden des Rüstungsbetriebes in das Eigentum des Brauunternehmens über. Es führte die Gleisanlage danach als beschränkt öffentliche Eisenbahn mit Diesel-Lokomotiven. Den Betrieb auf der Schmalspurbahn stellte man 1951 ein, die alte Anlage aus dem 19. Jahrhundert wurde in der Folge abgetragen. 1952 wurde der letzte requirierte Lagerkeller zurückgegeben. Die neu

Abb. 24 Postkarte mit Ansicht der Brauerei in den 1950er Jahren, mit dem Gleis des Rüstungsbetriebes im Vordergrund.

gegrabenen Keller Nummer 20 und 21 konnten in der Folge genutzt werden, waren aber zu eng, um als Bierlagerkeller zu fungieren, und dienten nur in geringem Maße als Abstellraum. Anfang 1953 einigte sich der Vorstand der Brauerei Zipf mit den Verwaltern des ehemaligen Rüstungsbetriebes auf eine Entschädigungssumme für die Wiederinstandsetzung der Keller, von der ein Teil mit dem Bahngleis gegengerechnet und ein anderer mit Materialien, welche der Rüstungsbetrieb an die Brauerei abgab, abgegolten wurde. Außerdem räumte Schlier die Grundflächen und übergab die Bauten an die Brauerei.[16]

Die baulichen Reste des ehemaligen Rüstungsbetriebes lagen zum Großteil auf Gründen der Brauerei und wurden im Laufe der Jahre großteils abgetragen oder adaptiert, weil sie einer Nutzung für den Braubetrieb nur bedingt zugeführt werden konnten. Der ehemalige Testbunker, das sogenannte »Objekt 10«, lag jedoch nicht auf Brauereigründen. Dem Zipfer Vorstand war es ein Dorn im Auge, dass über den Bunker und den Liftschacht eine Möglichkeit bestand, in die Brauereikeller zu kommen. Daher einigte sich die Brauereileitung mit den Eigentümern der beiden in Frage kommenden Landparzellen auf dem Hügel oberhalb der Brauerei, Alfred Kretz und Wilhelm Limbeck-Lilienau, Anfang der 1950er Jahre über den Ankauf des betreffenden Grundes.[17] Offen blieben nach der Räumung 1953 nur bestehende Schulden aus der NS-Zeit und die Frage der Entschädigung für die 528 teilweise zerstörten Fässer. Die Schulden aus der Zeit vor dem Kriegsende wurden von der österreichischen öffentlichen Verwaltung prinzipiell nicht bezahlt und galten als verloren. Die Entschädigung für die Fässer wurde erst im September 1957 mit einem Vergleich bereinigt, im Zuge dessen der ehemalige Rüstungsbetrieb schließlich 400.000 Schilling zahlte.[18]

Resümierend stellte der Vorstand in seinem Bericht an die Hauptversammlung der Zipfer Aktiengesellschaft vom Mai 1954 fest: »[W]enn wir uns anläßlich seines [des Rüstungsbetriebs, Anm. d. A.] zehnjährigen Bestandes rückblickend alle Schwierigkeiten vergegenwärtigen, die er uns gebracht hat, dann müssen wir feststellen, daß er die Hauptursache dafür war, daß wir in unserer Entwicklung weit weniger vorangekommen sind, als wir erwarten durften.«[19] Letztendlich war aus Sicht der Leitung der Brauerei der Rüstungsbetrieb lange Jahre ein »Klotz am Bein« und somit der Grund dafür, dass die Brauerei Zipf erst zu einem Zeitpunkt mit dem Wiederaufbau beginnen konnte, als andere Unternehmen damit schon weit fortgeschritten waren oder ihn beendet hatten.[20]

4.2.2 Unternehmensentwicklung der Zipfer Brauerei 1945–1958

Ende Dezember 1945 zog der Zipfer Aufsichtsrat Bilanz über die Ereignisse des letzten Jahres: Einige Immobilien der Brauerei Zipf waren beschädigt oder teilweise zerstört, und zwar die Bierdepots in Innsbruck und Wels, ein Gasthaus in Linz und Bauten im Bereich der Filialbrauerei Wörgl. Zahlreiche teure Geräte wurden dadurch ebenfalls vernichtet, wie zum Beispiel Kühlanlagen und ein Eisenbahnwaggon. Der Gesamtschaden belief sich auf 162.000 Reichsmark. Wertlos geworden waren Wertpapiere im Wert von fast 1,5 Millionen Reichsmark und ein Finanzamtsguthaben von 500.000 Reichsmark. Im Kalenderjahr 1945 wurde in Zipf gar kein Bier produziert, da Malzvorräte vor Kriegsende beschlagnahmt worden waren, Transportmittel größtenteils ausfielen und auch viele Gaststätten geschlossen hatten. Die Monate des Stillstandes nutzte man in der Brauerei, so weit wie möglich um notwendige Instandhaltungsarbeiten durchzuführen.[21]

Die personellen Konsequenzen des Kriegsendes und des Betriebsstillstandes waren weitreichend: Die Leitung der Brauerei kündigte 1945 im Einvernehmen mit dem Betriebsrat zwölf wegen nationalsozialistischer Betätigung untragbaren Beschäftigten beziehungsweise entließ sie. Aus dem Aufsichtsrat schieden wegen des Endes der NS-Diktatur Werner Kaltenbrunner, Ernst Hoffmann und Kurt Galle aus, die beiden Ersteren wegen ihrer starken politischen Verstrickung, Letzterer wohl wegen Zugehörigkeit zum NS-Rechtswahrerbund. Am Ende des Braujahres 1944/45 hatte die Brauerei Zipf 120 Mitarbeiterinnen und Mitarbeiter, davon 83 Arbeiter, sechs Arbeiterinnen, 21 männliche Angestellte, acht weibli-

Abb. 25 Der ehemalige Testbunker »Objekt 10« in den frühen 1950er Jahren, mit Gerüsten zur Eisherstellung.

che Angestellte und zwei Lehrlinge. 1945 arbeiteten rund 300 Menschen weniger in der Brauerei als noch 1939.[22]

Ab dem Februar 1946 (in Wörgl ab Juni) nahm die Brauerei Zipf wieder die Bierproduktion auf. Die ersten Jahre waren davon geprägt, dass diverse Schwierigkeiten wie die Knappheit an Rohstoffen, Fahrzeugen und Ersatzteilen die Brauerei davon abhielten, ihre Kundinnen und Kunden mit der gewünschten Menge an Bier zu versorgen. Dazu kamen einzelne Jahre, in denen das schlechte Wetter und die gute Wein- oder Mostproduktion den Bierkonsum generell senkten, wie etwa im Braujahr 1947/48. Zeitgleich mit den anderen Brauereien begann man in Zipf ab dem Braujahr 1948/49 7,5-grädiges Bier herzustellen und ab 1949/50 wieder zwölfgrädiges. Damit ging eine Absatzsteigerung einher, die Anfang der 1950er Jahre weiter anhielt, sodass ein ähnlicher Ausstoß wie vor dem Zweiten Weltkrieg erzielt werden konnte. Der Aufwärtstrend beim Ausstoß setzte sich fort, bis 1958 wieder das Niveau der Jahre um 1930 erreicht war. In konkreten Zahlen bewegte sich der Ausstoß (dessen Werte nun in Kalenderjahren vorlagen) wie folgt: Nach 73.000 Hektolitern im Jahr 1946 folgte zunächst eine Stagnationsphase mit 62.000 Hektolitern 1947, 64.000 im Jahr 1948 und wiederum nur 63.000 ein Jahr später. In den 1950ern ging es bald rasch bergauf, von 105.000 Hektolitern 1950 und 109.000 Hektolitern 1951 auf 149.000 im Jahr 1952, dann 160.000 (1953), 166.000 (1954), 180.000 (1955). Im nächsten Jahr kam man auf 186.000, dann 1957 auf 198.000, und 1958 überschritt die Brauerei wieder eine magische Grenze mit 208.000 Hektolitern Ausstoß. Neben dem Ausstoß als Kennziffer kann man auch aus der Schillingeröffnungsbilanz zum 1. September 1954 die Situation des Unternehmens während der 1950er Jahre entnehmen: Die Aktiven und Passiven betrugen laut der Bilanz 65.773.343,32 Schilling. Das Grundkapital stellte man im Verhältnis von eins zu vier auf 20 Millionen Schilling um. Im Aufsichtsrat der Brauerei Zipf kehrte nach den Krisen wieder Stabilität ein. Die Mehrheitsgruppe stellte 1945 bis 1958 durchgehend den Vorsitzenden des Aufsichtsrates. Von 1945 bis ins Braujahr 1952/53 war Wilhelm Limbeck-Lilienau Vorsitzender, danach bis 1958 Kurt Galle. Bezüglich des Stellvertreters hatte man sich mit der – nun wieder Österreichischen – Brau-AG geeinigt, die 1945 bis ins Braujahr 1955/56 Hermann Auer und dann Gustav Eder auf diesen Posten entsandte. Während der gesamten in diesem Kapitel betrachteten Periode waren Limbeck-Lilienau, Eder, Paul Kretz und Ernst Vigl Aufsichtsratsmitglieder. Weitere Mitglieder (mit Wirkungsdauer) waren Auer (1945–1957), Galle (1949/50–1958), Otto Mayr (1945–1949/59), Hans Richter (1945–1951), Karl Fritz (1951/52–1955/56), Georg Beurle und Franz Pretzl (beide 1956/57–1958). Vertreter des Betriebsrates waren ab 1948 im Aufsichtsrat, und zwar Josef Fessl (1948–1952/53) und August Bortenschäger (1953/54–1958) für die Arbeiter und Karl Guschlbauer (1948–1952/53), Franz Gumpelmayer (1953/54–1957) und Hans Kronewitter (1958) für die Angestellten. Der wichtige Vorstand der Aktiengesellschaft war fast durchgehend Fritz Kretz senior (1946–1958). An seiner Seite wirkten Franz Schreiber (1945–1947), Wilhelm Nemenz (1947–1958), Erwin Höltl (1953/54–1957) und ab 1958 Gottfried Nüchtern.[23]

Die schwierige Situation der Nachkriegsjahre wirkte sich auf die Dividenden aus: Im Braujahr 1944/45 gab es keine Dividende, da Kriegsende und Wirren der Nachkriegszeit im Kalenderjahr 1945 die Biererzeugung verhinderten. In den folgenden drei Braujahren (1945/46, 1946/47 und 1947/48) wurde auch keine ausgeschüttet. 1948/49 hatte sich die Lage so weit gebessert, dass wieder 4,8 Prozent ausbezahlt werden konnten. Die frühen 1950er Jahre waren von der Rückkehr zu mindestens fünfprozentiger Dividende geprägt, und zwar fünf plus ein Prozent extra 1949/50, fünf plus drei Prozent 1950/51, fünf Prozent 1951/52, fünf plus fünf Prozent 1952/53 und sogar fünf plus acht Prozent 1953/54. Die zwei ersten Bilanzjahre in der neuen Währung des Schillings (1954/55, 1955/56) wiesen je 3,5 Prozent Dividende auf. Im letzten Berichtsjahr, das nicht mit dem Kalenderjahr identisch war, gab es fünf Prozent, im Jahresrest 1957 noch einmal zwei Prozent. Im nun mit dem Kalenderjahr identischen Berichtsjahr 1958 war die Dividende bei sieben Prozent.[24]

4.3 Die Brauerei Zipf nach 1958

4.3.1 Überblick über die Geschäfts- und Organisationsentwicklung 1959–1969

Die letzten zehn Jahre als eigenständiges Unternehmen standen in Zipf im Zeichen einer stetigen Ausweitung der Produktion mit jährlichen Zuwächsen von an die 20.000 Hektolitern oder mehr: Der Bierausstoß betrug im Berichtsjahr 1959 mehr als 206.000, 1960 etwa 227.000 Hektoliter, 1961 überstieg er mit fast 254.000 eine Viertelmillion Hektoliter. 1962 gab es eine etwas geringere Steigerung auf 270.000 Hektoliter, und im Jahr darauf waren es 291.000. 1964 erreichte der Ausstoß fast 320.000 und stieg danach jährlich in ähnlich großen Schritten (1965: 340.000, 1966: 374.000, 1967: 404.000, 1968: 423.000) bis 1969 auf 444.000 Hektoliter an. Der Bierausstoß von Zipf hatte sich also in den 1960er Jahren verdoppelt, Zipf war zum fünftgrößten Brauunternehmen Österreichs geworden, und der Marktanteil von Zipfer Bier in Österreich war auf sechs Prozent gestiegen. Korrespondierend mit den Produktionssteigerungen gab es gute Dividenden: sieben Prozent 1959, neun Prozent 1960, zehn Prozent 1961–1963, elf Prozent 1964 und 1965, zwölf Prozent 1966–1968 und 14 Prozent 1969. Um die großen Produktionszuwächse zu erreichen, musste das Unternehmen kontinuierlich ausgebaut werden. Anfang der 1960er Jahre erweiterte man zunächst die Wasserreservoire. Dann folgte 1963 eine moderne Sudhausanlage mit vier Gefäßen, einem Maischefilter und einer zentralen Schaltanlage für 14,6 Millionen Schilling, die das seit rund 60 Jahren bestehende und zuletzt im Zweiten Weltkrieg mit einem neuen Kessel ausgestattete Sudhaus ersetzte. Schließlich wurden die Gär- und Lagerkeller nach der Nutzung durch den Rüstungsbetrieb wieder adaptiert, erweitert und die alten Holzfässer bis 1964 durch Aluminiumtanks beziehungsweise Stahlemailgefäße ersetzt. 1964 begann auch der Umbau der Kühlanlagen. Die alten Anlagen gingen noch auf das späte 19. Jahrhundert zurück und waren noch von Wilhelm Schaup angeschafft worden. Man ersetzte sie durch moderne Kompressoren mit deutlich mehr Leistung. Verschiedene kleinere Investitionen wie ein Drucktankraum für Flaschenbier, Einpackmaschinen, ein Keimkasten für die Mälzerei und eine Etikettiermaschine kamen noch hinzu.[25]

Ein großer Schritt vorwärts war die Errichtung einer neuen Flaschen- und Lagerhalle im Jahre 1967, die es möglich machte, in der Brauerei insgesamt 56.000

Flaschen in der Stunde abzufüllen. Drei Jahre wurden gebraucht für Planung und Bau. Diese Investition, welche eine der größten der Nachkriegszeit war, kostete allein 40 Millionen Schilling. Sie war auch bitter nötig: Der Anteil von Fassbier am Gesamtausstoß in Zipf nahm nämlich – dem allgemeinen Trend folgend – zwischen 1959 und 1969 kontinuierlich ab. 1959 waren noch 34 Prozent der Produktion in Fässer abgefüllt worden. Danach sank der Anteil pro Jahr um ein bis vier Prozent, bis er sich Ende der 1960er Jahre bei 20 Prozent einpendelte. Insgesamt flossen in den 1960er Jahren rund 250 Millionen Schilling in den Ausbau der Zipfer Brauerei.[26]

Gleichzeitig arbeitete man an neuen Produkten und einem neuen Markenbild. Es war wie das alte Markenschild von 1920 bis 1964 blau-weiß gehalten – in Abgrenzung zum roten Schild der Linzer Brauerei oder dem grünen Logo der Gösser Brauerei –, aber eine moderne Schrift ersetzte die alte, in Fraktur gehaltene Aufschrift »Zipfer Bier«. Gleichzeitig stellte man die Marke unter die Devise »Zipfer – ein Glas heller Freude« und integrierte für manche Verwendungen das Logo in ein Brauerwappen, ein Bottich, gehalten von zwei Löwen mit einer Krone. Etiketten, Fuhrpark und Absatzstätten wurden einheitlich gestaltet. Das wesentliche neue Produkt (1967) war ein Bier schlank-hopfigen Geschmacktyps, das nach einem Wettbewerb zur Namensfindung »Zipfer Urtyp« genannt wurde. Es stand im damaligen Trend zu pilsartigen helleren Bieren mit weniger Malz und mehr Hopfen, die einen schlanken und herben Geschmack hatten. Bis zu den 1990er Jahren wuchs der Anteil des Bieres am Gesamtausstoß auf 63 Prozent.[27]

Ein wichtiger Bereich der Tätigkeit des Unternehmens soll abschließend noch erwähnt werden: Nach dem Zweiten Weltkrieg fuhren die Brauerei Zipf und vor allem der bei ihr angesiedelte Unterstützungsfonds fort, die soziale Situation der Beschäftigten zu verbessern. 1946 gewährte das Unternehmen dem Fonds eine Finanzspritze von 230.000 Schilling, und in der Folgezeit glich die Brauerei die Kosten des Fonds aus. Dieser wurde von einem Vorstandsmitglied der Brauerei geleitet, dessen Stellvertreter der Leiter des Personalbüros war. Vertreten war die Belegschaft darin durch die Angestellten- und Arbeiterbetriebsräte. Eine Hauptaufgabe des Fonds war es, Pensionen und Unterstützungen auszuzahlen. Zwischen 1945 und 1968 erhielten 248 Empfängerinnen und Empfänger mehr als 6,6 Millionen Schilling. Seit 1961 zahlte der Fonds Studienbeihilfen, die sich bis 1968 insgesamt auf 212.000 Schilling beliefen. Auf dem Gebiet der Wohnbauförderung arbeitete er eng mit der Brauerei zusammen: Eine Reihe von Grundstücken des Unternehmens wurde Beschäftigten unter Auflage des Vorkaufsrechts des Unternehmens oder von Betriebsangehörigen übereignet, der Fonds wiederum vergab ab 1952/53 billige Darlehen an Berechtigte. Bis 1968 erhielten so 110 Personen insgesamt 2,4 Millionen Schilling aus Fondsmitteln.[28]

4.3.2 Die Fusion 1970 und Zipf als Teil der Brau-AG

Nachdem im Jahre 1945 alle von der NSDAP in den Aufsichtsrat von Zipf entsandten Mitglieder ausgeschieden waren, kehrten in Zipf – mit geringfügigen Verschiebungen zugunsten der Brau-AG – wieder die Machtverhältnisse der Vorkriegsjahre zurück, nämlich die Familiengruppe als Mehrheitseigentümerin und die Brau-AG als Minderheit. Die Familiengruppe wurde in der Nachkriegszeit im Wesentlichen durch die üblichen Syndikatsübereinkommen vereint. Das Syndikat von 1941 war bis 1945 geschlossen worden und verlängerte sich mangels Kündigung wiederholt um drei Jahre. 1958 schlossen die Familien Limbeck-Lilienau, Kretz und Nüchtern ein auf zehn Jahre geltendes Syndikat zur einheitlichen Stimmabgabe in den Organen der Aktiengesellschaft, welches etwa 53 Prozent der Aktien Zipfs in sich vereinte. Es sah eine Leitung, Versammlungen, eine einheitliche Vertretung im Aufsichtsrat, ein Schiedsgericht und ein gemeinsames Depot vor. Die im Syndikat gebundenen Aktien durften ohne Beschluss nur an Mitglieder oder deren Kernfamilien weitergegeben werden, sonst drohten Strafen. Dadurch, dass die Familien bereits zahlreiche Nachkommen zählten und die immer kleiner werdenden Aktienpakete nicht immer im Syndikat gehalten werden konnten, verringerte sich die Mehrheit des Syndikats im Unternehmen bis 1968 auf nur mehr knapp über 50 Prozent, aufgeteilt auf 17 verschiedene Mitglieder. Vor diesem Hintergrund ist die folgende Entwicklung zu sehen.[29]

Anfang der 1960er Jahre begann eine langsame Annäherung[30] der zentralen Akteure von Zipf und der Brau-AG. Zum Ausdruck kam dies beispielsweise am 16. Oktober 1961, als das 40-jährige Jubiläum der Brau-AG und das 40-jährige Berufsjubiläum des damaligen Generaldirektors Gustav Eder gefeiert wurden. Fritz Kretz senior war in seiner Eigenschaft als Vizepräsident der Kammer der gewerblichen Wirtschaft Oberösterreichs einer der Festredner. Er erinnerte an die gemeinsame Fronterfahrung, denn beide hatten bei Batterien des k. u. k. Feldartillerieregiments 103 gedient, die 1918 nahe beieinander an der Südwestfront gegen Italien unweit des Monte Grappa stationiert waren. Zudem betonte er, obwohl es manches »Auf und Ab« gegeben habe, vor allem die positiven Aspekte der Zusammenarbeit. Hält man sich das überaus gespannte Verhältnis zwischen Zipf und der Brau-AG während der 1940er Jahre vor Augen, so war dies bemerkenswert und mehr als eine oberflächliche Gratulation für einen Jubilar. Eder reagierte herzlich in seiner Antwort und schloss mit den Worten, dass es ihn

»sehr freuen würde, wenn das bestimmt sehr angenehme und gute Verhältnis, das zu den verschiedenen Institutionen besteht, insbesondere zu der Firma, der er angehört, auch weiterhin bestehen« bliebe.[31] Dieses Ereignis mit starkem Symbolwert war Ausdruck der generellen Annäherung von Spitzenmanagern beider Unternehmen. In der jüngeren Generation knüpfte der im kaufmännischen Bereich Zipfs tätige Gottfried Nüchtern (der Sohn von Fritz Kretz seniors Schwester Bertha, die den Schriftsteller Johann [Hans] Nüchtern geheiratet hatte) Kontakte zu Brau-AG-Vorstandsmitglied Christian Beurle.[32]

1963 war dieser Annäherungsprozess so weit gediehen, dass die Brauerei Zipf mit der Österreichischen Brau-AG ein Arbeitsübereinkommen schloss. Es sah einen Arbeitsausschuss aus je zwei Vorstandsmitgliedern vor, der gemeinsame Probleme, aber auch Pläne und Wirtschaftspolitik besprechen und die Unternehmen etwa bei Lohn- und Gehaltsfragen, Investitionen oder Verkaufspolitik koordinieren sollte. Des Weiteren sagten beide Partner zu, sich bei Absatzfragen abzusprechen, also die Konkurrenz um Absatzstätten zu beseitigen und gegebenenfalls ungünstig gelegene Kundinnen und Kunden abzutauschen. Ein weiterer wichtiger Punkt war, dass Zipfer Aktien, die einem der beiden Vertragspartner angeboten wurden, in der Regel nur gemeinsam je zur Hälfte zu erwerben waren. Damit wurde verhindert, dass sich am Verhältnis der Aktienpakete zueinander etwas änderte. Überwachen sollten dieses ab 1. Jänner 1964 für drei Jahre geltende, verlängerbare Übereinkommen zwei wechselseitig in die Vorstände entsandte Vertreter. Die Selbständigkeit der beiden Unternehmen blieb (zunächst noch) gewahrt.[33]

Fritz Kretz senior resümierte diese Entwicklung einige Jahre später wie folgt: »Wir mußten über unsere Mauer hinausspringen und trachten, auch außen Geltung zu erringen. Die Zeiten meines Hochmuts – der splendid isolation – waren damit für Zipf zu Ende. Ich sage heute ruhig, daß ich solche Wege ungern und zögernd ging. Sie waren mir fremd! Ich habe mich jedoch der Einsicht nicht verschlossen, daß sie in der modernen Industriewirtschaft notwendig sind.«[34] Das – heutzutage kartellrechtlich wohl nicht mehr zulässige – Arbeitsübereinkommen bereitete *de facto* eine Fusion vor, da es zu einer immer engeren Zusammenarbeit der beiden Unternehmen kam, die faktisch eine gemeinsame Geschäftspolitik begründete. 1969 kam es schließlich auf Initiative des Vorstandsvorsitzenden der Brauerei Schwechat A.G., Gustav Mautner-Markhof, zu Gesprächen zwischen seinem Unternehmen, der Brau-AG und der Brauerei Zipf über einen möglichen Zusammenschluss. Die Brauerei Schwechat schied bald wieder aus den Gesprächen aus, in Zipf entschied man sich für eine Vereinigung.[35] Dies passierte innerhalb weniger Monate, denn im Zipfer Syndikat wollte man die Gunst der Stunde für vorteilhafte Fusionskonditionen nutzen, bevor durch einen etwaigen Verlust der nur mehr hauchdünnen Mehrheit die eigene Verhandlungsposition geschwächt werden würde. Da die Brau-AG außerdem bereits die Kündigung des Arbeitsübereinkommens in den Raum gestellt hatte, gab es keine realistische Alternative zur Fusion. Einen wirtschaftlichen Kampf gegen die Brau-AG konnte Zipf vernünftigerweise nicht mehr führen. Den Beschluss zur Fusion der Brauerei Zipf mit der Brau-AG fassten die Mitglieder des Zipfer Syndikats im Herbst einstimmig.[36]

Am 25. November 1969 schlossen die Vertreter der Brau-AG, Christian Beurle und Hermann Falkensammer, sowie die Repräsentanten der Brauerei Zipf, Fritz Kretz senior und Gottfried Nüchtern, einen Verschmelzungsvertrag. Das Vermögen der Brauerei ging mit allen Rechten und Pflichten als Ganzes in das Eigentum der Brau-AG über. Alle nicht im Eigentum der Brau-AG befindlichen Aktien der Brauerei Zipf, insgesamt Papiere im Wert von 23 Millionen Schilling, wurden im Verhältnis eins zu 1,4 in Aktien der Brau-AG umgetauscht. Um den gleichen Wert erhöhte sich das Grundkapital der Brau-AG.[37] Am 1. Jänner 1970 trat die Fusion der Brauerei Zipf mit der Brau-AG in Kraft. Georg Beurle wies darauf hin, dass diese Fusion den seit den 1930er Jahren bedeutsamsten Zusammenschluss in der österreichischen Brauindustrie darstellte, und ein Blick auf die Zahlen bestätigt dies: Im Fusionsjahr 1970 entfiel ein Viertel des Gesamtausstoßes der Brau-AG auf die Brauerei Zipf, in Zahlen 450.000 Hektoliter von 1,8 Millionen Hektolitern. Die Brau-AG hatte damit einen Anteil von rund 25 Prozent an der österreichischen Gesamtproduktion von 7,2 Millionen Hektolitern Bier im Braujahr 1969/70.[38]

Als Teil der Brau-AG machte die nun als Betriebsstätte geführte Brauerei Zipf die weiteren Entwicklungen des immer komplexer werdenden österreichischen Braukonzerns mit: Im Jahre 1977 nahm die Brauerei Schwechat nach empfindlichen Absatzeinbußen Gespräche mit der Brau-AG auf. Man wurde sich diesmal einig und verschmolz die beiden betreffenden Holding-Gesellschaften 1978. Einige Zeit später wurde der Braubetrieb der Brauerei Schwechat in die Brau-AG eingebracht und die Schwechater Aktiengesellschaft zu einer Zwischenholding gemacht. Durch diese Fusion stiegen der Ausstoß der Brau-AG auf drei Millionen Hektoliter und ihr Anteil am österreichischen Biermarkt auf 39 Prozent. Nachdem sich der alkoholfreie Sektor der Brau-AG durch weitere Unternehmensübernahmen in den 1970er Jahren vergrößert hatte, entschloss sich die Leitung, 1988 eine Muttergesellschaft namens »Österreichische Brau-Beteiligungs-AG« (BBAG) zu gründen, der mehrere Tochtergesellschaften, unter anderem die traditionelle Biersparte als »Österreichische BrauAG«, aber auch Gesellschaften mit alkoholfreier Getränkeerzeugung angehörten. Wegen des Ankaufs von ausländischen Brauereien etwa in der Tschechischen Republik, in Ungarn, Polen und Rumänien fasste die BBAG ihr gesamtes in- und ausländisches Biergeschäft 1993 in der »Brau-Union AG« zusammen. 1991 hatte die BBAG außerdem Beteiligungen der Creditanstalt-Bankverein an den steirischen Brauereien Göss und Reininghaus (Letztere konzentrierte seit 1947 ihre gesamte Bierproduktion in Puntigam) erworben.[39] Damit dehnte der Linzer Konzern seine Einflusssphäre in die steirische Braulandschaft aus, deren große Brauereien bereits seit 1977 unter dem Dach der »Steirerbrau AG« zusammengefasst waren. Diese regionale Dachgesellschaft fusionierte per 1. Jänner 1998 mit der BrauAG zur »Brau Union Österreich AG«, einer Tochtergesellschaft der BBAG.[40]

Über dieser Unternehmensgruppe, an der von 1967 bis 2002 übrigens auch die deutsche Oetker-Gruppe beteiligt war, entstand im Laufe der Jahre ein stets komplexer werdender Überbau an Holdinggesellschaften, teilweise befeuert durch Auseinandersetzungen zwischen Aktionärsgruppen. Im Zuge von strategischen Überlegungen über die Zukunft des Konzerns kam es 2003 zu einem Angebot der niederländischen Heineken Aktiengesellschaft. Damit trat ein sehr großer Konzern in Österreich auf, denn der Heineken-Konzern war 2002 mit einem Bierausstoß von fast 109 Millionen Hektoliter der drittgrößte Braukonzern der Welt. Er beschäftigte in diesem Jahr über 48.000 Mitarbeiter bei einem Umsatz von über zehn Milliarden Euro. Im Gegensatz dazu war die Brau Union Österreich AG, deren Teil auch die Zipfer Brauerei war, mit einem Getränkeverkauf von 5,7 Millionen Hektolitern, knapp 2.400 Mitarbeitern und einem Umsatz von 585 Millionen Euro im selben Jahr vergleichsweise klein. Heineken übernahm nach Annahme des Angebotes für rund 1,9 Milliarden Euro die Mehrheit an der »Getränke-Beteiligungs-AG«, der nach einer Vereinfachung des Überbaus maßgeblichen Obergesellschaft der BBAG. 2004 erwarb Heineken schließlich die im Streubesitz befindlichen Aktien der BBAG und der Brau Union Österreich AG, womit die Übernahme vollzogen war.[41]

Anmerkungen

1 *Slapnicka*, Oberösterreich – Als es »Oberdonau« hieß, 135.

2 *Beurle*, 50 Jahre, 14 f.; *Hohensinn*, Geschichte, 183 f.; *Riedl*, Die österreichische Brauindustrie, 14.

3 *Dobner-Dobenau*, Marktlage, 59.

4 *Kretz*, Die Entwicklung der österreichischen Brauwirtschaft, 73.

5 *Dobner-Dobenau*, Marktlage, 59; *Kolar*, Konzentrations- und Kartellpolitik, 90. Vor der behördlichen Freigabe der hochgrädigen Bierproduktion produzierten regional einige kleine Landbrauereien aufgrund ihrer besseren Verbindungen zu Bauern und Einkäufen auf dem Schwarzmarkt

bereits stärkeres Bier als die großen Unternehmen und konnten ihnen dadurch für kurze Zeit Marktanteile nehmen: *Hohensinn*, Geschichte, 186f.

6 *Kolar*, Konzentrations- und Kartellpolitik, 91; *Mähr*, Der Marshallplan, 248; *Sandgruber*, Ökonomie und Politik, 451f.; *Wessely*, Strukturprobleme, 131.

7 *Hohensinn*, Geschichte, 189–198.

8 *Dobner-Dobenau*, Marktlage, 61; *Hohensinn*, Geschichte, 207. Zum Konzentrationsprozess der Brauindustrie und ihrer Situation im späten 20. Jahrhundert siehe etwa *Jäger*, Markt und Konzentration; *Schüppel*, The Beer-brewing Industry in Great Britain and Austria.

9 *Kretz*, Die Entwicklung der österreichischen Brauwirtschaft, 73; *Solé*, *Kodek*, *Völkl-Torggler*, Das Verfahren vor dem Kartellgericht, 4; *Wessely*, Strukturprobleme, 123–131.

10 *Hohensinn*, Geschichte, 233–242.

11 *Darthé*, Ottakringer, 64f.; *Hohensinn*, Geschichte, 183, 199–202.

12 *Hohensinn*, Geschichte, 203f., 213.

13 ÖStA AdR, BMF-VS, Staatsvertragsakte 1091–1099, Nr. 20, Ktn 4754, Schreiben der öffentlichen Verwaltung der Steinbruch-Verwertungs G.m.b.H., Betrieb »Schlier« an das Bundesministerium für Finanzen Sektion Vermögenssicherung Abteilung 35 vom 31.10.1955, Zl. Dr.P/G; PAFKj, Schreiben der Bezirkshauptmannschaft Vöcklabruck an Fritz Kretz senior vom 16.5.1945. Zur US-amerikanischen Industriepolitik in Oberösterreich siehe *Tweraser*, US-Militärregierung.

14 NARA, RG 260, Records of the Property Control Branch of the U.S. Allied Commission for Austria (USACA), 1945–1950, 07.0041 Vö Steinbruch Vertungs [sic] Gmbh Betrieb »Schlier« (n.d.; April 1944–May 1946), Vermögensregister der Steinbruch-Verwertungs G.m.b.H.; ebd., Schreiben der Steinbruch-Verwertungs G.m.b.H. Betrieb Schlier an die oberösterreichische Landesregierung Abteilung Vermögenskontrolle vom 11.10.1945, Zl. v.F/Wa; ebd., Bericht über die Besichtigung des Sauerstoffwerkes Schlier in den Kellern der Brauerei Redl-Zipf vom 30.7.1945; ebd., RG 260, German external Assets Branch of the United States Element Allied Commission of Austria (USACA) Section 1945–1950, Schreiben der Steinbruch-Verwertungs G.m.b.H. Betrieb Schlier an den German External Assets Branch, R&D Division vom 29.12.1947, Zl. Hl/Mo/Wa, Beilage zu Punkt 1c; OÖLA, LR, Präs. 5291/1946, Schreiben der Steinbruch-Verwertungs G.m.b.H., Betrieb »Schlier« an Heinrich Gleißner vom 4.10.1945; ÖStA AdR, BMF-VS, Staatsvertragsakte 1091–1099, Nr. 20, Ktn 4754, Schreiben der öffentlichen Verwaltung der Steinbruch-Verwertungs G.m.b.H., Betrieb »Schlier« an das Bundesministerium für Finanzen Sektion Vermögenssicherung Abteilung 35 vom 31.10.1955, Zl. Dr.P/G.; PAFKj, Schreiben von Fritz Kretz junior an Markus Liebl vom 2.2.1999.

15 PAFKj, Abschrift einer Information über das Rechtsverhältnis zwischen der Brauerei Zipf Aktiengesellschaft vorm. Wm. Schaup in Zipf, Oberösterreich (im folgenden [sic] Brauerei genannt) und der Steinbruch-Verwertungs G.m.b.H. Betrieb Schlier, ebendort. (im folgenden [sic] Betrieb Schlier genannt) vom 19.9.1950; ebd., Gedächtnisnotiz über die Erwägungen, die für die Schlußverhandlungen mit der Schlier in Frage kommen vom 19.11.1952.

16 PAFKj, Niederschrift über die Sitzung des Aufsichtsrates der Brauerei Zipf Aktiengesellschaft vorm. Wm. Schaup in Zipf am 14.12.1945, Punkt 1 der Tagesordnung; ebd., Niederschrift über die am 12. Dezember 1949 stattgehabte Sitzung des Aufsichtsrates der Brauerei Zipf Aktiengesellschaft vorm. Wm. Schaup in Zipf; ebd., Bericht des Vorstandes über die Geschäftsgebarung im zweiten Viertel des Wirtschaftsjahres 1952/53 an den Aufsichtsrat der Brauerei Zipf Aktiengesellschaft vorm. Wm. Schaup vom 17.3.1953; ebd., Bemerkungen zur Klagebeantwortung des Dr. Kaser in der Rechtssache der Brauerei Zipf gegen die Steinbruch-Verwertungs Ges.m.b.H. Betrieb Schlier vom 21.10.1954; ebd., Memorandum über die Steinbruch-Verwertungs-Gesellschaft m.b.H. und Regressansprüche aus Aufwendungen, welche voraussichtlich erst nach deren Liquidation gemacht

werden vom 30.6.1949; ebd., Schreiben von Kurt Galle an die Brauerei Zipf Aktiengesellschaft vorm. Wm. Schaup vom 7.9.1954; ebd., Ergänzende Informationen über das Rechtsverhältnis zwischen der Brauerei Zipf Aktiengesellschaft vorm. Wm. Schaup in Zipf, Oberösterreich, (im folgenden [sic] Brauerei genannt) und der Steinbruchverwertungs G.m.b.H. Betrieb Schlier in Zipf (im folgenden [sic] Betrieb Schlier genannt) vom 6.12.1951; ebd., Stellungnahme zu den Forderungen der Brauerei Zipf Aktiengesellschaft, in Redl-Zipf von der Steinbruch-Verwertungs G.m.b.H. Betrieb Schlier ohne Datum; ebd., Schreiben der Steinbruch-Verwertungs G.m.b.H., Betrieb »Schlier« an die Brauerei Zipf A.G. vom 4.12.1947, Zl. Hl/Wa; *Aschauer*, Oberösterreichs Eisenbahnen, 131; *Sturm*, Geheimprojekt »Schlier«, 163; *Kretz*, 111 Jahre Zipfer, 10.

17 PAFKj, Niederschrift über die am 9. Juni 1951 stattgehabte Sitzung des Aufsichtsrates der Brauerei Zipf Aktiengesellschaft vorm. Wm. Schaup.

18 PAFKj, Memorandum über die Steinbruch-Verwertungs-Gesellschaft m.b.H. und Regressansprüche aus Aufwendungen, welche voraussichtlich erst nach deren Liquidation gemacht werden vom 30.6.1949; ebd., Abschrift bezüglich des Zahlungsverbotes für Verbindlichkeiten, die vor dem 5. Mai 1945 entstanden sind, ohne Datum; ebd., Schreiben der Steinbruch-Verwertungs G.m.b.H., Betrieb Schlier an Kurt Galle vom 25.9.1957, Zl. Ho/Hr.

19 PAStW, Geschäfts-Bericht der Brauerei Zipf Aktiengesellschaft vorm. Wm. Schaup über das Wirtschaftsjahr 1952/53 (1. September 1952 bis 31. August 1953) bestimmt für die Ordentliche Hauptversammlung am 6. August 1954 (Vöcklabruck [1954]), 1.

20 PAStW, Brauerei Zipf Aktiengesellschaft vorm. Wm. Schaup. Schilling-Eröffnungsbilanz zum 1. September 1954 samt Umstellungsbericht des Vorstandes. Geschäfts-Bericht für das Wirtschaftsjahr 1954/55 (1. September 1954 bis 31. August 1955) bestimmt für die ordentliche Hauptversammlung am 17. Dezember 1956 (Vöcklabruck [1956]), 13.

21 ABZ, Bericht über die bei der Brauerei Zipf Aktiengesellschaft vorm. Wm. Schaup Zipf, Ober Österreich durchgeführte Prüfung des Jahresabschlusses am 31. August 1945 der Treuhand-Aktiengesellschaft vom November 1946; PAFKj, Niederschrift über die Sitzung des Aufsichtsrates der Brauerei Zipf Aktiengesellschaft vorm. Wm. Schaup in Zipf am 14.12.1945, Punkt 1 der Tagesordnung.

22 ABZ, Bericht über die bei der Brauerei Zipf Aktiengesellschaft vorm. Wm. Schuap Zipf, Ober Österreich durchgeführte Prüfung des Jahresabschlusses am 31. August 1945 der Treuhand-Aktiengesellschaft vom November 1946; PAFKj, Abschrift eines Schreibens von Fritz Kretz senior an die Bezirkshauptmannschaft Vöcklabruck vom 21.6.1945; ebd., Niederschrift über die Sitzung des Aufsichtsrates der Brauerei Zipf Aktiengesellschaft vorm. Wm. Schaup in Zipf am 14.12.1945, Punkt 3 der Tagesordnung; PAStW, Geschäfts-Bericht der Brauerei Zipf Aktiengesellschaft vorm. Wm. Schaup über das Wirtschaftsjahr 1944/45 (1. September 1944 bis 31. August 1945) bestimmt für die Ordentliche Hauptversammlung am 24. Januar 1947 (Vöcklabruck [1947]); siehe zum Kontext *Mulley*, Zur Entnazifizierung der österreichischen Wirtschaft; *Stiefel*, Entnazifizierung, 191–260.

23 PAStW, Geschäfts-Bericht der Brauerei Zipf Aktiengesellschaft vorm. Wm. Schaup über das Wirtschaftsjahr 1944/45 (1. September 1944 bis 31. August 1945) bestimmt für die Ordentliche Hauptversammlung am 24. Januar 1947 (Vöcklabruck [1947]); ebd., Geschäfts-Bericht der Brauerei Zipf Aktiengesellschaft vorm. Wm. Schaup über das Wirtschaftsjahr 1945/46 (1. September 1945 bis 31. August 1946) bestimmt für die Ordentliche Hauptversammlung am 16. August 1947 ([Vöcklabruck] [1947]); ebd., Geschäfts-Bericht der Brauerei Zipf Aktiengesellschaft vorm. Wm. Schaup über das Wirtschaftsjahr 1946/47 (1. September 1946 bis 31. August 1947) bestimmt für die Ordentliche Hauptversammlung am 30. September 1948 ([Vöcklabruck] [1948]); ebd., Geschäfts-Be-

richt der Brauerei Zipf Aktiengesellschaft vorm. Wm. Schaup über das Wirtschaftsjahr 1947/48 (1. September 1947 bis 31. August 1948) bestimmt für die Ordentliche Hauptversammlung am 12. Dezember 1949 ([Vöcklabruck] [1949]); ebd., Geschäfts-Bericht der Brauerei Zipf Aktiengesellschaft vorm. Wm. Schaup über das Wirtschaftsjahr 1948/49 (1. September 1948 bis 31. August 1949) bestimmt für die Ordentliche Hauptversammlung am 29. September 1950 ([Vöcklabruck] [1950]); ebd., Geschäfts-Bericht der Brauerei Zipf Aktiengesellschaft vorm. Wm. Schaup über das Wirtschaftsjahr 1949/50 (1. September 1949 bis 31. August 1950) bestimmt für die Ordentliche Hauptversammlung am 7. September 1951 ([Vöcklabruck] [1951]); ebd., Geschäfts-Bericht der Brauerei Zipf Aktiengesellschaft vorm. Wm. Schaup über das Wirtschaftsjahr 1950/51 (1. September 1950 bis 31. August 1951) bestimmt für die Ordentliche Hauptversammlung am 8. August 1952 ([Vöcklabruck] [1952]); ebd., Geschäfts-Bericht der Brauerei Zipf Aktiengesellschaft vorm. Wm. Schaup über das Wirtschaftsjahr 1951/52 (1. September 1951 bis 31. August 1952) bestimmt für die Ordentliche Hauptversammlung am 28. August 1953 ([Vöcklabruck] [1953]); ebd., Geschäfts-Bericht der Brauerei Zipf Aktiengesellschaft vorm. Wm. Schaup über das Wirtschaftsjahr 1952/53 (1. September 1952 bis 31. August 1953) bestimmt für die Ordentliche Hauptversammlung am 6. August 1954 ([Vöcklabruck] [1954]); ebd., Geschäfts-Bericht der Brauerei Zipf Aktiengesellschaft vorm. Wm. Schaup über das Wirtschaftsjahr 1953/54 (1. September 1953 bis 31. August 1954) bestimmt für die Ordentliche Hauptversammlung am 16. Dezember 1955 ([Vöcklabruck] [1955]); ebd., Schilling-Eröffnungsbilanz zum 1. September 1954 samt Umstellungsbericht des Vorstandes. Geschäftsbericht der Brauerei Zipf Aktiengesellschaft vorm. Wm. Schaup über das Wirtschaftsjahr 1954/55 (1. September 1954 bis 31. August 1955) bestimmt für die ordentliche Hauptversammlung am 17. Dezember 1956 ([Vöcklabruck] [1956]); ebd., Geschäfts-Bericht der Brauerei Zipf Aktiengesellschaft vorm. Wm. Schaup über das Wirtschaftsjahr 1955/56 (1. September 1955 bis 31. August 1956) bestimmt für die 33. ordentliche Hauptversammlung am 14. Oktober 1957 ([Vöcklabruck] [1957]); ebd., Geschäfts-Bericht der Brauerei Zipf Aktiengesellschaft vorm. Wm. Schaup über das Wirtschaftsjahr 1956/57 (1. September 1956 bis 31. August 1957) und das Rumpfwirtschaftsjahr 1957 (1. September 1957 bis 31. Dezember 1957) bestimmt für die 34. Ordentliche Hauptversammlung am 21. August 1958 ([Vöcklabruck] [1958]); ebd., Geschäfts-Bericht der Brauerei Zipf Aktiengesellschaft vorm. Wm. Schaup über das Geschäftsjahr 1958 (1. Jänner 1958 bis 31. Dezember 1958) bestimmt für die 35. ordentliche Hauptversammlung am 18. September 1959 ([Vöcklabruck] [1959]); PAFKj, Tabelle Brauerei Zipf Ausstossentwicklung 1858–1982 samt Grafik.

24 PAFKj, Tabellenmäßige Aufstellung der Dividenden, Anlagen-Investitionen, des Kapitals und Erwerbungen zwischen 1921/22 und 1958 mit handschriftlichen Ergänzungen, vermutlich von Fritz Kretz senior.

25 PAStW, Geschäfts-Bericht der Brauerei Zipf Aktiengesellschaft vorm. Wm. Schaup über das Geschäftsjahr 1959 (1. Jänner 1959 bis 31. Dezember 1959) bestimmt für die 36. ordentliche Hauptversammlung am 29. August 1960 ([ohne Ort] [1960]); ebd., Geschäfts-Bericht der Brauerei Zipf Aktiengesellschaft vorm. Wm. Schaup über das Geschäftsjahr 1960 (1. Jänner 1960 bis 31. Dezember 1960) bestimmt für die 37. ordentliche Hauptversammlung am 25. August 1961 ([ohne Ort] [1961]); PAFKj, Geschäftsbericht 1961 der Brauerei Zipf Aktiengesellschaft vorm. Wm. Schaup. Zipf, Oberösterreich ([ohne Ort] [1962]); ebd., Geschäftsbericht der Brauerei Zipf Aktiengesellschaft vorm. Wm. Schaup. Zipf, Oberösterreich über das Geschäftsjahr 1962 (1. Jänner 1962 bis 31. Dezember 1962) bestimmt für die 39. ordentliche Hauptversammlung am 2. September 1963 ([ohne Ort] [1963]); ebd., Geschäftsbericht der Brauerei Zipf Aktiengesellschaft vorm. Wm. Schaup. Zipf, Oberösterreich über das Geschäftsjahr 1963 (1. Jänner 1963 bis 31. Dezember 1963)

bestimmt für die 40. ordentliche Hauptversammlung am 29. Juni 1964 ([ohne Ort] [1964]); ebd., Geschäftsbericht der Brauerei Zipf Aktiengesellschaft vorm. Wm. Schaup. Zipf, Oberösterreich über das Geschäftsjahr 1964 (1. Jänner 1964 bis 31. Dezember 1964) bestimmt für die 41. ordentliche Hauptversammlung am 9. Juli 1965 ([ohne Ort] [1965]); ebd., Geschäftsbericht der Brauerei Zipf Aktiengesellschaft vorm. Wm. Schaup. Zipf, Oberösterreich über das Geschäftsjahr 1965 (1. Jänner 1965 bis 31. Dezember 1965) bestimmt für die 42. ordentliche Hauptversammlung am 15. Juli 1966 ([ohne Ort] [1966]); ebd., Geschäftsbericht der Brauerei Zipf Aktiengesellschaft vorm. Wm. Schaup. Zipf, Oberösterreich über das Geschäftsjahr 1966 (1. Jänner 1966 bis 31. Dezember 1966) bestimmt für die 43. ordentliche Hauptversammlung am 7. Juli 1967 ([ohne Ort] [1967]); ebd., Geschäftsbericht der Brauerei Zipf Aktiengesellschaft vorm. Wm. Schaup. Zipf, Oberösterreich über das Geschäftsjahr 1967 (1. Jänner 1967 bis 31. Dezember 1967) bestimmt für die 44. ordentliche Hauptversammlung am 15. Juli 1968 ([ohne Ort] [1968]); ebd., Geschäftsbericht der Brauerei Zipf Aktiengesellschaft vorm. Wm. Schaup. Zipf, Oberösterreich über das Geschäftsjahr 1968 (1. Jänner 1968 bis 31. Dezember 1968) bestimmt für die 45. ordentliche Hauptversammlung am 4. Juli 1969 ([ohne Ort] [1969]); ebd., Geschäftsbericht der Brauerei Zipf Aktiengesellschaft vorm. Wm. Schaup. Zipf, Oberösterreich über das Geschäftsjahr 1969 (1. Jänner 1969 bis 31. Dezember 1969) bestimmt für die 46. ordentliche Hauptversammlung am 5. Juni 1970 ([ohne Ort] [1970]); *Kretz*, 111 Jahre Zipfer, 14.

26 PAFKj, Geschäftsbericht der Brauerei Zipf Aktiengesellschaft vorm. Wm. Schaup. Zipf, Oberösterreich über das Geschäftsjahr 1965 (1. Jänner 1965 bis 31. Dezember 1965) bestimmt für die 42. ordentliche Hauptversammlung am 15. Juli 1966 ([ohne Ort] [1966]); Geschäftsbericht der Brauerei Zipf Aktiengesellschaft vorm. Wm. Schaup. Zipf, Oberösterreich über das Geschäftsjahr 1968 (1. Jänner 1968 bis 31. Dezember 1968) bestimmt für die 45. ordentliche Hauptversammlung am 4. Juli 1969 ([ohne Ort] [1969]); *Kretz*, 111 Jahre Zipfer, 14; *Kretz*, Die Marke, 68.

27 *Kretz*, Die Marke, 73–75, 88–95.

28 PAFKj, Redemanuskript von Fritz Kretz senior mit dem Titel Rede des Vorsitzenden des Vorstandes Dr. Fritz Kretz anlässlich der Aufstellung des Denkmales für den Gründer der Brauerei Zipf Dr. Wilhelm Schaup bei der Altenehrung am 6. Dezember 1968 in Zipf.

29 PAFKj, Schreiben von Gottfried Nüchtern an Fritz Kretz senior vom 1.3.1959 mit vollem Wortlaut des Syndikatsvertrags vom 19.7.1958; ebd., Abschrift des Syndikatsübereinkommens zwischen Emilie Schaup, Sophie Limbeck-Lilienau, der Verlassenschaft nach Max Limbeck-Lilienau, Wilhelm Limbeck-Lilienau, Rudolf Limbeck-Lilienau, Bertha Nüchtern, Mathilde Kretz, Alfred Kretz, Fritz Kretz senior, Paul Kretz und Wilhelm Loderer vom 20.7.1941; ebd., Syndikatsvertrag undatiert, aus handschriftlicher Notiz und dem Kontext ersichtlich vom 20.7.1968, die Mitglieder sind aus datenschutzrechtlichen Gründen zum Zeitpunkt der Publikation des vorliegenden Buches nicht zu nennen.

30 Einen Annäherungsversuch seitens der Brau-AG durch Gustav Eder hatte es bereits 1945 in Form eines Syndikatsangebotes zwischen Brau-AG und der Mehrheitsgruppe gegeben. Die Zipfer Familiengruppe lehnte es jedoch als unvorteilhaft und unklar ab: PAFKj, Aktenvermerk von Paul Kretz über eine Stellungnahme des Syndikates zum Entwurf von Dr. Eder vom 2.1.1946.

31 PAFKj, gedruckte Festschriftmappe 40 Jahre Österreichische Brau-AG. 10jähriges Berufsjubiläum Generaldirektor Dr. Gustav Eder. Ansprachen anläßlich der Feier zum 40jährigen Bestandsjubiläum der Österreichischen Brau-A.G. und dem 40jährigen Berufsjubiläum des Generaldirektors Dr. Gustav Eder gehalten in der Sitzung des Aufsichtsrates und der Vereinigung von Aktionären am 16. Oktober 1961 (ohne Ort ohne Jahr), 20 f., 23 f.

32 PAFKj, Manuskript Peter *Schaup*, Stammtafeln der Nachkommen von Franz und Sophie Schaup (Graz 2016); *Beurle*, Zipf und die BrauAG, 1.

33 PAFKj, Arbeitsübereinkommen zwischen der Österreichischen Brau-Aktiengesellschaft und der Brauerei Zipf Aktiengesellschaft vorm. Wm. Schaup vertreten durch Gustav Eder, Christian Beurle, Fritz Kretz senior, Gottfried Nüchtern und Max Limbeck-Lilienau (für das Zipfer Syndikat) vom 20.12.1963.

34 PAFKj, Redemanuskript von Fritz Kretz senior anlässlich der Publikation des Buches 111 Jahre Zipfer, vermutlich um 1970.

35 *Beurle*, Zipf und die BrauAG, 1.

36 PAFKj, Protokoll über die außerordentliche Syndikatssitzung am 5. Juni 1969 im Sitzungszimmer der Brauerei Zipf AG. Vorm. Wm. Schaup; ebd., Protokoll über die außerordentliche Syndikatssitzung am 28.9.1969 im Sitzungszimmer der Brauerei Zipf AG vorm. Wm. Schaup; *Beurle*, 50 Jahre, 41.

37 PAFKj, Notariatsakt über den Verschmelzungsvertrag zwischen der Österreichischen Brau-Aktiengesellschaft und der Brauerei Zipf Aktiengesellschaft vorm. Wm. Schaup vom 25.11.1969, Zl. 1682/M.

38 *Beurle*, 50 Jahre, 41; *Hohensinn*, Geschichte, 316; *Kretz*, Die Marke, 68.

39 *Kretz*, Strategisches Controlling, 73.

40 Für ein Organigramm der komplexen Struktur siehe *Schauperl*, Die Brau Union Österreich AG, 77.

41 PAFKj, unveröffentlichtes Manuskript Fritz *Kretz* junior, Wurzeln, Weg und Ziel. Ein Rückblick auf die Geschichte der BBAG-Gruppe und ihrer Kernaktionäre (Zipf 2006); BBAG: Viele Hektoliter Bier, viel blaues Blut. In: Der Standard online (3.5.2003), https://www.derstandard.at/story/1288449/bbag-viele-hektoliter-bier-viel-blaues-blut [letzter Zugriff 22.9.2020]; *Gogg*, Handelsmarke »Bier«, 61–65; *Kretz*, Die Marke, 68 f.

5 Ein (persönliches) Nachwort

5.1 Gedächtnisort Zipf: Der Umgang mit der NS-Vergangenheit in Zipf nach 1945

Die Details der NS-Vergangenheit von Zipf waren im restlichen Österreich der unmittelbaren Nachkriegszeit nicht besonders bekannt, und wenn, dann mischte sich oftmals Gerücht und Halbwissen. Ein früher Artikel über die Geschehnisse in Zipf erschien im September 1948 in der Wiener Tageszeitung »Das kleine Blatt« und hatte die Aussagen eines offensichtlich gut informierten Zeugen, angeblich eines »in das Werk kommandierte[n] Bauingenieur[s]«, zur Grundlage. Beschrieben wurde nicht nur der Rüstungsbetrieb, sondern auch das KZ-Außenlager und die Situation der Häftlinge. Solch eine Berichterstattung blieb aber eine Ausnahme, nicht zuletzt, weil offenbar bis zum Ende der Besatzungszeit die US-amerikanische Besatzungsmacht ein Interesse an der Geheimhaltung des ehemaligen Rüstungsbetriebes hatte, wie in einem Geschäftsbericht der Brauerei angedeutet wurde.[1]

In Zipf selbst muss man unterscheiden zwischen dem Schicksal des Rüstungsbetriebes und dem des KZ-Außenlagers. Zum Rüstungsbetrieb sei festgehalten, dass, wie an vielen anderen Orten, wo Häftlinge zur Zwangsarbeit gezwungen wurden, in Zipf der Ort des Geschehens in der Nachkriegszeit wieder die Betriebsstätte eines aktiven Unternehmens war. Die Mitarbeiter und Vorstände dieses Unternehmens waren zunächst rund zehn Jahre damit beschäftigt, den Rüstungsbetrieb auf dem Brauereigelände wieder loszuwerden und die Schäden zu reparieren, bevor sie danach trachteten, Anschluss an das Wirtschaftswunder der Zweiten Republik zu finden. Das trug, wie Fritz Kretz junior es aus seiner Sicht formulierte, »sicherlich zu einer geringen Sensibilität gegenüber dem 40 Jahre nach Kriegsende auch in Österreich erwachenden Interesse an den damaligen Ereignissen«[2] bei. Bei aller berechtigten Kritik für die verdrängende österreichische Haltung zur NS-Vergangenheit nach 1945 muss man in Zipf vor Augen haben, dass die langsame Abwicklung des Rüstungsbetriebes ein konkretes Hindernis für eine Reflexion – sofern eine solche überhaupt gewünscht wurde – über die Zeit 1938–1945 darstellte. Manche Betriebe in der Umgebung von Zipf begannen ihre Existenz im Rahmen der Verwertung der Wirtschaftsgüter von »Schlier«, und die ganze Sache dauerte noch weitere zehn Jahre.[3]

Vereinzelt zeichnete sich die Brauerei in den ersten Nachkriegsjahrzehnten durch eine – aus heutiger Sicht – naive Huldigung des NS-Raketenprogramms aus: Bei Betriebsfeiern soll der Umstand gerne erwähnt worden sein und die Brauerei sandte nach der ersten Mondlandung am 20. Juli 1969 offenbar eine Kiste Bier an Wernher von Braun, quasi als Erinnerung an die Rolle des Ortes auf dem Weg zur Mondrakete, für die ja die deutsche Raketenrüstung unverzichtbare Vorarbeiten geleistet hatte. Der Adressat bedankte sich mit einer Karte mit Widmung, die auch die Unterschrift von Neil Armstrong trug.[4] Das Unternehmen und seine Vertreter waren jedenfalls nach 1945 keine Träger einer breiten, kritischen Aufarbeitung.

Das KZ-Außenlager hingegen war geräumt und niedergebrannt worden. Fast alle materiellen Spuren waren damit verschwunden, so dass das Andenken an die Geschehnisse nur mehr im Gedächtnis der Opfer, Täter und Zeugen weiterleben konnte. Dass die gerichtliche Verfolgung von SS-Angehörigen und Funktionshäftlingen, die im KZ-Außenlager Redl-Zipf tätig waren, an die breite Öffentlichkeit drang, darf bezweifelt werden, denn die dortigen Ereignisse waren meistens nur Randthema in größeren Prozessen nach 1945.[5] Georg Bachmayer, der erste Lagerkommandant, beging auf einem Bauernhof kurz nach Kriegsende Selbstmord. Der zweite Lagerkommandant des KZ-Außenlagers Redl-Zipf, Karl Schöpperle, wurde in Dachau wegen Verbrechen an acht verschiedenen Lagerorten zum Tode verurteilt und 1947 hingerichtet. Der letzte Lagerkommandant, Alfons Bentele, starb offenbar in französischer Gefangenschaft. Mit dem Ende der Naziherrschaft und der Verurteilung mancher Täter war jedoch nur eine Facette der Leidensgeschichte der Opfer beendet.[6] Das Bedürfnis der Opfer, das Gedenken an die grauenhaften Ereignisse zu erhalten, war eine ganz andere Problematik. Sie kollidierte in Zipf mit der abwehrenden beziehungsweise verdrängenden Haltung der lokalen Bevölkerung dieses Ortes des Terrors: »Ganz allgemein gab es vielleicht das diffuse Gefühl, durch die Parteinahme für den Nationalsozialismus – aus welchen Gründen und mit welchen Konsequenzen auch immer diese erfolgt war – an den Verbrechen des Regimes mitverantwortlich zu sein. Eine konkrete Schuld im Zusammenhang mit dem KZ ›Schlier‹ war aber für die Mehrheit der Bevölkerung gewiß nicht gegeben. Dieser Zwiespalt dürfte zur gänzlichen Abwendung von der problematischen Vergangenheit geführt haben, obwohl es auch Ansätze für positive Erinnerungen gegeben hätte […].«[7]

Wie sehr die Verdrängung der Vergangenheit bei manchen Bewohnern und auch (ehemaligen) Brauereimitarbeitern noch in den 1980ern verbreitet war, zeigt die spätere Geschichte des Umgangs mit der Zipfer KZ-Vergangenheit: Zu Allerheiligen 1980 startete Paul Le Caër, der in der Nachkriegszeit oftmals nach Zipf gekommen war, um der Ereignisse zu gedenken, Gespräche mit dem Bürgermeister von Neukirchen an der Vöckla und brachte ihm die Totenliste aus dem KZ-Außenlager Redl-Zipf mit. Sein Wunsch, eine Gedenkstätte zu errichten, setzte eine unwürdige Diskussion über einen möglichen Standort in Gang, bei dem die politische Gemeinde, der Kirchengemeinderat und die Brauerei es zunächst ablehnten, eine solche auf ihrem Grund zu errichten. Erst Anfang Mai 1985 wurde schließlich ein Denkmal für die Opfer des KZ-Außenlagers Redl-Zipf aufgestellt und feierlich eröffnet. Der endgültige Platz dafür war weder auf dem Brauereiareal noch auf dem ehemaligen Gelände des Rüstungsbetriebes oder des Lagers, sondern in einiger Entfernung neben der 1955 fertiggestellten St.-Josefs-Kirche der Pfarrexpositur Zipf. Die Geldgeber waren das Innenministerium, der KZ-Verband und die Gemeinde Neukirchen an der Vöckla, das Grundstück kam letztendlich doch vom Brauunternehmen. Die Gedenkstätte ist seit 2014 von sechs Tafeln aus Metall umgeben, auf denen die Namen der im Lager umgekommenen Häftlinge zu lesen sind. Vor der Gedenkstätte findet jährlich Anfang Mai eine Gedenkfeier statt, die vom Mauthausen Komitee Vöcklabruck organisiert wird.[8]

Während der Jahre, in denen in Neukirchen über ein Denkmal diskutiert wurde, erlangte das Thema Zipf und Raketenrüstung österreichweite Aufmerksamkeit. Zentral waren dafür drei Fernsehdokumentationen. Ausgangspunkt war die vierte Folge der Dokumentationsserie »Österreich II« von Hugo Portisch und Sepp Riff, in der die Rolle von Zipf bei der Produktion der A4-Rakete erstmals im Fernsehen beleuchtet wurde. In dieser am 2. Dezember 1982 im Österreichischen Rundfunk (ORF) ausgestrahlten – und bis 2013 acht Mal wiederholten – Dokumentationsfolge mit dem Titel »Das Ende der Alpenfestung« sprach die Zipfer Zeitzeugin Theresia Schausberger vor einer größeren Öffentlichkeit über die Ereignisse im Ort zwischen 1943 und 1945 und man konnte Aufnahmen der Stollen und des Prüfstandes sehen, geführt und erklärt durch den ehemaligen Leutnant der Wehrmachts-Bewachungskompanie und späteren stellvertretenden Direktor der Brauerei, Karl Guschlbauer. Ebenfalls zu Wort kam Kurt Debus, Mitarbeiter Wernher von Brauns und nachmaliger hochrangiger Mitarbeiter der US-amerikanischen National Aeronautics and Space Administration (NASA).[9]

Am 1. November 1983 strahlte der ORF in der Reihe »Teleobjektiv« eine von Elisabeth T. Spira und Kurt Langbein gestaltete Folge mit dem Titel »Der Archipel Mauthausen« aus, in der auch Zipf thematisiert wurde. Zu sehen war Paul Le Caër, wie er in den Stollen über die Bauarbeiten und die grauenhaften Bedingungen für die Häftlinge sprach. Befremdlich war die darauf folgende Aussage von Karl Guschlbauer, der, vom Interviewer konfrontiert mit der Anzahl an Toten im KZ-Außenlager Redl-Zipf, meinte: »Bitteschön, das lässt sich in Zipf nicht

Abb. 26 Gedenkstätte für die Opfer des KZ-Außenlagers Redl-Zipf im Herbst 2020.

feststellen, ob und wieviele und wo welche gestorben sind. Wissentlich ist in Zipf zumindest nach außen hin nicht erkennbar gewesen, dass jemals ein KZ-Häftling umgebracht worden wäre.« Auf diesen Satz folgte in der Dokumentation umgehend ein Interview mit Theresia Schausberger, die angab: »Tote hat's sicher gegeben weil ich hab' das oft g'sagt, ›Heute is wieder das Krematorium-Auto da g'wesn‹ […].« Danach wurde das Totenbuch des Lagers präsentiert, und Schausberger kam zu Wort, die sich nicht vorstellen konnte, dass jemand nichts von den Toten mitbekommen haben könnte. Wenn man Guschlbauer auch zugestehen muss, dass er das KZ-Außenlager Redl-Zipf erst zu einer Zeit erlebte, als die Totenzahl zeitweise auf null gesunken war, so war seine generalisierende Aussage dennoch schlichtweg falsch. Nach Erzählungen von Le Caër über nie erhaltene Entschädigungen und fehlende Gedenktafeln ließ man noch einmal Guschlbauer ausführen, warum die Aufarbeitung der Vergangenheit nicht erfolgte: »Weil ich ehrlich gesagt keinen Grund gehabt hab, wozu, ich mein es ist ja für eine Biermarke, ich bin ja Bierverkäufer, auch wenn ich schon in Pension bin, muß ich immer noch an den Schutz meiner Biermarke denken, weil ich könnte mir, unter Umständen, wenn das falsch verstanden wird, es wird ja nicht immer alles so verstanden wie man es sagt, nicht, aber wenn das falsch verstanden wird, kann ich unter Umständen meiner Biermarke sehr schaden.«[10] Als Interviewpartner diente in dieser Folge danach der ehemalige Gastwirt Franz Reiter-Kofler, der KZ-Häftlinge als Menschen bezeichnete, die »gegen das Regime gearbeitet« hätten, und dass es heute auch so sei, dass man in diesem Fall eingesperrt werden würde. Für die Errichtung eines Gedenksteins sei er nicht, weil »man keine neuen Wunden« aufreißen solle. Den Machern der Dokumentation war es also gelungen, einige besonders gute Beispiele für die nicht zuletzt durch den Opfermythos geförderte Ausblendung und Verdrängung der Vergangenheit vor die Kamera zu bringen. Genau in dieser Zeit begann sich die österreichische Erinnerungskultur jedoch zu ändern, wenige Jahre später war die »Neupositionierung der österreichischen Gesellschaft die Vergangenheitsbewältigung betreffend«[11] bereits in vollem Gange.

Die Aufregung rund um die Zipfer NS-Vergangenheit wuchs noch einmal deutlich an, als 1984 ein kritischer Artikel im Magazin »Basta«[12] erschien und die jungen Filmemacher Wilma Kiener und Dieter Matzka mit bis dahin noch nicht an den Tag gelegter Akribie darangingen, die Ereignisse rund um den Rüstungsbetrieb und das KZ-Außenlager zu recherchieren. Sie trafen bei ihren Recherche- und Dreharbeiten auf viel Unterstützung, aber auch auf zahlreiche Behinderungen durch offizielle Stellen und Privatpersonen. Kiener notierte dazu in ihr Filmtagebuch: »Man ist in zwei Lager geteilt. Die einen befürworten, ja unterstützen die Recherchen [...] Die anderen wollen, aus welchen Gründen auch immer nichts mehr davon wissen [...]. Bemerkenswert ist, daß gerade offizielle Stellen die Recherchen boykottieren oder ganz erheblich erschweren. So der Bürgermeister [...]. Die Gemeinde Vöcklabruck sowie der Bezirkshauptmann von Vöcklabruck bestreiten eine Chronik [...] zu haben und verwiesen mich an das Oö. Landesarchiv in Linz. Dort unterliegen diese Dokumente und Akten einer Einsichtssperre.«[13] Der Höhepunkt der Kontroversen war sicherlich die Konfrontation mit dem damaligen Braumeister, als die Filmemacher heimlich versuchten, in das Gelände der Brauerei zu gelangen, um den Brennkammerprüfstand (das bis heute erhaltene »Objekt 10«) zu filmen, nachdem sie auf Anfragen um Drehgenehmigungen keine Antwort erhalten hatten. Ergebnis war eine zwar nicht immer akkurate, aber dennoch sehr dichte Dokumentation, die beispielsweise offizielle Falschinformationen mit widersprechenden Quellen konfrontierte und so dazu aufrief, überlieferte Erzählungen in Frage zu stellen. Außerdem konnte sie mit interessanten Interviews von Zeitzeugen aufwarten. Darunter befanden sich etwa Hermann Oberth oder der ehemalige leitende technische Angestellte des Rüstungsbetriebes, Kurt Moog. Im Jahr 1986 wurde der rund 90-minütige Dokumentarfilm schließlich ausgestrahlt.[14] Fritz Kretz junior, selbst Zeuge der damaligen Vorgänge, beurteilte die konfrontative Situation im Zipf der 1980er Jahre in einem Brief an Paul Le Caër im Rückblick folgendermaßen: »Wenn man die damaligen Vorgänge mit etwas Distanz betrachtet, waren leider viele Mißverständnisse, Vorurteile und teilweise sinnlose Verdächtigungen im Spiel. Einen Beitrag zur Beseitigung dieser Dinge, spät aber doch zu leisten, liegt im Interesse aller Beteiligten.«[15] Solch ein Prozess der Überwindung des problematischen Verhältnisses zur Vergangenheit von Zipf war seit der Aufregung der 1980er Jahre auf drei Ebenen – Wissenschaft, Kultur und Zivilgesellschaft – zu beobachten.

Erstens begann etwa gleichzeitig mit den ersten Fernsehproduktion zu Zipf der aus Oberösterreich stammende Historiker und Mitarbeiter des Dokumentationsarchivs des österreichischen Widerstandes in Wien, Siegwald Ganglmair, mit Recherchen zum Rüstungsbetrieb »Schlier«. Unterstützt von Christian Limbeck-Lilienau führte er 1983 zahlreiche Zeitzeugeninterviews durch und besuchte die einschlägigen Archive. Seine Tätigkeit wurde als Projekt vom Jubiläumsfonds der Österreichischen Nationalbank gefördert. Das Endprodukt war eine dichte Darstellung über Rüstungsbetrieb und KZ-Außenlager, die mit einer großen Vielfalt an Zeitzeugenaussagen aufwarten konnte. Letztendlich wurde dieses bis dahin umfangreichste Werk zum Rüstungsbetrieb und KZ-Außenlager aber nie veröffentlicht und liegt nur als Manuskript in einigen Archiven vor. Mittlerweile müsste Ganglmairs Werk natürlich in vielen Punkten überarbeitet beziehungsweise ergänzt werden. Es diente dennoch als Ausgangspunkt für weitere wissenschaftliche Publikationen der beginnenden akademischen Forschungen zu Zipf in den folgenden Jahrzehnten.[16]

Zweitens bereicherte ab den 2000er Jahren eine zusätzliche Facette den Umgang mit der Vergangenheit in Zipf: die literarische, künstlerische und populärwissenschaftliche Aufarbeitung. Der Salzburger Schriftsteller Walter Kappacher ließ in seinem 2000 erschienenen Roman »Silberpfeile« einen Motorsportjournalisten auf einen Ingenieur stoßen, der in Zipf gearbeitet hat und die Geschehnisse verdrängt. Das Buch zeichnet sich durch eine große Palette an präzisen Informationen zum Rüstungsbetrieb Schlier aus.[17] Einige Jahre später nahm sich der in Vöcklabruck geborene oberösterreichische Schriftsteller Franzobel (Franz Stefan Griebl) ebenfalls des Themas Zipf an.[18] Nach seinem Erfolg mit dem Stück »Hunt oder Der totale Februar« über die Februarkämpfe 1934 im Hausrucker Braunkohlerevier, das am 5. August 2005 vom Verein »Theater Hausruck« mit Karl Markovics in der Hauptrolle aufgeführt wurde und zahlreiche Besucher anziehen konnte, stellte er sein Theaterstück »Zipf oder Die dunkle Seite des Mondes« vor. Es spielt in Zipf während der Zeit, als Rüstungsbetrieb und KZ-Außenlager präsent waren. Zentral bei der mitunter grotesken Handlung ist die Liebesgeschichte eines adeligen Bierbrauers mit der Tochter eines Raketenpioniers, als Nebenhandlungen dienen einige teils wahre Geschichten von SS-Männern und Häftlingen. Das Theaterstück, wiederum vom Verein Theater Hausruck realisiert und mit Martin Semmelrogge in einer der Hauptrollen, hatte am 19. Juli 2007 Premiere und lockte etwa 12.000 Besucher an. Im Kontext der Auseinandersetzung mit Zipf war es einerseits ein wichtiger Kristallisationspunkt für eine breitenwirksame Auseinandersetzung mit dem Thema, andererseits war es natürlich keine nüchterne Geschichtsdarstellung, sondern durch das Kaleidoskop einer Erzähl- und Regiekunst gebrochen, die sich nicht zuletzt an Unterhaltung orientierte. So resümierte etwa Klaus Kienesberger die Aufführung wie folgt: »Eine kunterbunt-schrille, grelle und vor allem laute Inszenierung, deren Zwischentöne fehlen oder untergehen. [...] Die zeithistorischen Bezüge packt Franzobel in eine dramatisch-plakative Liebesgeschichte, rührt ein paar Mal kräftig um – und fertig ist der Zeitgeschichte-Cocktail.« Im Sommer des Folgejahres ging das Theaterstück aufgrund des großen Erfolges in eine zweite Saison.[19] Das Buch dazu erschien 2008 im Verlag »Bibliothek der Provinz« in Weitra, der eine starke Spezialisierung in Richtung regionaler Werke aufweist. Darüber hinaus wurden manche Elemente der Geschichte rund um KZ und Rüstungsbetrieb in andere, teils halbfiktionale Erzählungen eingebaut. Einige Aufmerksamkeit erfuhr das Thema Zipf in der populärwissenschaftlichen Literatur, da die Bauten in Zipf die Faszination für Höhlen mit der für die geheimen »Wunderwaffen« der Nationalsozialisten verbinden. Ein gutes Beispiel ist dafür das Buch »Unterirdisches Österreich« von Robert Bouchal und Johannes Sachslehner, in dem eine wertvolle Zusammenfassung des Themas geboten wird.[20]

Drittens fanden sich im Jahr 2008 im Zuge der jährlichen Befreiungsfeiern in Neukirchen an der Vöckla engagierte Lokalhistoriker zusammen und gründeten die »Arbeitsgemeinschaft (ARGE) Schlier«. Ihr Ziel ist die »Erhaltung der vorhandenen Baulichkeiten des NS-Rüstungsbetriebes ›Steinbruch-Verwertungs G.m.b.H., Betrieb Schlier‹ auf dem Gelände der Brauerei Zipf«, die »Zusammenführung bzw. Dokumentation aller Informationen zu diesem Abschnitt unserer Vergangenheit« und eine »regelmäßige, geordnete öffentliche Zugänglichkeit der Baulichkeiten«.[21] Seit 2008 organisiert die ARGE Schlier Ausstellungen sowie Filmvorführungen, kombiniert mit Führungen durch die Keller der Brauerei und zum Brennkammerprüfstand auf dem Hügel. Das Interesse war von Beginn an groß, denn wegen der laufenden Produktion war das Gelände des ehemaligen Rüstungsbetriebes jahrzehntelang nicht frei zugänglich gewesen und die Öffentlichkeit hatte bis in die späten 2000er Jahre keine Besichtigungsmöglichkeit gehabt. Jährlich melden sich nun einige Hundert Personen für diese Führungen an, die in Zusammenarbeit mit der Brauerei veranstaltet werden. Aufgrund des großen Andrangs müssen regelmäßig Wartelisten geführt werden.[22] Dadurch sind die baulichen Überreste der einschneidenden Ereignisse während der NS-Zeit in

Zipf zumindest ein Mal im Jahr zugänglich. Interesse am Schicksal der Brauerei Zipf im Nationalsozialismus besteht nämlich bis heute. Aus Anlass des 160-jährigen Jubiläums der Brauereigründung erschien etwa in der Oberösterreich-Ausgabe der »Kronen Zeitung« ein doppelseitiger Artikel über die Geschichte der Brauerei, in dem diese Zeit unter der Spaltenüberschrift »Ein dunkles Kapitel« – wenn auch sehr kurz – thematisiert wurde.[23]

5.2 Der persönliche Bezug des Autors zum Thema

Im Sommer 2015 führte ich mit meinem Großvater Raimund Lenz ein längeres Gespräch. Da seine schwere Krebserkrankung weit fortgeschritten war, wollte ich noch möglichst viel über sein Leben erfahren. In diesem Gespräch erzählte er mir zum ersten Mal ausführlich von seiner Kindheit und Jugend in Zipf, als 1929 geborener Sohn von Alois Lenz, dem Maschinenmeister der Brauerei. Auch sein späteres Berufsleben und sein Lebensabend waren Themen. Da sich sein Gesundheitszustand in den folgenden Monaten rapide verschlechterte, war dies das letzte eingehende Gespräch, das ich mit ihm hatte. Er starb im Frühjahr 2016. Als Jugendlicher hatte Raimund Lenz die Ereignisse im kleinen Ort Zipf miterlebt. Im Juli und August 1943 sowie 1944 war er überdies Ferialpraktikant im Labor der Brauerei Zipf. Vom 1. April bis 30. September 1946 arbeitete er als »Hilfskraft für chemische Arbeiten« beim ehemaligen Rüstungsbetrieb Schlier. Als solche führte er »Gas- und Laugenanalysen« durch und musste die dazu verwendeten Geräte instand halten. Mein Großvater war also einer der Zeitzeugen der Vorgänge in der Brauerei zu diesen Zeitpunkten. Vor meinem Gespräch mit ihm hatte er bei zwei Gelegenheiten genauer über die Zipfer Vergangenheit gesprochen, und zwar bei einem Besuch mit seinen beiden Töchtern in Zipf um die Jahrtausendwende und als er 2009 von den Mitgliedern der ARGE Schlier kontaktiert und interviewt wurde, die seine Aussagen in ihre Dokumentation aufnahmen.[24]

Das Leben meines Urgroßvaters Alois Lenz hingegen kann ich faktisch nur über Dokumente aus dem Nachlass erschließen, denn als er 1989 starb, war ich gerade im siebenten Lebensjahr. Meine schemenhaften Erinnerungen an den bereits stark dementen alten Mann sind auf einige wenige Momente der Begegnung im Garten seines Hauses beschränkt. Er wurde am 21. Mai 1897 in Göss bei Leoben geboren. Nach Besuch der Volksschule in Göss und dann der k. k. Fachschule für Bau- und Maschinenschlosserei in Bruck an der Mur (von 1911 bis 1914) arbeitete er bis 1918 als Revisionsschlosser in der Maschinenfabrik Andritz

Aktiengesellschaft. Im letzten Jahr des Ersten Weltkrieges wurde er eingezogen und erlebte den Gebirgskrieg an der »Südwestfront« gegen Italien. Nach Kriegsende trat er in den Dienst der Brauerei Göss. Dort begann er als Schlosser, bildete sich in der Bedienung von Dampfmaschinen fort und wurde 1922 zum Maschinenmeister-Stellvertreter ernannt.[25]

1925 wechselte er nach Zipf, wo er ab dem 16. November als Maschinenmeister tätig war. Über sein berufliches Wirken liegen wenige Dokumente vor, aus seinen Korrespondenzen lässt sich schließen, dass er seine Anstellung in Zipf als seine »Lebensstellung« ansah. Fotografien aus dieser Zeit zeigen einen modern gekleideten, selbstbewusst wirkenden Mann, der seiner Familie modernen Luxus wie einen Radioapparat bieten konnte. Politisch dürfte er sich schon vor 1938 dem Nationalsozialismus angenähert haben. Er wurde nämlich nach dem »Anschluss« 1938 auf Betreiben des NSDAP-Ortsgruppenleiters Peter Spielbauer mit 1. Mai 1938 und der Mitgliedsnummer 6.258.351 in die NSDAP aufgenommen. Diese prestigeträchtigen und karrierefördernden niedrigen Mitgliedsnummern zwischen 6.100.000 und 6.600.000 waren für die »illegalen« Mitglieder der NSDAP vor 1938 reserviert, und das Aufnahmedatum vom 1. Mai 1938 ist dafür ebenfalls typisch. Lenz trat 1940 außerdem noch der SA bei und war zu Kriegsende SA-Obertruppführer.[26]

Nachdem Spielbauer Anfang 1941 eingerückt war, übernahm Lenz als Mitglied der DAF stellvertretend seinen Posten als Betriebsobmann. Als der NSDAP-Ortsgruppenleiter-Stellvertreter Moritz Zinnhobel im Juli 1944 selbst einrücken musste, betraute der Kreisstabsleiter Lenz mit der Wahrung der Geschäfte des Ortsgruppenleiters. In dieser Funktion, die er bis Kriegsende innehatte, wurde er von Zeugen als »überzeugter und begeisterter Nationalsozialist« geschildert, der als Ortsgruppenleiter »streng gewesen [sei], aber niemandem geschadet« habe. Zu Kriegsende rückte Lenz am 12. April 1945 zum Volkssturm ein, wo er in führender Position tätig war, womit er sich, so Fritz Kretz senior, keine Freunde gemacht habe. Lenz wurde am 14. Mai von den US-amerikanischen Truppen in Haft genommen. Zunächst war er in Deggendorf in Bayern interniert, danach in Peuerbach in Oberösterreich. Am 15. September 1945 überstellte man ihn in das US-amerikanische Lager für ehemalige Nationalsozialisten, Camp Marcus W. Orr, genannt »Glasenbach«.[27]

In diesem – neben dem britischen Lager Wolfsberg größten – Lager in Österreich internierte die US-amerikanische Besatzungsmacht NS-Funktionäre vom Ortsgruppenleiter aufwärts, sogenannte »Illegale«, SS-, SD- und Gestapomitglieder, BDM- und NS-Frauenführerinnen und ähnlich involvierte Personen. In den beiden großen Lagern waren rund 10.000 ehemalige Nationalsozialisten inhaf-

Abb. 27 Maschinenmeister Alois Lenz (stehend, zweite Reihe, Zweiter von rechts) zusammen mit Zipfer Brauereimitarbeitern im Jahre 1926, darunter der Buchhalter und Vorstand während der NS-Zeit Josef Petters (stehend, zweite Reihe, Mitte) und Otto Bauschinger (sitzend, erste Reihe, Mitte), langjähriger technischer Direktor.

tiert, so zum Beispiel im Mai 1947 knapp 6.500 in Glasenbach und fast 3.000 in Wolfsberg. Im Lager Glasenbach waren die Haftbedingungen nicht sehr hart, und Maßnahmen zur Umerziehung der ehemaligen Nationalsozialisten versuchten die Amerikaner zaghaft beziehungsweise nicht ernsthaft, so das Urteil der heutigen Historiker. Wie der im III. Compound des Lagers untergebrachte Alois Lenz die Haft erlebte, lässt sich aus dem Nachlass nicht erschließen, allein, spätere Briefe meines Urgroßvaters deuten darauf hin, dass er in Glasenbach seine politische Gesinnung nicht geändert hat. Jedenfalls hatte er dort viel Zeit, um eine Reihe von Lehrgängen zu besuchen, wie zum Beispiel Starkstromtechnik, Stromleitungsberechnung, Vorbereitung zur Meisterprüfung im Metallgewerbe, Gas-Wasser- und Heizungsinstallation und Kraftfahren (Letzteres freilich nur theoretisch). Gesundheitlich angeschlagen wurde er am 8. Juli 1947 aus Glasenbach entlassen und war beim Volksgericht in Linz noch bis 7. August 1947 in Haft. Das entsprechende Verfahren gegen ihn wurde im Jahr darauf eingestellt. Er galt zunächst als »belastet« im Sinne des Nationalsozialistengesetzes von 1947, wurde nach einer Berufung wegen der nur vertretungsweise ausgeübten Position des Ortsgruppenleiters jedoch als »minderbelastet« eingestuft.[28]

Alois Lenz wurde am 30. Mai 1945 auf Anraten des Betriebsrates von der Brauerei Zipf in Abwesenheit entlassen und tags darauf von der Krankenkasse abgemeldet. Seine Familie durfte die Dienstwohnung vorerst noch behalten, musste in der weiteren Folge aber ausziehen. Lenz fand Anfang 1948 eine Beschäftigung bei der VOEST in Linz und arbeitete dort bis zu seiner Pensionierung. Er hielt nach wie vor Kontakt zu Menschen, die er von seiner Tätigkeit in der Brauerei Zipf kannte, wie etwa zu Max Krackowizer und Franz Gumpelmayer. Letzterer half Lenz dabei, vom Unterstützungsfonds der Brauerei Zipf ab 1955 einen Pensionszuschuss zu erhalten.[29]

Nach dem Gespräch mit meinem Großvater entwickelte ich ab dem Spätsommer 2015 immer mehr konkretes Interesse an der Geschichte von Zipf im Nationalsozialismus. Sie war in meiner Familie immer im Hintergrund präsent gewesen. Von einer intensiven, familiären Auseinandersetzung damit konnte allerdings nicht gesprochen werden. Die Beschäftigung mit dem Leben meines Urgroßvaters war im Zuge meiner persönlichen Aufarbeitung der Anfangspunkt für das nun vorliegende Buch. Insofern ist in meinem Fall Gerhard Botz zuzustimmen, der in Zusammenhang mit der Beschäftigung mit der Rolle seines Vaters in der Zeit des Nationalsozialismus konstatierte: »Gerade die ›Verdrängung‹ des Weiterwirkens der familiären Involvierung in den Nationalsozialismus, der sich erst die heutige Enkelgeneration zu entkommen anschickt, auch bei der Kindergeneration, die dem ›Verdacht einer unmittelbaren Schuldverstrickung‹ enthoben ist, zeigt, dass der ›Nationalsozialismus‹ im bewussten und unbewussten ›Familiengedächtnis‹ noch nicht vollkommen ›vergangen‹ ist. Das und die Unbestimmbarkeit von schuldhafter Verstrickung oder konkreter Täterschaft vieler Nazi-Väter (und der Mitläufer-Mütter) und nicht bloß die kaum entschlüsselbaren Artefakte des Vergangenen sind es, die noch nach Jahrzehnten ›nachgeborene‹ Söhne und Töchter – heute Politiker, Dichter, Wissenschafter und deren Kinder – umtreiben.«[30]

Anmerkungen

1 PAStW, Brauerei Zipf Aktiengesellschaft vorm. Wm. Schaup. Schilling-Eröffnungsbilanz zum 1. September 1954 samt Umstellungsbericht des Vorstandes. Geschäfts-Bericht für das Wirtschaftsjahr 1954/55 (1. September 1954 bis 31. August 1955) bestimmt für die ordentliche Hauptversammlung am 17. Dezember 1956 (Vöcklabruck [1956]), 13; Ein V-2 Werk in Österreich. In: Das kleine Blatt, Jg. 10, Nr. 39 (25.9.1948), 10f.

2 PAFKj, Dossier zum Film »Deckname Schlier«. Zeittafel der Vorgeschichte zum Film »Deckname Schlier« von W. Kiener/D. Matzka samt einigen Bemerkungen dazu von Fritz Kretz junior vom 18.6.2005.
3 *Wiesinger*, Das Lager Schlier in Zipf, 111.
4 PAFKj, Dossier zum Film »Deckname Schlier«. Zeittafel der Vorgeschichte zum Film »Deckname Schlier« von W. Kiener/D. Matzka samt einigen Bemerkungen dazu von Fritz Kretz junior vom 18.6.2005; Ohne Autor, In Zipf gezapft; *Perz*, Die KZ-Gedenkstätte Mauthausen, 196.
5 *Rabl*, Der KZ-Komplex Mauthausen, 86, 118, 260.
6 ABZ, Manuskript Siegwald *Ganglmair*, Rüstungsbetrieb und Konzentrationslager Schlier 1943–1945. Zipf, Oberösterreich (ohne Ort ohne Jahr), 178; *Freund*, Redl-Zipf (»Schlier«), 419; *Holzinger*, Kurzbiografien, 51–55.
7 *Kriechbaum*, *Limbeck-Lilienau*, Zipf – »Schlier«, 85; *Wiesinger*, Das Lager Schlier in Zipf, 111.
8 Ohne Autor, Die Pfarre Neukirchen an der Vöckla, 85–90; *Kriechbaum*, *Limbeck-Lilienau*, Zipf – »Schlier«, 87; *Mallet*, V2-Raketen im Brauereikeller, 180–182; *Perz*, Die KZ-Gedenkstätte Mauthausen, 196.
9 ORF MA, Österreich II, Folge 4, Das Ende der Alpenfestung (Gestaltung: Hugo Portisch, Sepp Riff), 2.12.1982; siehe *Portisch*, Österreich II, 210–213.
10 ORF MA, Teleobjektiv, Der Archipel Mauthausen (Gestaltung: Elisabeth T. Spira, Kurt Langbein), 1.11.1983; *Perz*, Die KZ-Gedenkstätte Mauthausen, 196.
11 *Markova*, Die NS-Zeit im Bildgedächtnis, 9.
12 Andrea *Fehringer*, Viola *Heilman*, Lieb Vaterland magst ruhig sein. In: Basta. Das Magazin am Puls der Zeit, H. 6 (1984), 100–103.
13 *Sturm*, Geheimprojekt »Schlier«, 175 f.
14 ORF MA, Deckname Schlier (Gestaltung: Wilma Kiener, Dieter Matzka), 3.4.1986; ABZ, Manuskript Siegwald *Ganglmair*, Rüstungsbetrieb und Konzentrationslager Schlier 1943–1945. Zipf, Oberösterreich (ohne Ort ohne Jahr), 7 f.; *Kriechbaum*, *Limbeck-Lilienau*, Zipf – »Schlier«, 87. Heute hat das Thema Zipf im Nationalsozialismus einen festen Platz in einschlägigen Dokumentationen, siehe beispielsweise ORF MA, Mauthausen vor der Tür, Folge 1, Zwangsarbeit für Rüstung und Industrie (Gestaltung: Ernst Pohn, Sabrina Peer, Patrick Zwerger), 7.5.2016: Darin führt der damalige Braumeister der Brauerei Zipf, Günther Seeleitner, mit Zeitzeuge Adolf Grabner und Historiker Hannes Koch durch das ehemalige Gelände des Rüstungsbetriebes.
15 PAFKj, Schreiben von Fritz Kretz junior an Paul Le Caër vom 2.2.1999.
16 ABZ, Manuskript Siegwald *Ganglmair*, Rüstungsbetrieb und Konzentrationslager Schlier 1943–1945. Zipf, Oberösterreich (ohne Ort ohne Jahr); *Kriechbaum*, *Limbeck-Lilienau*, Zipf – »Schlier«, 86 f.; *Sturm*, Geheimprojekt »Schlier«, 174 f. Weder Originalaufnahmen noch Transkriptionen der von Ganglmair bei seinen Forschungen in den 1980ern geführten, teils hochinteressanten Interviews waren zur Zeit der Abfassung des vorliegenden Buches auffindbar.
17 *Kappacher*, Silberpfeile, 155–196.
18 1988–2008: Wiederentdeckung & erste Projekte. In: Internetseite des Kunstraums Kohlgrube, https://www.kohlgrube.at/kohlebrecher/19882008/ [letzter Zugriff 22.9.2020]; Hunt Februar Total. In: Internetseite des Theaters Hausruck, https://theaterhausruck.at/2006/09/10/hallo-welt-2/ [letzter Zugriff 22.9.2020].
19 »Zipf« geht in die zweite Saison. In: https://oe1.orf.at/artikel/213198/Zipf-geht-in-die-zweite-Saison [letzter Zugriff 1.10.2020]; Zipf Raketen Bier. In: Internetseite des Theaters Hausruck, https://theaterhausruck.at/2007/08/11/zpf-oder-die-dunkle-seite-des-mondes/ [letzter Zugriff 1.10.

2020]; *Kienesberger*, Spuren der Zeitgeschichte, 19. Zur Beurteilung des Theaterstückes vgl. Le Caër, Mauthausen, 196.

20 *Bouchal, Sachslehner*, Unterirdisches Österreich, 60–80; *Franzobel*, Zipf; *Halbrainer, Karny*, Gegen Bewegung, 107–110.

21 Ziele, Aufgaben. In: Internetseite der ARGE Schlier, http://www.schlier.at/arge-schlier_002.htm [letzter Zugriff 30.9.2020].

22 ABZ, Schreiben von Josef Pühringer an Markus Liebl vom 19.4.2010; Markus *Rohrhofer*, Weniger Geheimnis rund um das »Geheimprojekt Schlier«. In: Der Standard (5.9.2011), 8.

23 Ein Bankier als Bierbrauer. In: Kronen Zeitung Oberösterreich (15.12.2018), 36f.

24 PAStW, Zeugnis der Brauerei Zipf für Raimund Lenz vom 17.8.1943; ebd., Zeugnis der Brauerei Zipf für Raimund Lenz vom 20.8.1944; ebd., Zeugnis der Steinbruch-Verwertungs G.m.b.H., Betrieb Schlier für Raimund Lenz vom 7.19.1946; ebd., Schreiben von Hannes Koch an Raimund Lenz vom 2.6.2009.

25 PAStW, Abgangs-Zeugnis der k. k. Fachschule für Schlosserei in Bruck an der Mur für Alois Lenz vom 15.7.1914; ebd., Abschrift eines Zeugnisses der Maschinenfabrik Andritz Aktiengesellschaft für Alois Lenz vom 23. Juli 1925; ebd., Abschrift eines Zeugnisses der Gösser Brauerei Aktiengesellschaft vormals Max Kober in Göss für Alois Lenz vom 25.2.1925; ebd., Befähigungs-Zeugnis der Prüfungskommission für Wärter von Dampfmaschinen für Alois Lenz vom 21.6.1922, Zl. 70 aus 1922.

26 OÖLA, LG Linz SG VgVr 1947, Zl. 3201–3234, Nr. 267, Strafsache gegen Alois Lenz, Zl. Vg 8 Vr 3214/47, Vernehmung des Beschuldigten vor dem Landesgerichts Linz vom 22.7.1947 (Fortsetzung); PAStW, handschriftliche Bestätigung der Tätigkeit von Alois Lenz für die Brauerei Zipf von Franz Schreiber vom 19.3.1926; ebd., Personal-Ausweis der Nationalsozialistischen Deutschen Arbeiterpartei von Alois Lenz, Mitgliedsbuch Nr. 6258351 signiert von Peter Spielbauer am 15.12.1940; *Botz*, Nazi, Opportunist, »Bandenkämpfer«, Kriegsopfer, 33.

27 OÖLA, LG Linz SG VgVr 1947, Zl. 3201–3234, Nr. 267, Strafsache gegen Alois Lenz, Zl. Vg 8 Vr 3214/47, Nationale und Tatgeschichte von Alois Lenz gesandt vom Gendarmeriepostenkommando Redl-Zipf an das Bezirksgericht in Vöcklabruck vom 4.4.1947, Zl. E.Nr. 432/47; ebd., Niederschrift der Vernehmung von Alois Lenz als Beschuldigter des Gendarmeriepostenkommandos Redl-Zipf vom 14.8.1947, Zl. zu E.Nr. 432/1947; ebd., Schreiben des Gendarmeriepostenkommandos Redl-Zipf an das Bezirksgericht Vöcklabruck mit Anzeige vom 14.8.1947, Zl. E.Nr. 432/1947 ad; ABZ, Kartei »Angestellte entlassen«, Versicherten-Karte Lenz Alois Lenz; PAStW, Mitgliedsbuch der Deutschen Arbeitsfront von Alois Lenz mit Beitrittsdatum 1.6.1938; ebd., Bestätigung von Fritz Kretz senior vom 26.7.1947; ebd., Schreiben von Fritz Kretz senior an Alois Lenz vom 12.12.1945; ebd., eidesstattliche Erklärung von Matthäus Mittermair zur Tätigkeit von Alois Lenz vor 1945 vom 21.11.1948.

28 OÖLA, LG Linz SG VgVr 1947, Zl. 3201–3234, Nr. 267, Strafsache gegen Alois Lenz, Zl. Vg 8 Vr 3214/47, Schreiben des Gendarmeriepostenkommandos Redl-Zipf an das Bezirksgericht Vöcklabruck mit Anzeige vom 14.8.1947, Zl. E.Nr. 432/1947 ad; PAStW, Certificate of Studies der United States Forces in Austria Camp Marcus W. Orr für Alois Lenz vom 24.11.1946; ebd., Certificate of Studies der United States Forces in Austria Camp Marcus W. Orr für Alois Lenz vom 30.11.1946; ebd., Certificate of Studies der United States Forces in Austria Camp Marcus W. Orr für Alois Lenz vom 6.5.1947; ebd., Certificate of Studies der United States Forces in Austria Camp Marcus W. Orr für Alois Lenz vom 10.5.1947; ebd., Certificate of Studies der United States Forces in Austria Camp Marcus W. Orr für Alois Lenz vom 22.5.1947; ebd., Schreiben von Alois Lenz an Josef Lenz, ohne Datum, aus dem Kontext vermutlich um 1950; ebd., Certificate of Discharge für Alois Lenz

des Army Officals des 505. Military Police Battalion vom 8.7.1947; ebd., Bescheid des Amtes der oberösterreichischen Landesregierung vom 23.7.1949, Zl. 1082/2; *Rathkolb*, U.S.-Entnazifizierung, 309; *Reiter*, Die Ehemaligen, 38–45; zu Glasenbach grundlegend *Dohle*, *Eigelsberger*, Camp Marcus W. Orr. Zur Entnazifizierung siehe auch *Höbelt*, Die Zweite Republik, 45–78 (zu Glasenbach speziell 57); *Stiefel*, Entnazifizierung sowie *Rathkolb*, NS-Problem.

29 ABZ, Kartei »Angestellte entlassen«, Versicherten-Karte Lenz Alois; PAStW, Schreiben der Brauerei Zipf Aktiengesellschaft vorm. Wm. Schaup an Maria Lenz vom 30.5.1945, Zl. 9/p; ebd., Schreiben von Alois Lenz an Fritz Kretz senior vom 18.8.1950; ebd., Urkunde der Vereinigten Österreichischen Eisen- und Stahlwerke Linz über die Ernennung von Alois Lenz zum Mitglied der Stammbelegschaft vom 24.9.1952; ebd., Schreiben von Max Krakowizer an Alois Lenz vom 19.10.1948; ebd., Schreiben von Alois Lenz an Karl Gump[e]lmayer vom 15.10.1954; ebd., Schreiben des Unterstützungsfonds für Arbeiter und Angestellte der Brauerei Zipf A.G. vorm. Wm. Schaup an Alois Lenz vom 6.5.1955.

30 *Botz*, Nazi, Opportunist, »Bandenkämpfer«, Kriegsopfer, 46.

Quellen und Literatur

Besuchte Archive

Anmerkung: Sämtliche Dokumente aus Privat- und Unternehmensarchiven befinden sich in Kopie beim Verfasser.

Archiv der Brauerei Göss, Leoben (ABG)
Archiv der Brauerei Zipf, Zipf (ABZ)
Archiv der Brau Union Österreich AG, Linz (ABUÖ)
Bundesarchiv, Berlin-Lichterfelde (BArch Berlin-Lichterfelde)
Bundesarchiv Militärarchiv, Freiburg (BArch MA Freiburg)
Diözesanarchiv, Linz (DAL)
Dokumentationsarchiv des österreichischen Widerstandes, Wien (DÖW)
Historisches Archiv der Bank Austria, Wien (HABA)
Ludwig Boltzmann Institut für Kriegsfolgenforschung, Graz (BIK)
Mauthausen Memorial, Wien (MM)
National Archives and Records Administration, Washington, D.C./College Park, MD (NARA)
Oberösterreichisches Landesarchiv, Linz (OÖLA)
Österreichischer Rundfunk, Multimediales Archiv, Wien (ORF MA)
Österreichisches Staatsarchiv, Archiv der Republik, Wien (ÖStA AdR)
Pfarrarchiv Neukirchen an der Vöckla, Neukirchen (PANK)
Privatarchiv Adolf Grabner, Vöcklabruck (PAAG)
Privatarchiv Christian Limbeck-Lilienau, Zipf (PACLL)
Privatarchiv Fritz Kretz junior, Zipf (PAFKj)
Privatarchiv Hans Kretz, Hinterbrühl (PAHK)
Privatarchiv Hermann Kaser, Timelkam (PAHKa)
Privatarchiv Stefan Wedrac, Wien (PAStW)

Literatur

Franz *Adlgasser*, Die Mitglieder der österreichischen Zentralparlamente 1848–1918. Konstituierender Reichstag 1848–1849. Reichsrat 1861–1918. Ein biographisches Lexikon, Bd. 2: M–Z (Wien 2014).

Lars *Amenda*, Christoph *Rass*, Fremdarbeiter, Ostarbeiter, Gastarbeiter. Semantiken der Ungleichheit und ihre Praxis im »Ausländereinsatz«. In: Nicole *Kramer*, Armin *Nolzen* (Hg.), Ungleichheiten im »Dritten Reich«. Semantiken, Praktiken, Erfahrungen (Beiträge zur Geschichte des Nationalsozialismus 28, Göttingen 2012), 90–116.

Christian *Angerer*, Maria *Ecker*, Nationalsozialismus in Oberösterreich. Opfer. Täter. Gegner (Nationalsozialismus in den Bundesländern 6, Wien/Innsbruck/Bozen 2014).

Arbeitskreis für die Erstellung der Gemeindechronik (Hg.), Geschichte der Gemeinde und der Pfarre Neukirchen an der Vöckla (Neukirchen an der Vöckla 1985).

Gerhard *Artl*, Gerhard H. *Gürtlich*, Hubert *Zenz*, Sisi auf Schienen. 150 Jahre Westbahn Wien–Linz (Wien 2008).

Franz *Aschauer*, Oberösterreichs Eisenbahnen. Geschichte des Schienenverkehrs im ältesten Eisenbahnland Österreichs (Schriftenreihe der oö. Landesbaudirektion 18, Wels 1964).

Philipp *Aumann*, Thomas *Köhler*, Vernichtender Fortschritt. Serienfertigung und Kriegseinsatz der Peenemünder »Vergeltungswaffen«, hg. vom Historisch-Technischen Museum in Peenemünde (Berlin 2018).

Dieter *Bacher*, Zwangsarbeit in Österreich und die Arbeit des »Österreichischen Versöhnungsfonds«. Zur Einleitung. In: Dieter *Bacher*, Stefan *Karner* (Hg.), Zwangsarbeiter in Österreich 1939–1945 und ihr Nachkriegsschicksal. Ergebnisse der Auswertung des Aktenbestandes des »Österreichischen Versöhnungsfonds«. Ein Zwischenbericht (Veröffentlichungen des Ludwig Boltzmann Instituts für Kriegsfolgenforschung 21, Innsbruck/Wien/Bozen 2013), 15–58.

Karl *Bachinger*, Das Verkehrswesen. In: Alois *Brusatti* (Hg.), Die Habsburgermonarchie 1848–1918, Bd. 1: Die wirtschaftliche Entwicklung (Wien [2]2005), 278–322.

Constantin *Bähre*, Die Geschichte der Bierproduktion in Österreich unter dem Aspekt der Marktkonzentration. Marktbeherrschung durch die österreichische Brau-Beteiligungs-Aktiengesellschaft und erfolgreiche Strategien kleinerer österreichischer Brauereien (ungedr. wirtschaftswiss. Dipl. Linz 1998).

Drahomír *Bárta*, Tagebuch aus dem KZ Ebensee, hg. v. Florian *Freund* und Verena *Pawlowsky* (Wien 2005).

Dietmar *Bauer*, Die soziale Lage ausländischer Arbeitskräfte in der Rüstungsindustrie während des 2. Weltkrieges am Beispiel der Hack Werke/Steyr. In: Rudolf G. *Ardelt*, Hans *Hautmann* (Hg.), Arbeiterschaft und Nationalsozialismus in Österreich. In memoriam Karl R. Stadler (Wien/Zürich 1990), 485–500.

Kurt *Bauer*, Der Februaraufstand 1934. Fakten und Mythen (Wien/Köln/Weimar 2019).

Alfred R. *Benesch*, Am Freinberg. Eine kurze Natur- und Kulturgeschichte – »Hortigrafie« des zentralen Linzer Frei- und Grünraumes. In: Berichte für Ökologie und Naturschutz der Stadt Linz 2 (2009), 99–213.

Wolfgang *Benz*, Geschichte des Dritten Reiches (München 2000).

Yves *Béon*, Planet Dora. Als Gefangener im Schatten der V2-Rakete (Gerlingen 1999).

Klaus *Berchtold*, Österreichische Parteiprogramme 1868–1966 (Wien 1967).

Paul *Bernecker*, Der Ordnungsgedanken im brauwirtschaftlichen Absatzmarkt Österreichs (Wien 1940).

Ines *Bernt-Koppensteiner*, Evakuierungsmärsche von KZ-Häftlingen von Außenlagern des KZ-Komplexes Mauthausen. In: Ines *Bernt-Koppensteiner* (Hg.), nirgendwohin. Todesmärsche durch Oberösterreich 1945. Eine Spurensuche in die Zukunft (Steyr 2015), 277–409.

Christian *Beurle*, Zipf und die BrauAG. In: 125 Jahre Brauerei Zipf 1858–1983. Sonderausgabe der Unternehmenszeitung »BrauAG Post« im Juni 1983 (ohne Ort 1983), 1–2.

Else *Beurle*, Dr. Carl Beurle 1860–1919. Ein Lebensbild (Linz 1960).

Georg *Beurle*, 50 Jahre Österreichische Brau-Aktiengesellschaft 1921–1971, hg. von der Österreichischen Brau AG (Linz 1971).

Živan *Bezić*, U sjeni krematorija. Uspomene jednog logoraša [Im Schatten des Krematoriums. Erinnerungen eines Gefangenen] (Split [2]1976).

Dieter A. *Binder*, Alte Träume und neue Methoden. Das deutsch-österreichische Verhältnis als Produkt aggressiven Revisionismus von 1933 bis 1938. In: Michael *Gehler*, Rainer F. *Schmidt*, Harm-Hinrich *Brandt*, Rolf *Steininger* (Hg.), Ungleiche Partner? Österreich und Deutschland in ihrer gegenseitigen Wahrnehmung. Historische Analysen und Vergleiche aus dem 19. und 20 Jahrhundert (Stuttgart 1996), 497–512.

Peter *Black*, Ernst Kaltenbrunner. Vasall Himmlers: Eine SS-Karriere (Sammlung Schöningh zur Geschichte und Gegenwart, Paderborn/München/Wien/Zürich 1991).

Dieter *Bleckmann*, Die Brauindustrie im Land Salzburg (Beiträge zur alpenländischen Wirtschafts- und Sozialforschung 134, Innsbruck 1972).

Heinz *Boberach*, Sicherheitsdienst (SD). In: Wolfgang *Benz*, Hermann *Graml*, Hermann *Weiß* (Hg.), Enzyklopädie des Nationalsozialismus (Stuttgart [5]2007), 793–794.

Volkhart *Bode*, Gerhard *Kaiser*, Raketenspuren. Peenemünde 1936–2000. Eine historische Reportage mit aktuellen Fotos von Christian *Thiel* (Berlin [4]2002).

Jochen *Bölsche*, »So muss die Hölle aussehen« – Wie der von Hitler begonnene Bombenkrieg vernichtend auf die Deutschen zurückschlug. In: Stephan *Burgdorff*, Christian *Habbe* (Hg.), Als Feuer vom Himmel fiel. Der Bombenkrieg in Deutschland (Bonn 2004), 18–38.

Horst *Boog*, Der strategische Bombenkrieg der Alliierten gegen Deutschland 1939–1945. Ein Überblick. In: Lothar *Fritze*, Thomas *Widera* (Hg.), Alliierter Bombenkrieg. Das Beispiel Dresden (Berichte und Studien hg. vom Hannah-Arendt-Institut für Totalitarismusforschung e.V. 50, Göttingen 2005), 11–31.

Manfred *Bornemann*, Geheimprojekt Mittelbau. Vom zentralen Öllager des Deutschen Reiches zur größten Raketenfabrik im Zweiten Weltkrieg (Bonn [2]1994).

Gerhard *Botz*, Nazi, Opportunist, »Bandenkämpfer«, Kriegsopfer. Dokumentarische Evidenz und Erinnerungssplitter zu meinem Vater. In: Bios. Zeitschrift für Biographieforschung, Oral History und Lebenslaufanalysen, Jg. 18, H. 1 (2005), 28–47.

Robert *Bouchal*, Johannes *Sachslehner*, Unterirdisches Österreich. Vergessene Stollen. Geheime Projekte (Wien/Graz/Klagenfurt 2013).

Detlef Brandes, Die Sudetendeutschen im Krisenjahr 1938 (Veröffentlichungen des Collegium Carolinum 107, München 2010).

Willy *Brandt*, Bismarck und die Kunst des Möglichen. In: Willy *Brandt*, »Im Zweifel für die Freiheit«. Reden zur sozialdemokratischen und deutschen Geschichte, hg. v. Klaus *Schönhoven* (Willi Brandt Dokumente 2, Bonn 2012), 588–593.

Werner *Bundschuh*, »Gau Schweiz – Anschluss erwünscht«. Der Fall Josef Franz Barwirsch. In: Allmende 13, H. 38/39 (1993), 189–202.

Adolf *Burger*, Des Teufels Werkstatt. Die größte Geldfälscheraktion der Weltgeschichte (München 2007).

Hans *Burger*, Geschichte und Probleme der Biersteuer (insbesondere in Bayern) (ungedr. politikwiss. Diss. Graz 1961).

Felix *Butschek*, Die österreichische Wirtschaft 1938 bis 1945 (Wien 1978).

Manfred *Carrington*, Andreas *Reiter*, Der Süden von Linz. Vergangenheit und Gegenwart der Ortschaften Ebelsberg, Mönchgraben, Pichling, Posch, Ufer, Wambach (Linz 2007).

Rudolf *Caspary*, Die Wirkungen des Krieges auf die deutsche Brauindustrie (Münchner volkswirtschaftliche Studien 147, Stuttgart/Berlin 1927).

Compassverlag (Hg.), Industrie-Compass 1930/31. Österreich (Wien 1930).

Compassverlag (Hg.), Industrie-Compass 1935/36. Österreich (Wien 1935).

Compassverlag (Hg.), Industrie-Compass 1937/38. Österreich (Wien 1937).

Felix *Czeike*, Mautner, Adolf Ignaz. In: Felix *Czeike*, Historisches Lexikon Wien, Bd. 4: Le–Ro (Wien 2004), 210.

Michael *Darthé*, Ottakringer. Eine Unternehmensgeschichte unter besonderer Berücksichtigung der Eigentümerverhältnisse (Veröffentlichungen der Österreichischen Gesellschaft für Unternehmensgeschichte 25, Wien/Berlin 2007).

Len *Deighton*, Die Luftschlacht um England. »Unternehmen Adler« (Augsburg 1989).

Julius *Deutsch*, Der Tarifvertrag in den österreichischen Brauereien und Fassbindereien (Wien 1909).

Götz *Dieckmann*, Existenzbedingungen und Widerstand im Konzentrationslager Dora-Mittelbau unter dem Aspekt der funktionellen Einbeziehung der SS in das System der faschistischen Kriegswirtschaft (ungedr. geisteswiss. Diss. Berlin 1968).

Rolf *Dietz*, Gesetz zur Ordnung der nationalen Arbeit und Gesetz zur Ordnung der Arbeit in öffentlichen Verwaltungen und Betrieben mit ihren Durchführungsverordnungen, den Einführungsverordnungen für die neuen Reichsgebiete, der Lohngestaltungsverordnung und den einschlägigen kriegsrechtlichen Vorschriften (München/Berlin ^{6}1941).

Josef *Dinzl*, Entwicklung, Gegenwart und Zukunftsprobleme des Brauwesens unter besonderer Berücksichtigung österreichischer Verhältnisse (ungedr. naturwiss. Diss. Wien 1945).

Frank *Döbert*, Über das Wirken von Hans Kammler in den letzten Kriegswochen 1945 und Erklärungsansätze über seinen Verbleib. In: Betrifft Widerstand. Zeitschrift des Zeitgeschichte Museums Ebensee und der KZ-Gedenkstätte Ebensee 119 (2015), 4–43.

Peter *Doblmayr*, Mineralogische Untersuchungen am Schlier des Inn- und Hausruckviertels (Oberösterreichische Molassezone) (ungedr. naturwiss. Dipl. Salzburg 2007).

Nikolaus *Dobner-Dobenau*, Marktlage und Absatzproblem der österreichischen Brauereien (ungedr. staatswiss. Diss. Graz 1961).

Oskar *Dohle*, Peter *Eigelsberger*, Cam Marcus W. Orr. »Glasenbach« als Internierungslager nach 1945 (Schriftenreihe des Salzburger Landesarchivs 15, Linz/Salzburg 2009).

Walter *Dornberger*, Peenemünde. Die Geschichte der V-Waffen (Berlin ^{15}2005).

Peter *Eigner*, Rudolf Sieghart and the Boden-Credit-Anstalt: A Case Study of the Austrian Banking Crisis of the 1920s and 1930s. In: Hartmut *Berghoff*, Jürgen *Kocka*, Dieter

Ziegler (Hg.), Business in the Age of Extremes. Essays in Modern German and Austrian Economic History (Publications of the German Historical Institute, New York/Washington 2013), 76–93.

Peter *Eigner*, Peter *Melichar*, Das Ende der Boden-Credit-Anstalt 1929 und die Rolle Rudolf Sieghart. In: Österreichische Zeitschrift für Geschichtswissenschaften 19, H. 3 (2008), 56–114.

Rainer *Eisfeld*, Mondsüchtig. Wernher von Braun und die Geburt der Raumfahrt aus dem Geist der Barbarei (Reinbek 1996).

Stuart B.T. *Emmett*, Strafvollzugslager der SS und Polizei. Himmler's Wartime Institutions for the Detention of Waffen-SS and Polizei Criminals ([Stroud] 2017).

Joachim *Engelmann*, Raketen die den Krieg entscheiden sollten. Taifun, Natter, Kirschkern (V1), Rheinbote (V3), Föhn (V4) u.a. (Friedberg 1980).

Emmerich *Exel*, Der Reichsnährstand in Österreich. Eine Analyse der ideologisch bedingten volkswirtschaftlichen und agrarpolitischen Zielvorstellungen des Reichsnährstandes, deren praktische Verwirklichung und Auswirkung. Auf Grundlage der Dissertationsarbeit zur Erlangung des Doktorgrades an der Universität für Bodenkultur Wien bearbeitet von Theo *Fischlein* (Agrar- und Umweltrecht – Schriftenreihe der Österreichischen Gesellschaft für Agrar- und Umweltrecht 1, Wien 1991).

Hermann *Falkensammer*, Geschichte der Österreichischen Brau-Aktiengesellschaft. In: Internationale Fachzeitschrift für Brau-, Gärungs- und Kältetechnik 12, H. 10 (1959), 173–179.

Wilhelm *Fein*, Die Klein- und Mittelbrauereien Oberösterreichs (ungedr. handelswiss. Diss. Wien 1947).

Gerald D. *Feldman*, Austrian Banks in the Period of National Socialism (Publications of the German Historical Institute, New York 2015).

Gerald D. *Feldman*, Die Creditanstalt-Bankverein in der Zeit des Nationalsozialismus, 1938–1945. In: Gerald D. *Feldman*, Oliver *Rathkolb*, Theodor *Venus*, Ulrike *Zimmerl* (Hg.), Österreichische Banken und Sparkassen im Nationalsozialismus und in der Nachkriegszeit, Bd. 1: Creditanstalt-Bankverein (München 2006), 23–188.

Gudrun *Felsberger*, Das Bier als Nahrungs- und Genußmittel, unter besonderer Berücksichtigung des Konsumverhaltens der Arbeiterschaft in der zweiten Hälfte des 19. Jahrhunderts (ungedr. geisteswiss. Dipl. Graz 1998).

Wilhelm *Filla*, Zwischen Integration und Klassenkampf. Sozialgeschichte der betrieblichen Mitbestimmung in Österreich (Materialien zur Arbeiterbewegung 18, Wien 1981).

Katja *Fischer*, Jüdische Kunstsammlungen in Wien vor 1938 am Beispiel der Familie Kuffner (ungedr. geisteswiss. Dipl. Wien 2008).

Joe *Frankl*, Under the Castle. Growing Up Between the Swastika and the Cross (Bloomington 2010).

Franzobel (Pseudonym für Franz Stefan *Griebl*), Zipf oder Die dunkle Seite des Mondes (Weitra [2008]).

Johannes *Frerich*, Martin *Frey*, Handbuch der Geschichte der Sozialpolitik in Deutschland, Bd. 1: Von der vorindustriellen Zeit bis zum Ende des Dritten Reiches (München/Wien 1993).

Florian *Freund*, Arbeitslager Zement. Das Konzentrationslager Ebensee und die Raketenrüstung (Industrie, Zwangsarbeit und Konzentrationslager in Österreich 2, Wien 1989).
Florian *Freund*, Die Entscheidung zum Einsatz von KZ-Häftlingen in der Raketenrüstung. In: Hermann *Kaienburg* (Hg.), Konzentrationslager und deutsche Wirtschaft 1939–1945 (Sozialwissenschaftliche Studien 34, Opladen 1996), 61–74.
Florian *Freund*, Mauthausen: Zu Strukturen von Haupt- und Außenlagern. In: Dachauer Hefte. Studien und Dokumente zur Geschichte der nationalsozialistischen Konzentrationslager 15, H. 15 (1999), 254–272.
Florian *Freund*, Redl-Zipf (»Schlier«). In: Wolfgang *Benz*, Barbara *Distel* (Hg.), Der Ort des Terrors. Geschichte der nationalsozialistischen Konzentrationslager, Bd. 4: Flossenbürg. Mauthausen. Ravensbrück (München 2006), 416–420.
Florian *Freund*, Was »kostet« ein Häftling? Neue Dokumente zur Geschichte des KZ Loibl-Paß. In: *Dokumentationsarchiv des österreichischen Widerstandes* (Hg.), Jahrbuch 1989, Red. v. Siegwald *Ganglmair* (Wien 1989), 31–51.
Florian *Freund*, Bertrand *Perz*, Das KZ in der Serbenhalle. Zur Kriegsindustrie in Wiener Neustadt (Industrie, Zwangsarbeit und Konzentrationslager in Österreich 1, Wien 1988).
Florian *Freund*, Bertrand *Perz*, Die Zahlenentwicklung der ausländischen Zwangsarbeiter und Zwangsarbeiterinnen auf dem Gebiet der Republik Österreich 1939–1945. In: Florian *Freund*, Bertrand *Perz*, Mark *Spoerer*, Zwangsarbeiter und Zwangsarbeiterinnen auf dem Gebiet der Republik Österreich 1939–1945, (Veröffentlichungen der Österreichischen Historikerkommission 26/1, Wien/München 2004), 7–273.
Florian *Freund*, Bertrand *Perz*, Fremdarbeiter und KZ-Häftlinge in der »Ostmark«. In: Ulrich *Herbert* (Hg.), Europa und der »Reichseinsatz«. Ausländische Zivilarbeiter, Kriegsgefangene und KZ-Häftlinge in Deutschland 1938–1945 (Essen 1991), 317–351.
Klaus *Friedl*, Die Salzburger Brauereiindustrie in den letzten hundert Jahren unter besonderer Berücksichtigung des Halleiner Raumes (Kaltenhausen) (ungedr. wirtschaftswiss. Dipl. Linz 1973).
Jörg *Friedrich*, Der Brand. Deutschland im Bombenkrieg 1940–1945 (München 2002).
Heinz *Gartmann*, Träumer. Forscher. Konstrukteure. Das Abenteuer der Weltraumfahrt (Düsseldorf 1955).
Georg *Gaugusch*, Wer einmal war. Das jüdische Großbürgertum Wiens 1800–1938. L–R (Jahrbuch der Heraldisch-Genealogischen Gesellschaft »Adler« – Wien, Dritte Folge 17, Wien 2016).
Enno *Georg*, Die wirtschaftlichen Unternehmungen der SS (Schriftenreihe der Vierteljahrshefte für Zeitgeschichte 7, Stuttgart 1963).
Elisabeth *Gogg*, Handelsmarke »Bier« der Brau Union Österreich AG (Schriftenreihe Handel und Marketing 47, Wien 2003).
Walter *Göhring*, Die Gelben Gewerkschaften Österreichs in der Zwischenkriegszeit (Schriftenreihe des Instituts zur Erforschung der Geschichte der Gewerkschaften und Arbeiterkammern 5, Wien 1998).
Walter *Göhring*, Brigitte *Pellar*, Anpassung und Widerstand. Arbeiterkammern und Ge-

werkschaften im österreichischen Ständestaat (Schriftenreihe des Instituts zur Erforschung der Geschichte der Gewerkschaften und Arbeiterkammern 13, Wien 2001).

Josef *Goldberger*, Cornelia *Sulzbacher*, Oberdonau (Oberösterreich in der Zeit des Nationalsozialismus 11, Linz 2008).

Walter *Goldinger*, Geschichte der Republik Österreich (Wien 1962).

Fritz *Grabner*, 75 Jahre Betriebsfeuerwehr Brauerei Zipf, hg. von der Betriebsfeuerwehr der Brauerei Zipf (Vöcklabruck 2002).

Dorit *Gropp*, Außenkommando Laura und Vorwerk Mitte Lehesten. Testbetrieb für V2-Triebwerke (Bad Münstereifel 1999).

Walter *Hagen*, Unternehmen Bernhard. Ein historischer Tatsachenbericht über die größte Geldfälschungsaktion aller Zeiten (Wels/Starnberg 1955).

Marcus *Hahn*, Nachkommenschaften. In: Christian *Begemann*, Davide *Giuriato* (Hg.), Stifter Handbuch. Leben – Werk – Wirkung (Stuttgart 2017), 135–138.

Verena *Hahn-Oberthaler*, Gerhard *Obermüller*, Die Familie Beurle. Eine Generationengeschichte (Linz 2016).

Heimo *Halbrainer*, Thomas *Karny*, Gegen Bewegung. Skizzen aus dem oberösterreichischen Widerstand gegen den Nationalsozialismus (Geschichte der Heimat, Grünbach 1995).

Hans *Hamscha*, Otto *Deutsch*, Die Aufgaben der österreichischen Landwirtschaft (Wien 1937).

Rudolf *Hanel* (Hg.), Industrie-Compass 1924/25, Bd. 1: Österreich (Wien 1924).

Franz *Haudum*, Bierbrauen in Wilhering. Kleiner Beitrag zur Wilheringer Stifts- und Wirtschaftsgeschichte. In: https://www.dioezese-linz.at/dl/npnoJKJNlLkmJqx4LJK/Publikation_Bier.pdf [letzter Zugriff 11.5.2020].

Hans von *Hellrigl*, Die elektrischen Anlagen in Zipf. In: Zeitschrift für Elektrotechnik 13, H. 5 (1895), 133–134.

Lothar *Höbelt*, Die Erste Republik Österreich (1918–1938). Das Provisorium (Schriftenreihe des Forschungsinstitutes für politisch-historische Studien der Dr.-Wilfried-Haslauer-Bibliothek Salzburg 64, Wien/Köln/Weimar 2018).

Lothar *Höbelt*, Die Zweite Republik Österreich und ihre Besonderheiten (Schriftenreihe des Forschungsinstitutes für politisch-historische Studien der Dr.-Wilfried-Haslauer-Bibliothek Salzburg 76, Wien/Köln/Weimar 2020).

Erich *Hohensinn*, Geschichte und Entwicklung des österreichischen Brauwesens vom Kleingewerbe zur Grossindustrie (ungedr. wirtschaftswiss. Diss. Linz 1978).

Heinz Dieter *Hölsken*, Die V-Waffen. Entstehung – Propaganda – Kriegseinsatz (Studien zur Zeitgeschichte 27, Stuttgart 1984).

Gregor *Holzinger*, Kurzbiografien von Angehörigen des Kommandanturstabes. In: Gregor *Holzinger* (Hg.), Die zweite Reihe. Täterbiografien aus dem Konzentrationslager Mauthausen (Mauthausen-Studien 10, Wien 2016), 45–200.

Wendell Robert *Houston*, Ernst Kaltenbrunner. A Study of an Austrian SS and Police Leader (ungedr. geisteswiss. Diss. Houston 1972)

Hubert *Hummer*, Der Widerstand auf dem Land. In: Brigitte *Kepplinger*, Josef *Weidenhol-*

zer (Hg.), Februar 1934 in Oberösterreich. »Es wird nicht mehr verhandelt …« (Bibliothek der Provinz, Weitra [2009]), 198–238.

Stefan *Huppert*, Rudolf *Kellner*, Geschichte der österreichischen Lebensmittelarbeitergewerkschaft, Bd. 5: Geschichte der Getränkearbeiter (Wien 1952).

Roman *Jäger*, Markt und Konzentration in der Brauwirtschaft in Österreich (ungedr. wirtschaftswiss. Dipl. Wien 1995).

Gerhard *Jagschitz*, Von der »Bewegung« zum Apparat. Zur Phänomenologie der NSDAP 1938–1945. In: Emmerich *Tálos*, Ernst *Hanisch*, Wolfgang *Neugebauer*, Reinhard *Sieber* (Hg.), NS-Herrschaft in Österreich. Ein Handbuch (Wien 2000), 88–122.

Uffa *Jensen*, Reichsnährstand. In: Wolfgang *Benz*, Hermann *Graml*, Hermann *Weiß* (Hg.), Enzyklopädie des Nationalsozialismus (Stuttgart ^{5}2007), 750.

Johannes *Jetschgo*, Ferdinand *Lacina*, Michael *Pammer*, Roman *Sandgruber*, Österreichische Industriegeschichte, Bd. 2: 1848 bis 1955. Die verpasste Chance, hg. von der Österreichischen Industriegeschichte GmbH (Wien 2004).

Alfred *Jöchlinger*, Historische Betriebsanalyse der Gösser Brauerei-AG (ungedr. wirtschaftswiss. Dipl. Wien 1976).

Michael *John*, Zwangsarbeit und NS-Industriepolitik am Standort Linz. In: Oliver *Rathkolb* (Hg.), NS-Zwangsarbeit: Der Standort Linz der Reichswerke Hermann Göring AG Berlin, 1938–1945, Bd. 1: Zwangsarbeit – Sklavenarbeit: Politik-, sozial- und wirtschaftshistorische Studien, hg. v. Christian *Gonsa*, Gabriella *Hauch*, Michael *John*, Josef *Moser*, Bertrand *Perz*, Oliver *Rathkolb*, Michaela C. *Schober* (Wien/Köln/Weimar 2001), 23–146.

Günter *Jontes*, Vor tausend Jahren. Stift Göss in Leoben als älteste Klostergründung der Steiermark (Leoben 2020).

Hugo *Jud*, Die Bauernkriege. In: *Arbeitskreis für die Erstellung der Gemeindechronik* (Hg.), Geschichte der Gemeinde und der Pfarre Neukirchen an der Vöckla (Neukirchen an der Vöckla 1985), 23–31.

Daniela *Kahn*, Die Steuerung der Wirtschaft durch Recht im nationalsozialistischen Deutschland. Das Beispiel der Reichsgruppe Industrie (Studien zur Europäischen Geschichte 212/Das Europa der Diktatur 12, Frankfurt 2006).

Hermann *Kaienburg*, Die Wirtschaft der SS (Berlin 2003).

Susanne *Kalss*, Christina *Burger*, Georg *Eckert*, Die Entwicklung des österreichischen Aktienrechts. Geschichte und Materialien (Wien 2003).

Walter *Kappacher*, Silberpfeile (Wien/München 2000).

Rainer *Karlsch*, Hitlers Bombe. Die geheime Geschichte der deutschen Kernwaffenversuche (München 2005).

Stefan *Karner*, Zur NS-Sozialpolitik gegenüber der österreichischen Arbeiterschaft. In: Rudolf G. *Ardelt*, Hans *Hautmann* (Hg.), Arbeiterschaft und Nationalsozialismus in Österreich. In memoriam Karl R. Stadler (Wien/Zürich 1990), 255–264.

Wolfgang *Kemmetmüller*, Franz *Pastler*, Die Biererzeugung in Österreich vom Ausgang des 19. Jahrhunderts bis zum Ende der Ersten Republik. In: Herbert *Matis* (Hg.), Historische Betriebsanalyse und Unternehmer. Festschrift für Alois Mosser (Wien 1997), 143–182.

Brigitte *Kepplinger*, Aspekte nationalsozialistischer Herrschaft in Oberösterreich. In: Emmerich *Tálos*, Ernst *Hanisch*, Wolfgang *Neugebauer*, Reinhard *Sieber* (Hg.), NS-Herrschaft in Österreich. Ein Handbuch (Wien 2000), 214–236.

Brigitte *Kepplinger*, Nationalsozialistische Wohnbaupolitik in Oberösterreich. In: Rudolf G. *Ardelt*, Hans *Hautmann* (Hg.), Arbeiterschaft und Nationalsozialismus in Österreich. In memoriam Karl R. Stadler (Wien/Zürich 1990), 265–287.

Hans *Kernbauer*, Währungspolitik in der Zwischenkriegszeit. Geschichte der Österreichischen Nationalbank von 1923 bis 1938 (Wien 1991).

Lothar *Kettenacker*, Die britische Bevölkerung und der Bombenkrieg. In: Lothar *Fritze*, Thomas *Widera* (Hg.), Alliierter Bombenkrieg. Das Beispiel Dresden (Berichte und Studien hg. vom Hannah-Arendt-Institut für Totalitarismusforschung e.V. 50, Göttingen 2005), 83–95.

Klaus *Kienesberger*, Spuren der Zeitgeschichte. Nachgedanken zu sommerlichen Begegnungen in Österreich. In: Betrifft Widerstand. Zeitschrift des Zeitgeschichte Museums Ebensee und der KZ-Gedenkstätte Ebensee 84 (2007), 19–20.

Johann *Klein*, Die Konzentration in der ostmärkischen Brauindustrie (ungedr. wirtschaftswiss. Diss. Wien 1941).

Karl *Kleinschmidt*, Erbe und Wachstum, hg. von der Brauerei Zipf, Aktiengesellschaft, vorm. Wm. Schaup, Zipf, OÖ (Linz [1958]).

Hannes *Koch*, Geschehen. Vergessen. Verdrängen. Zur nationalsozialistischen Gewaltherrschaft im oberösterreichischen Hausruck (ungedr. sozialwiss. Diss. Linz 2017).

Eugen *Kogon*, Der SS-Staat. Das System der deutschen Konzentrationslager (Klassiker des modernen Denkens, München 1974).

Hermann *Kohl*, Das Eiszeitalter in Oberösterreich. Abriss einer Quartärgeologie von Oberösterreich (Schriftenreihe des oberösterreichischen Musealvereines – Gesellschaft für Landeskunde 17, Linz 2000).

Peter *Kohl*, Peter *Bessel*, Auto Union und Junkers. Die Geschichte der Mitteldeutschen Motorenwerke GmbH Taucha 1935–1948 (Beiträge zur Unternehmensgeschichte 16, Wiesbaden 2003).

Andreas *Kolar*, Konzentrations- und Kartellpolitik in der österreichischen Bierbrauerei (Linz 1987).

Thomas *Kopalek*, Die »Deutsche Erd- und Steinwerke GmbH« am Standort Mauthausen-Gusen 1938–1945 (ungedr. geisteswiss. Dipl. Wien 2013).

Monika *Kornberger*, Uwe *Harten*, Lilienau, Max (eig. Limbeck Freiherr von Lilienau, Maximilian Michael Rudolf). In: Oesterreichisches Musiklexikon online, https://www.musiklexikon.ac.at/ml/musik_L/Limbeck_Max.xml [letzter Zugriff 20.1.2020].

Hubert *Kovarovsky*, Die Vertriebsorganisation der österreichischen Brauereien (ungedr. handelswiss. Diss Wien 1956).

Andreas *Kranig*, Lockung und Zwang. Zur Arbeitsverfassung im Dritten Reich (Schriftenreihe der Vierteljahrshefte für Zeitgeschichte 47, Stuttgart 1983).

Johann Paul *Kremer*, Tagebuch. In: Jadwiga *Bezwińska*, Danuta *Czech* (Hg.), Auschwitz in den Augen der SS (Oświęcim 1998), 141–207.

Fritz *Kretz*, 111 Jahre Zipfer. 1858–1869, hg. von der Brauerei Zipf Aktiengesellschaft vorm. Schaup (Zipf 1969).

Fritz *Kretz*, Die Entwicklung der österreichischen Brauwirtschaft seit 1900. Ein Überblick unter besonderer Berücksichtigung der wettbewerbsregelnden Funktion der Kundschaftsversicherungsverträge (ungedr. brauwiss. Dipl. München 1965).

Friedrich *Kretz*, Die Ermittlung und Planung der Liquidität im österreichischen Braugewerbe (1955–1969) (gedr. lebensmitteltechn. Diss. Berlin 1971).

Fritz *Kretz*, Ein Betrieb der NS-Raketenrüstung in Zipf. In: Karl *Ammerer-Willibald* (Hg.), Vöcklamarkt in alten Tagen. Bildchronik der Jahre 1859 bis 1959 (Ried 1999), 382–387.

Nikolaus *Kretz*, Strategisches Controlling für den Konzern aus Sicht der Holding (Am Beispiel des Konzerns der BBAG – Österreichische Brau-Beteiligungs-Aktiengesellschaft, Linz) (ungedr. wirtschaftswiss. Dipl. Linz 1997).

Stephanie *Kretz*, Die Marke – »Zipfer« (Die Marke 4, Wien 1999).

Gerhard *Kriechbaum*, Christian *Limbeck-Lilienau*, Zipf – »Schlier«. In: Christian *Hawle*, Gerhard *Kriechbaum*, Margret *Lehner*, Täter und Opfer. Nationalsozialistische Gewalt und Widerstand im Bezirk Vöcklabruck 1938–1945. Eine Dokumentation (Wien/Linz/Weitra/München 1995), 59–94.

Karsten *Krieger*, Sudetenkrise. In: Wolfgang *Benz*, Hermann *Graml*, Hermann *Weiß* (Hg.), Enzyklopädie des Nationalsozialismus (Stuttgart [5]2007), 822.

Charlotte *Krüger*, Mein Großvater, der Fälscher. Eine Spurensuche in der NS-Zeit (München 2015).

Otto *Lackinger*, Die Industrie in Oberösterreich in der Ersten Republik 1918–1938 (Linz 2017).

Hermann *Langbein*, Menschen in Auschwitz (Wien 1987).

David Clay *Large*, Hitlers München. Aufstieg und Fall der Hauptstadt der Bewegung (München 1998).

Paul *Le Caër*, Ein junger Europäer in Mauthausen 1943–1945 (Mauthausen-Studien 2, Wien [2002]).

Paul *Le Caër*, K.L. Mauthausen. Schlier Redl-Zipf 1943–1945 (Paris 1984).

Paul *Le Caër*, Mauthausen. Crimes Impunis (Cully 2007).

Basil Henry *Liddell Hart*, Geschichte des Zweiten Weltkrieges. Ungekürzte Sonderausgabe in einem Band ([Frankfurt] [2019]).

Sophie *Lillie*, Feindliche Gewalten. Das Ringen um Gustav Klimts Beethovenfries (Bibliothek des Raubes 16, Wien 2017).

Sophie *Lillie*, Was einmal war. Handbuch der enteigneten Kunstsammlungen Wiens (Bibliothek des Raubes 8, Wien 2003).

Rudolf Walter *Litschel*, 1934 – Das Jahr der Irrungen (Linz [1974]).

Hans *Loewenfeld-Russ*, Die Regelung der Volksernährung im Kriege (Wirtschafts- und Sozialgeschichte des Weltkrieges, österreichische und ungarische Serie, Wien/New Haven 1926).

Norman *Longmate*, Hitler's Rockets. The Story of the V-2s (New York 2009).

Johannes *Ludwig*, Boykott, Enteignung, Mord. Die »Entjudung« der deutschen Wirtschaft (Hamburg [2]1989).

Johannes *Ludwig*, Die Nazis, die Bank und das Bier. Ignatz Nacher und die Engelhardt-Brauerei. Die Geschichte einer »Arisierung«. In: https://www.anstageslicht.de/themen/history/ignatznacher/ [letzter Zugriff 27.10.2020].

Rudolf *Lusar*, Die deutschen Waffen und Geheimwaffen des 2. Weltkrieges und ihre Weiterentwicklung (München [2]1958).

Wilfried *Mähr*, Der Marshallplan in Österreich (Wien/Graz/Köln 1989).

Lawrence *Malkin*, Hitlers Geldfälscher. Wie die Nazis planten, das internationale Währungssystem auszuhebeln (Bergisch Gladbach 2006).

Cyril *Mallet*, Le camp de concentration de Redl-Zipf (1943–1945) ([Bruz] 2017).

Cyril *Mallet*, V2-Raketen im Brauereikeller. Das Konzentrationslager Redl-Zipf 1943–1945 (Wien 2018).

Ina *Markova*, Die NS-Zeit im Bildgedächtnis der Zweiten Republik (Der Nationalsozialismus und seine Folgen 6, Innsbruck/Wien/Bozen 2018).

Hans *Maršálek*, Die Geschichte des Konzentrationslagers Mauthausen. Dokumentation (Wien [4]2006).

Sabine *Marz*, Historische Betriebsanalyse der Österreichischen Brau-Aktiengesellschaft (ungedr. wirtschaftswiss. Dipl. Wien 1983).

Franz *Mathis*, Big Business in Österreich. Österreichische Großunternehmen in Kurzdarstellungen (Wien 1987).

Stephan *Matyus*, Das Fotoalbum aus dem KZ Bretstein: Erinnerungen des SS-Angehörigen Albert Elßer. In: Gregor *Holzinger* (Hg.), Die zweite Reihe. Täterbiografien aus dem Konzentrationslager Mauthausen (Mauthausen-Studien 10, Wien 2016), 226–246.

Kuno *Mautner-Markhof*, Zehn Jahre österreichische Brauindustrie 1918–1928. Vortrag gehalten am 5. Österreichischen Brauertag, Wien im März 1929 ([Wien] 1929).

Wolfgang *Mayr*, Robert *Sedlaczek*, Caveles? Café Abeles! Wie ein Kaffeehaus am Wiener Salzgries zu einem Tarockbegriff wurde. In: Ernst *Strouhal*, Manfred *Zollinger*, Brigitte *Felderer* (Hg.), Spiele der Stadt. Glück, Gewinn und Zeitvertreib (Wien/New York 2012), 100–109.

Erich Maria *Meixner*, Wirtschaftsgeschichte des Landes Oberösterreich, Bd. 2: Männer. Mächte. Betriebe. Von 1848 bis zur Gegenwart (Salzburg/Linz 1952).

Josef *Mentschel*, Das österreichische Unternehmertum. In: Alois *Brusatti* (Hg.), Die Habsburgermonarchie 1848–1918, Bd. 1: Die wirtschaftliche Entwicklung (Wien [2]2005), 250–277.

Franz *Meußendoerffer*, Martin *Zarnkow*, Das Bier. Eine Geschichte von Hopfen und Malz (München 2014).

Elisabeth *Milchrahm*, Die Gösser Brauerei Aktiengesellschaft. Eine historische Betriebsanalyse (ungedr. wirtschaftswiss. Dipl. Graz 1996).

Hannes *Moser*, Die Stieglbrauerei zu Riedenburg bei Salzburg, Franz Huemer & Comp. – Eine historische Betriebsanalyse (ungedr. wirtschaftswiss. Dipl. Graz 1992).

Josef *Moser*, Oberösterreichs Wirtschaft 1938 bis 1945 (Studien zur Wirtschaftsgeschichte und Wirtschaftspolitik 2, Wien/Köln/Weimar 1995).

Alois *Mosser*, Die Industrieaktiengesellschaft in Österreich 1880–1913 (Studien zur Geschichte der österreichisch-ungarischen Monarchie 18, Wien 1980).

Harald *Mühlecker*, Die geschichtliche und wettbewerbspolitische Entwicklung der Brau Union AG (ungedr. wirtschaftswiss. Dipl. Linz 2001).

Klaus-Dieter *Mulley*, Zur Entnazifizierung der österreichischen Wirtschaft. In: Sebastian *Meissl*, Klaus-Dieter *Mulley*, Oliver *Rathkolb* (Hg.), Verdrängte Schuld, verfehlte Sühne. Entnazifizierung in Österreich 1945–1955 (Wien 1986), 100–128.

Daniela *Münkel*, Nationalsozialistische Agrarpolitik und Bauernalltag (Frankfurt/New York 1996).

Joachim *Neander*, Das Konzentrationslager »Mittelbau« in der Endphase der nationalsozialistischen Diktatur. Zur Geschichte des letzten im »Dritten Reich« gegründeten selbständigen Konzentrationslagers unter besonderer Berücksichtigung seiner Auflösungsphase (Clausthal-Zellerfeld [3]1999).

Michael J. *Neufeld*, Die Rakete und das Reich. Wernher von Braun, Peenemünde und der Beginn des Raketenzeitalters (Berlin 1997).

Rolf *Niederhuemer*, Das Technische Museum für Industrie und Gewerbe in Wien. In: *Bundesministerium für Wissenschaft und Forschung* (Hg.), Österreichs Museen stellen sich vor, Bd. 4 (Wien 1975), 4–13.

Elmar *Oberegger*, Grundlinien der Eisenbahngeschichte Oberösterreichs 1827–2008 (Veröffentlichungen des Info-Büros für österreichische Eisenbahngeschichte 8, Sattledt 2008).

Robert *Obermair*, Das Lager in Vöcklabruck. In: Helga *Embacher*, Manfred *Oberlechner*, Robert *Obermair*, Adelheid *Schreilechner* (Hg.), Eine Spurensuche. KZ-Außenlager in Salzburg und Oberösterreich als Lernorte (Frankfurt 2019), 62–102.

Oberösterreichisches Landesarchiv (Hg.), 14 Tage in Oberösterreich. 5. bis 18. Februar 1934 (Linz 2014).

Hermann *Oberth*, Die Rakete zu den Planetenräumen (München 1923).

Anne-Marie *O'Connor*, The Lady in Gold. The Extraordinary Tale of Gustav Klimt's Masterpiece, Portrait of Adele Bloch-Bauer (New York 2012).

Ohne Autor, Bericht über die Firma »Schlier«. Steinbruchverwertungs-Ges.m.b.H. – Deckname »Schlier«. In: *Arbeitskreis für die Erstellung der Gemeindechronik* (Hg.), Geschichte der Gemeinde und der Pfarre Neukirchen an der Vöckla (Neukirchen an der Vöckla 1985), 51–53.

Ohne Autor, Brauerei Zipf. In: *Arbeitskreis für die Erstellung der Gemeindechronik* (Hg.), Geschichte der Gemeinde und der Pfarre Neukirchen an der Vöckla (Neukirchen an der Vöckla 1985), 90–101.

Ohne Autor, Das Feuerwehrwesen. In: *Arbeitskreis für die Erstellung der Gemeindechronik* (Hg.), Geschichte der Gemeinde und der Pfarre Neukirchen an der Vöckla (Neukirchen an der Vöckla 1985), 171–175.

Ohne Autor, Die elektrische Beleuchtungs-, Kraftübertragungs- und Eisenbahn-Anlage der Brauerei Zipf. In: Zeitschrift für Elektrotechnik 13, H. 8 (1895), 228–234.

Ohne Autor, Die Geschichte der Gemeinde Neukirchen an der Vöckla. In: *Arbeitskreis für die Erstellung der Gemeindechronik* (Hg.), Geschichte der Gemeinde und der Pfarre Neukirchen an der Vöckla (Neukirchen an der Vöckla 1985), 15–22.

Ohne Autor, Die Pfarre Neukirchen an der Vöckla. In: *Arbeitskreis für die Erstellung der*

Gemeindechronik (Hg.), Geschichte der Gemeinde und der Pfarre Neukirchen an der Vöckla (Neukirchen an der Vöckla 1985), 71–89.

Ohne Autor, Die Vorzeit im Vöcklatal und die Kelten. In: *Arbeitskreis für die Erstellung der Gemeindechronik* (Hg.), Geschichte der Gemeinde und der Pfarre Neukirchen an der Vöckla (Neukirchen an der Vöckla 1985), 13–14.

Ohne Autor, Dr. Wilhelm Schaup's [sic] soziales Denken und Handeln war der Zeit voraus. In: 125 Jahre Brauerei Zipf 1858–1983. Sonderausgabe der Unternehmenszeitung »BrauAG Post« im Juni 1983 (ohne Ort 1983), 5.

Ohne Autor, Exkursion über Zipf in die Frankenburger und Kobernauser Waldungen. In: Berichte des Forst-Vereins für Oesterreich ob der Enns 7 (Linz 1863), 3–29.

Ohne Autor, Hatschek Ludwig, Erfinder. In: Österreichisches Biographisches Lexikon, Bd. 2 (Wien 1959), 208.

Ohne Autor, In Zipf gezapft. In: 125 Jahre Brauerei Zipf 1858–1983. Sonderausgabe der Unternehmenszeitung »BrauAG Post« im Juni 1983 (ohne Ort 1983), 6.

Ohne Autor, Ortsgeschichte von 1620 bis 1848. In: *Arbeitskreis für die Erstellung der Gemeindechronik* (Hg.), Geschichte der Gemeinde und der Pfarre Neukirchen an der Vöckla (Neukirchen an der Vöckla 1985), 32–35.

Ohne Autor, Ortsgeschichte von 1914 bis 1945. In: *Arbeitskreis für die Erstellung der Gemeindechronik* (Hg.), Geschichte der Gemeinde und der Pfarre Neukirchen an der Vöckla (Neukirchen an der Vöckla 1985), 42–50.

Ohne Autor, Postwesen. In: *Arbeitskreis für die Erstellung der Gemeindechronik* (Hg.), Geschichte der Gemeinde und der Pfarre Neukirchen an der Vöckla (Neukirchen an der Vöckla 1985), 149–150.

Ohne Autor, Richard Kretz. In: Internetseite der Universität Würzburg, Medizinische Fakultät, Pathologisches Institut, Seite Geschichte, Historische Direktoren, http://www.pathologie.uni-wuerzburg.de/geschichte/historische-direktoren/richard-kretz/ [letzter Zugriff 20.1.2020].

Ohne Autor, Sicherheitswesen in unserer Gemeinde. In: *Arbeitskreis für die Erstellung der Gemeindechronik* (Hg.), Geschichte der Gemeinde und der Pfarre Neukirchen an der Vöckla (Neukirchen an der Vöckla 1985), 147–148.

Ohne Autor, Ueberblick über die Erdgeschichte Oberösterreichs. In: *Verlag »Natur und Heimat«* (Hg.), Geologie von Oberösterreich (Linz 1948), 6–9.

Karin *Orth*, Das System der nationalsozialistischen Konzentrationslager. Eine politische Organisationsgeschichte (Hamburg 1999).

Gustav *Otruba*, Rudolf *Kropf*, Die Entwicklung von Bergbau und Industrie in Oberösterreich (1841–1873). In: Oberösterreichische Heimatblätter, Jg. 25, H. 3/4 (1971), 50–125.

Alfred *Paleczny*, Die Wiener Brauherren. Das goldene Jahrhundert (Wien 2014).

Bertrand *Perz*, Das Projekt »Quarz«. Der Bau einer unterirdischen Fabrik durch Häftlinge des KZ Melk für die Steyr-Daimler-Puch AG 1944–1945 (Innsbruck/Wien/Bozen ^{2}2014).

Bertrand *Perz*, Die KZ-Gedenkstätte Mauthausen. 1945 bis zur Gegenwart (Innsbruck/Wien/Bozen 2006).

Bertrand *Perz*, Steyr-Münichholz, ein Konzentrationslager der Steyr-Daimler-Puch A.G.

Zur Genese der KZ-Zwangsarbeit in der Rüstungsindustrie. In: *Dokumentationsarchiv des österreichischen Widerstandes* (Hg.), Jahrbuch 1989, Red. v. Siegwald *Ganglmair* (Wien 1989), 52–61.

Bertrand *Perz*, Unsichtbare NS-Architektur. Unterirdische Rüstungsfabriken auf österreichischem Gebiet. In: Österreichische Zeitschrift für Kunst und Denkmalpflege 61, H. 1 (2007), 58–67.

Bertrand *Perz*, Verwaltete Gewalt. Der Tätigkeitsbericht des Verwaltungsführers im Konzentrationslager Mauthausen 1941 bis 1944 (Mauthausen-Studien 8, Wien 2013).

Bertrand *Perz*, Wasserstraßenverwaltung in Österreich – eine Einleitung. In: Bertrand *Perz*, Gabriele *Hackl*, Alexandra *Wachter* (Hg.), Wasserstraßen. Die Verwaltung von Donau und March 1918–1955 (Wien/Köln/Weimar 2020), 11–20.

Bertrand *Perz*, Florian *Freund*, Konzentrationslager in Oberösterreich 1938 bis 1945 (Oberösterreich in der Zeit des Nationalsozialismus 8, Linz 2007).

Michael Brian *Petersen*, Engineering Consent: Peenemuende, National Socialism, and the V-2 Missile, 1924–1945 (ungedr. geisteswiss. Diss. College Park 2005).

Karl *Pölzl*, Die Entwicklung des Kundschaftsversicherungsvertrages in der steirischen Brauindustrie (ungedr. rechtswiss. Diss. Graz 1970).

[Karl *Pörnbacher*], Nachwort. In: Adalbert *Stifter*, Nachkommenschaften, hg. v. Karl *Pörnbacher* (Stuttgart 1970), 72–88.

Hugo *Portisch*, Österreich II. Die Wiedergeburt unseres Staates (Wien [3]1985).

Alfred Francis *Pribram*, Materialien zur Geschichte der Preise und Löhne in Österreich, Bd. 1 (Veröffentlichungen des internationalen wissenschaftlichen Komitees für die Geschichte der Preise und Löhne 1, Wien 1938).

Josef *Promintzer*, Dreihundert Jahre Brauhaus Schwechat. Vergangenheit und Gegenwart der größten Brauerei Österreichs, dargestellt zu ihrem dreihundertjährigen Jubiläum (Wien 1932).

Gerhard *Prominzer*, Josef *Umgeher*, Peter *Wegenstein*, Verkehrsschlagader Westbahn (Kleine Bahnreihe 4, Wien 1988).

Fritz *Propst*, Mein Leben im Widerstand. Eine autobiographische Erzählung (Wien 2002).

Wolfgang *Quatember*, Der »Hatschek-Steinbruch« in Ebensee. Das Verhältnis des Betriebes zur Rüstungsbaustelle des »SS-Führungsstabes Kammler« und zum KZ-Nebenlager Ebensee (1943–1945). In: Betrifft Widerstand. Zeitschrift des Zeitgeschichte Museums Ebensee und der KZ-Gedenkstätte Ebensee 97 (2010), 19–27.

Christian *Rabl*, Der KZ-Komplex Mauthausen vor Gericht (ungedr. geisteswiss. Diss. Wien 2017).

Oliver *Rathkolb*, NS-Problem und politische Restauration: Vorgeschichte und Etablierung des VdU. In: Sebastian *Meissl*, Klaus-Dieter *Mulley*, Oliver *Rathkolb* (Hg.), Verdrängte Schuld, verfehlte Sühne. Entnazifizierung in Österreich 1945–1955 (Wien 1986), 73–99.

Oliver *Rathkolb* (Hg.), NS-Zwangsarbeit: Der Standort Linz der Reichswerke Hermann Göring AG Berlin, 1938–1945, Bd. 1: Zwangsarbeit – Sklavenarbeit: Politik-, sozial- und wirtschaftshistorische Studien, hg. v. Christian *Gonsa*, Gabriella *Hauch*, Michael

John, Josef *Moser*, Bertrand *Perz*, Oliver *Rathkolb*, Michaela C. *Schober* (Wien/Köln/Weimar 2001).

Oliver *Rathkolb*, U.S.-Entnazifizierung in Österreich zwischen kontrollierter Revolution und Elitenrestauration (1945–1949). In: Zeitgeschichte, Jg. 11, H. 9/10 (1984), 302–325.

Manfried *Rauchensteiner*, Der Erste Weltkrieg und das Ende der Habsburgermonarchie 1914–1918 (Wien/Köln/Weimar 2013).

Karl-Heinz *Rauscher*, Steyr im Nationalsozialismus, [Bd. 2]: Industrielle Strukturen (Gnas 2004).

Marie-Luise *Recker*, Nationalsozialistische Sozialpolitik im Zweiten Weltkrieg (Studien zur Zeitgeschichte 29, München 1985).

Christian *Regger*, Schutzverband österreichischer Brauereien. Firmengeschichte und historische Betriebsanalyse (ungedr. wirtschaftswiss. Dipl. Graz 1997).

Susanne *Reichmann*, Bier – Vom Malz zum Volksgetränk. Biologische, kulturelle, gesellschaftliche und gesundheitliche Aspekte des Genussmittels (ungedr. naturwiss. Dipl. Graz 2018).

Niklas *Reinke*, Geschichte der deutschen Raumfahrtpolitik. Konzepte, Einflußfaktoren und Interdependenzen 1923–2002 (München 2004).

Margit *Reiter*, Die Ehemaligen. Der Nationalsozialismus und die Anfänge der FPÖ (Göttingen ²2019).

Raimond *Reiter*, Empirie und Methode in der Erforschung des »Dritten Reiches«. Fallstudien zur Inhaltsanalyse, Typusbildung, Statistik, zu Interviews und Selbstzeugnissen (Frankfurt/Berlin/Bern/Brüssel/New York/Oxford/Wien 2000).

Helmut *Retzl*, Günter *Rammersdorfer*, Steyr Münichholz. Mustersiedlung. Glasscherbenviertel. Zukunftsmodell (Steyr 2018).

Daniel J. *Riedl*, Die österreichische Brauindustrie – Wandel in der Standortstruktur angesichts wirtschaftlicher und politischer Veränderungen des Marktes (ungedr. wirtschaftswiss. Dipl. Wien 1997).

Karl Heinz *Ritschel*, Familie Hatschek als Mäzene. In: *Gemeinde Koppl* (Hg.), Heimat Koppl. Chronik der Gemeinde, Red. v. Matthias *Bahngruber* (Koppl 2000), 265–266.

Othmar *Rittenschober*, Die Hillerkaserne in Linz-Ebelsberg (I). In: Pallasch. Zeitschrift für Militärgeschichte, H. 33 (2010), 83–100.

Hans Ludwig *Rosegger*, Von der »Quetsche« zum Großbetrieb. Die Geschichte der Firma Brüder Reininghaus Aktien-Gesellschaft für Brauerei- u. Spiritus-Industrie in Steinfeld bei Graz, Steiermark (Graz 1928).

Helmut *Rumpler*, Eine Chance für Mitteleuropa. Bürgerliche Emanzipation und Staatsverfall in der Habsburgermonarchie (Österreichische Geschichte 1804–1914, Wien 2005).

Hans *Safrian*, Die Eichmann-Männer (Wien/Zürich 1993).

Roman *Sandgruber*, Die Anfänge der Konsumgesellschaft. Konsumgüterverbrauch, Lebensstandard und Alltagskultur in Österreich im 18. und 19. Jahrhundert (Sozial- und wirtschaftshistorische Studien 15, Wien 1982).

Roman *Sandgruber*, Lenzing. Anatomie einer Industriegründung im Dritten Reich (Oberösterreich zur Zeit des Nationalsozialismus 9, Linz 2010).

Roman *Sandgruber*, Ökonomie und Politik. Österreichische Wirtschaftsgeschichte vom Mittelalter bis zur Gegenwart (Österreichische Geschichte, Wien 2005).

Roman *Sandgruber*, Rothschild. Glanz und Untergang des Wiener Welthauses (Wien/Graz/Klagenfurt 2018).

Hannes *Schauperl*, Die Brau Union Österreich AG – Eine historische Betriebsanalyse (ungedr. wirtschaftswiss. Dipl. Graz 2002).

Norbert *Schausberger*, Rüstung in Österreich 1938–1945. Eine Studie über die Wechselwirkung von Wirtschaft, Politik und Kriegsführung (Publikationen des österreichischen Instituts für Zeitgeschichte und des Instituts für Zeitgeschichte der Universität Wien 8, Wien 1970).

Konrad *Schiffmann*, Historisches Ortsnamen-Lexikon des Landes Oberösterreich, Bd. 2: K–Z (Linz 1935).

Dorothea *Schmidt*, »Die Kraft der deutschen Erde«. Das Bier im Nationalsozialismus und die Hauptvereinigung der deutschen Brauwirtschaft in Berlin-Schöneberg (Wissenschaftliche Schriften der Hochschule für Wirtschaft und Recht Berlin 65, Baden-Baden 2019).

Wilhelm *Schobersberger*, Das Absatzproblem in der österreichischen Brauwirtschaft (ungedr. wirtschaftswiss. Diss. Innsbruck 1950).

Michael *Schön*, Die Auswirkungen des Bierkartells auf die österreichische Brauwirtschaft (ungedr. wirtschaftswiss. Dipl. Wien 1977).

Franz *Schreiner*, Historische Skizze über das Braugewerbe in Steiermark. In: Michael von *Kast* (Hg.), Geschichte der österreichischen Land- und Forstwirtschaft und ihrer Industrien 1848–1898. Festschrift zur Feier der am 2. December 1898 erfolgten fünfzigjährigen Wiederkehr der Thronbesteigung Sr. Majestät des Kaisers Franz Joseph I., Bd. 3 (Wien 1899), 555–561.

Aurel *Schubert*, The Credit-Anstalt Crisis of 1931 (Cambridge/New York/Port Chester/Melbourne/Sydney 1991).

Herbert *Schüppel*, The Beer-brewing Industry in Great Britain and Austria. Die Bierindustrie in Grossbritannien und Österreich (ungedr. wirtschaftswiss. Dipl. Wien 1985).

Conrad *Seidl*, Hopfen und Malz. Pils, Bock, Ale und Co. (Wien 1995).

Conrad *Seidl*, Unser Bier. Reisen zu Österreichs Brauereien Ausgabe 1994/95 (Wien 1993).

Harry *Slapnicka*, Oberösterreich – als es »Oberdonau« hieß (1938–1945) (Beiträge zur Zeitgeschichte Oberösterreichs 5, Linz 1978).

Harry *Slapnicka*, Oberösterreich – Zwischen Bürgerkrieg und Anschluß (1927–1938) (Beiträge zur Zeitgeschichte Oberösterreichs 2, Linz 1975).

Ronald M. *Smelser*, Das Sudetenproblem und das Dritte Reich 1933–1938 (Veröffentlichungen des Collegium Carolinum 36, München/Wien 1980).

Elfriede *Solé*, Anneliese *Kodek*, Sabine *Völkl-Torggler*, Das Verfahren vor dem Kartellgericht (Wien ^{2}2019).

Albert *Speer*, Der Sklavenstaat. Meine Auseinandersetzungen mit der SS (Gütersloh 1982).

SPÖ-Bezirksorganisation Vöcklabruck, Zeit und Zeugnis. Chronik der Sozialdemokratie im Bezirk Vöcklabruck 1895–1989 (Linz 1989).

Wolfgang *Spohn*, Betriebsgemeinschaft und innerbetriebliche Herrschaft. In: Carola

Sachse, Tilla *Spiegel*, Hasso *Spode*, Wolfgang *Spohn* (Hg.), Angst, Belohnung, Zucht und Ordnung. Herrschaftsmechanismen im Nationalsozialismus (Schriften des Zentralinstituts für sozialwissenschaftliche Forschung der Freien Universität Berlin 41, Opladen 1982), 140–208.

Christian M. *Springer*, Alfred *Paleczny*, Wolfgang *Ladenbauer*, Wiener Bier-Geschichte (Wien/Köln/Weimar 2017).

Karl *Starke*, Von Grubenpferden, Kohlenhunten und Dampfrössern. Zur Geschichte des Kohlentransportes im Hausruckbergbau (Vöcklabruck 2006).

Dieter *Stiefel*, Die grosse Krise in einem kleinen Land. Österreichische Finanz- und Wirtschaftspolitik 1929–1938 (Studien zu Politik und Verwaltung 26, Wien/Köln/Graz 1988).

Dieter *Stiefel*, Entnazifizierung in Österreich (Wien/München/Zürich 1981).

Dieter *Stiefel*, Finanzdiplomatie und Weltwirtschaftskrise. Die Krise der Credit-Anstalt für Handel du Gewerbe 1931 (Schriftenreihe des Instituts für bankhistorische Forschung e.V. 12, Frankfurt 1989).

Berndt *Strobach*, Der Hofjude Berend Lehmann (1661–1730) (bibliothek altes reich 26, Berlin/Boston 2018).

Gerwin *Strobl*, Bomben auf Oberdonau. Luftkrieg und Lynchmorde an alliierten Fliegern im »Heimatgau des Führers« (Oberösterreich in der Zeit des Nationalsozialismus 13, Linz 2014).

Günther Engelbert *Sturm*, Geheimprojekt »Schlier« 1943–1945 (Konzentrationslager und Rüstungsbetrieb in Redl-Zipf) (ungedr. geisteswiss. Dipl. Wien 2002).

Emmerich *Tálos*, Arbeits- und Sozialrecht im Nationalsozialismus – Steuerung der Arbeitsbeziehungen, Integration und Disziplinierung der Arbeiterschaft. In: Rudolf G. *Ardelt*, Hans *Hautmann* (Hg.), Arbeiterschaft und Nationalsozialismus in Österreich. In memoriam Karl R. Stadler (Wien/Zürich 1990), 231–254.

Emmerich *Tálos*, Sozialpolitik im Austrofaschismus. In: Emmerich Tálos, Wolfgang Neugebauer (Hg.), Austrofaschismus. Politik – Ökonomie – Kultur 1933–1938 (Politik und Zeitgeschichte 1, Wien 2005), 222–237.

Emmerich *Tálos*, Von der Liquidierung der Eigenstaatlichkeit zur Etablierung der Reichsgaue der »Ostmark«. Zum Umbau der politisch-administrativen Struktur. In: Emmerich *Tálos*, Ernst *Hanisch*, Wolfgang *Neugebauer*, Reinhard *Sieber* (Hg.), NS-Herrschaft in Österreich. Ein Handbuch (Wien 2000), 55–72.

Alice *Teichova*, An economic background to Munich. International business and Czechoslovakia 1918–1938 (Cambridge/London/New York 1974).

Julius E. *Thausing*, Die Theorie und Praxis der Malzbereitung und Bierfabrikation (Leipzig ^{5}1898).

Kurt *Tweraser*, Dr. Carl Beurle. Schönerers Apostel in Linz. In: *Archiv der Stadt Linz* (Hg.), Historisches Jahrbuch der Stadt Linz 1989 (Linz 1990), 67–83.

Kurt *Tweraser*, US-Militärregierung Oberösterreich 1945–1950, Bd. 2: Amerikanische Industriepolitik in Oberösterreich am Beispiel VOEST und Steyr-Daimler-Puch (Linz 2009).

Kurt *Tweraser*, Wirtschaftspolitik zwischen »Führerstaat« und »Gaupartikularismus«.

Eigruber und Hinterleitner: Der »Gaufürst« und sein Wirtschaftsberater. In: Walter *Schuster*, Maximilian *Schimböck*. Anneliese *Schweiger* (Hg.), Historisches Jahrbuch der Stadt Linz 2003/2004. Stadtarchiv und Stadtgeschichte. Forschung und Innovation. Festschrift für Fritz Mayrhofer zur Vollendung seines 60. Lebensjahres (Linz 2004), 499–514.

Johann *Ude*, Bier oder Brot? (Graz [2][1919]).

Karl *Urban*, Allgemeine historische Darstellung des Entwicklungsganges der österreichischen Brauindustrie von 1848 bis 1989. In: Michael von *Kast* (Hg.), Geschichte der österreichischen Land- und Forstwirtschaft und ihrer Industrien 1848–1898. Festschrift zur Feier der am 2. December 1898 erfolgten fünfzigjährigen Wiederkehr der Thronbesteigung Sr. Majestät des Kaisers Franz Joseph I., Bd. 3 (Wien 1899), 490–529.

Karl *Urban*, Rudolf *Sonndorfer*, Die Wiener Brauindustrie seit 50 Jahren. In: Michael von *Kast* (Hg.), Geschichte der österreichischen Land- und Forstwirtschaft und ihrer Industrien 1848–1898. Festschrift zur Feier der am 2. December 1898 erfolgten fünfzigjährigen Wiederkehr der Thronbesteigung Sr. Majestät des Kaisers Franz Joseph I., Bd. 3 (Wien 1899), 529–555.

Herwart *Vorländer*, NS-Volkswohlfahrt und Winterhilfswerk des Deutschen Volkes. In: Vierteljahrshefte für Zeitgeschichte 34, H. 3 (1986), 341–380.

Nikolaus *Wachsmann*, KL. Die Geschichte der nationalsozialistischen Konzentrationslager (München 2016).

Christoph *Wagner*, Das große Buch vom Bier. Eine Kulturgeschichte der österreichischen Bierbraukunst (Wien/München 1984).

Christoph *Wagner*, Ein bieriges Jahrhundert. Nostalgische Erinnerungen rund um den Gerstensaft. In: Christoph *Wagner*, René *Schaumüller*, Gerhard *Trumler*, 1000 Jahre österreichisches Bier. 75 Jahre BBAG (Wien 1996), 157–168.

Christoph *Wagner*, Hausbräu, Brauhaus, Braugruppe. Stationen österreichischer Braugeschichte. In: Christoph *Wagner*, René *Schaumüller*, Gerhard *Trumler*, 1000 Jahre österreichisches Bier. 75 Jahre BBAG (Wien 1996), 7–100.

Jens-Christian *Wagner*, Produktion des Todes. Das KZ Mittelbau-Dora, hg. von der Stiftung Gedenkstätten Buchenwald und Mittelbau-Dora (Göttingen 2015).

Jens-Christian *Wagner*, Zwangsarbeit für die V2. In: Dieter *Hoffmann*, Mark *Walker* (Hg.), »Fremde« Wissenschaftler im Dritten Reich. Die Debye-Affäre im Kontext (Göttingen 2011), 339–362.

Wolf H. *Wagner*, Der Hölle entronnen. Stationen eines Lebens. Eine Biographe des Malers und Graphikers Leo Haas (Berlin 1987).

Harald *Waitzbauer*, 525 Jahre Salzburger Stiegl-Bier. Die Brauerei mit Tradition und Zukunft, hg. v. Alessandra *Kiener*, Heinrich Dieter *Kiener* (Wien 2017).

Harald *Waitzbauer*, Das Prewhaus bey dem Stieglein. 500 Jahre Steigl-Bier. 500 Jahre Salzburger Braugeschichte. In: Christoph *Wagner*, Harald *Waitzbauer*, 500 Jahre Stiegl-Bier 1492–1992 (Wien 1992), 49–109.

Fritz *Weber*, Vor dem großen Krach. Österreichs Banken in der Zwischenkriegszeit am Beispiel der Credit-Anstalt für Handel und Gewerbe (Studien zur Wirtschaftsgeschichte und Wirtschaftspolitik 9, Wien/Köln/Weimar 2016).

Fritz *Weber*, Zwischen abhängiger Modernisierung und Zerstörung. Österreichs Wirtschaft 1938–1945. In: Emmerich *Tálos*, Ernst *Hanisch*, Wolfgang *Neugebauer*, Reinhard *Sieber* (Hg.), NS-Herrschaft in Österreich. Ein Handbuch (Wien 2000), 326–347.

Wilhelm *Weber*, Die sozialpolitische und sozialrechtliche Entwicklung in Österreich 1848 bis 1948. In: Hans *Mayer* (Hg.), Hundert Jahre österreichischer Wirtschaftsentwicklung 1848–1948 (Wien 1949), 577–600.

Stefan *Wedrac*, Die Allgemeine Arbeiter-Kranken- und Invalidenkasse in Wien 1868–1880. Die Wurzeln der Wiener Gebietskrankenkasse: Entstehung, Umfeld und Erfolge (Wien 2013).

Irene M. *Weiß*, Caspar Bartenstein. Julies Vater zum 160. Geburtstag gewidmet (Wieselburg 2006).

Werner *Weißmair*, Zur Geologie von Oberösterreich. In: Denisia 22 (2008), 13–16.

Alfred *Weitzendorf*, Das Bier aus Göss 1459–1860–1960, hg. von der Gösser Brauerei (Göss 1960).

Alfred *Weitzendorf*, Empirische Untersuchung über den Einsatz und die gegenseitige Abhängigkeit absatzpolitischer Instrumente (dargestellt am Beispiel der österreichischen Brauindustrie) (ungedr. staatswiss. Diss. Graz 1972).

Heinrich Ludwig *Werneck*, Brauwesen und Hopfenbau in Oberösterreich von 1100–1930, Bd. 2: Traunviertel mit Salzkammergut und Hausruckviertel ([Linz] 1938).

Wanda *Wessely*, Strukturprobleme der österreichischen Brauindustrie unter dem Aspekt wirtschaftliche Konzentration (ungedr. staatswiss. Diss. Wien 1970).

Ingrid *Wiesinger*, Beherrscht die Bank die Industrie? Analyse am Beispiel dreier metallverarbeitender Unternehmen des Industriekonzernes der Creditanstalt. Zeitraum: 1918–1938 (ungedr. wirtschaftswiss. Diss. Linz 2015).

Allan *Williams*, Operation Crossbow (London 2014).

Stefan *Wirth*, Vor sechzig Jahren und einem Kondratieff (1); zur deutschen Braubranche 1935. In: Jahrbuch der Gesellschaft für Geschichte des Brauwesens e.V. (1996), 155–178.

Stefan *Wirth*, Vor sechzig Jahren und einem Kondratieff (2); zur deutschen Braubranche 1936. In: Jahrbuch der Gesellschaft für Geschichte des Brauwesens e.V. (1998), 165–210.

Stefan *Wirth*, Vor fünfundsechzig Jahren und einem Kondratieff (3); zur deutschen Braubranche 1937. In: Jahrbuch der Gesellschaft für Geschichte des Brauwesens e.V. (2002), 95–152.

Stefan *Wirth*, Vor sechsundsechzig Jahren und einem Kondratieff (4); zur deutschen Braubranche 1938. In: Jahrbuch der Gesellschaft für Geschichte des Brauwesens e.V. (2004), 268–335.

Stefan *Wirth*, Vor achtundsechzig Jahren und einem Kondratieff (5); zur deutschen Braubranche Januar bis August 1939. In: Jahrbuch der Gesellschaft für Geschichte des Brauwesens e.V. (2007), 79–146.

Stefan *Wirth*, Vor einundsiebzig Jahren und einem Kondratieff (6); zur deutschen Braubranche September 1939 bis Dezember 1940. In: Jahrbuch der Gesellschaft für Geschichte des Brauwesens e.V. (2011), 193–279.

Stefan *Wirth*, Vor dreiundsiebzig Jahren und einem Kondratieff – zur deutschen Braubranche 1941 (7). In: Jahrbuch der Gesellschaft für Geschichte des Brauwesens e.V. (2011), 36–111.

Hans *Witek*, »Arisierungen« in Wien. Aspekte nationalsozialistischer Enteignungspolitik 1938–1940. In: Emmerich *Tálos*, Ernst *Hanisch*, Wolfgang *Neugebauer*, Reinhard *Sieber* (Hg.), NS-Herrschaft in Österreich. Ein Handbuch (Wien 2000), 795–816.

Alois *Zauner*, Vöcklabruck und der Attergau, Bd. 1: Stadt und Grundherrschaft in Oberösterreich bis 1620 (Forschungen zur Geschichte Oberösterreichs 12, Linz 1971).

Hans Jürgen *Zauner*, Oberösterreichische Unternehmer. Leben und Werk (Linz 1987).

Alois *Zellinger*, Vöcklabruck in den Jahren 1933 bis 1945 (Linz [2006]).

Leon *Zelman*, Vorwort. In: Florian *Freund*, Arbeitslager Zement. Das Konzentrationslager Ebensee und die Raketenrüstung (Industrie, Zwangsarbeit und Konzentrationslager in Österreich 2, Wien 1989), 9–10.

Ulrike *Zimmerl*, Comradery, the joys of work, and the struggle to improve performance: Creditanstalt-Bankverein's corporate newspaper, Gemeinschaft, 1939–1943. In: Carmen *Hofmann*, Martin L. *Müller* (Hg.), History of Financial Institutions. Essays on the history of European finance, 1800–1950 (London/New York 2017), 161–192.

Abbildungsnachweis

Abb. 1–4, 10, 20, 25: ABZ
Abb. 5, 6, 15, 19, 21–23: PAFKj
Abb. 7: PAHKa
Abb. 8, 9, 11, 13, 14, 24, 26, 27: PAStW
Abb. 12: MM Zugangsnummer 2014-493
Abb. 16: Luftbilddatenbank Dr. Carls GmbH / HES Bildnummer 4046
Abb. 17: NARA, RG 373, GXPRINTS, TUGX 1933, SK179
Abb. 18: PAAG, Skizze von Adolf Grabner aus 2009 mit Änderungen 2020

Personenregister